中国县域文化史
CRCA 2021-01-0002

总主修　傅广典

中国县域文化史

·湖　北·

随 县 卷

主　修　宋　云

副主修　何相安

　　　　李之莺

　　　　周忠兴

武汉大学出版社

图书在版编目(CIP)数据

中国县域文化史.湖北.随县卷/傅广典总主修;宋云主修.—武汉:武汉大学出版社,2024.1

ISBN 978-7-307-24209-8

Ⅰ.中⋯　Ⅱ.①傅⋯　②宋⋯　Ⅲ.文化史—随县　Ⅳ.K29

中国国家版本馆 CIP 数据核字(2023)第 251542 号

责任编辑:聂勇军　　　责任校对:李孟潇　　　版式设计:马　佳

出版发行:**武汉大学出版社**　　(430072　武昌　珞珈山)

(电子邮箱:cbs22@ whu.edu.cn 网址:www.wdp.com.cn)

印刷:湖北金海印务有限公司

开本:787×1092　1/16　印张:29　字数:561 千字　　插页:4

版次:2024 年 1 月第 1 版　　2024 年 1 月第 1 次印刷

ISBN 978-7-307-24209-8　　　定价:168.00 元

从汉东大国到文化大县 2900 多年的文化史

编委会成员

主 任 委 员：杨　涛

副主任委员：宋　云　徐品强　邓　华　钦　雯　周　勇

编　　　委：(以姓氏笔画为序)

邓　华　吕雄辉　宋　云　杨　涛　苏功秉

李之莺　李旭斌　何相安　邱雪梅　周　勇

周忠兴　钦　雯　贺卫东　徐品强　蒋天径

主　　　修：宋　云

副　主　修：何相安　李之莺　周忠兴

县域文化史的泓涵与纂修

（总　序）

傅广典

纂修中国县域文化史是盘存县域历史文化遗产、构建国家历史文化资源大数据体系和健全史学内涵的系统工程，是对中华文明探源工程的源头叙事，是诠释国家文明的起源动力、基础结构、品性特质和有机形态以及演进路径的文献撰写。

文化是人类生存状态。这一论断是纂修文化史的理论基石和学术依据。所谓文化史，是文化产生与演化的历史，是文化动力学范畴的社会形成与演进的历史。所谓县域文化史，是县域的文化产生与演化的历史，是县域的文化动力学范畴的社会形成与演进的历史。县域文化史，既有自身的独立系统，又以自身系统为组分而实现国家文化史的集腋成裘，较之迄今为止的诸多"中国文化史"著述，具有显著的体例优势和原创特质。这对于社会治理和国家建设日益趋向网格模式区域化的今天，无疑是有时代意义的。

一

县是国家结构的基本单元，也是国家政权的基础层级。县最早出现在春秋时期的楚国，楚国将吞并的权国降国为县，称权县。战国时期，楚国吞并随国，又将随国降国为县称随县。其时县直属于国。秦国统一六国后，将秦国实行的郡制与楚国实行的县制融合为郡县制，在国与县之间设郡，自此国家结构体系和政权体系分为朝廷、郡、县3个层级单元。县以下是乡村自治。这种自治具有先赋性，依靠宗族的宗法与伦理予以管理。此后在不同朝代虽有变更，但县一直是国家结构的基本单元，是国家政权的基础层级，故而历来有"皇权不下县"之说。虽然现今乡镇也设立人民代表大会，也是地方国家权力机关，但只有县以上的地方各级人民代表大会设立常务委员会，乡镇行政在本质上属于县政范畴。由于县可在国家宪法规定前提下根据社情制定和施行因地制宜的规章制度，建立本县域的治理方式和发展模式，创新社区理念，塑建意识形态，从而形成本县域的独特文化。无论从地理面积还是社区文化上看，县域文化都是具有个性品质的同国家文化构成点与面关系的文化板块，是国家文化的质点。因此，历来又有"县治则国治"之说。至此，本书可以郑重申明，纂修中国县域文化史，正基于县政是国家政权之根、国家行政之基的政府体系。这是以县立卷纂修国家文化史的现实依据和创新理由。

我国有修史传统，其文化根脉在于氏族部落的父系社会所建立的宗法制度。宗法制度以血统、嫡庶建立家族统治，尊祖重本，进而以庙堂文化建立君主世袭制度的家天下。为了宗族之序而建立宗谱，为了世袭之秩而建立世系，口传史随之出现。这种宗法制度发展到了五帝时期，记世袭之事的史官开始出现，史官以口传记事作为记忆方式，后来发明符号记事，并设有教育场所"成均"。黄帝的史官仓颉被传为造字第一人。夏朝设置专职记事史官，称之为太史，终古是夏桀王朝的太史。殷商时期官学产生，春秋时期私学兴起，此后学、校、庠、序广泛建立，文字水平日益提高，史官书于竹帛、镂于金石、琢于盘盂，三坟五典、八索九丘，史有文迹墨辙，文字史诞生。但史官之称太史的史不指代历史，训诂学考证其时史吏同源、通假，史即吏，太史是记事之吏。后世将历经史官记录和撰写的内容称作历史，此前的现代人类产生与进化的历史称作史前史。所以，史学在学理上分为史官学和历史学两个部分，在发展上分为口传史和文字史(信史)两个阶段。而今不作专门研究只作一般陈述，史学是包含了史官学和史前史的历史学。商周两代史官之职有了很大提升，职能全面，职责细化。春秋时期施行"君举必书"的记君言君事制度，通常设有大小、内外、左右等六史，分工明确，各司其职。如左史记言，右史记事(一说反之)。后称《尚书》为记言之作，《春秋》为记事之作，由此形成我国修史的君举史学模式。

君举史学模式一经立定，"君举必书"的记言和记事便更加规范化、制度化，史学部门遂成为国家体制的建构部分，不断完善、一以贯之。时至秦朝，史官职责由御史大夫府担任，汉朝则由御史府直接修史。唐朝政事堂宰相撰写《时政记》，中书省史官记录皇帝言行并撰写《起居注》，专设的史馆以《时政记》和《起居注》修史，此做法一直延续到清朝。修史传统保证了自五帝时期起文脉世代传承，易经文化、儒家文化、道家文化，春秋战国时期的齐、楚、燕、韩、赵、魏、秦等列国文化和历朝历代的朝代文化都得以承继与弘扬。

因此，我国多有名垂千古彪炳千秋的史学家和历史纂修家，如孔子、司马迁、刘向、班固、陈寿、司马光、魏徵、张廷玉等。他们纂修的《春秋》《史记》《战国策》《汉书》《三国志》《资治通鉴》《隋书》《明史》等史籍，对于中华文化的历史传承，对于中华文明史学的原创研究，有着重大的经典价值和深远的学科意义。

二

记宗族之序演变为家谱，纂世袭之秩演变为国史，修家国之间的地方秩序演变为方志，故而国史、方志、家谱同为史学的有机构成，史、志、谱，是历史的文本承载样式和传承方式，是史学系统的三位一体的组分。所以修史、修志、修谱，三者应相互贯通、相互借鉴、相互补正。修史在于鉴今，治国者以史为鉴，治郡者以志为鉴，治家者以谱为鉴。修史、读史、鉴史，以史启民智，以史昌国运，是史学的文化担当。

然而，所修的史、志、谱，与当时的记录者和后来的修纂者的水平、素养、偏好等种种因素相关。尤其是修史，从一开始就受制于史官的思想境界、认知水平和价值观念，即使"君举必书"也是见仁见智，取舍有异。同时，虽有君主不得查看史官之书的规章，但君主既重眼前之尊，又重身后之名，依然能够对史官施加各种影响以求一己欲念。因而史官为尊者饰，为贤者讳，记事歪曲事实、隐瞒真相的行为也就在所难免。为还原史实，抑或出于民间好恶，相对于官修正史的民修私史出现。私史包括别史、野史、杂史和秘史等，其中的记言记事真真假假、虚虚实实，与正史杂陈。西方许多人文学者认同中国的文化传承是连续的，同时又认为中国的历史记忆是断裂的。此说并非妄断，"一朝天子一朝臣""窃钩者诛，窃国者侯"和"指鹿为马"的封建社会王朝流弊，正是中国历史记忆断裂的国体原因。还有一个外部干预的原因，就是殖民文化的强行植入。1840 年鸦片战争爆发，东学西渐戛然而止，西学东侵骤然而至，中国的世界话语权被剥夺，中国自身也出现中风式失语，膜拜西学，妄自菲薄，甚至至今还唱着西方殖民文化的歌谣。这条文化断痕是中华民族的痛，可命名为"1840 文化断痕"以便永记。惟其如此，寻根志源，话说从头，是纂修县域文化史显著的叙事特征。

修史要实，史笔如铁，这是历史正义。诬古必误今。修史者，既是任事者，又是建言者。任事应置身于利害之外，建言当设身于利害之中。故而修史者应当是正直坦荡守道无私之人，忠诚于史，坚守历史正义，秉笔直书，不曲笔阿时附势隐讳，以迈往之气，行正大之言。这是自古以来史官和史学工作者的职务规范和职业操守。无论修前朝史，还是修当朝史，惟有坚守历史正义，还原历史面貌，才会有真正的正史，历史才会有完整的记忆，有真正的镜鉴与承继的史学功用。

在已有的史籍文献中，通史和断代史成为主流形制。"通史"是有史以来的历史，纵向贯通，王朝谱系，世世代代。通也是"统"，横向通联，分门别类，方方面面，所以通史本意应上下贯通，左右联通。然而多数通史之作厚纵薄横。"断代史"是特定朝代的历史。断代史，也还是通史形制，既谓史，就是一个时序轴，定然要"通"。然而无论是通史还是断代史，都是立足于国家政权体系的上端点，是以朝廷为原点的政治学视域的历史。而县域文化史，是国家政权体系下端点的以县域为质点的文化动力学范畴的县域社会史。相对而言，政治学是规行矩步的，文化学是发散多维的，在文化学视域里没有政治学视域里那么多的忌讳与羁绊，视域不同，语境也就不同，对史实的记叙还原概率高。故而纂修县域文化史既可使史学厚纵薄横的状况得以宏观改善，又可使史学获益于历史正义。

历史有源有流，发生学和传承学是修史不可或缺的应用学科，事件的原发地域和滥觞意义是修史的重要记事。"源"在发生学里就是原发性和原创性，"流"在传承学里就是流变性和接续性。源与域有着对应的时空关系，任何一种本土文化，其原发都对应着具体的区域，学界多以县域界定。例如：河北省阳原县是200多万年前远古人类文化发祥地，湖南省道县是稻作文化发源地，甘肃省秦安县是粟作文化发源地，内蒙古敖汉旗是原始宗教文化发祥地，山东省曲阜市是儒家文化发祥地，河南省登封和偃师是朝代文化开启地，如此等等。还有河图洛书、程朱理学的创始也对应着其时的或后称的县域。即使域外文化的植入，也有其初始的发生地，如先秦时期楚国的秦文化自然融入在秦头楚尾的区域，再如阿拉伯文化植入中国的发生地在汉代张骞前往西域的丝绸之路上。历史的源与流本身就是文化现象，其生成与流变、原创与整合，皆归于文化动力学。

社会的历史可以是两分法的，分为古代和现代；可以是三分法的，在古代与现代之间设定一个承转期，称之为近代。在中国，这个承转期非常独特，是社会形态的半封建半殖民地，因而现在普遍认同三分法。古代史从五帝时期（甚至可延伸到远古人类时期）直至鸦片战争，近代史从鸦片战争到新中国成立，现代史自新中国成立以来至今。就社会学和文化人类学而言，近代和现代的历史大事变对当代国家体制与意识形态的影响最为直接、最为深刻。特别是鸦片战争、辛亥革命、新文化运动、新中国成立、"文化大革命"和改革开放，堪称国家近现代史上的6个转捩点。鸦片战争、辛亥革命、新中国成立可谓之国体转捩点，改革开放可谓之国政转捩点，新文化运动、"文化大革命"可谓之国学转捩点。这6次捩转对当代国家体制和意识形态的诸多方面产生了决定性影响。对于纂修文化史而言，6次捩转的文化成因、6次捩转的文化影响和6次捩转的文化效应是笔墨重点阐发处，因为历史在转捩点上不仅是活跃的、嬗变的，而且记忆也是容易断裂的。例如1915年兴起的新文化运动，以白话为正宗，视提倡白话文为"绝对之是"，批判大于继承、否定大于肯定，因而未能完成好文言文与白话文的文白对接，造成经学记忆断裂。

史形成一种记事、一种观念，也就成为一种记录程式和文化习惯，修史的文体也多种多样，如编年体、纪传体、纪事本末体等，所修史籍汗牛充栋，成为经、史、子、集四部典籍的乙部。

诚然，君举史学模式以其特定的运作规程记录了国家重大事件、政权更替和朝代纪年，勾勒了国家历史的主轴面貌，但其历史局限与生俱来。君举史学模式聚焦于顶层权力，致力于君举的记言与记事，使君王成为国家历史的轴心人物，从而君王世系、王室兴衰，成了国家历史纂修的核心内容，将国家史修成帝王史、王朝史，少了历史学应有的内涵和社会学应有的维度，弱化了史学的学科意义。

本编"文化史"在总体上是依照地域文化NSY结构学模型纂修，N为王朝极，S为民间极，Y为本域极。王朝极和民间极像地磁的南北两极，而且磁力线方向也是恰合的，从外部看是从N极到S极，从内部看是从S极到N极。任何地域文化，都可以在结构学上分离出3个部分：特定的王朝文化部分，既定的民间文化部分，特殊的本域文化部分。依照NSY结构学模型纂修，其视域、主旨、体例，不同于记世的史、记事的志、记序的谱，而是由经学入史学，贯通思想学术史、治学方法史和理论创建史，注重用文化学或文化人类学审视人类社会史，既描述历史的自在性，更揭示历史的自为性，不拘泥于朝纲文化，以领域文化构建社会学的多维度，揭露史学泓涵，诠释中华文化和文明的基础结构、本质特征和原发价值，这是与历朝历代的修史的最大不同，也是中国县域文化史纂修的思想基础和学术纲领。

三

中国县域文化史的纂修兼容国史、方志和家谱的相关信息，具有完备的纂修体系。纵向的历史深度，横向的现实广度，不同历史阶段的文化特质，不同现实层面的文化板块，纵横交错，异同兼备。同中有异，个性所使；异中有同，共性所然。以个性见品质，以共性见格局，故而县域文化史纂修具有鲜明的个性，具有自身的特色、品质和内涵。例如湖北省的武穴市原为广济县，广济之名源于佛教，取"广施佛法，普济众生"之意，县内佛院庙宇上千座。但广济的佛教不同于印度佛教，也不同于中国佛教，它是在儒家文化基础上吸收佛教教义精髓，以济世、济国、济民、济家为其核心内涵。若以宗教而论，则是西汉将儒家学说尊奉为国教称之为儒教两百年后的儒佛合一，是佛教中国化方向的典型代表。这是武穴县域文化最大最鲜明的特色，自然也是武穴文化史的显著特征之一。

自秦朝以来，全国的县由最初的数百个增至今天的近两千个，这意味着所纂修的中国县域文化史将近两千卷，其蕴涵的文化学、社会学和历史学能量之巨是不言而喻的。

县域文化同国家文化一样，是一个完整系统，有若干子系统。在文化学上，一个子系统就是一个维度，一个维度就是一个文化域。纂修中国县域文化史设有统一的体例，拟以10个文化域分述以文化动力学为特征的整体社会史：聚落文化域、产业文化域、商贸文化域、国学文化域、科教文化域、医药文化域、法德文化域、宗教文化域、民俗文化域、国政文化域。十域一体，独立成篇，形同专史，可直接以此为基托撰写县域的10个领域的10部文化史。

起首为聚落文化域，暗示社会文化史起始于定居。社会文化对应着定居之前的原始文化。定居之前本域的人类活动，以文化遗址的考古成果加以延伸与追述。聚落出现，必有制度产生，从而社会形成，所以聚落出现是人类发展的重大拐点，是人类历史的关键节点。聚落是社会文化之源、社会形态之初。初始聚落是血缘聚落，是家庭分爨的结果。进而是非血缘的部落聚落，聚落内房屋、陶窑、窖穴、墓地等设施趋于健全。最终是社区聚落，人类联系越来越紧密，交集越来越多，公益需要产生，公共设施出现，公平观念形成，环壕、城垣、祭坛、乡约、公投、法典等社区建构和社区体系日臻完善。本篇的主旨是表述本域的社群生产方式和生存样态，其中以人口、婚姻和土田为聚落内核，以家庭伦理、庙堂文化、社区法度、社会公德等为聚落叙事基托，以现代化社区建设为聚落终端叙事。

产业文化域纂修要坚守 3 个认知：一、稻作和粟作是农耕文化之根、农耕文明之本。二、青铜冶炼和青铜器铸造是工业文化之根、工业文明之本，认为中国工业文明肇始于鸦片战争时期，是历史性错误。三、产业是实业。产业概念必须有严格的定义，产业是有实在的物质产出和文化产出的实业。产业注重产出的实在性，虽然也注重标识产出价值总量的产值，但不注重增值，增值之"值"是产品作为商品在流转过程中其价值发生增益的部分，通常折算为货币值。货币值既有助于将实业做实，也会左右产业价值取向而将实业做虚。现在产业概念泛化，尤其是没有实在的物质和文化产出的行业，也称之为产业。在严格意义上，根植于和服务于产业部门的是行业。把服务行业归类于产业，会引起产业分类的巨大混乱。因为在经济关系中，一切经济活动都可以视为服务活动，大到提供航天服务，小到提供修脚服务。若仅以服务论产业，连掮客也是产业工人了。至于有言论把消费行业说成产业，那纯粹是经济情绪的信口开河。生产业态分类学的混乱，必然引起经济统计学的混乱，在大数据时代，这是难以容忍的。

国学文化域是文化史纂修的基础部分。国学是国故学的简称，核心内容是语言、文字、典籍和文化习俗与传统。春秋战国时期，私人讲学，处士横议，诸子立说，百家争鸣，奠定了国学宏阔特质形成的基础。至今我们习惯将春秋战国时期的大国文化，作为中华传统文化的构成板块和成分，如齐文化、楚文化、秦文化、燕赵文化、吴越文化、巴蜀文化等。中国民族众多，各民族都有自己的语言，绝大多数有自己的文字。无论有没有自己的文字，都有自己的思维方式、认知习惯、思想学术和文化习俗与传统。不同地域还有不同的地方语言，形成官话和方言两大语系。方言、习俗、行为方式和文化传统是县域最具鲜明特色的类属国学的文化。

法德文化域的纂修具有社会本质意义。人类群体生存的根本维系靠秩序，秩序的内涵是道、法、权、德。道是逻辑，法是规则，权是制衡，德是本分。法德是社会秩序的关键词。法包括法理、法度、法制。法理是法的原理与学理，法度是法的范畴与尺度，法制是法的制定与施行。法的最高原则是正义，社会正义、国家正义、人民正义。人类群居之初是法的滥觞期，部落、方国，都有自己的法。夏代的井田制，是我国第一部土地法。德与法一样，在人类群居伊始便孕育而成了。守住本分，是德的最高境界。把老子的《道德经》视为德的初始是短视的，《道德经》是老子对道与德的阐释和综述。五帝时期尧的禅让，可视为大德初成，正可谓"圣人之道，为而不争"。本篇旨意在于纂修法德在县域的建设史，以察国家历代法德之基。

宗教文化域的叙事由自然崇拜、图腾崇拜和民间信仰等史前宗教开启。宗教是人类认识世界、解释世界的最初的思想方法和思维方式，至今在社会领域、思想领域和文化领域产生着重大影响。在本篇神是主角。神有两个文化时期：在人类游牧生存时期，神是动物体貌；在人类农耕生存时期，神是人类体貌。神从动物体貌到人类体貌的演化，正是人类生存样态的进化。在对宗教认知上，存有一神论与多神论的分野，然而宗教的迷乱是被政治操弄。从君权神授，到社稷神佑，宗教无不被政治化的迷雾所笼罩。宗教政治化，是对宗教原教旨的蓄意扭曲。本篇的旨意是撰写宗教文化对县域文化面貌和人文精神构建的影响。

国政文化域的叙事在主体上要把握君主与民主、君举与民举、国政与社情、国法与家规的辩证关系。《中华人民共和国宪法》指出：人民行使国家权力的机关是全国人民代表大会和地方各级人民代表大会。国政之"政"，是人民行使国家权力的全部内涵，民主、共和，是国政的出发点和归宿点。以古鉴今，历史学和现代学是国政两大必修学科，诚如清末史学家陈澹然所言："不谋万世者，不足谋一时；不谋全局者，不足谋一域。"国政在概率学上的要义是从零到一、从一到零、从零到零、从一到一的方略。从零到一是创造，从一到零是消除，从零到零是规避，从一到一是传承。归于哲学表达，是从可能到现实的概率，包括国内、国际、政治、经济、军事、文化等领域。这是国政的"零一哲学"。从夏朝的"洪范九畴"到当代"零一哲学"，都是大政之政。县政是国政的落点，要深刻表述历朝历代国体和政体以及国之大政对县域文化的影响。

在国政文化中，家国文化是重要一项。家国文化的本质是家与国共同的文化观念和价值取向，是家与国共同的思想体系和法德范式，同构、一体，是家国的本质特征，是家国文化的本源。本篇侧重在比较学意义上记叙不同历史时期、不同国体和政体里的家国关系。建立正确的家国关系，是富民强国之大端。

中国县域文化史的纂修，立足于起用县域的文化学者和史志工作者。他们大多是生于斯长于斯的地方学人，接地气，谙社情，具有地域文化学的社会资质和自然法权。我们国家各政权层级单元都有修史或修志机构，这是我们国家体制和文化制度的优势。20世纪80年代前后，全国各县重新修志，这是很好的社会基础；起码自唐代以来，全国各县都著有不同历史时期和不同年代的志类史籍，这是很重要的历史资料。

县域历史文化系统也是省、市历史文化系统的组分。许多县域文化史对于创建省、市独立独特的文化史学体系具有架构意义。以湖北省为例：十堰市郧阳区以两具100万年前的人类头骨化石证明汉江中上游流域是现代人类起源地；房县是诗经文化发祥地、帝王流放地；随县是炎帝故里，农耕文明和医药文明发祥地；江陵县古为楚国郢都、荆州治所，是荆楚文化和三国文化中心区域；天门市是石家河文化发祥地，竟陵文学诞生地；红安县是鄂豫皖革命老区，将军县，两位国家主席的故乡。这些县域的文化史对于创建湖北省大纵深、宽领域的文化史学体系具有架构意义。在我国，史学发展一直受制于古学水平。而古学自明末近四百年来，多经学家而少思想家，多史校而少史家，多注作而少原著。基于这种双重考虑，建议省、市两级设立县域文化史纂修指导委员会，指导县域文化史纂修工作，以历史纂修提升古学，以古学提振史学，以"中国县域文化史"为范例，纂修出具有倡导意义的史书。

为了保障全国的纂修工作顺利进行，编纂委员会率先在湖北省的十堰市郧阳区和随州市随县试点，做出示范本。经沟通与磋商，决定采取两种运作模式：郧阳区是社会资助模式，由纂修委员会主导；随县是政府项目模式，由政府主导。以这样两种模式运作，契合国家的运行机制，有很大的机动性，可因地制宜地以最实际最有效的方式做好纂修工作。

虽然中国县域文化史的纂修不囿于学科，但纂修的动议仍基于学科意义。宁夏人说黄河向北流，陕西和山西人说黄河向南流。都没错，却又都不对，黄河是向东流。认知差异在于站立点和地理格局。经济社会，人们习惯于急功近利的短期行为，凡站立点高的长远规划，很难找到擅于长线投资的甲方。动机与目的不同，匹配是一件非常难的事，共识仅仅是那么一点点利益的或趣味的交集而已。尽管如此，立足要高，规划要远，格局要大，思维要有超塑性，否则，我们何以放言文化古国、文化大国、文化强国？我们何以高论文化自觉和文化自信？世界有东方和西方两个文化圈，时至19世纪中华文化一直是东方文化圈的核心圈层，19世纪以后，西方文化以工业文明冲击着我们国家的农业文明，西学东侵，国学式微，我们的文化自觉和文化自信被弱化了，甚至自我矮化崇洋媚外。惟其如此，复兴国学，强化中华文化的东方文化核心圈层的文化地位，成为全球化时代中华文化自我救赎的新使命。这需要站立点高的文化大战略和历史大格局。显然，这也正是纂修中国县域文化史最高的文化海拔站立点，纂修县域文化史的历史意义和现实意义正在于羽化与复兴国学。

纂修中国县域文化史动议中还有一个政权进化论的愿景。社会文明的本质标识不是科技、不是经济，而是政权。政权从野蛮到文明的进化，在根本上依靠的不是政治学动力，而是文化学动力。政权没有文化学维度，执政就没有文化学内涵，权力就是牧人手中的牧鞭。作为国家政权体系的基底层级的县政权，是中央、省、市三级政权意旨的最终执行者，能在终极意义上达成中央政权的人文关怀。因此，县有国与民两侧：对于国家的执行侧，对于人民的决策侧。强化县政权的文化学维度，提振县政权执政的文化学内涵，直接关乎整个国家政权体系的文明政权建设。

就历史学本身而言，历史虽然是过去式，但历史是活的，活在当代，活向未来。历史与未来有着族系的血缘关系，有着天然的对话机制。历史与未来的对话，是历史对未来的期许，是未来对历史的承诺。纂修县域文化史，是从国家基底上实现历史与未来的有机对接。有机对接，活向未来，借北宋思想家张载的《横渠四句》括之：为天地立心，为生民立命，为往圣继绝学，为万世开太平。这是历史理学的终极法则。

2022年6月25日于武昌东湖

序

习近平总书记在详述深化中华文明探源工程时强调："中华文明源远流长、博大精深，是中华民族独特的精神标识，是当代中国文化的根基，是维系全世界华人的精神纽带，也是中国文化创新的宝藏。"作为一个有着2900多年悠久历史，有着5000多年文明渊源的文化名城，随县有着丰富的文化资源。

随县得天独厚，是炎帝神农的诞生地。这是随县文化的魂，是世代随人遵循的道，也是我们随县文化的根。古老的随地人民创造的古老文明，培植了随人的精神个性，这种个性犹如《湖广通志》所言："随地土深厚，其民勤俭力穑，少末务，故多土著不外徙。士习崇朴学，不为浮夸。"随地之民，勤俭力穑，正是对炎帝神农的农耕文化的坚守与发扬。士习崇朴学，也是农耕文明的质朴性对士人的精神影响所产生的必然结果。时至今日，这种人文个性仍在随人中发挥着巨大作用。整部随县文化历史便从这里生发、铺展、延伸开来。我们知道，炎帝神农是长江文明的标志性人物。任何标志性人物的产生都有其文化背景，"随"就起到了背景作用。随县聚落文化可以追溯到人类创世之初，尽管是神话传说，也绝非空穴来风。1957年湖北省文管会的考古工作者在随县城北两水沟山地采集到一件旧石器文物，就足以证明1万年以前随州就有人类活动。随县古为汉东大国，是中原文化与楚文化的交汇处，文化博大精深，古迹众多，人文荟萃，诸多文化遗存，在同一个城市，是不可再生、不可替代的中华优秀文明资源，更是一种生活方式和文化象征，是随县人文化自信的根基和底气所在。

随县文脉隆显，随人个性突出，如何找准自身的文化之根，突出自身的文化个性，厘清随县整体脉络，并具体清晰表述，是编撰过程中的大问题。好在我们撰写的大型丛书《随县文化图典》(18册)，全面反映了随县文化面貌，受到省市领导和学术界的一致好评，《阜随伏羲——随与大洪山渊源考》以大量文献考证和活体遗存发掘，抒写了一部随县地方文化史诗，尤其是连续十五届世界华人炎帝故里寻根节的成功举办，更是将随县推向了全世界,但随县仍然缺少一个系统的、有影响的文化史类著作。2022 年 4 月,我们收到中国地域文化研究会发来的《〈中国县域文化史〉编纂规划》,这对随县来讲是一个难得契机。由随县政协副主席宋云负责组织,及时成立了《中国县域文化史·湖北·随县卷》编纂小组,共 16 名同志,由随州地域文化专家蒋天径先生牵头,县政协文史委主任周忠兴负责统筹协调,实时跟进,并组建了一支过硬的写作班子,把随县长达两三千年的文化作一个系统的梳理,使其达到存史、资政、团结、育人的社会功能和时代价值。中国地域文化研究会把随县作为在全国率先试点的县市之一,是对随县的高度肯定和信任。此项工作也得到县委县政府领导的高度重视和支持,立即委托随县政协组织力量,以高标准严要求来做好这件文化大事、文化盛事。

"郡县治则天下安,县域强则国家强。"总起来看,本书既关注了随县传统文化发展的历时性,又重点突出了随县文化的独特个性;既关照了十个文化域在结构上的完整性,又允许各域自身生态图景表达的丰富性,于随县而言,具有很高的文化价值。相信新时代在随县县委县政府的坚强领导下,随县人将继续弘扬炎帝神农文化精神,凸显随县文化个性,以县域文化为凝聚力向心力,共同促进文旅融合赋能乡村振兴,强力助推县域经济发展,谱写新时代县域经济社会高质量发展新篇章。这部随县首部文化史问世,不啻为随县各项事业提供了一部翔实的历史资料和可资借鉴的宝贵经验,也给后人留下了珍贵的历史遗产,具有较高的存史、资政、借鉴、教育价值,对于启迪思维,服务当今,激励后世,指导今后的各项工作,促进随县各项事业更好地造福于人民,更好地为社会主义现代化建设事业服务,都是大有裨益的。我也为这部文化史的出版感到由衷的高兴。

尤其值得一提的是,中国地域文化研究委员会主任傅广典自始至终把握着随县文化史的写作全过程,随时予以督导并调阅部分稿件,发现问题及时提出修改意见,保证了本书的撰写质量,在此表示衷心感谢!由于基层写作力量有限,难免有一些问题,亦请专家、学者、读者给予批评指导!

杨 涛

2023 年 10 月

(作者系随县政协党组书记、主席)

目　　录

第一篇　聚落文化域

目　　录

第三篇　商贸文化域

第四篇　国学文化域

第七篇　法德文化域

第八篇　宗教文化域

第十篇　国政文化域

目　录

第一篇

✳✳✳✳✳✳✳✳✳✳✳✳✳✳✳✳✳✳✳✳✳✳✳✳✳

聚落文化域

第一章　地理环境

随县地处鄂北，北连中原，南接江汉。被称为中国南北气候分界线的淮河发源于随北太白顶西北侧河谷，流经随县境内的太白顶风景区、淮河镇等地后进入河南。随县因处于淮河源头也便自然地成了中国南北气候的分界线。也是因为淮河，随县还同时是中国南北水系和农作物的分界线。以淮河为界，中国形成了北方的黄河流域和南方的长江流域，也形成了南、北不同的农业种植区域。南方的水稻、柑橘来到随县则不再北上，北方的麦粟、苹果走到随县也不再南下。

位于随县西南的大洪山，是湖北省唯一的独立内山，被称为"楚北天空第一峰"。它是在喜马拉雅造山运动中形成的，矗立在汉水中下游的南襄和江汉两个盆地之间，成为联系两个盆地的一条纽带。大洪山脉的独立性及其融合性，造就了其"一山分四季，十里不同温"的气候特点。大洪山森林茂密，动植物资源丰富。

随县有山地面积600余万亩。古时森林繁茂，民国时期森林面积缩小，森林覆盖率为27%。中华人民共和国成立后，随县将林业纳入国民经济发展计划，组织人民造林，至1999年，森林覆盖率达到54.06%。随县著名的古树群落有位于淮河镇的古板栗树林、位于唐县镇的古枣树林、位于洪山镇的古黄荆林和位于洛阳镇的古银杏林。

随县号称"七山一水两分田"。因境内山冲逶迤、沟壑纵横、涧溪密布、水潭众多，故形成多垱地、塝田、畈田、滩地的农业自然地貌。垱地土质较差，随县农民通过加深耕作层、增施有机肥来改善土壤质地；畈田是随县农田的精华，多为高产稳产农田；塝田，介于垱地与畈田之间，比垱地好，比畈田差，农民通过种植养地作物来改善塝田土质；滩地，时常被淹，种植有较大风险，但若遇大旱之年，则会获大丰收。

随县地势南北高，中部低。由大洪山分水岭向北、桐柏山分水岭向南，依次为低山、丘陵、河谷平原。耕地主要分布在宽谷缓坡地带，水田面积占总耕地面积的73%。地处府河（㵐水）上游，为封闭流域，无客水过境。境内水系计有长流河139条，分布均匀，但均系源头，往往汛期河水泛滥成灾，水去成旱。

第一节 中国南北气候、水系、农作物的分界线

随县位于湖北省北部，北有桐柏山绵亘鄂豫两省，南有大洪山雄踞荆襄，其间随枣孔道岗岭纡盘，河谷蜿蜒，素有"荆豫要冲""汉襄咽喉"之称。地貌形态类型有山地、丘陵和冲积平原。南北是山，东西系陂垄岗地，中部为岗地和大小平原。地貌特征为低山丘陵，海拔 200~800 米，中部平原平均海拔 100 米左右。

位于鄂豫两省交界地区的桐柏山，主脉自西北斜向东南，面积 2341 平方千米。桐柏山脉在随县北部有两支：一支由太白顶向东南至二妹山，另一支由七尖峰向东南至西九里山。太白顶海拔 1140 米，为桐柏山主峰。著名的淮河即发源于太白顶西北侧河谷，为随县与河南省桐柏县界河。经随县境河段长 35 千米，流域面积 686.6 平方千米。淮河和秦岭一线被称为中国的南北方分界线，而随县正处在这条分界线上。

因此，随县也就成为中国南北气候的分界线。我国北方以温带季风气候为主，随县以北的黄河中下游地区为暖温带，我国南方地区主要属于亚热带和热带季风气候。随县属北亚热带季风气候，它不同于北方的温带；和南方亚热带相比，它又有点偏"北"，其过渡地带特点是很明显的，这也正是南北气候分界线的主要特征。

气候要素主要有四季特征、日照、气温、降水等。一般来说，我国南方夏季较长，冬季较短；我国北方则冬季较长，夏季较短。而随县夏季、冬季都比较长，夏季达 4 个月时间，冬季将近 4 个月。秦岭—淮河以北年平均日照时数在 2200 小时以上，秦岭—淮河以南年平均日照时数在 2000 小时以下，随县为 2060 小时。秦岭—淮河以北冬季(以 1 月为例)平均气温在 0℃ 以下，秦岭—淮河以南冬季(亦以 1 月为例)平均气温在 0℃ 以上，随县 1 月平均气温在 1.6~2.7℃。秦岭—淮河以北年降雨量小于 800 毫米，秦岭—淮河以南年降雨量大于 800 毫米，随县年降雨量为 800~1300 毫米。通过这些气候要素，亦可清楚地看出随县正处在我国南北气候的分界线上。

随县也是我国南北水系的分界线。发源于随县北部的淮河正好位于长江与黄河两条大河之间。黄河流域汇集了 40 多条主要支流和 1000 多条溪川，是北方最大的水系；长江流域则是南方最大的水系，河川径流量相当于 20 条黄河。总的来说，随县以北的河流水量较小，汛期较短，河流有结冰期；以南的河流则水量大，汛期长，冬季不结冰。所以北方河流大多叫河，如黄河、渭河、塔里木河、柴达木河，而南方河流大多叫江，如长江、珠江、漓江。一般说来，江的水流量会比较大一些，河道较宽阔，浅

滩比较少，水也深一些，一年四季变化不会很大；而河在夏季水量会很大，冬季则有可能会断流，地表径流的情况不太稳定。

随县还是我国南北农作物的分界线。中国北方主产小麦、玉米、高粱、大豆、棉花等，这是因为北方干燥少雨，水资源相对不足，故多种植旱作物；南方则以水稻为主，这自然是因为南方降雨量多，水资源较为充沛，故适宜水稻生产。随县由于处在南北分界线上，通常讲，南方的水稻、柑橘来到这里则不再北上，北方的麦粟、苹果走到这里也不再南下，而随县却兼得南北之利，南方和北方的主要农作物在此均得以充分种植。

随县三里岗冷皮垭新石器时代遗址发现的谷物标本，表明四五千年前这里就有水稻种植。至春秋时，已是原始农业较发达的地区。清末至民国时期，中等田每亩产稻谷200千克。中华人民共和国成立后，通过不断改革农业技术，改善生产条件，水稻单产大幅度提高，1995年出现一季中稻单产过吨的高产典型。

随县小麦区划为南北冬麦区。南方冬麦区小麦生长期一般在180天上下，北方冬麦区则在230天以上。随县冬小麦生长期为210天左右，更接近北方冬小麦区的生长时间。生长时间长，有利于提高小麦的面筋质，小麦品质好。

随县农作物多为一年两熟制，盛产粮食，素有"鄂北粮仓"之称，曾被列为湖北省商品粮生产基地县（市）之一。随县农作物一年两熟制的另一种耕作形式是麦棉两熟。随县植棉历史悠久，清同治八年（1869年）出版的《随州志》中有"随地户种木棉，人习为布，秋熟后贾贩鳞集，随民多恃此为生计"的记载。中华人民共和国成立后，随县常年植棉20万亩左右，收购籽棉2500余万千克，被国家列为"全国优质棉生产基地""出口棉供货基地"。

第二节　大洪山山脉的独立性及其融合性

大洪山位于随县西南，汉水东岸，自西向东绵延于楚中北6县市，它是湖北省唯一的独立内山。汉水流域多高山峻岭，但均属于秦巴山脉的延伸，唯大洪山似从天而降，无宗无脉，面积1754平方千米，处平原众阜之中，为诸岭之秀。

清康熙年间，"圣祖召各省直大臣所绘名山图进呈御览，尔时湖北以大洪山及太和山（武当山）二图上，合天下所上之图，共百有二十"。大洪山排名于武当山前，是因为大洪山山脉皆在湖北境内。武当山山势虽盛，但属于秦巴之余脉。荆山山势巍峨，也盛于大洪山，还是荆楚文化发源地，然而，它仅是秦巴余脉之余脉，连名山也没能列入。

中国地理得益于喜马拉雅造山运动。大洪山就在喜马拉雅造山运动中形成，矗立在汉水中下游的南襄、江汉两个盆地之间。它是两个盆地之间的一道重要屏障，也是联系两个盆地的一条纽带。南襄盆地和江汉盆地分别属于黄河和长江两大流域，对各自的中下游具有驾驭态势，因而大洪山就显得格外重要。大洪山被称为褶皱断块山地，这正是它的融合性的体现。一般来说，褶皱山多连绵逶迤，断块山多险峻奇特。大洪山兼具褶皱断块山脉特点，这是地球的构造作用造就了它的奇特地势和复杂地形，大洪山千米以上山峰仅有 8 座，依次而下是低矮山丘、陂陀岗地。

大洪山的主峰宝珠峰，海拔 1055 米，这在远古时期显得极其珍贵。远古时期生产力低下，最好的生存地形，不是难以攀越的巍峨高山，也不是水患频繁的奔涌江河，更不是一片沼泽的平原，只能是像大洪山这样可以亲近的山地。这也是人文始祖炎帝神农诞生在烈山的原因。但随着人类生存能力的提高，便寻求更多样的生存方式，人们走出山地丘陵，走向平原盆地，走向江河湖海。

因涢水发源于大洪山北麓，大洪山亦名涢山，汉代又名绿林山，两汉间著名的绿林大起义就爆发在这里。大洪山主峰宝珠峰上有 3 座小峰，东为钟楼峰，南曰鼓楼峰，北名舍身崖。与西之悬钩山（俗称唤狗山）、南之斋公崖（亦名笔架山）鼎立耸峙。其下 5 里许为洪山寺，寺前有大湖，故唐时大洪山又名大湖山。大湖里的水来自白龙池，南溢 5 千米至剑口，为富水之源；东北有黑龙池，是均水之源；西南有黄仙洞，元初曾为州治。

大洪山脉的独立性及其融合性，造就了其"一山分四季，十里不同温"的气候特点，夏季平均气温 25.9℃，是避暑疗养之地。大洪山森林茂密，景色壮丽，动植物资源丰富，盛产香菇、木耳、金龟和药材。

大洪山雄镇荆襄，历来为兵家必争之地。王莽"新朝"时绿林军于山屯兵，晋、南北朝、南宋、元等朝皆有乡人据山反抗官府，明末李自成和清代太平军、捻军、白莲教义军及赵邦璧起义军均转战于此。土地革命战争时期，中国工农红军在大洪山开展了游击活动；抗日战争中，李先念、陶铸、陈少敏等在大洪山地区领导民众抗击日、伪军；解放战争时，中国人民解放军江汉军区司令部驻洪山，指挥部队解放了江汉地区。

第三节　古树群落

随县有山林面积 600 余万亩。随北林地多岩石，森林多在沟冲土层较深处，呈块状分布。随中丘陵土质瘠瘦，旧为荒山集中区域。随南土地肥沃，森林茂密。树种240余种，其中有中国特产树青檀、山拐枣、香果树、牛鼻栓、银杏。乡土树种最常见的为落叶阔叶树，以马尾松和栎林分布最广。

随地古时森林繁茂，据明定陵的文物记载，墓中棺木所用楠木取自大洪山。又据清同治《随州志》载"元贞元年，野蚕成茧亘数百里"，足见当时栎类树种分布广泛。随北界碑口一带，长林丰草，一望无际。由于战争、山火和大量采伐，森林资源受到严重破坏。民国时期，森林面积比明清时缩小，约280万亩，覆盖率占27%。年采伐量约300万株左右。荒山增多，面积计270万亩。森林的形成，依赖"飞籽成林"。

中华人民共和国成立后，随县人民政府先后有建设科、林业局管理林业生产，将林业纳入国民经济发展计划。实行"自采、自育、自造、自营"方针，组织人民造林。至1983年县、市合并（1979年11月从随县划出城郊成立随州市，县、市分治；1983年8月，随县并入随州市）时，累计人工造林保存面积140余万亩，有林面积432万亩，森林覆盖率为41.2%。1999年，森林覆盖率达到54.06%。人工起源林与天然起源林的比例为1∶2。林种分为用材林、薪炭林、经济林三类。

随县古树以银杏、柏树居多，松、栎、枫香、桂花等树次之。树龄一般在100～500年，有些已逾千年。著名的古树群落有古板栗树林、古枣树林、古黄荆林、古银杏林。

板栗与桃、枣、梨并称随县"四果"，主产随南、随北山地。随县著名的古板栗树林在随北淮河镇，淮河镇因淮河流经境内而名之。它是千里淮河的源头区域，流经该镇的淮河主干道长约25千米，另有淮河支流9条。板栗古树群位于龙凤店村11组谢家塆，占地约1180亩，大小板栗树6000余株。树龄300年以上的200多株，占地60余亩；百年以上的400多株，占地近200亩。与其他地方相比，这里的板栗生长期长，每年9月末10月初才可收获，果粒满、味道甜、耐储藏，可存放经年而不长虫。曾有干果专家就这里的板栗不长虫的原因进行过研究，认为与当地三面环水（淮河）、一面连山的独特地理环境和气候有关。淮河镇政府于21世纪初叶会同随县林业局将谢家塆古板栗树群纳入生态保护红线，将百年以上古板栗树分别实行挂牌保护。

著名的古枣树林在随县大枣主产地唐县镇。位于随西的唐县镇，周时曾为唐国，其爵位与当时的随一样，都是侯。但有些典籍记载为公，爵位又似乎高于随。唐后来为楚所灭，其地入楚，后并入随县。唐县镇华宝山村所产大红枣久负盛名。华宝山是后人为了纪念春秋末期唐国义士华宝，而将其战死之地命为此名的。大约在公元前

506 年唐成公执政期间，唐成公拜见楚王。楚令尹子常私下向唐成公索要所乘骕骦马，遭拒，便软禁唐成公于楚。唐国义士华宝冒杀头之险偷出骕骦马交于子常，成公遂得以回国，两国于是结下不共戴天之仇。此事在《左传·定公三年》有载。公元前 505 年 7 月，秦楚联军围攻唐国都邑，唐成公、华宝俱战死，唐遂灭。华宝战死之地被称为华宝山，一直沿用至今。

华宝山村境内有古枣树 5000 多棵，树龄多为百年以上。"有塆就有枣，无枣不成塆"，在华宝山村的各个自然塆，村民的房前屋后，野外的田间地头，都生长有高大粗壮的古枣树。唐县镇政府成立华宝山风景区，依托华宝山独特的地形地貌和古枣树群落，打造乡村休闲观光旅游基地。因为有华宝山村古枣树群落，唐县镇遂被誉为枣乡。

黄荆，在随县俗称为黄荆条，境内山区、丘陵普遍生长，是随县著名的土产之一。随县黄荆条生长笔直、粗细均匀、柔软坚韧，农民多用于编织菜筐、果篓、土篼等生产、生活用具。另外，荆条花还是很好的蜜源植物，于是随县养蜂业兴盛，1978 年曾被湖北省列为蜂蜜生产基地之一。随县黄荆古树群落位于随西南洪山镇王台村夒峰山，是随州作家、学者一行 10 余人在洪山镇采风时意外发现的。夒峰山黄荆古树群落面积超过百亩，多数黄荆树树干高达 3 米以上，直径超过 10 厘米，一些根苑裸露在外，遒虬延展很是壮观。黄荆树本是天生矮小的灌木树种，俗称"千年锯不得板，万年架不得桥"，其生长是非常缓慢的。当地林业部门称，夒峰山古黄荆林树龄多在 100~200 年间。

著名的银杏古树群落位于随南洛阳镇。银杏又名白果，能入药，其树纹细质坚，宜制家具。随地为湖北省白果重要产地，历年出口量占全省出口量的四分之一。银杏树主要分布在随南洛阳、三里岗、柳林 3 镇，计 1 万余株，其中古树颇多。洛阳镇古银杏群落是全国 14 处古银杏群落之一，被国家林业局命名为"中国银杏之乡"。

据 1996 年随州市（县级）政府组织调查发现，全市有 100~300 年古银杏树 4077 株，其中洛阳有 2329 株，占全市的 57%；全市有 300~500 年的古银杏树 205 株，其中洛阳有 173 株；全市有 500~1000 年的古银杏树 170 株，其中洛阳有 123 株；全市有千年以上的古银杏树 97 株，其中洛阳有 56 株。由此可见，洛阳镇是全市古银杏树最密集的地方，其中永兴、胡家河、张畈、九口堰、小岭冲 5 村古银杏树最多。

2007 年 9 月至 10 月，随州市（已升格为地级市）在洛阳镇永兴村举办首届银杏文化旅游节。2009 年，湖北玉龙公司投资亿元打造千年银杏谷景区，吸引了湖北周边省市大量游客。

从胡家河村至永兴村，是千年古银杏群落最集中的区域，古木参天，绿荫连绵，褐枝黄叶，五光十色，形成十里画廊。胡家河和永兴古银杏树之所以多，与这两村古时有几家名门大户有关。过去，大户人家讲究风水，视银杏树为长寿树、福荫树，喜在庭院、祠堂附近种植。永兴村主要有周姓、张姓两家，分别建有周氏祠和张氏祠。他们的先祖于明朝初年迁居于此，此地的古银杏树应该是周、张两家先祖所植。现今还流传着当年大户人家有人在外地当官、带回银杏种子的故事。周氏祠因在中华人民共和国成立后改为学校，后又改为粮库，才得以保存至今。那株被称为"五老树"的古银杏树就在周氏祠附近。胡家河村的古银杏树也应该是居住在这一带的大户胡家、王家所栽。据胡氏族谱记载，胡氏祖籍在江西省南昌府南昌县大栗树村，于明洪武"二年迁入随县南乡圣里三甲磨羊畈"，"又三年乃稍向北移落籍于圣里二甲燕子塆，于是安居乐业，世守斯土"。因这一带胡姓和王姓为大户，在 1949 年前地名曾叫"王胡家河"。现存的胡氏祠建于清乾隆壬子年（1740 年）。1937 年还曾建一新祠，中华人民共和国成立后作为"四旧"予以拆除。旧祠因一直作为粮仓使用而幸存下来。

随县在 1958 年大炼钢铁时，很多古树被砍伐作为炼钢燃料，银杏因为树枝燃烧火力小，而且烧后即成灰，不存木炭，所以不适合做薪柴。银杏树木本身的这一特性，让它逃过了那场灾难性砍伐。

第四节　冲、沟、涧、潭形成的垴、塝、畈、滩的农业自然地貌

随县地势由南北渐向中部微缓倾斜。南、北、西部为海拔 200 米左右的低山丘陵，中部为海拔百米以下的陂陀岗地，东南一隅为海拔 60 米左右的平川。最高点为北部太白顶，海拔 1140 米；最低点为东南涢水出境处的河床，海拔 47 米。

境内地形分为 5 大区：第一区分布在草店东北及西北部祖师顶、玉皇顶、双峰、三道河一带，为花岗岩体，山谷高深，山坡几乎没有坡积物，属花岗岩低山丘陵地形。第二区分布在太白顶以南的合河、天河口、王子城、东王庙一带和万和、高城、吴山、封江口一带，山坡植被覆盖，堆积物洪积物发育，此区北部属中低山地形，向南部过渡为低山丘陵及丘陵地形。第三区是侵入在太古代桐柏群和元古代应山群的一套变质岩系中的基性岩及超基性岩体，如辉长岩、辉绿岩、角闪岩、玄武岩、细碧岩等，风化后，山顶浑圆成馒头状，冲沟凹谷形阔，坡积物发育，属丘陵地形。第四区位于万福店、华宝、厉山、澴潭、均川、新街、尚市一带，属丘陵地形及低丘岗地地形。第五区位于涢水、㵐水、溠水等河流及其支流沿岸，地势平坦，水网发育冲积物厚度大，

属平原地形或准平原地形。

随县号称"七山一水两分田"。因为境内山冲逶迤、沟壑纵横、涧溪密布、水潭众多，所以形成了多垴地、塝田、畈田、滩地的农业自然地貌。

垴地是指小山丘上的耕地，也称为山坡地。垴地除在第五区较少外，其他各区都比较多，尤其是第一区和第二区最多。垴地土壤质地轻，砂性大，砾粒多，土层较薄。中华人民共和国成立后，随县人民采取平整土地，变坡地为梯地，加深耕作层，增施有机肥料，提高土壤肥力等措施，较好地改善了垴地的生产条件。

畈田，也称平畈田，多为高产稳产农田。除第一区较少畈田外，其他各区都较多，尤以三、四、五区为多。畈田土壤熟化程度高，耕性良好，是随县农田的精华。

塝田，是指高于平畈田的田地，介于垴地和畈田之间。除第五区较少塝田外，其他各区都很多。塝田的生产条件也是介于垴地和畈田之间，比垴地好，比畈田差。农民通过种植养地作物改善塝田土壤，流传有"猪粪红花草（红花草即紫云英，为豆科绿肥），农家两个宝；草子种三年，坏田变好田"的农谚。

滩地，也称河田，主要集中在第五区。种河田，有风险，时常被淹，若遇上发大水，可能颗粒无收，但若是大旱之年，河田就远胜于其他田地了，会获大丰收。随县有"喂母猪，种河田，逮住一年当十年"的农谚。

第五节　无客水地貌对农耕文明的影响

随县地处府河（涢水）上游，为封闭流域，无客水过境。涢水源于大洪山灵官垭，境内流域面积5528.5平方千米（系老随县面积，含今曾都区，下同），主要支流有均水、浪河、漻水、㵐水、漂水。随北、随西南部分溪流注入淮河、漳河、大富水，其流域面积计1460.5平方千米。以上水系计有长流河139条，分布均匀，但均系源头。因山高坡陡，汇流迅速，汛期河水会泛滥成灾，水去则会成旱。

一般说来，水灾造成的损害甚于旱灾，远古时期由于生产力低下，洪涝灾害给人类的威胁自然会更大。随地由于无客水过境，水灾倒是很少发生，所以更适宜远古先民居住，这也是神农部落在这里聚集和生活的重要原因之一。炎帝神农在随地制作耒耜教民耕种、遍尝百草发明医药，开创了中国原始农耕文明。

直至隋唐时期，随州水灾很少，旱灾也不多。随州著名学者包毅国曾根据《中国救荒史》有关记载，对隋唐326年间的随州灾害情况和全国情况作了一番比较：随州在

326 年间，共有 2 次水灾，10 次旱灾，平均 163 年一次水灾，32.6 年一次旱灾。而全国平均 2.7 年一次水灾，2.4 年一次旱灾。随州在隋唐时水灾少，自然还是因为无客水过境；旱灾不多，则是因为当时生态较好、雨水频降的原因。

进入晚清以后，随州或随县（民国时期易州为县）水、旱灾发生频率明显增密，据 1988 年出版的《随州志》记载，自 1840 至 1986 年 146 年时间里，随地共发生水灾 50 次，平均 2.9 年一次；发生严重旱灾 46 次，平均 3.2 年一次，至于一个月以上的干旱，则是三年两遇。

旧时随县民间既有祈神求雨之风，又有兴修水利之举。传统蓄水御旱办法有兴建堰塘、扎垱引水、龙骨车提水等。明清时已有"九陂十八湖"等蓄水工程，民国年间修建了一些小塘小堰，但不能抵御较大旱灾。1949 年随县有堰塘、垱坝 10.8 万处，总蓄水能力 18412 万立方米，有效灌溉面积 36 万亩，占总耕地面积的 26.1%，旱涝保收面积 17 万亩，比清末增长 3%。

中华人民共和国成立后，随县人民政府实行"以蓄为主，蓄、引、提相结合"的治水方针，开展长期的大规模农田水利基本建设。至 1985 年，随地累计兴修水库 518 座，其中大型 6 座，中型 16 座，小（一）型 47 座，小（二）型 449 座。另外还有堰塘 10.63 万口。还建有引水工程 4 处，提水工程 254 处。初步形成了以大中型水库为骨干，以堰塘为基础，大、中、小相结合的水利工程体系，有效灌溉面积达 132.5 万亩，占总耕地面积的 85% 以上。除灌溉外，还发挥了防洪、发电、养鱼等综合效益。

参 考 资 料

1. 清同治八年《随州志》整理工作委员会：《随州志》，湖北人民出版社 2013 年版。

2. 湖北省随州市地方志编纂委员会：《随州志》，中国城市经济社会出版社 1988 年版。

第二章 建制沿革

随县地处荆豫之交，北凭桐柏山缩毂中州平原，南依大洪山屏障江汉，其间随枣孔道岗岭纡盘，"险阻如兵家诡伏奇计"，故有"中原之枢，江汉之塞"称誉。《读史方舆纪要》称随"顾瞻河洛，指臂淮汝，进可战，退可守""实为要地"，历来为兵家瞩目，其战略地位十分重要。历史上南北经济、文化也大都通过南阳盆地经随枣走廊交往。

随之国家初创，当在夏商时期。中国历史上最初的国家夏王朝在桐柏山地区初现雏形，三苗的一支即盇山氏或曰厉山氏就在随地成为夏之封国。西周时，随为侯国，实行"曾随合一"的政治体制，有"汉东之国随为大"的称誉。战国末，楚灭随建县。尔后各朝其或为郡或为州或为县，而随之名未变。中华人民共和国成立后，随为县建制。1979 年 11 月，以县城关镇和城郊公社大部地区建立随州市（县级），县、市分治。1983 年 8 月，随县并入随州市，为省辖县级市。2000 年 6 月，随州市升格为地级市，组建曾都区，管辖原随州市行政区域。2009 年 5 月，从曾都区划出 18 个乡镇恢复重建随县，县城设在厉山镇。

第一节 特殊地理位置对政治、军事、经济、文化的影响

随县地理位置的确特殊。它北连中原，南接江汉，中部是一条西北—东南走向的狭长孔道，称之为随枣走廊，这是古今南北交往的一条重要通道，素有"荆豫要冲""汉襄咽喉"之称。《读史方舆纪要》云："随北接黾厄，东蔽汉沔，介襄、郢、申、安之间，实为要地；义阳南阳之锁钥，随实司之；其山溪四周，关隘旁列，几于鸟道羊肠之险，用武者所必资也。"

这段话讲述了随之战略地位的重要性。正因为如此，中国历史上历代政治家、军事家都非常重视掌控随地，而随也自然对中国历代政治和军事给予了较大影响。

殷商时代，随地是商王朝的重要疆域，它成为殷人南征的要道，也是他们往来江汉的必经之地。商王朝自仲丁以后，"弟子争相代立"，都城屡徙，曾一度中衰，出现

了"诸侯莫朝"的局面。这里面就包括地处南土、当时被称为"荆楚"的一些诸侯。商王盘庚迁殷以后，社会逐渐稳定，殷朝复兴，诸侯来朝，但"荆楚"却仍然不朝不贡，于是在商王武丁时，便发起了对荆楚的征战。这就是《诗经·商颂·殷武》中所说的"挞彼殷武，奋伐荆楚。罙(深)入其阻，裒荆之旅。有截其所，汤孙之绪"。商在这场战争中的补给线是随枣走廊，包括随在内的汉东地区诸方国是其重要军事补给基地。这在甲骨卜辞中有载："乙未[卜]，贞：立事[于]南，右比[我]，中比舆(举)，左比曾。""乙未卜，贞：立事[于南]，右比我，[中]比舆(举)，左比[曾]。十二月。"这两条甲骨卜辞出自郭沫若主编的《甲骨文合集》第三册，均属于武丁时代，内容相同，各有残缺，可相互弥补。卜辞的意思是说，商王武丁亲率右、中、左三军，在我(噩)、举、曾三个方国的配合下征伐荆楚。这里的曾国即为随国(曾、随系一国二名)。可见欲伐地处南方的荆楚，必须先掌控地处随枣走廊的随国(当时枣阳在曾国范围内)。周王朝建立后，随为侯国。在周王朝所封建的"汉阳诸姬"中，随国是最重要的一个国家。汉阳诸姬的任务是监控西部南部的"蛮夷之国"，拱卫周室。周王朝频繁地对江汉地区诸侯国用兵，随国成为周之桥头堡。楚武王问鼎中原，先攻随，后克汉阳诸姬。楚国灭随，便有了经略中原的戍守重地，为其成为"地方千里、带甲百万"的南方大国奠定了基础。新莽末，绿林军于随南大洪山起义，驰骋全国。历史上南北分疆，往往戍守于随。宋失中原，"岳家军"在随重创金兵，震动京洛。明末，随州是李自成、张献忠农民起义军同明官军的鏖战场地。抗日战争中新四军第五师牵制日军的战略布局、国民革命军第五战区的随枣会战、解放战争初期的挺进大别山，都与随县地理位置分不开。

历史上南北经济、文化大都通过南阳盆地经随枣走廊交往。随枣走廊的东北面为桐柏山，桐柏山是今湖北与河南的界山，是淮河发源地；与桐柏山并列的是大洪山。它们隔开了南阳盆地和江汉平原。远古时代，北方文化从今陕西、河南进入今湖北，首先就是到达随枣走廊，然后再南移；南方文化也是通过这条江汉平原与大洪山南麓交接地带的随枣走廊，输送到今河南。远古时代这两条线路所包含的文化有一个共同点，即农业文化。但是又有不同点，北方主要是粟文化，南方主要是稻文化。商周时期随枣走廊成为中原与长江中下游地区主要运输通道。随国为西周早期分封至汉阳(汉东)的重要姬姓诸侯国，始终控制着随枣走廊。控制了随枣走廊，也就控制了南北运输通道。两周时期，长江中下游的铜矿资源就是通过这条走廊运输到中原的。商周时随国有着深厚的礼乐文化积淀，同时又融合了长江中下游文化和中原文化，这使曾随文化内涵丰富、南北交融，也反过来给南方文化、中原文化一定影响。

第二节　"随，炎帝裔"，国家初创期的文化表征

《元和姓纂》"随"下引《风俗通》曰："炎帝裔，随侯之后。"《路史·国名纪甲》亦谓"随侯，炎裔"，是为"姜姓"。炎帝成为部落联盟之帝后，有国却不称国，而称作神农氏。因其诞生于厉山，卒于厉山，又称为厉山氏、列山氏、烈山氏、连山氏。这些诸多氏族称谓具有同一性，一是因厉、列、烈、连同音也同义，都是来自居住地的地名；二是肯定了炎帝的历史功绩，之所以称神农氏，是因其"能植百谷"。

随之国家初创，当在夏商时期。《路史·国名纪甲》称随侯为姜姓。夏商时期姜姓随国已经见于经典，甲骨文中有"随大方，相四尸"。所谓方，就是方国。在商代，有鬼方、夷方、土方、龙方……它们都是商朝周围独霸一方、实力强盛的国家。随在当时也是一个大方国，因而在祭祖时，可立"四尸"，由相司仪赞礼。《周礼·秋官·司仪》云："司仪掌九仪之宾客摈相之礼。"郑玄注："出接宾曰摈，入赞礼曰相。"祭祀中能"相四尸"的只能是大方国。由这种礼制就可看出随国的气派。

夏文化的起点是禹，传说中的禹根治洪水和征讨三苗都与随有关。《尚书·禹贡》云："（禹）导淮，自桐柏。"随地有关禹到桐柏山治水的遗址至今尚存："禹王登"，又称"禹（玉）皇顶"，系禹王（皇）治水时居住和指挥之所。"禹（玉）皇顶"西有"禹王寨"，寨顶有"禹王庙"。

禹之征三苗，征的其实是炎帝后裔。《舜典》云："三苗，国名，缙云氏之后，为诸侯，号饕餮。"贾逵云："缙云氏，姜姓也。炎帝之苗裔。"禹征三苗，采取的是大规模的讨伐。《墨子·非攻》云："昔者三苗大乱，天命殛之，日妖宵出，雨血三朝，龙生于庙，犬哭乎市，夏冰，地坼及泉，五谷变化，民乃大振。高阳乃命玄宫，禹亲把天之瑞令，以征有苗……有神人面鸟身，若瑾以待，矢有苗之祥，苗师大乱，后乃遂几（微）。禹既已克有三苗，焉磨为山川，别物上下，卿制大极，而神民不违，天下乃静。则此禹之所以征有苗也。"

其实，在征讨之外，禹征三苗还包括与三苗中的一支即嵞山氏联姻。《吕氏春秋·音初篇》云："禹行功，见嵞山之女。禹未之遇而巡省南土。嵞山氏之女乃令其妾候禹

于崟山之阳。女乃作歌，歌曰：'候人兮猗。'实始作为南音。"这是说，大禹"巡省南土"时与"崟山之女"相遇，结为夫妻。据战国时期的《世本》所载："禹娶崟山氏，名女娲。""女娲"当为炎帝之女"女娃"之误。因为女娲在时间上比大禹要早得多，传说中较接近的应该是炎帝之女女娃。学者丁山就在其所著的《古代神话与民族》一书中指出，涂山氏之女是炎帝后裔。通过讨伐与联姻，大禹控制了桐柏山地区，此时的禹集神权、政权于一身，中国历史上最初的国家——夏王朝在桐柏山地区初现雏形，只是它仍然保留了"先王授命"的原始氏族制度特征。在这种国家形式中，三苗的一支即崟山氏或曰厉山氏也就成了随地的夏王朝的封国，所以史书上有"烈山氏之子曰柱，为稷，自夏以上祀之"的记载。

商朝时，随国是商王朝的重要侯国，其文化受到商的很大影响，这从随地出土的商代文化遗存中可以明显看出。1983年考古工作者对淅河庙台子遗址进行了发掘，发现其文化遗存为殷墟一期，其下限延续到殷墟二期。进一步研究发现，庙台子遗址出土的陶器质地、制造方法、纹饰的种类、装饰方法和部位与中原地区基本相同，器类也未超出中原地区的范畴，器物的造型特征也极为一致。所出的扶背平刀与殷墟文化梅园庄一期所出的2式石刀形体相同；凹刀拱背石镰与郑州二里岗遗址3式石镰、藁城台遗址的2式石镰、苗圃所出1式石镰相同。其陶纺轮形状和装饰手法也见之于殷墟。因此，庙台子遗址基本上属于中原文化系统，同时也表现出"南土"自身的一些特点。

第三节　西周"曾随合一"的政治体制

西周时，随国之受封者是统领南土之长，是为"南公"。文献中多有随国的记载，如《国语·郑语》云："当成周者，南有荆蛮、申、吕、应、邓、陈、蔡、随、唐。"但是，与文献记载形成反差的是，在考古出土的青铜器铭文上，却都是有关曾国的记载。自北宋在安陆出土曾侯乙钟后，至今已经陆续在今随州及其附近的京山、安陆、枣阳等地出土了20余批曾国器物。尤其是1978年战国早期曾侯乙墓和2011年叶家山西周早期曾国贵族墓地的发掘，把曾国的历史向前推进了500年，推进到西周早期。目前考古发掘已知的西周时期的曾国国君有曾侯犺、曾侯谏、曾侯中子、曾侯絴伯。

曾国和随国因同处于中国南北文化交汇区中心地段的随枣走廊，可谓不同寻常和扑朔迷离，这就是被史学界关注的"曾随之谜"。目前被学术界广泛认同的还是著名历史学家李学勤的结论。李学勤于1978年10月4日在《光明日报》发表《曾国之谜》一文，主张文献中的随国就是考古学中的曾国。稍后，著名历史地理学家石泉撰文认为，文献中的随国和考古资料中的曾国，时限一致，地望（特别是今随州一带）重合，族姓相同，在现有的曾器铭文和有关随国的史料中又从未见此二者的名称并存，只有将曾与随理解为同一诸侯国的不同名称，才讲得通。

曾、随在姓氏、疆域、年代诸方面均十分吻合，而且曾国国君和贵族墓葬也均在随国故都附近，由此完全可以得出文献中的随和考古中的曾是同一个国家的推论，这也即实行的"曾随合一"的政治体制，"曾"是代指南土的方国，"随"是王室的封号。

第四节　"汉东之国随为大"的文化内涵

随因处于汉水之东，便有了"汉东"的代称，隋朝还曾将其改称"汉东郡"。唐宋诗词中多处出现"汉东"二字，皆指随州，如李白的"彼美汉东国，川藏明月辉"。随州古有"汉东楼"，今有"汉东路"。

《左传·桓公六年》称"汉东诸国随为大"，其主要文化内涵表现在三个方面：

一是随国地域广阔。当时随国东与贰国（今广水）、厉国（今随县厉山、殷店一带）交界，南与郧国（今安陆）、黄国（今钟祥）毗邻，西接楚国（今宜城），北同唐国（今随县唐县镇）接址。国都雄踞涢水之滨。

二是随国国力强。特别是在春秋早期，随侯在深谙治国安民之道的大夫季梁的辅佐下，按照"修国政""亲邻邦"的治国方略，与周边邻国修好，对一意扩张的楚国采取既联合又斗争的策略，如出兵援楚抗吴，迫吴退兵；楚王在危难时曾两次奔随，成王、昭王都到随避过难，从而改善了随楚关系，在较长时间内为随国创造了一个较为安定的外部环境。季梁倡导"君忠于民"的思想，他对随侯提出"夫民，神之主也"，"忠于民而信于神"，"上思利民，忠也，民和而神降之福，故动则有成"。就是说，国君要重视百姓的利益，要处处为百姓着想，减轻繁重的劳役，让百姓有余力从事农业生产，争取五谷丰登，人畜兴旺，老百姓生活水平提高了，得到好处，才会为君王效力，国家才能强盛起来。在季梁的辅助下，不几年时间，随便治理得四邻和睦、各业兴旺、国泰民安，国力大大增强，成为汉东地区与楚抗衡的最强国家。

三是随侯能有效地联合姬姓诸侯实行周武王的战略思想，即防止和牵制南蛮特别是楚国势力向北扩张。随国很快被公认为汉东诸国盟主，随侯也当然地成了他们的首领。随侯与周武王同属姬姓，一直臣服周王朝。作为汉东诸国的最大国家，它确实起到了牵制南蛮尤其是防止楚国北扩的作用。楚国曾三次发兵攻打随国，随国也两次联合盟国进攻楚国，楚国与随国三次结盟媾和。在周朝，随楚在江汉地区抗衡周旋之势影响极大，这是汉东其他任何一个诸侯国都办不到的。

第五节　随县——中国早期县治的设立及其历史发展的连续性

战国末期，楚灭随国，并厉（楚于公元前 569 年灭厉）、唐（楚于公元前 505 年灭唐）地入随，以随为名建县。楚国灭掉随国，将其改建为县，是为中国历史上设县之始。县令为一县之长，由国君任免。

公元前 221 年，即秦始皇二十六年，秦灭关东六国，建立了中国历史上第一个统一的封建王朝，统一了全国的行政建制，实现了"书同文，车同轨"的大统一格局，此谓之"六王毕，四海一"。秦朝打破了周代的分封制，代之以郡县制。权力集中在中央，地方行政机构分郡、县两级。秦时，随沿袭战国末期"县"的建置，仍称"随县"。所不同的是，战国末期的随县直属楚国，而秦时的随县则由郡管辖，它隶属于南阳郡。虽然看起来级别似乎降低了，但随县的疆域范围却得到进一步扩大，曾经的贰国（今广水）被纳入随县版图。

汉代的随地建置因袭秦代。西汉时，南阳仍是郡的建制，随仍是其属县，南与江夏郡、南郡相邻；故唐国地（今随县唐县镇地）为上唐乡，入春陵县；西南大洪山地属蔡阳县。

秦汉时期的随县县界与今天随县的范围当然不能画等号，《后汉书·侯霸传》称随县"县界旷远，滨带江湖"。当时的随县具有十分重要的战略地位。秦汉时，中国的都城或者设在关中，或者设在河洛，都在北方，其南方有广大的土地，南阳郡则是连接皇畿与南方的纽带，而随县则位于南阳郡的南端，处在当时中原和南方的分界线上，很显然其具有十分重要的战略地位，所以在传说中秦汉时期的开国皇帝均到过随县。"三鞭子赶不走的周山"，就与秦始皇在随县赶山塞海的传说有关，它说明撼随县之山很难；汉高祖刘邦到过随县，南宋以前，随地还有"刘季山"（刘邦原名叫刘季）这一山名，《舆地纪胜》对随县古迹的记载，特别提到"刘季山"，其云："在随县东南四十里，俗传汉高祖曾过此山。"光武帝刘秀的出生地就在随枣走廊的枣阳，所以随县有关他的传说最多，"光武创基，兆于绿林"，他到过绿林山（大洪山），也到过溠水源头的随县吴山等地。秦始皇、汉高祖巡游随县，彰显了随县地位之重要，当然也有威加海内、强化中央对地方的影响和控制力的目的。

三国时，随县属魏国。魏文帝曹丕曾分置南阳、义阳，随县隶属于义阳郡，义阳郡属县还有新野、棘阳、都叶等。不久又废义阳郡，随县还隶于南阳郡。

三国归晋后，晋武帝于泰始元年（265 年）复分南阳郡东部 12 县置义阳郡，治于新野，随县为其中之一。太康九年（288 年），随、平林二县又从义阳郡分出，置随郡，领平林县，进封司马整之子司马迈为随郡王。

南北朝宋泰始五年（469 年），改随郡为随阳郡，领瀔西县（故唐国地即今随县唐县镇地，西汉时入春陵县，东汉时春陵县改为章陵县，三国时章陵县改称安昌县，晋时故唐国地从安昌县划出设瀔西县）、西平林县（宋改平林县为西平林县），隶于司州；齐改随阳郡为随郡，安化县（地当今随州市曾都区何店镇）、阙西县（即原瀔西县）属之，隶于司州；梁为北随郡，管辖范围不变，属北司州。宋、齐政权多次将帝王子弟封于随阳郡或随郡：宋文帝刘义隆元嘉二十六年（449 年），封第六子广陵王刘诞为随阳郡王；宋顺帝二年（478 年）改封弟南阳王刘岁羽为随阳郡王；齐武帝萧赜永明元年（483 年）封第八子萧子隆为随郡王。这反映了战乱时期随阳郡或随郡战略位置对于政权建立的重要性。

西魏大将杨忠于西魏大统元年（535 年）攻占了北随郡，在稳定其局势后，将其升格为"州"，任命黄道玉为随州刺史。因黄道玉治随残暴，随州人吴士英等聚集民众奋起反抗，黄道玉被杀。西魏将领权景宣镇压吴士英后，改随州为并州。至西魏废帝三年（554 年）恢复随州名称。

北周时期，杨忠因在夺取随州时所建立的功勋和随州地理区位的重要性，被朝廷封为随国公，"随"因此而为"国"。周武帝天和三年（568 年），杨忠去世，其子杨坚继承了随国公爵位。北周大象二年（580 年），杨坚晋为随王，封于随地建国，领崇业、安陆、城阳、宜人、平靖、上明、淮南、永川、广昌、安昌、义阳、淮安、新蔡、建安、汝南、临颍、广宁、初安、蔡阳、汉东等 20 郡。

第六节　隋朝"隋郡领八县"，嗣后郡、州、县变更频仍

随州是隋朝帝王建国的滥觞之地。581 年，随王杨坚代周称帝，周帝"禅让"的诏书确认新王朝的国号为"隋"。这样，去掉"辶"的隋成了一个国家的专指。

隋开皇初废郡，隋为州，领隋县、灉西县（此为西魏所置灉西，在今随州城北 20 千米处；今随县唐县镇那个灉西县，南北朝时已改为阙西，西魏改为下溠，隋时又改为唐城县）。今随州境内当时还建有安化、左阳、石武、洛平、下溠、厉城、横山、安贵、漳川等县。开皇十八年（598 年）改安化县为宁化县，改左阳县为真阳县，改石武县为宜人县，改洛平县为上明县。大业初废州，改隋州为汉东郡，废灉西县入隋，改厉城县为顺义县，旧顺义县（在今随州城北 40 千米处）和宁化县并入顺义县，横山县并入安贵县，废宜人县，改真阳县为土山县，漳川县并入土山县，以隋、唐城、平林、光化、顺义、安贵、土山、上明等八县属汉东郡。大业末，废唐城县、上明县。

唐武德元年（618 年）改郡为州，隋州属山南道。武德初废土山县。武德二年（619 年）盘踞于洛阳的王世充自立为帝，国号郑。郑国割据的地盘以洛阳为中心，其西与李唐政权对峙；南达襄阳、隋州，与占据江陵的萧铣政权相邻。隋州属于王世充统辖，他任命徐毅为隋州总管。此时的隋州成为王世充的郑政权在南方的屏障。

武德三年（620 年）七月，秦王李世民东征王世充，郑政权的州县官吏纷纷附唐。这年十二月，隋州总管徐毅见大势已去，遂"举州降"。唐初，隋州曾一度改称汉东郡，不久仍复称隋州。武德四年废安贵县，五年废平林、顺义县。贞观十年（636 年）枣阳市隶于隋州。开元二十一年（733 年），分山南道为东、西二道，隋州属山南东道。开元二十三年（735 年），复置唐城县，光化、唐城县属隋州。元和十年（815 年）分山南东道为二个节度使，唐隋邓节度使驻隋州。

五代之后梁、后唐、后晋、后汉、后周时隋为州，属山南东道。后梁乾化三年（913 年）改唐城县为汉东县。后唐同光元年（923 年）改汉东县为唐城县。后晋天福元年（936 年）又改唐城县为汉东县。后汉乾祐元年（948 年）复为唐城县。

宋为随州，隶于京西路。熙宁元年（1068 年）废光化县为镇入随。熙宁五年，京西路分南北两路，随州属于京西南路。南路辖七州，即邓、随、金、房、均、郢、唐，随州名列第二，属于上州。南宋绍兴四年（1134 年），以随及唐、邓、信阳并为襄阳府

路。绍兴五年(1135年)，废唐城县为镇入随。

元为随州，领随县、应山县(今广水市)，与今随州市情况类似。隶属湖北道宣慰司，不久改属鄂州行省德安府。

明洪武元年(1368年)，降随州为县，属黄州府。洪武十三年(1380年)复为随州，辖应山县，属德安府。

清仍为随州，雍正七年(1729年)应山县直属德安府，随州无所领，属湖北布政使司德安府。

中华民国时为随县，1912年民国元年属湖北省，1914年属湖北省江汉道，1927年属湖北省，1931年属湖北省第五行政督察区，1937年后属湖北省第三行政督察区，专员公署驻随县城。

第七节　抗战时期随县多体制政权之区划

抗战时期，日本军队侵占随县县城后，国民党县政府先后迁驻唐王店、漂潭。

1940年12月13日，汪伪随县政府筹备处建立。次年5月1日，汪伪随县政府正式成立。县下设有3个区署。第一区署设县城南关，第二区署设淅河北门外，第三区署设马鞍山朱家塆。区下设联保、保、甲。甲以10户组成。

1940年6月至1944年9月，随县境先后形成随南白兆山、随北桐柏山、随东四望山三个抗日民主根据地，建有随南、信随、应随3县抗日民主政权，共辖14区、53乡，总人口28.5万。

1940年6月，新四军豫鄂挺进纵队司令部、政治部进驻随县洛阳店九口堰孙家大塆。至此，新四军李先念部完全控制了方圆150千米的白兆山地区，在随南建立起比较巩固的敌后抗日民主根据地。6月20日，随南军政各界代表在洛阳店召开会议，选举产生了随南县军政联合办事处，办事处驻洛阳店戴家河，行使县级政府权力。办事处最初的辖区有6个乡，即洛阳店乡、永兴乡、和平乡、紫石铺乡、阁河乡、三里店乡(安陆县境)，之后，很快便扩展为17个乡，地跨随县南、安陆北，面积2000多平方千米，辖区人口16万多人。1941年3月，随南军政联合办事处改设为随南行政委员会。5月，随南行政委员会在洛阳店桥塆召开随南县第一次代表会议，选举产生了随南县抗日民主政府的组成人员。随南县下辖洛阳店、阁家河、古城、柳林4区，4区共辖 28 个乡政权。1942 年 7 月，随南县政府缩小为办事处。1945 年 4 月恢复县政府。

随县东北部的岩子河、朱店一带，与应山县西部连界，北接信随边界和四望山抗日根据地。1943 年 4 月，应随县抗日民主政府在应山成立，辖随县的岩子河、高城、万店、马鞍山、浙河等地。

1943 年春，新四军第五师及地方抗日武装控制了信阳南、随县北、桐柏县南的一片地区，正式形成了信随桐抗日民主根据地。7 月，信随工委组织成立了县级政权组织信随办事处。1945 年 2 月，在随县祝林塔坡寨召开军政代表会议，选举产生了信随县抗日民主政府组成人员。信随县共建 8 个区，其中随县境有祝林、草店、高庙 3 个区。

第八节　新中国成立后的行政体制变迁

中华人民共和国成立后，其仍为县建制，先是隶属湖北省孝感行政区专员公署，1952 年 6 月，改属湖北省人民政府襄阳区专员公署。1955 年 5 月，洪山县(系于 1947 年 12 月从随县、枣阳、宜城、钟祥 4 县划出部分区乡成立)撤销，其所辖澴潭、药山、茅茨畈、长岗店、双河、涢阳等区划归随县。

1979 年 11 月 16 日，国务院〔1979〕269 号文件批准以随县城关镇和城郊公社大部地区建立随州市(县级)。次年 7 月 1 日，随县、随州市分设建制。1983 年 8 月 19 日，国务院〔1983〕164 号函决定随县并入随州市，为省辖县级市，由襄樊市代管。同年 11 月 20 日办公。

2000 年 6 月 25 日，国务院批准撤销县级随州市，设立地级随州市；随州市下辖曾都区，原县级的行政区域为曾都区的行政区域；代管广水市。

第九节　恢复随县建制，县治迁址厉山

2009 年 5 月 5 日，国务院批准对随州市行政区划进行调整，增设随县，县政府驻厉山。同年 7 月，随县正式在炎帝神农故里厉山挂牌成立。从曾都区划出 18 个乡镇恢复重建的随县，其版图面积 5543 平方千米，仍是湖北省第一版图大县，总人口近 90 万人。

参 考 资 料

1. 湖北省随州市地方志编纂委员会：《随州志》，中国城市经济社会出版社 1988 年版。

2. 丁山：《古代神话与民族》，江苏文艺出版社 2011 年版。

3. 石泉：《古代曾国——随国地望初探》，《武汉大学学报》1979 年第 1 期。

4. 王文虎：《随州文化史》，中国言实出版社 2017 年版。

5. 范晔：《后汉书·臧洪传》。

6. 《史记集解·五帝本纪》。

7. 《宋书》卷 36《州郡志二》。

8. 《周书》卷 28《权景宣传》。

第三章 聚落遗址

中华人民共和国成立后，随县在工农业生产建设中发现聚落遗址较多。据文物部门 1983 年统计，有石器时代遗址 30 处、商周遗址 8 处、汉代遗址 21 处。1991 年 5 月，随州市文物普查结果表明，全市古代聚落遗址共有 76 处。

三里岗冷皮垭新石器时代遗址长 800 米，宽 650 米，丰富的石器、陶器与江汉屈家岭遗址文化属同一类型，1981 年被省列为文物保护单位。淅河西花园遗址面积达 15 万平方米，文化层厚 1~3 米，内有石家河文化、屈家岭文化和东周三种遗存。庙台子遗址有商代、西周和东周遗存，是鄂东北地区首次对商周时期文化遗址的科学发掘，具有重大学术意义。安居羊子山遗址的发掘，对确定古鄂国都城地望提供了重要信息。

"随"的名称源于远古氏族。随氏族尊崇兕(独角兽)并将其作为氏族图腾。至今随县每有大型庆祝活动，都有独角兽的出场。随县厉山是炎帝神农故里，厉山镇西九龙山(亦称烈山)今尚存神农洞，据传为炎帝神农诞生地。明代随州知州阳存愚刻立的"炎帝神农氏遗址"碑至今仍矗立在神农洞旁。从 2009 年开始，每年的农历四月二十六(炎帝神农诞辰日)均在厉山举办"世界华人炎帝故里寻根节"，这对形成中华民族的凝聚力和文化认同感有不可忽视的作用。

1978 年春夏之交，随县曾侯乙墓出土了一整套青铜编钟，其外观雄伟，结构精良，音色优美，音域宽广，12 个半音齐备。它的出土，充分显示了我国先秦时代在音乐文化和金属铸造技艺上的高超水平，是我国音乐史上的空前发现，也震惊了世界，随县因此而成为"古乐之乡"。

第一节　冷皮垭、西花园新石器遗址的文化价值

位于随县南部的三里岗冷皮垭新石器时代遗址，与屈家岭文化属同一类型，距今约 4700 年。在冷皮垭新石器时代遗址中，除发现石斧、石镰等生产工具外，还发现了一件奇特的黑色陶斗。斗柄上有一幅北斗七星图像，以 7 个透雕的小圆孔组成斗勺状，酷似北斗七星。据有关专家研究，甲骨文中关于鸟星和火星的记载，曾是我国天文学

的最早资料。冷皮垭遗址出土的斗柄上的天文图像，不仅把我国天文学历史提前到史前时期，而且是迄今为止世界上发现最早的天文资料。这一发现说明当时的随地原始农业已进入相对繁荣的阶段，人们能够根据气候的变化，种植季节性很强的水稻和其他农作物。传说中的炎帝神农虽然稍早于冷皮垭文化时期，但冷皮垭遗址的发现说明，炎帝神农在这片土地上开创农业文明是完全有基础的，不可能是毫无依据而编造的神话。就像《圣经》传说的故事一样，后来被考古资料得到一一证实。

西花园新石器时代遗址位于淅河镇西花园村的北面。1983年秋季，考古工作者对其进行了发掘。

西花园新石器遗址包括东周、石家河文化和屈家岭文化三个时期的遗存。考古工作者认为，石家河文化是一种新的类型，是直接继承当地屈家岭晚期文化而发展起来的一种新文化。叠压在遗址最下面的是屈家岭文化层，分布较为普遍，由于大部分堆积在潜水面以下，发掘困难，出土文物较少。

西花园遗址主要有以下特点：一是当时社会已经出现贫富差别，出现剥削和压迫。在石家河文化中期遗存中，发现灰坑6座、墓葬30座，其中在编号H5的底上，发现有一具人骨架弃置其上，仰身直肢，头北脚南，面向西，无随葬品，当是窖穴废弃以后埋入其中的。这种将人骨架弃置在灰坑中的现象，在今河南、河北等省的龙山文化中屡有所见，推测这些人的身份应很低下，可能是俘虏或罪犯。二是农业生产已经相当发达，水稻已经成为主要的农作物。西花园遗址出土了大量的生产工具，如石斧、石刀、石镰、石锛等。遗址中还出土了不少的猪骨，说明生猪已经成为当时主要的家畜之一。遗址中还出土了数量众多的酒器，如厚胎喇叭口红陶杯、长颈壶等，说明当时已经有了酿酒业，且喝酒已经比较盛行。这也说明当时已经有了剩余粮食。三是以纺织为主的手工业相当发达。西花园遗址中出土陶纺轮250多件，尤其引人注目的是陶纺轮图案十分丰富，特别是黑白两色鱼形纹组成的太极形图案令人关注。它起码说明当时人们已经有了阴阳观念，也许他们已经掌握了易学的基本原理。太极图是研究易学原理的一张重要的图像，是中国古代的哲学术语，意为派生万物的本源。太极图据传为上古伏羲氏所作，到了炎帝神农时代又有新发展。西花园遗址中出现太极图，再次说明今随州在新石器时代已经成为人类生活的重要地区之一，也是中国远古文明的重要源头之一。

除此以外，西花园遗址中还出土有玉环、玉珠、陶环等装饰品；出土有用手捏制的小动物，如鸟、羊、鸡、狗等，造型逼真、生动。有不少器物上还刻有不同记号，可能是一种原始文字。考古报告认为：这里"已经有属于父系氏族社会的公共墓地，已经出现阶级分化和阶级压迫的现象。原始社会发展到这个阶段，已经将走到它的尽头，再往前发展，历史就将跨入文明社会——奴隶制国家的门槛了"。

第二节　随氏族、随氏族图腾及民间表演艺术"独角兽"之间的文脉联系

《世本·作篇》载："女娲作簧；随作笙，随作竽。"宋衷注："随，女娲之臣"，明确肯定了"随"系生活、居住在南方的一远古氏族部落，且又是伏羲氏与女娲氏的后裔氏族，他们有着血缘关系。相传女娲氏是盘古开天的中华民族的"女皇"，她同伏羲氏既是兄妹又是夫妻。他们带领所属氏族开创了原始渔猎时代。

古籍记载远古的"随"或"随人"，都是指的"随氏族"。随氏族先民在狩猎、捕捞、采集劳作之后，常聚在一起舞蹈、娱乐，还创造发明了"笙""竽"这两种管乐器。在这之前，女娲氏已经发明了一种口哨吹奏的乐器"簧"。笙、竽的出现，让女娲氏极为欣赏。她令随氏将其与簧合一，进一步创造出一种较完善的管乐器。随氏经过多次试验，将簧哨安装在笙管上，终于吹奏出了悦耳动听的音调。先民们为纪念和颂扬随氏族制作"笙簧"的功德，特将"随，震上兑下"列为神圣至上的六十四卦之一。后史学家们将其形象具体为"足趾为随""随腓而动"，还将"随氏"引申为虞夏建立的"大足国"，因大足先民的足趾形同随民做"笙"的竹管排列状，故称"大足人"为"随人"。

随着狩猎向农牧时代的发展，随氏族先民将野蛮的犀牛类的兕捕获驯养不再宰杀，进而视其为氏族"图腾"加以崇拜。每逢全氏族部落集会庆典，必开展"斗兕"竞赛。竞赛终结驾驭兕的一名优胜者，将受到全氏族的尊敬和爱戴。而取得优胜之兕，先民们称之为"随兕"，人们像敬奉先祖一样倍加崇拜。

《吕氏春秋》载："随兕于云土"，"杀随兕者不出三月（必亡）"。古代的"云土"即古云梦泽周围的高坡地区，汪洋八百里的云梦泽畔唯一的高坡地区是云山，即当今的大洪山。这一地区在远古时代"犀、兕、麋、鹿满之"，其中"随兕"最著名。周昭王十六年（前980年）间，周征伐荆楚，于汉水东岸遇到大"兕"。今钟祥以东大湖山（大洪山）南麓的黄支国进贡大兕于周王室，受到周天子的重赏。

楚庄王曾经率领臣民在云梦泽畔的大湖山的密林深处狩猎，他射中了一头随兕。随兕死后双目圆瞪，蓝光四射。随从的臣民见后惊恐万状，认为灾难必将降临。他们

闻言凡射杀随兕的人不出三个月必死，担心灾难会降落到楚庄王头上。楚庄王也万分恐惧，进而号啕痛哭，后悔不已。他当即命令大臣将射死的随兕厚葬，他自己披麻戴孝送葬，并诏示举国同祭，供奉随兕。楚庄王为自己也为臣民向随兕祈祷，求其保佑，免灾避祸。从此，南方各诸侯国都将"随兕"视为先祖，敬之为天神。相传凡有人偷猎或宰杀"随兕"时，顷刻雷雨交加，狂风大作，作恶者必遭雷劈火烧。每当出征打仗前，各诸侯在绣有"随兕"的旌旗下宣誓，甚至在发起攻击时都齐声高呼"苍兕"。凡照此办理者，一定能战胜对方。后来，"随兕"的神秘化色彩越来越浓厚，家家户户请画师描绘随兕形象供奉，各种祭祀活动也频繁起来，"随兕"又渐渐演变为除邪降魔的化身。至今，随县、随州仍保留有尊崇"随兕"的民俗，只是随兕其名已不复存在，而是用了一个通俗的"独角兽"的名字。

其实，属犀牛类的兕就是一种像野牛的独角兽。在世人眼里，独角兽是一种神兽，而且是一只代表公平决狱的神兽。现代司法部门的办公楼前还摆放着它的巨型雕塑，今随州市检察院的大门前就立有一座。在原始社会里，秩序靠习惯法维持，是非由鬼神决断，故实行所谓"神判法"。这种神判法，南北有一定的差异。《墨子·明鬼》记载了春秋时期齐国国君的一次"神判法"，他以羊触人来决狱断案。而南方则以独角兽触人来论罪处刑。屈原《招魂》云："与王趋梦兮课后先，君王亲发兮惮青兕。"这指的便是楚庄王射随兕的事情，这一"惮"字寓意十分深刻。当年威武的楚庄王亲自发箭射杀随兕时，就已预示了楚国将来的命运。送他楚庄王哀王的谥号寓意也在这里。屈子诗中不提随兕而称青兕，想必此时随国已被楚吞并。招魂的目的，是想召回原来明君之精神，然而那是不可能的，只会使他"目极千里伤春心，魂兮归来哀江南"。

如今，在随县、在随州，每当有大型庆典活动，都少不了"独角兽"的出场。其表演内容和形式是：一条黑布袋罩住头、臂，两臂向上伸直，两手合并于头顶，形成"独角"；再在裸露的肚皮上画出兽头，以双乳为眼，以肚脐为嘴，中间胃部画鼻，胡须是脐下腰间围的蓑衣或麻裙。独角兽与一帮娃子嬉戏玩闹，表现的是一种人与动物和谐相处的关系。

这名为"独角兽"的民间表演艺术存在了多少年，没有人说得清楚。因其一派古风，深得民间喜爱。人与兽融在一起，与楚庄王射杀随兕的故事形成鲜明对比。由此可以看出随县人、随州人对随兕的感情，也可以看出随县人、随州人良好的生态文化观。

第三节　厉山神农洞、神农碑、炎帝神农故里之寻根文化意蕴

炎帝神农生于随县烈山。烈山即今随县厉山。

春秋时期成书的《左传》记载："有烈山之子曰柱，为稷，自夏以上祀之。"意思是说，有位烈山氏的儿子叫柱，是管理种植五谷之神，夏朝以前就祭祀他。

西晋《帝王世纪》说得更为明确："神农氏起列山，谓列山氏，今随厉乡是也。"

北魏《水经注·溽水》更进一步记载："水北出大义山南至厉乡西，赐水入焉。水源东出大紫山分为二水，一水西径厉乡南。水南有重山，即烈山也，山下有一穴，父老相传云神农所生处也，故《礼》谓之烈山氏。水北有九井，子书所谓神农既诞，九井自穿，谓斯水也。又言汲一井则众水动。井今堙塞，遗迹存焉。亦云赖乡，故赖国也，有神农社。"这段话大意是说，溽水至厉乡与赐水汇合，水南面有座山叫烈山，山下有一洞，父老相传说是神农的出生地，所以《礼记》称其为烈山氏。水北面有九口井，诸子百家书记载说神农诞生的那天，九口井的水相通。又说在一口井打水时，其他井水也动荡。如今井已淤塞，遗迹尚存。这里又称赖乡，是古赖国故地，这里有祭祀神农庙宇。

今随县厉山镇，在商代时即已建国，名厉国，亦称赖国（在古代"烈""厉""赖"同音而通用）。两晋南北朝时，为厉乡。厉山镇西九龙山（烈山，亦称列山）上的神农洞，"穴口方一步，容数人"。相传里面有神农所用桌、凳、榻等石器。九龙山东侧的万法寺，据传是炎帝神农的 102 代孙所修，至今仍保存完好。庙门第一厅横匾上的"万法禅师"四字由明代永乐皇帝御笔亲书。明代万历六年（1578 年），随州知州阳存愚刻立的"炎帝神农氏遗址"碑至今仍立在神农洞旁。该碑石基高 18 厘米、长 346 厘米、宽 335 厘米，分两层，上长 119 厘米、宽 60 厘米，下长 133 厘米、宽 77 厘米；碑高 208 厘米、宽 96 厘米，顶为半圆形。

随州市从 1991 年开始举办炎帝神农生辰庆典活动，是为"炎帝神农节"。到 2008 年，连续举办了 18 届炎帝神农节。从 2009 年开始，"炎帝神农节"更名为"世界华人炎帝故里寻根节"。主办单位先后有：国务院台湾事务办公室、国务院港澳事务办公室、中华全国归国华侨联合会、中国文学艺术界联合会、海峡两岸关系协会、中华炎黄文化研究会、湖北省人民政府等。随州市人民政府、湖北省炎黄文化研究会等为承办单位。"寻根节"自然还要继续举办下去，它已成为湖北省最重要的文化活动和最靓

丽的文化品牌。

　　探明中华文化的源头，是文化传承、发展、创新的基础。经过学者们从考古学、历史学、人类学、民族学、民俗学、社会学等角度去探求，目前已经取得了一个重要共识，就是明确了炎黄二帝是中华民族的人文始祖，炎黄文化是中华文化的源头，是中华文化之根。

　　人类进入 20 世纪，经历了两次世界大战和新的工业革命后，世界变化万端，新思想、新事物层出不穷，政治形势也随之发生了翻天覆地的变化。在令人眼花缭乱的各种思潮下，人们不禁思索"我是谁""我来自何方"等问题。1976 年美国黑人作家亚历克斯·哈利写的《根》在世界范围风行并引发寻根热不是偶然的事件，而是有其深刻背景的。《根》的出现，一下子就触发了世界各国、各族人民的寻根热。实质上，这是一场现代史上关于民族、国家的渊源的思考，引起了世界范围内各式各样的"寻根"热潮。

　　80 年代以来，随着改革开放打开国门，中国也兴起了"寻根"热，海外华人华侨带着炎黄子孙浓浓的寻根情结，走进祖国的大门，奔向心仪已久的炎帝等中华民族公认的祖先遗迹遗址进行祭奠。他们急迫地盼望祖国强大，也急切地探视自己的"根"之所在，以寻求精神寄托。

　　从某种意义上讲，祖先崇拜是一种最原始最纯洁的宗教意识。通过理性的寻根，人们便将自己的命运与民族命运、国家命运联系起来。炎帝神农故里随县每年在炎帝诞辰日举行寻根节活动，有助于满足天下华人的精神生活需求，对发展中华文化、增强中国的文化软实力等方面具有深远意义。海外华人赴炎帝神农故里寻根，实际上就是在传承传统文化。寻根热潮所追寻的文化之根，对形成全民族的心理凝聚力和文化上的认同感，均具有不容忽视的作用。海内外华人的广泛接触与交流，有利于增强中华民族的国力与影响力，进而推进中华民族的伟大复兴。

第四节　庙台子遗址、羊子山遗址填补了中国历史典籍中遗漏的史实

　　庙台子遗址位于淅河镇庙台子村的东面，与西花园遗址相距约 0.5 千米。它和西花园遗址都是考古工作者在 1983 年进行发掘的。

　　庙台子遗址堆积主要是商周文化层，商周文化层下面叠压着一层较薄的石家河文化层，再下面即为生土。

第一层耕土层，出土有石家河文化、商周文化的陶片和石器。

第二层战国文化层，出土有大量战国陶片和部分石器、骨器等，并夹杂一些春秋遗物。在第二层下部发现墓葬3座。

第三层春秋文化层，出土遗物较少，有陶片、石器、骨器(卜甲、卜骨、鹿角)、角器等，并零星出土有铜渣、小件青铜器。

第四层西周文化层，灰褐色土，质较硬，含较多红烧土渣块。出土遗物较少，有陶片、石器、骨器、角器和小件铜器等。在此层的上部，发现墓葬1座。

第五层商代文化层，包含物较丰富，除陶器外，还出土有石器和小件青铜器，在第五层上部发现残存红烧土1块，墓葬3座，还发现有房基。

第六层商代文化层，包含物情况同于第五层。本层发现灰坑3个，墓葬4座。

第七层石家河文化层，含较多红烧土碎块。包含物有陶器、石器等。

考古报告认为，庙台子遗址发掘的商代文化陶器基本属于中原文化系统，同时也表现出某些自身的特点，可以看出商王朝控制的范围已达到汉东一带。

羊子山遗址在今随县安居镇羊子山。这是一处东西走向的岗丘，东西长约1000米，南北宽约250米。背风向阳，是古人理想的安息之地。1975年，当地村民在此平整土地时挖掘出古代青铜器鼎、爵、簋、尊共4件，可能出自墓葬。2007年11月，考古工作人员对差点被盗的羊子山一座大墓进行了抢救性的发掘清理。这座编号为M4的墓地出土了一批十分珍贵的青铜器，有方鼎、圆鼎、簋、盘、提梁卣、尊、觯、爵、方彝等共27件，14件有铭文。其中在两件器物上有"噩侯"铭文。根据墓葬形制、器物特征和铭文分析，应属西周早期噩国公室墓。

安居羊子山噩侯墓出土后，今随县境内古代有随、厉、唐三国的定论被否定了，境内多出一个侯国，它就是噩国。"噩"，在历史文献中通常称作"鄂"。据此学界称安居羊子山噩侯墓中的"噩侯"为"鄂侯"。考古工作者推断，安居应是西周早期鄂国领地。

早在殷商时期，就有一个鄂国，封在今山西省乡宁县一带。鄂侯位列"三公"之一，《战国策·赵策三》云："昔者，鬼侯、鄂侯、文王，纣之三公也，鬼侯有子而好，故入之于纣，纣以为恶，醢鬼侯。鄂侯争之急、辩之急，故脯鄂侯。文王闻之，喟然而叹，故拘之于牖里之库，百日而欲舍之死。"其中讲到鬼侯有个美丽的女儿，本来想讨好纣王献给了他，但这美女"不解风情"，与喜欢淫乐的纣王不配合，纣王一怒之下便杀了她。这还不解恨，又把鬼侯也施以醢刑，即剁成肉酱。鄂侯为救鬼侯而犯颜强谏，乃至言辞激烈，结果鄂侯也遭到脯刑，即被杀死制成肉干。司马迁《史记·殷本纪》所述与《战国策》基本一致，不同的是，他称"鬼侯"为"九侯"。

西周立国后，周人令部分殷商旧诸侯四处迁徙，鄂国便是其中之一。唐《括地志》认定鄂迁入今河南邓州南。在今随县安居羊子山墓出土前，也有学者认为鄂迁入了今河南泌阳县西北。其实今河南邓州南和泌阳西北的地理位置相差无几。

到了噩侯驭方时期，鄂国的力量显然比较强大了，而且最初驭方对周王也是比较友好的。有件青铜礼器"噩侯驭方鼎"的铭文记载："王南征，伐角僪，唯还自征，才坏（在坏）。噩侯驭方内（纳）壶于王，乃（祼）之，（驭）方侑王，王休（偃），乃射。驭方（佫）王射。驭方休阑，王宴，咸酓（饮），王窥易驭方玉五瑴，马三四匹，矢五束，（驭）方（拜）手稽首，对（扬）天子不（丕）显休贲，用乍（作尊）鼎，迈其万年永宝用。"意思是说，周王南征角夷，班师途中在噩国与噩侯宴，亲赐噩侯驭方财物、马匹、弓矢。驭方拜谢周王，并做此宝鼎，留给子孙万代。随县安居羊子山鄂侯墓文物证实，这时的鄂国就在今随县安居镇。

大约在噩侯驭方宴请周王并接受周王赏赐之事后不久，噩国与周王室的关系就出现了逆转。根据现藏中国国家博物馆的青铜器"禹鼎"铭文记载："呜呼哀哉！用天降大丧于下或！亦唯噩侯驭方率南淮尸（夷）、东尸（夷）广伐六或、东或，至于历内。王乃命西六师、殷八师：'扑伐噩侯驭方，勿遗寿幼'……"这个铭文显示，噩侯驭方向周王室发起的这次反叛行动不仅动员了本国的力量，而且组织了南淮夷、东夷一同叛周。他们从东、南两个方向向周的南国、东国进攻，并一度抵达"历内"。这引起了周王室朝野的恐慌。周王命西六师、殷八师扑伐噩侯驭方，勿遗老幼，结果，驭方被生俘，噩国公室的老老小小均被斩杀。此后，噩国不再出现于史籍，出土文物中也不再见到比噩侯驭方鼎等这一时期年代更晚的铜器了。

鄂国被灭后，其中一部分原鄂国人南逃，成为后来楚国的东鄂土人（在今湖北大冶鄂王城），还有一部分原鄂国人连同国土被曾国兼并、同化。曾国逐步成为显赫一方的"汉东大国"，都城也曾一度迁至今随县安居。如此看来，今随县安居镇应是湖北省简称"鄂"的源头。

第五节　编钟的出土改写了世界音乐史

1978 年 5 月 11 日，以湖北省博物馆谭维四为队长的考古发掘队进驻随县擂鼓墩。

25 日，全套编钟在擂鼓墩一号墓(即曾侯乙墓)的中室(曾侯乙墓分北室、东室、中室和西室)保持着原下葬时的雄姿展现在考古人员面前。

经历 2400 多年的岁月，编钟仍巍然屹立不倒，只有两件甬钟掉入淤泥中。巨大的钟架为铜木结构，呈曲尺形，下葬时沿中室西壁和南壁放置。钟架长 7.48 米、宽 3.35 米、高 2.73 米。它是由长短不同的 7 根彩绘横梁和 6 根青铜佩剑武士立柱及 6 根圆立柱组成。横梁两端皆用浮雕的龙、凤纹和花瓣纹铜套加固。整个钟架和钟钩由 246 个部件组成，可以拆卸与安装，设计精巧，坚实牢固，气势雄伟壮观。全套编钟的总重量 2567 千克，加上编钟横梁铜套及铜立柱 1854.48 千克，两者合计用铜达 4421.48 千克。一套乐器金属重量如此之大，这在我国古代青铜铸造史上也是绝无仅有的一例。

全套编钟 65 件。其中钮钟 19 件，甬钟 45 件，另有镈钟 1 件，均为青铜铸造。全套编钟依大小、音高为序，编成 8 组悬挂在钟架上。最大的一件甬钟通高为 153.4 厘米，重 203.6 千克；最小的一件钮钟通高 20.4 厘米，重 2.4 千克。

与编钟同时出土的还有 8 件演奏工具，其中"T"字形彩绘小木槌 6 件，圆形彩绘长木棒(长 215 厘米，直径 6.6 厘米)2 根。

到 6 月 15 日，编钟才全部取出墓坑。甬钟钲部发现有"曾侯乙乍(作)持"铭文。镈钟上有 31 字铭文："佳王五十又六祀，返自西阳，楚王酓章乍曾侯乙宗彝，奠之于西阳，其永持用享。"意思是，楚惠王五十六年在西阳得到曾侯乙去世的消息，特铸造了镈钟，在西阳进行了祭祀，这件镈钟供曾侯乙永远享祀。

曾侯乙墓中室同编钟一起出土的还有一套 32 件的石编磬，还有一座建鼓。其他乐器还有：扁鼓、有柄鼓各 1 件；漆瑟 7 具，均为 25 弦；笙 4 件，形状与现今葫芦笙相似；排箫 2 件。

曾侯乙墓编钟的出土，使世界音乐界为之震惊，受到国内外的广泛关注。它改写了中国乃至世界的音乐史，成为中国音乐考古学史上的一次空前发现。

全套编钟音色优美，音域宽广，就其甬钟 45 件来说，总音域跨 5 个八度音程，比现代钢琴的音域两端平均各只少一个八度音程。在中心音域部分约占 3 个八度音程的范围内，12 个半音齐备，从而证明了这套编钟是已知世界上最早的具有 12 个半音音阶关系的定调乐器。它全部音域的基本骨干，是五声、六声以至七声的音节结构。它以"姑洗"为基调，相当于今 C 调，其 bB 音偏高而 B 音偏低，虽不能在十二宫中全部采用七声音阶，但试奏结果证明其旋宫能力达六宫以上，可演奏采用和声、复调、转调手法的乐曲。

全套编钟最具科学价值的就是"一钟双音"。在编钟的鼓部分别有一个正鼓音和一个侧鼓音，相距三度音程。一钟双音早在西周钟上已见端倪，但还很不成熟。曾侯乙编钟则大大超过前人，且运用巧妙、娴熟，反映了先秦时期我国在物理学、声学和铸造学方面的伟大成就。经科学检测，双音的产生取决于合瓦形的钟体。一钟双音的发明和应用，是中国古代乐工师们对世界音乐宝库的重要贡献。

三层不同大小的编钟在音响效果上也有不同。下层的大钟声音低沉浑厚，音量大，余音长；中层较大的钟声音圆润明亮，音量较大，余音较长，而较小的钟声音清脆，音量较小，余音稍短；上层钮钟声音透明纯净，音量较小，余音稍长，钟体大者发音比较迟缓，钟体小者发音比较灵敏。

美国物理学声学权威人士麦克伦十分惊叹地说："曾侯乙钟及其排列方法、命名系统和调律都显示出'结构'上的成熟，复杂的律制与高超的工艺都超过了我们迄今对古代音乐世界一切东西的猜想，不仅其制造的技术水平，而且在哲学、音乐学上所获得的成就都使我们高度钦佩。同时处在公元前五世纪的古希腊，却没有给我们留下任何与之比较的具有音乐价值的工艺品，虽然我们一向习惯于崇拜古希腊。"这段话可算是对编钟做出的完美评价。

曾侯乙编钟所保留的文字资料极为丰富，在钟体、钟架及钟的挂钩上都刻有铭文，大都为错金，长的达 90 余字，短的则为三五个字，总计 3755 字，其中编钟上的铭文有 2828 字，内容为编号、记事、标音、乐律，其中以乐律方面的铭文最多。钟铭所见律名 28 个、阶名 66 个，包括了 12 个半音的全部基本称谓及其异名。

关于 12 个半音，我国传统音乐术语称为"十二律"，最早见于《国语》一书，称之为六律和六吕，六律和六吕合起来成为十二律吕。这些律名和顺序一直被后世承袭沿用。曾侯乙钟铭出现的十二律及其异名共有 26 个，旧传十二律名在曾钟中已见 8 个，4 个律名不见，它说明我国传统的十二律是经历了长期的发展而形成统一律名的。曾国编钟铭文是战国早期的作品，它所记述的十二律，当在春秋时期就已产生。那种认为中国音乐史上由三分损益法所产生的十二律是在战国末年从希腊传来而稍汉化了的理论，是完全站不住脚的。

曾侯乙编钟从理论和实践证明，我国的音乐到了春秋及战国早期，已经发展到了相当成熟的阶段，许多问题还有待深入研究。正如中国传统音乐学会会长、《中国音乐文物大系》主编黄翔鹏所说："从乐学的角度来说，曾侯乙钟、磬铭文好比是曾国宫廷中为乐工们演奏各诸侯国之乐而准备的有关'乐理'知识的一份'备忘录'。其中涉及的音阶、调式、律名、阶名、变化音名、旋宫法、固定名标音体系、音域术语等方面，相当全面地反映了先秦乐学的高度发展水平。我们对它的认识还处在粗浅的阶段，史籍失载的材料在钟铭中占极大比例，待考的问题甚多，汉以后失传、误传的问题也不占少数，都非少数人和短时期所能探讨清楚的。"

参 考 资 料

1. 宋衷著、秦嘉谟等辑:《世本八种》，中华书局 2008 年版。

2. 湖北省随州市地方志编纂委员会:《随州志》，中国城市经济社会出版社 1988 年版。

3. 樊友刚:《名城探秘》，武汉出版社 2014 年版。

第四章　古随文化活体遗存

活体遗存，是相对于地下考古而言的。古随文化之活体遗存，主要体现在三个方面：一是至今还沿用着的地名、物名，如随这一地名就从古代一直沿用到今天，其间经历了随氏族、随国、随郡、随州、随县，建制虽然不同，但随成为始终不易的名称。在今随县境内，古时还曾有过厉、唐等国，后来厉、唐或为县，或为镇，却也是世代不易其名。随县境内残存的古城、山寨这种聚落遗址，体现了过去"居防同一"的功能特点。二是至今还沿袭着的习惯、习俗和生活方式，如随县至今还存在着祭尸的习俗，只是程序比过去简化些罢了。随县的村塆至今仍然保留着农商合一的特点。三是至今还存活着的方言俚语和民间文艺，如炎帝子炎居，"居"在随县方言里念"柱"，这吻合了《左传》中"有烈山氏之子曰柱，为稷，自夏以上祀之"的记载。

第一节　随、厉、唐世代不易其名的符号意义

"随"名称的由来现无确考。一说因随水而得名。《水经注》曰："随水出随郡永阳县东石龙山。"《读史方舆纪要》指出，石龙山即三钟山，在随州东北 50 里。二说因山而得名。《荆州记》曰：随县北界有随山，山有一穴，云是神农氏所生地（按：随山即烈山，系随水发源处）。三说周武王封"随国"，意即跟随王室，服从号令，拱卫周之东南。

近年来，一些学者提出疑问，如果说随名称是因随山、随水而得名，那么随山、随水又缘何叫随？《史记》记载："炎黄，战于阪泉之野，三战，然后得其志。"包毅国先生据此认为，炎帝被黄帝打败了，黄帝分封他为南方的天帝。他为了表示自己臣服于黄帝，便将自己的嫡传部落更名为"随"。这是一个形声中有会意的独特文字，是炎帝行为在语言文字上的反映，《说文解字》释"随"为"从也"，即跟从别人走的意思。

蒋天径先生对"随"的来源作了进一步的探讨，他认为随来源于《连山易》之随卦。《后记三》曰：炎帝神农氏"肇迹烈山，故又以列山、厉山为氏。以八卦为连山易，故亦曰连山氏"。《易经·系辞传》云：古者包牺氏始作八卦，"包牺氏没，神农氏作……

神农氏没，黄帝、尧、舜氏作"，最后发展完善成《周易》。东汉的大儒郑玄研究后得出结论说，由八卦重复编演而制作成六十四卦的是神农氏。而六十四卦中便有随卦。其卦辞是："随：元、亨、利、贞，无咎。"意思是说，随具有根元的、亨通的、利益的、贞正的德性，做任何事都是没有灾咎的。此卦为大吉。六十四卦中，就只有乾、屯、随、临、无妄五卦具有"元、亨、利、贞"的德性，可是除至吉至善的乾（天）卦、随卦外，其他三卦都有凶相。再看随的象辞："随，刚来而下柔，动而说（悦）。随，大，亨，贞，无咎，而天下随时，随时之义大矣哉！"这是说，随卦有上秉于阳刚而谦下于阴柔的象征，动中含有愉悦的景况。它有宽大、亨通、贞正的德性，所以没有灾咎，而且天下的万事万物，都要随时而动。随时的意义，是广大的啊！因此，"随"在具有"元、亨、利、贞"德性的五卦中居中心。随卦如此大吉大利，创作《连山易》的神农氏以随为自己家乡命名，这是最合情合理的事。

据《周书·杨忠传》载，杨坚以随地为根基得天下后，因"随"有随从于人之意而将"随"改为"隋"称"隋"朝，随州易为隋州。唐朝、五代亦然。宋后改回随州。其实，随、隋一直是通用字。

蒋天径先生还对随（隋）的4个本原义项进行了探讨。他认为义项一是陨落。甲骨文中的隋字像人从阜上陨坠之形，郭沫若释堕。"隋"为"陨坠"的这种释义，恰恰应了随县的几个地名。大洪山古名叫陨山，发源于此山的水叫陨水，将"阝"改为"氵"成为溳山、溳水的，是后人所为。为什么叫陨山、陨水？1957年6月，考古学家在随县发现一件陨石打制的石器，经裴文中先生鉴定，确认这件石器是旧石器时代文物，是湖北乃至长江流域最早发现的旧石器。随县有这样的陨石遗址好几处，证明远古时期这一带曾发生过大量陨石坠落现象。先祖误以为大洪山是上天坠落的巨大陨石，故取名陨山。《说文解字》云："陨，从高下也。《易》曰：'有陨自天。'"段玉裁引毛传曰："陨，隋也。"这正好证明陨山即隋山、陨水即隋水。随（隋）之义项二是撕肉祭祀。《汉字源流字典》讲，隋的甲骨文是一人双手揪碎祭品弃置于示（神主）前进行祭奠之状。《说文·肉部》解为："隋，裂肉也。从肉……"但本义是撕肉进行祭祀。在人类文明之初，巫文化占主导地位，神农作《连山易》其主要目的就是用于占卜。隋的这第二义项也许就是它的初义。义项三是祭尸面具。即一种祭祀用的铜制或布制面具。中国古代有"祭尸"习俗。这里的"尸"不是指死人的尸体，而是指古代祭祀中代表死者受祭的活人。周礼规定，天子以大臣为尸，诸侯以大夫为尸，大夫以下以孙为尸。做"祭尸"的人都要戴面具（隋）和穿死人遗留的衣服。庞永臣先生在其《三星堆铜人面像之我见》中说："面具是根据活动需要为扮演角色形象而设计制造的，这在殷墟甲骨文中称为魌，文字造型同直立的人头戴面具。作为祭祀仪式中关键角色的'祭尸'，其面具不同于普通面具，应有专称并列于祀典。根据《周礼·守祧》之职，先王先祖之隋与服是共用于祭尸的。隋在服之前，可证隋比服更重要。隋，从耳从左从肉，左在肉之上，耳在其侧。据此义解，从耳，由于祭尸需要饮食，祭尸面具应便于取戴，戴时应系于双耳部位。从左，祭尸出门左，入门左，席于左，执爵于左。从肉，祭尸的一切活动听命于小祝，形似受祭者，实同肉尸，故名之曰祭尸。因此，'隋'应是祭尸面具的专称。隋者，随也，有所凭依也。在庙依神，在祭依尸。以此解释古礼中'隋'的本义便合乎情理了。"庞先生说得对，"隋"的本义就是"祭尸"用的面具，一种威仪的祭器。这种祭尸的习俗，至今在随县还存在，只是被简化了。在丧葬礼仪上，"坐夜"那晚，要举行"呈服"仪式，孝子、孝孙一应披麻戴孝，跪于丧前，听孝长子读祭文。还有一个讲究，凡与死者有血缘关系的后生，都要剪下衣角放于棺中，比喻后裔多多。此后，要"烧七""叫饭""信香"。尤其"叫饭"，在没有"烧三年满"前，顿顿都要叫，而且好酒好菜先供死者享用后，家人才可上桌吃饭；第一年的正月初一要"信香"，所有的亲戚那天上午必须来到灵前跪拜上香，这叫"亡人为大"，其亡者子女还必须在一边还拜。如此种种，都是古老的祭尸活动的遗风表现。随的第四个义项是脚趾。《易·艮》云："艮其腓，不拯其随。其心不快。"意思是说，止于腿小肚，就拯救不了脚趾，所以心里不快。依据随的脚趾之义，后来便十分自然地引申出顺、从的意思来。现代汉语中有"跟随"一词，跟是脚后跟，随为脚前趾，跟既是形声字，又是会意字，郑玄解艮卦说"艮为山"。据传，《连山易》以"艮"卦为首卦。由此可知，"跟随"就是随酋长上山焚草垦荒，这正是烈山神农氏教人农耕的行为在语言文字上的具体反映。

综上所述，随（隋）的4个义项都具有本源意义，都与敬神的巫文化有关。正因为随的这种深邃的古文化内涵，才使得居住此地的随人，真正体悟到随的灵性，感受到"人杰地灵、物华天宝"的妙处，故而世代不易家乡之名。

在今随县境内，夏商周时期还有两个封建国家——厉国和唐国。与随一样，厉和唐也是两个世代不易其名的符号。

厉，扬雄《方言》称："厉，熟也。"意指庄稼成熟，反映的是神农在厉山开创农耕文明所带来的一片丰收景象。《汉书·地理志》云："炎帝裔为厉国。"清康熙年间所修《随州志·沿革志》云："烈山实厉山"，"厉山实神农之所起也"。嘉庆《随州志》云："烈山氏，神农世诸侯。"同治《随州志》云："炎帝姜姓。姜姓之支国有十三，曰列曰赖。"这就是说，古厉国(亦称赖国，"赖"在《公羊传》中作"厉"，一般认为，"烈""列""厉""赖"在古代同音而通用)是炎帝神农氏的一支。炎帝神农文化，在文化史上属于传疑文化范畴，但姜姓的厉国，在文化史上却是信史。《逸周书·世俘》云："庚子，陈本命，伐磨百韦，命伐宣方、新荒，命伐蜀。乙巳，陈本命新荒蜀磨，至告禽霍侯、艾侯，俘佚侯，小臣四十有六，禽御八百有三百两，告以馘俘。百谓至，告以禽宣布，禽御三十两，告以馘俘百韦，命伐厉，告以馘俘。"这是讲武王征讨四方时，厉也是被征伐的对象。这就是说，在武王之前，即商时，厉就是一个侯国。

厉国的重要活动，在典籍和铭文中并不多见，其可查者目前仅6处而已。铭文记载周、厉关系密切。如"安州六器"之《中觯》说，周公伐虎方时途中受厉国款待。文献记载多反映楚、厉关系，如《春秋》："襄王十七年正月，楚人伐徐，七月齐师曹师伐厉，以救徐。厉实神农之所起也。"《左传·桓公十三年》记载："楚子使赖人追之。"一个"使"字，表明进入春秋之后，厉已沦为楚国的附庸国。最后，厉还是灭于楚，时间在公元前569年。

战国末楚灭随后，并厉入随，以随为名建县，厉则成为随县的厉乡。《汉书·地理志》云："南阳郡随厉乡，古厉国也。"南北朝西魏时期，厉乡升级为厉城县，隶属淮南郡。隋初淮南郡废，厉城县和顺义县合并，属汉东郡。唐初废县入隋州。自此，一直是厉乡或神农乡，中华民国时期为厉山镇。1949年5月，成立随县人民政府，辖26区，厉山为区建制。1858年改厉山区为厉山人民公社。1985年撤销人民公社建制，厉山恢复镇建制。

在汉阳诸姬中，随的爵位是侯，唐的爵位为公(《左传》记载了"唐成公")，其爵位还高于随。春秋中期，唐沦为楚之附庸。大约在春秋晚期，楚唐关系发生裂变。公元前505年，楚军围攻唐国都邑，唐成公战死，唐遂灭。战国末楚灭随后，和厉一样，唐地也被并入随县，成为上唐乡。汉时，上唐乡改属蔡阳县(今枣阳市)。唐时，又成为唐城县。宋时废县入随。中华民国时期为唐县镇。1956年为唐镇区。1958年改为唐镇人民公社。1985年撤销人民公社，恢复唐县镇建制。

第二节　山城传递的历史信息

一、随城山、仙城山与鲧造城郭之说

柳诒徵先生在《中国文化史》中指出，古代部落多兴于山林，"世多谓文明起于河流，吾谓吾国文明，实先发生于山岳"，"如天皇兴于柱州昆仑山，地皇兴于熊耳、龙门山，人皇兴于刑马山"，"君主相传，号为林、蒸"，"唐、虞时诸侯之长尚号为岳"，"是洪水以前及洪水时，民多居丘也"。

随州地域文化专家蒋天径先生在谈"随州聚落演变"时也指出，随州城郭最早建于山上，故而称随城山，又称崇山，为崇伯鲧所建。《世本》载："鲧造城郭。"随城山北十五里处有磉山，传为鲧生禹之地。有史以来，随城就在此二山间演变发展。周封国于随，国都初建于淅河庙台子，考古显示其面积为1095平方米。

蒋先生的观点已得到省里专家的认可。他在其主编的《仙城山史话》中进一步谈到了鲧禹故乡在随和禹鲧布土定九州的问题。

（一）鲧禹故乡在随

《山海经·中山经》曰："又东十里，曰青要之山，实为帝之密都。北望河曲，是多驾鸟。南望墠渚，禹父之所化。"这里指出了禹父所化之地（尽管还有争议），却未能说明鲧为何方人氏，其国都在哪里。众多《山海经》研究者认为，《中山经》所述地名皆荆楚、巴蜀之地，由此可知，鲧殛之地，大概离其国都不远。吴锐先生有一句经典论断："首先从逻辑上说，夏朝作为我国第一个王朝，必然产生于有丰厚的文明积累之地。在夏朝以前，文明积累最丰厚的，我以为是炎帝族系……"炎帝诞生于随县厉山，这已得到学术界的基本认同。

顺着吴锐先生的思路，再从史实上追踪。《尚书·尧典》云舜"放驩兜于崇山"，《史记·五帝本纪》也说舜"放驩兜于崇山，以变南蛮"。随境内有两座崇山，一座为随州南郊随城山主峰，称独崇山；另一座在澴潭镇东，称嵩山，亦称崇山。当年随属南蛮之地，正合吴锐先生之推断。

随州与鲧相关的地名很多。处于市北郊的磉山，与市南郊的独崇山遥相呼应，磉、鲧同音，据传鲧生活于此。《淮南子》云："禹治洪水，通轘辕山，化为熊。谓涂山氏曰：'欲饷，闻鼓声乃来。'禹跳石，误中鼓，涂山氏往，见禹方坐熊，惭而去。至嵩高山下，化为石，方生启。禹曰：'归我子！'石破北方而启生。"丁山先生据此认为"启母石"所在地是河南嵩山。蒋天径先生则认为此嵩山乃随州之嵩山，而且禹娶的涂山氏，涂山应为盍山，这盍山也在随境。他谈了三条理由：一是大禹治水经过随州。《尚书·禹贡》云：大禹治水，"过三澨，至大别"。三澨在京山，是澨水流域的三个地段，澨水发源于大洪山东南的磨盘山。此条证明，大禹确实来过随州。二是嵩山在随州。

清同治八年(1869年)版《随州志》载："嵩山，在(州)西八十里溠潭店之东……山有寺，旧志谓崧山寺，寺前石坡平广，名石台，峭临水侧，水名滋潭，实涢水经流，潭上磐石径丈许，有巨人足迹，相传仙人垂钓处。"后来名气很大的河南嵩山，在春秋战国时还不见经传。《尧典》只有"四岳"之称谓，直到"重祭祀，好长生"的汉武帝才确立了河南嵩山为中岳的地位，而且是突发奇想，以天子之尊而强权命名的。三是盇山在随州。在溠潭之嵩山东南有一条通往大洪山的山道，人称二十四屮。二十四屮的尽头就是盇山，当地人称魁头(盇)山。山下的小集镇叫鲍集，鲍氏人住此也。《通志·氏族略》曰："鲍氏，姒姓……或云夏禹之后有鲍叔仕齐，食采于鲍，因以为氏。"盇山下住着夏禹的后代，这应该不是巧合。

盇山、崇山、嵩山、磻山都密布于随境，而且连共工之臣相柳的遗迹也能在随找到具体位置。《山海经·海外北经》云："共工之臣曰相柳氏，九首，以食于九山。"在随县柳林镇东，有一座山叫十九山，其实也就是八九个山头，相柳当居于此，"以食于九山"，久之，便演绎成一十九山了。

近年公布的战国楚竹书《容成氏》所记商汤伐夏桀，桀败逃亡的最后两站是南巢和苍梧。苍梧即大洪山。《史记·夏本纪·集解》所引郑玄的注解，说南巢是"南夷地名"。吴锐先生认为南巢有可能在荆州。蒋天径先生认为南巢是虚指南方某地，即夏氏祖居故地，有似现代人说的"老巢"。《荀子·解蔽》云："桀死于亭山。"吴锐先生认为，"亭山"可能为"章山"之讹，章山即南巢。《山海经·大荒西经》记汤伐桀于章山还涉及另外一个地名巫山："有人无首，操戈盾立，名曰夏耕之尸。故成汤伐夏桀于章山，克之，斩耕厥前。耕既立，无首，走厥咎，乃降于巫山。"此巫山即随州何店之巫山，属大洪山余脉。发源于大洪山的河流有四条：涢水、大富水、均水和漳水。漳水有一源出自柳林镇寨子山南麓刘仁河，南流至三里岗镇柳林村张家垭，再南流注入郑家河。张家垭，随州人习惯称为张个垭子，这里并无张家大姓，应该是把章垭念走了音。漳水当源于章垭(章山)，汤伐桀于章山当在此。《汉书·地理志》荆州"江夏郡"下列十四县，班固在其中的"竟陵"下注云："章山在东北，古人以为内方山。"即今大洪山脉的中段。《山海经·大荒北经》云："西北海外，黑水之北，有人有翼，名曰苗民。颛顼生骧头，骧头生苗民，苗民厘姓，食肉。有山名曰章山。"

1978年在发掘战国早期曾侯乙墓时，出土了一件五弦琴，上有"夏后开得乐图"，夏后开即夏启。这佐证了钱穆先生"周之二南，乃采自夏人之南音"的判断，也进一步证明了随为鲧、禹的故土。

（二）禹鲧布土，定九州

《山海经·海内经》文本中的最后三段，其经文如下：

> 帝俊有子八人，是始为歌舞，帝俊生三身，三身生义均，义均是始为巧倕，是始做下民百巧。后稷是播百谷。稷之孙曰叔均，是始作牛耕。大比赤阴，是始为国。禹、鲧是始布土，定九州。
>
> 炎帝之妻，赤水之子听訞生炎居，炎居生节并，节并生戏器，戏器生祝融。祝融降处于江水，生共工。共工生术器，术器首方颠，是复土壤，以处江水。共工生后土，后土生噎鸣。噎鸣生岁十有二。
>
> 洪水滔天。鲧窃帝之息壤以堙洪水，不待帝命。帝命祝融杀鲧于羽郊。鲧复生禹。帝乃命禹卒布土以定九州。

三段内容都写到了"布土"。第一段是"禹、鲧是始布土"，第二段是术器（即禹）"复土壤"，第三段是禹"卒布土"。这说明"布土"是两代人的功劳，父子承袭，始于鲧，终于禹。

上述第二段提及的炎帝世系中的人物，几乎都是掌有特殊技能的代表人物。炎帝神农创农耕，这已是世人皆知的事实。其妻听訞，其"听"是用耳朵听声音，"訞"是用嘴巴讲故事或是唱歌曲，证明她是当年语言艺术和音乐艺术的拓荒者。其子炎居，"居"在随县方言里念"柱"，这与《左传》中"有烈山氏之子曰柱，为稷，自夏以上祀之"的记载相吻合。节并，可理解为制竹具。戏器，肯定是做某种器具的，依《说文》"戏，兵也"，那就是制兵器。祝融是掌火的，共工（即鲧）是治水的，术器是"复土壤"的，后土也是平治水土的，噎鸣是搞历法的。这些人都身怀绝技，终生劳苦地去做一件具体的既平凡又伟大的工作。

（三）共工国皆仙人

既然鲧、禹、启的故土在随，就一定有都城在。虽然至今尚未发现帝都的遗址，但发现大洪山北麓有个小集镇叫土门。早年进山，必须打此经过。土门，在古代主要指城门。《商君书·兵守》云："客至而作土以为险阻。"作土，就是修筑土城。

更具有说服力的是，距今4000～5000年的天门石家河文化遗址，正处于大洪山南麓与江汉平原结合部的丘陵地带，是长江中游最大的史前古城遗址，这恰值鲧禹时代。《世本·作篇》云："鲧作城郭。"所谓城郭，是指内城（城）、外城（郭）两重结构。《吴越春秋》曰："鲧筑城以卫君，造郭以守民，此城郭之始也。"在那个"十年九潦"的时代，治水既要卫君，又要守民，造城郭便成了首选举措。然而城墙久经水淹，便会倒塌。于是禹从父亲那里吸取了经验教训，既筑台堵水，又疏川畅流，双重并举，所以他获得了最后成功。但共工筑城卫君、造郭守民的功绩不能抹杀！

共工的功绩一直在民间传颂，张华《博物志》曰："驩兜国，其民尽似仙人，帝尧司徒驩兜氏常捕海岛中，人面鸟口。去南国万八千里，尽似仙人也。"驩兜即共工。由于他治国有方，其民"尽似仙人"，而且距离南国一万八千里内，人们都像仙人一样，既快乐又长寿。随州仙城山属共工国的中心地带，这里的传说故事颇多，当年共工就是在这里筑城护民的。虽然暂时还没发现新石器时代的城址，但随州自古至今却形成了十分丰富的城寨文化。柳林镇古城畈村的古城到底有多古老，考古上还没有定论；随城山也不是因靠近县城才叫随城山，而是因城郭建在山上而得名。独崇山就是"放驩兜于崇山"处。20世纪80年代，崇山上的黑石卧满四周，是否为当年筑城所用，有待考证。后被一些建筑开发商用吊车吊到各建筑工地当了装饰品，至今随州职大的校园内还横卧着几块黑牛石。仙城山以紫石闻名遐迩，山下有一座紫石桥，不远处有一座清筑城，实际上是一个山寨，建筑年代已不可考。随北还有一座王子城，高耸的城墙立在山周围，十分壮观。据初步统计，随州的山寨有200座以上，且建筑别具特色。如今遗址尚存、文化价值较高的有佛山寨、田王寨、天保寨、青林寨、将军寨、千姑寨、穆桂寨等，还有数千处的高台子，如淅河的庙台子、新城的白云台、草店的擂鼓台、洪山的耀武台等。随州的城寨文化还有待于深入研究。

二、古城、古城岗与厉国国都的关系

厉国的地望在今随县厉山、殷店一带。这里正是炎帝神农氏活动的中心区域。虞夏时代"三苗"的一支即厉山氏或盦山氏在此成为夏王朝的封国。据程卫国、吕雄辉合著的《随县民间建筑》讲，"今随县厉山镇沙城村古城岗，该地带有随地都可掘出的青砖、瓦器之类文化层，为一处古城遗址。古城东面有一村坊叫'官厅'，相传是当时古城的县衙门。'官厅'南有一瓦砾地，原为古城东门。出东门二三里地，现王岗飞机场有一古'祭祀坛'，系国王祭祀天地的地方。相传古城在虞夏时代系一小国都城，因城里发生过后生谋杀父亲的事件，犯了伦常，不宜做都城，后迁都到随州，古素有'子杀父，徙城四十到随州'一说。'祭祀坛'后改为'古北坛'，随州历代知县、知州、知府一上任都得到'古北坛'朝拜，举行祭祀仪式。"

程卫国、吕雄辉二位先生讲到的这一小国就是厉国，它的国都在今厉山镇沙城村古城岗。后来因为古城发生了谋杀事件，不宜做都城，迁都到了随州。王文虎先生则认为，厉国迁都不可能迁到随州，那里不是它的领地。"据文物普查显示：殷店镇东郊8里的厉家店有商周混杂的城郭、房基和砖瓦、器皿碎片，被确认为商周时祭祀遗址。这里或许是厉之国都。"但王先生又说，"当然，这只是有待于地下发掘进一步证明的推测。"

地处汉江流域的厉国，虽然是小国，但在文化史上却有重要的研究价值，主要是它并非汉阳诸姬，而是与炎帝神农氏有血缘关系的国家，也就是说，它属于姜姓。《汉书·地理志》云："炎帝裔为厉国。"清同治《随州志》云："炎帝姜姓。姜姓之支国有十三，曰列曰赖。"这就是说，古厉国是炎帝神农氏的一支。从炎帝神农氏又称烈山氏这一情况来看，厉国这一支炎帝神农氏后裔曾经是十分强大的，它强大到天下归烈山，故有"烈山氏之有天下也，其子曰农，能植百谷"之说，但后来厉国却从商从周从楚，最终为楚所灭，因此，厉国文化只能被称作炎帝神农文化的余绪。

三、王子城、高城、鲁城来历之传说

王子城在随县草店镇南3.5千米处，位于著名的杵水关北。杵水关在草店镇与殷店镇交界处，是千里桐柏山脉中重要的交通关口，也是湖北进入河南的必经关口之一。清同治版《随州志》云："东北路通申应，小林店、王子城为要道，杵水关为门户。"

相传，明代王子城这方地域还是一片柳树林，因为地处要道，南来北往的行人都必经此地，大家也都喜欢在此歇脚。一位名叫王子城的年轻人为了方便行人食宿，就在这里开了一家旅店。他为人忠厚热情，服务周到细致。后来，人们为了纪念他，就把这片柳林地命名为王子城。

今随县高城镇位于俄河西岸，过去的名字叫白麻城，位于俄河东岸。白麻城也是有来历的，传说在元朝末年，朱元璋的义军杀遍天下无敌手，可偏偏在湖北遇到对手，就是沔阳人陈友谅。陈友谅很能打仗，加上湖北人心齐，都帮陈友谅，弄得朱元璋赔了许多人马才把湖北打下来，这让他非常恼火。有一天，朱元璋路过俄河东岸的这个小镇，将宝剑丢到一个老婆婆家里了。他想转去找，又怕人家不给；不把宝剑找到，自己又不甘心。最后，他还是决定回去试着找找。

让朱元璋没想到的是，他一返回，老婆婆就把宝剑还给了他。朱元璋想，这老婆婆是好人，不能让手下人伤到了她，就吩咐老婆婆在头上绑些白麻做记号。这样他的部队来了，就不会动老婆婆一根汗毛。

朱元璋走后，老婆婆将他的话一传十、十传百，人们都在头上绑扎了白麻。朱元璋的队伍见状，果真没有动大家一根汗毛。因为白麻救了老百姓的命，大伙就给这里取了个白麻城的名字。

到了清朝道光初年，白麻城出了一个叫高梁振的人。高梁振自幼勤学，熟读五经，文才出众，后考中头名状元，官至丞相。高梁振年过半百时，思念故土，经皇上恩准，回白麻城省亲。他见故乡面貌依旧，便解私囊兴土木，先后建起两庙一寺，即东王庙、曹王庙、高城寺，并在寺庙内外植花草树木；在白麻城境内俄河和杨家河汇合处建起两座桥，还建有一个陶器官窑。反映高梁振为故乡做实事、改变白麻城面貌的民谣流传至今："一里三座庙，三步两座桥，九棵大柏树，一个陶器窑。"当时这事流传到京城，没想到竟然有奸臣向皇帝奏本，说高梁振动用国库资财在白麻城大兴土木，建金銮宝殿，企图另立为王。昏庸的皇帝一怒之下，下圣旨将高梁振五世满门抄斩，还下旨"白麻移城限"，即限期白麻城迁移。于是，杀绝了全城高氏人，新城移至俄河西岸。当时没有取名，直到民国时期，为了纪念高梁振，人们始用其姓氏称新城为高城。现高城老街民居多为民国时期建筑。

今随县唐县镇西部有一条河叫鲁城河，它是溠水的上游。鲁城河因流经古城鲁城而名之。鲁城坐西朝东，占地约 100 亩，方方正正，城墙有 5 米多高，城墙外有宽 30 米、深 10 左右的护城壕沟。据称，古时鲁城为鲁国所在地，当时战争频繁。在一次战斗中，鲁国不幸战败，鲁王的头被敌方砍掉。传说鲁国当夜就下葬了鲁王，因没有头，便用金子制作了一个假头。为了防止盗墓，一夜制造了 24 个鲁王墓、24 个葵花井、24 个莲花堰，以假乱真。由于鲁国是小国，人口较少，军事力量薄弱，无法再战，便归依曾国，鲁国从此消失。鲁国消亡后，原鲁王的部属和亲属在当地还有一定的权威，他们组织百姓在原鲁国都城修筑起巨大的寨城堡，以防御外来攻击。开始称城寨为"同庆寨"，后来为了纪念曾经的鲁国和鲁王，加之后人又居住在城堡内，便改名为"鲁城"。

到了民国时期，城寨逐渐倒塌，失去了防守作用。

1960 年代，经过农业学大寨和"文化大革命""除四旧"运动后，鲁城古城还有城池可见。

四、新城、塆城、土城、水城的民居民防性质

历史上，随县百姓鉴于战乱频仍、匪患猖獗，根据其居住环境，兴建了特有的新城、塆城、土城、水城等外防兵匪祸害的民居。

著名的新城在今太白顶风景区。三国时，新城地建义阳县。晋时，义阳县和随县同属义阳郡。既然是县级建制，新城自然会有城池和城墙。隋开皇初废义阳郡，改为州。后又废义阳县，其新城地入随。南宋时期，官军曾与元军在新城有过一场激战。当时驻守新城的都统名叫边居谊，是随州人。当南宋降将吕文焕率元军攻打新城时，边居谊踞关力守，元军无法攻下。后来，边居谊的部曲总制黄顺、副将任宁开东门出降，边居谊急驱东门，当场斩杀二将。再后来，元军攻破城楼，边居谊以火击退元兵。然而大火蔓延不止，竟烧着民房，百姓如蚂蚁般攀附城楼。最后，边居谊见大势已去，遂拉着妻子华氏、盖氏一同跳入烈火中烧死。所部三千人马，力战元军而全部壮烈牺牲，其中绝大多数是随州人。这真是一段悲壮的故事！

在随县，被称为塆城的村塆很多。仅吴山镇利用地形建造城垣的村塆就有30多个，建造炮楼700余座，有的村塆四角都设有炮楼。至今汪家塆、何家塆、刘家老塆、铁山村等还残存有塆城城垣。尤其是汪家塆仿迷宫式建筑扑朔迷离，外人进得来、出不去，据称抗日战争时期，有一小队日本鬼子闯进了汪家塆，却怎么也走不出去，后来在一当地人引领下才总算走出塆子。唐县镇的李家塆也是一个著名的塆城，塆子里修筑有巨大的寨城堡，直到今天，人们仍然习惯称李家塆为李家塆城。

随县还有很多土城。淅河镇刘家土城村就以"土城"而名之。该村西塆的土城相传已有600多年历史，明代洪武二年(1369年)，刘氏文高公自江西迁至随东淅河南古栗林，长子充实住东塆，次子化实住西塆，生息繁衍，人丁渐盛，为避战难西塆以土修墙护城，故名土城。小林镇东北部也有一个土城村，该村东与河南省信阳市吴家店镇接壤，北与信阳市高粱店乡相连，为两省交界处，历来匪患严重。为防匪患，村子建造了具有民防性质的土城，至今遗迹尚存。

随县著名的水城有安居镇加家水城、均川镇熊家水寨。熊家水寨位于均川镇胡家台村，建始年代无考。旧时这里的住户大部为熊姓，为避御兵匪，居民在村落周围挖了一圈水壕，用吊桥与外部相通，故称熊家水寨。水壕现存约400米，呈东—南弧形走向，宽约30米，深约2米。

第三节　山寨的功用

随县北有桐柏山脉，南有大洪山脉，境内山寨众多，有就地取材依山而建的石头山寨，也有平畈地区夯土为墙的土寨；有的寨因山而名，有的山因寨而名。许多山寨一方面是平民"居防同一"的临时生活区，另一方面又往往成为重要军事设施或匪盗盘踞地。

一、平民"居防同一"的临时生活区

位于太白顶主峰下的盛家寨，与玉皇峰险涧并峙。盛氏为当时随北望族，盛氏祖人盛至德为避兵匪之患，于清同治三年(1864年)率子孙始建盛家寨。由于建寨时间长、工程大、耗资多，盛家先后卖掉多处庄园，请安徽匠人修筑，于同治八年(1869年)初竣工，历时五年。寨墙均以巨石垒成，城墙高5~6米，厚度约0.6米，有射击孔、瞭望孔，由城楼和瓮城组成。山寨占地千顷有余，大寨中又间隔一小寨，名"子寨"。共设6个门户：大南门、小南门、西门、小西门、东门、北门。东门为云龙门，北门为玄武门，西门为狮吟门。寨内原有铁铸土大炮8个，现只留下古寨墙和部分房屋的残垣断壁。

位于殷店镇鹦鹉冠村的鹦鹉冠山寨，东西长约700米，南北宽约500米。寨墙为石块垒砌，有东、南、北三门。寨内最高处还修有内寨、火药库，若外寨被攻破，内寨仍可防御。内寨东西长约150米，南北宽约40米。寨墙均高2.5~3米，厚约0.8米。外寨与内寨之间建有数十间民居，为当地居民自行修建，用以战乱时期躲避兵匪。该寨初建时间为明代万历三十八年(1610年)，相传出生于鹦鹉冠山下的明朝礼部侍郎袁廷机，为了防御外地匪徒掠夺故乡百姓财物，就出资并动员当地百姓在鹦鹉冠山上修筑此寨。由于历史久远，原寨已经被毁，现存遗迹为清代所修。

位于万和镇大房塆村的保定寨，建在海拔722米高的扯白旗山上。该山寨有东西南北四门，如今南门拱洞已被毁，西门只留下踏步石，北门为自然石门，东门保存完整。东门门拱外高2.4米，宽1.5米，厚0.65米；内高2.6米，宽2.3米。东门两边残存寨墙高0.5~3米，长20余米。大房塆村梁氏族谱中有一段文字概述了此寨的成因："梁绍弟，三楚公之子，刚毅豪爽。咸丰末年，捻匪为虐，仗剑率勇一击，于史家堂再击，于唐王店三击，于平氏北通河悉平台，发递绕道随北，公倡修保定寨，分营设险，守固森严，终不再犯。"

二、匪盗盘踞

山寨也是匪盗盘踞的地方。匪盗有自建山寨的，也有强占平民房建山寨的。殷店镇的鹦鹉冠山寨在明朝末年就被号称"鸡冠大王"的土匪刘曜强占，他在此占山为王，祸害一方。

民国时期，随县境内的土匪达100多股，万人之众。他们占据山寨，呼啸山林。随北的鸭山寨、高家寨、杜家寨、沈家寨、天保寨、铁山马家寨、狮子口寨、三家寨，随南的青山寨、古迹岭寨，都是有名的匪巢。这些土匪不仅祸害百姓、抢劫民财，而且在1947年12月桐柏军区部队、江汉军区部队分别解放随北和随南大片地区，1948年元月江汉军区部队解放随县城后，他们还暗杀共产党的干部，有时甚至造成交通中断、商旅停顿、社会极不安定的局面，严重威胁着解放区的巩固和发展。

为了维护革命秩序，随县解放区集中力量，发动群众，全面开展了剿匪斗争。坚持双管齐下，一方面发动强大的政治攻势，实行分化瓦解，对投诚土匪均宽大处理；另一方面实施军事清剿，采取分兵、分地区、分对象各个击破的策略，逐股消灭。

充分发动群众，依靠群众，在政治攻势上取得了显著成效。随南在一个月内就有1100多名土匪投诚，瓦解了5股土匪。到1949年2月，随南地区消灭土匪4600余人，其中投诚的有1800多名。随北的匪患比随南严重。1948年5月，桐柏军分区制发《土匪调查提纲》，并下达剿匪命令，决定安排一个团又一个营的兵力配合随县解放区剿匪。

随北最大的股匪头目叫艾长顺。他为匪20多年，危害极大。为铲除这一祸害，桐柏一分区安排一个团专门对付他。终于在1948年12月24日将艾匪及其手下包围在青苔佛山沟，25日拂晓发起攻击，此役消灭土匪400多人，匪首艾长顺被生擒。

此后便是扫除残存的零散股匪。残存的土匪大多是骨干分子，既顽固又狡诈，如随北太白顶的盛汉民股匪，虽然已由300多人减少到七八十人，但其中大多是惯匪、悍匪，他们在鄂豫交界处为非作歹，十分猖獗。1949年5月，随县指挥部加大剿匪力度，除军事进剿、政治攻势外，再加上群众联防，充分发挥广大民兵和人民群众的作用，盛汉民被逼得无处藏身，只得向政府缴械投降。

新中国诞生前夕，随县境内的土匪已基本肃清。

三、重要的军事设施

随县的山寨还是重要的军事设施。这方面最有代表性的山寨是田王寨、青林寨和白林寨。

田王寨建在桐柏山脉第二高峰固城山上，固城山海拔 1018 米。这里山势雄浑，山顶北侧有战国时的楚长城，东、南、西三侧有历代依托楚长城修建的城墙，山寨北高南低，状如簸箕，周长 30 余千米，为中原之最，被誉为华中第一寨。城垣以块石砌成，高 5~7 米，厚 1 米，西南部分条石顶上有射击孔、瞭望孔。城墙每隔一段距离有垛台，可掩护守城人监视和反击城下之敌。城墙沿险峻山势蜿蜒曲折，内围九座山头，主峰金銮殿，为寨内最高军事指挥地。山头之间要冲均有驻军营地遗址，彼此呼应，其中西门一侧军营遗址至今仍清晰可辨，有房舍数百间。据称，元朝末年，红巾军起义，江淮百姓纷纷响应，一个名叫田如伯的桐柏农民，依墙圈寨，揭竿而起，占此为王，故后人称此为"田王寨"。他率领"田家军"一次又一次地击败上山围剿的元军，气势大振，声誉日盛。山寨周围的百姓争相投奔田王。田王寨寨内设有烽火台、擂鼓台、放马场，七门一卡，五营四哨，养兵千余，置田耕耘，战时为兵，平时为民，耕战一体。当时流传着一首赞扬田王的民谣：田王田王，反元大王，为民筑寨，妇孺颂扬。

清朝，寨子下面有一戴姓大户人家，戴家世代勤俭持家，苦心经营，传至道光年间戴曜堂时，其田产、商铺已遍布鄂、豫两省，积累了较多财富。为了看家护院，戴曜堂组建了一支家兵。清道光年间，社会已经动荡不安，一次微服出巡的道光皇帝，在桐柏山区遭匪围困无法出行，戴曜堂动用强大的甲兵护送道光帝过境。道光帝为奖励戴家义举，赐戴曜堂顶戴花翎，封千岁都司，准建"官亭"一座，立"文官下轿，武官下马"碑于道旁，还特许戴家屯寨养兵用于自卫。此时戴家声望如日中天，遂在元代田王寨旧址上增扩加固，广储甲兵，训练乡勇数千名。咸丰年间太平军兴起，攻克武昌，屡犯随州，但一般小股太平军、捻军却不敢滋扰田王寨（戴曜堂曾改田王寨为安和寨，可是当地人仍然习惯称田王寨），一时声名远播。

青林寨和白林寨均在今随县柳林镇境内，两寨处在同一条山脊上，相距 1 千米左右。青林寨为大洪山脉南段北部诸峰之一。青林寨山上松树成林，青林寨平面呈长方形，南北长约 150 米，东西宽约 50 米。现存房屋遗址有主体建筑 4 处 5 栋，皆以地势情形而为东南面向。墙壁残存高度最高处约 5 米。寨墙为石块垒砌，高 4 米，厚 1~2 米。东、南、北面各开一宽 2 米、高 3.5 米的寨门。据《中国古今地名大辞典》载："山林远望，蔚然而青，名青林山。"又载："元顺帝至正十一年（1351 年），汝颍兵起，随人结屯于此，推明玉珍为屯长。"另据《随州志》载："山木苍翠，故名，顶有石垣。元末兵乱，平林明玉珍率乡人结屯相保于此，当即其遗寨也。"据寨内留存"永远千秋"

石碑碑文记载："自汉姚期兵屯于此山，嗣是代代居人，倚为保障。"清同治年间续建，重修碑砌入寨墙内。由此可见，青林寨汉代已有，清代重修，现保存较好。

白林寨现有房屋遗址 3 栋，残垣中有清同治二年（1863 年）立"永远千秋""功德无量"石碑各一块，记叙了房屋和寨墙修筑的起因、经过及经费来源等情况。围墙全长约 5 千米，现尚残存一部分，底部最厚处约 1.5 米，上面厚约 0.6 米。围墙内分布着十几间小房屋，可能是守寨军士的哨所。东寨门还保存较好，系采用特厚栗木撑托。山寨房屋坐西朝东，建筑面积约 230 平方米。北端为军营，东侧是整个防御体系的末端。西南处有一栋小型建筑，面积约 30 平方米，为守军栖身之处。

第四节　台、塆、棚、铺的农商合一性质

随县农村的自然村，多以塆名之。以塆命名的村子，大致有这么几种命名方式：一是以村中大姓人家姓氏命名，如陈家塆、张家大塆；二是以村中著名的建筑物命名，如楼子塆、牌坊塆、炮楼子塆；三是以村中的独特物体命名，如碾子塆、双墩子塆；四是以村中的自然景观命名，如竹潭塆、松坡塆；五是以与村子有关的动、植物命名，如白鹤子塆、椿树塆。

农商合一性质的塆，一般从名称上就可看出它的商业特点。如榨屋塆，就说明村里曾经有过榨坊，也说明该村及其邻村一定盛产油料，所以村子便有了油脂加工的榨坊，自然也就有了油脂贸易活动。随县现在还有很多类似榨屋塆这样的村名，像糖坊塆、粉坊塆、染坊塆、药铺塆、炮铺塆。糖坊塆，村里肯定开办有糖坊，那么村里也应该有甘蔗生产；随县盛产红薯、豌豆、绿豆，流行用红薯、豌豆之类制作粉条，因此村名叫粉坊塆的很多；随县棉花生产一直很有名，旧时农家普遍纺线织布，一些村子因此开办了染坊，这便是染坊塆的来历；随县是中药材生产大县，据《随县神农本草》一书统计，全县计有中药材 1676 种，过去许多村镇开有中药铺，也自然产生了药铺塆这样的村名；炮铺塆，是因为村里曾设爆竹铺而得名。

随县称铺的村名不多，但称铺的村子其商贸特性则更为突出。如尚市镇净明铺，就因村子设有店铺而名之。净明铺村街长 300 米，宽 4 米，呈南北走向，历来是交通要道，古代常设驿站于此。中华民国时期，湖北省第一条由随县籍人、时任省政府主席的何成濬主导的襄（阳）花（园）公路经过净明铺。中华人民共和国成立后，汉孟公路（316 国道）、汉丹铁路均经过净明铺，还建有净明铺火车站。净明铺盛产小麦，由于

便利的交通条件，该村农商合一的特点得到很好彰显。

淅河镇光化铺也是一个农商合一的典型村庄。光化铺临近府河，主产水稻。其村街为南北走向，长约700米，街道两边都是店铺，有铁匠铺、糖坊、油炸店、旅馆等。由于其离府河一处水运码头很近，而当年从随县到德安府和汉口，多为乘船，因此光化铺村街很是热闹，生意也很兴隆，曾被称为随县的"小汉口"。光化铺也因此出现了很多船工，产生了很多有钱人。20世纪70年代，曾有村民在一处废弃的老宅墙脚下挖出了一口大缸，里面竟有两万多块现大洋，当年老宅主人的富裕由此可见一斑。1976年光化铺整体拆迁，村民全部搬迁到靠近破皮山的新宅居住，曾经繁华的村街从此变成了良田。光化铺村也去掉了"铺"字，成为今天的光化村。

称为铺的村子还有草店镇的锅铺、漂潭镇的付家铺。锅铺据称是因村中曾有锅铺子而得名，付家铺是因付姓人家在此开豆腐铺而得名。这自然也都体现了其农商合一的特点。

与称铺相类似的是称棚。随州最有名的称棚的村子是毛家棚，它也是最为典型的农商合一的一个村子。毛家棚人是庄稼人，也是生意人，还是手艺人。该村所在的山岗呈卧羊状，街在羊背上，北边羊头上有古寨，寨东侧有一片柏树林，去县城的官道就打林子里穿过。据称羊头山的古寨不是为了防匪，小山头上的寨也防不了匪，是专为接待来往商队及马帮，叫商寨。村里这片卧羊似的山，叫商山。据说，温庭筠的《商山早行》就是在这里写就的。那年是唐宣宗大中十三年（859年），温庭筠已48岁了，为生活所迫，不得已从长安杜陵到随县来任职。他夜宿在离县城18里的毛家棚驿站里，次日早起，写下了"鸡声茅店月，人迹板桥霜"的诗句。茅店是诗家用语，其实就是茅草棚子。毛家棚至今仍无一户毛姓人家，"毛"很有可能就是"茅"之误写。在过去，毛家棚人除种有田地外，大都还掌有一门手艺，什么木匠、铁匠、铜匠、窑匠、砌匠、篾匠、车匠、染匠、裁缝，还有杀猪的、打豆腐的、炸油条的、开客店的，甚至还有算命的、掐时的，高级一点的就是当郎中的、教私塾的。大家不愁吃，不愁用，很是骄傲，连女人都敢抱着个水烟袋在街心里走来荡去，即使过路客商打身边擦过，她们也敢哑着嗓子大声说话，让外地人惊讶不已。

随县称台的村子，名气较大的有安居镇的刘家台、城郊的冯家台子。冯家台子因村里全部是冯姓人家，加之村子建在一个台子上，故称冯家台子。据称，该村形成于清朝中期，距今有200多年的历史。冯家台子多是平畈地，盛产粮棉；同时因为地处城郊，百姓多经商。农商合一的特性，在冯家台子有非常明显的表现。

参 考 资 料

1. 樊友刚：《随县神农本草》，武汉出版社 2017 年版。

2. 蒋天径：《古随文化之活体遗存考》，中国文史出版社 2014 年版。

3. 华学诚：《扬雄方言校释汇正》，中华书局 2006 年版。

4. 王文虎：《随州文化史》，中国言实出版社 2017 年版。

5. 蒋天径：《仙城山史话》，长江出版社 2022 年版。

6. 程卫国、吕雄辉：《随县民间建筑》，武汉出版社 2017 年版。

7. 清同治八年《随州志》整理工作委员会：《随州志》，湖北人民出版社 2013 年版。

8. 《礼记·祭法篇》。

9. 《通志·三皇纪》。

第五章 县城新址

2009年，国家恢复随县县制，县治迁址厉山。厉山是炎帝神农故里，经过打造，目前炎帝故里风景名胜区总面积达20.39平方千米，其中核心景区面积近3.4平方千米，为国家4A级旅游景区。

2011年4月，县委县政府综合办公区开工建设。县委县政府综合办公区由综合办公大楼、机关服务中心和会议中心3栋建筑及配套设施组成，占地面积10116平方米，建筑面积35304平方米。总投资1.7亿元。

随县按照"高起点规划、高标准建设"的思路和"规划一步到位、建设分步实施"的理念建设新县城，㴔水新桥和烈山湖文化长廊的兴建成为建设亮点，同时对老城进行改造，将其作为提升县城品质的重要工作来抓。

第一节 炎帝神农故里的打造

炎帝神农故里位于随县县城新址厉山镇，316国道、汉丹铁路穿境而过。这里交通便利，地理位置优越，人文景观丰富，是世界华人寻根谒祖的圣地。

目前炎帝神农故里风景名胜区有景点60多处，为国家4A级旅游景区、海峡两岸交流基地、中国华侨国际文化交流基地、湖北省爱国主义教育基地、"灵秀湖北"十大旅游名片、全国中小学生研学实践教育基地。"炎帝神农传说""随州神农祭典"先后被列入国家级非物质文化遗产名录。

炎帝神农故里景区有神农牌坊、神农文化广场、炎帝神农纪念馆、神农碑、神农尝百草塑像、神农泉、神农洞、神农庙、功德殿、烈山湖等20余处人文景点，另外还有姜河新潮、九岭晴岚、烟寺晚钟、山村夕照、古洞青雪、断岩缩雾、龙凤旗杆等著名景观。

炎帝神农故里景区以九拱桥、华夏始祖门、圣火台、炎帝神农大殿为中轴线向纵深排开。

照壁、文化雕塑壁：照壁位于景区入口，墙上题写"炎帝神农故里"六个大字。进入景区大门，有文化雕塑壁。雕塑壁上雕刻了几何抽象图案的浮雕，表现了远古人类的生产和生活。

九拱桥：九拱桥连接景区入口和神农大殿，横跨烈山湖，全长 117 米。桥身由 9 个半圆桥洞组成，桥头两边立有 4 根灯柱。桥身采用汉白玉装饰栏杆，造型古朴。九拱桥上栏杆间跨度和引桥长度均采用 9 的倍数。拱桥主桥入口和柱头花纹庄重浑厚。桥面铺装采用花岗岩火烧板，桥身及拱圈镶面采用白砂岩蘑菇石。

华夏始祖门：华夏始祖门位于核心景区中轴线上，九拱桥和圣火广场之间。整体造型仿汉代门阙合一形制，主门居中净高 6 米，两边分别做了 4 米高的侧门。整座始祖门采用青石材质，造型古朴大气。始祖门正面书写"华祖"，背后书写"农宗"，正门上雕刻了两名男子相向而对，手拿农具，仿佛在耕作，反映了早期炎帝农耕时代的生活。

圣火台：圣火台取材古籍记载"因以火德王，以火名官，故曰炎帝"之说法，整体造型类似"火"字。

七步登天台：七步登天台阶梯宽 18 米，共 7 段，每段 7 步，累计 49 级阶梯。石灯笼位于七步登天台两侧，选用上等整块石材，在石材上雕刻了 56 个石灯笼，代表全国 56 个民族，灯笼上侧用篆书刻有各民族的名称。石灯笼内部镂空，可放置灯管。

盛世和谐鼎：盛世和谐鼎采用青铜铸造，位于七步登天台和谒祖广场的连接处。

谒祖广场：谒祖广场整体呈正方形，边长为 117 米，面积 13689 平方米，采用福建产上等花岗岩铺装。每年举行祭典重大活动时，这里可容纳 2 万人参加祭祖。

谒祖广场的东西两侧分别是旭日园和弯月湖。旭日园外圆路宽 3.6 米，半径 24.5 米；内圆路宽 4.6 米，半径 9 米；八卦园半径 3.6 米。弯月湖占地面积约 4000 平方米，周边有环形树阵。它们共同构建了一个"天圆地方、日月同辉"的景观。

神农文化广场：神农文化广场面积约 3300 平方米，被古色古香的烈山门和四角楼环绕。广场正中央屹立着 9 米高的汉白玉炎帝神农像。四周环绕着翠柏和花卉，炎帝神农傲然挺立，手持五谷和药草，气宇轩昂。

八大功绩柱：八大功绩柱主要展示炎帝神农在华夏民族文明发展史上至高无上的地位。每根功绩柱高 9.9 米，直径 1.27 米，采用产自福建的优质花岗岩雕刻而成，顶部雕刻有象征华夏民族的盘龙和玉琮。

八大功绩柱以图腾柱的形式展示了一组雕塑。这些雕塑生动写实，精雕细琢，西侧从南到北依次为：削桐为琴，练丝为弦；合榭而居，安居乐业；治麻为布，首创纺织；首创农耕，发明种植。东侧从南到北依次为：日中为市，首创交易；作陶为器，冶制斤斧；遍尝百草，发明医药；首创耒耜，教民耕耘。这八大功绩柱雕塑充分表现了炎帝神农在华夏民族文明发展史上的丰功伟绩。

炎帝神农大殿：炎帝神农大殿运用高台建筑的空间组合，采用庑殿顶、三重檐、高台基的建筑形制修建而成。面阔九间，以反映荆楚历史上以九为尊的文化内涵。中间一间有 10.8 米高的石券门直达二重檐。通过古朴自然的建筑风格，表现炎帝神农时期的穴居生活。多重花岗岩台基体现炎帝神农的始祖地位。大殿外廊的 36 根柱子通高 9.9 米，全部采用整体花岗岩中间钻孔，与整体石制柱础安装定位后再现场浇注钢筋混凝土柱，高超的施工技术确保了无缝石柱的高度整体性和雄浑效果。大殿入口处有 4 根方形石墩柱，柱上分别雕有炎帝神农像及图腾，既隐喻四个季节及炎帝神农恩泽华夏大地，又是对楚汉特有建筑形式的抽象再现。

神农圣像：1987 年 11 月，美籍华人将保存在华冈博物馆的始祖炎帝神农像赠送给厉山镇政府。根据该画像，炎帝神农故里景区采用花岗岩雕琢成神农圣像，高 4.26 米，寓意炎帝神农诞生于农历四月二十六。

钟鼓楼：钟鼓楼位于神农大殿拜祖台两侧，以简练的石亭形制、小巧的尺度衬托出大殿的雄伟壮阔，在立面构图上与大殿形成稳定的三角形。钟鼓楼分置铜钟和皮鼓，体现出荆楚文化韵味。

功德殿：功德殿古建筑群整体占地面积 10320 平方米，建筑面积 2466 平方米，由日月门、天门、碑苑和功德殿组成，它是景区的重要景点之一。这组建筑物高大雄伟，外观威严庄重，集中展示了炎帝神农对人类社会发展的巨大贡献。

万法寺：厉山镇九龙山东侧的万法寺，据传是炎帝神农的 102 代孙所建，至今仍保存完好。庙门第一厅横匾上的"万法禅师"四个字由明代永乐皇帝亲笔御书。

神农泉：神农泉位于炎帝神农大殿西南侧。传说炎帝神农诞生时，天崩地裂，九井自穿，九山相连，中华民族龙的传人由此而来。随着时间流逝，九井现存一井，今人称其为神农泉。

神农纪念馆：神农纪念馆由门厅、神农生平展厅、祭祀活动展厅、五姓宗亲会馆、书法展厅、神农坐像等组成。

第二节　县委、县政府及县直各部门的建设

2009 年，从曾都区划出部分乡镇成立随县，县城设在厉山镇。最初，县委县政府

临时在厉山镇委镇政府办公大楼上办公；县直各部门或在其下设的镇部门办公，或租用民房办公。

2011 年 4 月，县委县政府综合办公大楼开工建设。该大楼主楼 9 层，附楼 6 层，建筑高度为 49.9 米，总建筑面积 2 万多平方米。2013 年 10 月竣工。入驻该大楼办公的除县委、县人大常委会、县政府、县政协"四大家"外，还有县纪委监委、县委组织部、县委宣传部、县委统战部、县委政法委、县委政研室、县委巡察办、县直机关工委、县发改局、县科经局、县统计局、县乡村振兴局、县机关事务服务中心、县总工会、团县委、县妇联、县科协、县工商联等县委县政府有关部门及群团组织。

机关服务中心和炎帝大剧院是县委县政府综合办公大楼的配套建筑。服务中心总建筑面积 3558 平方米，为两层框架结构。一楼为机关食堂操作间、大餐厅及部分门面房，二楼为用餐包间及部分办公用房。炎帝大剧院为三层预应力框架结构，建筑面积 8220 平方米。该剧院既是文娱中心，也是县委县政府的会议中心。

县政府其他部门如县教育局、公安局、民政局、司法局、财政局、人力资源和社会保障局、自然资源局、生态环境局、住房和城乡建设局、交通运输局、农业农村局、水利湖泊局、林业局、文化旅游局、卫生健康局、审计局、档案局也大都建造了各自的办公大楼。还有县人民法院和人民检察院，县人民武装部也都各投资两三千万元建起了办公大楼。

第三节　溠水新桥

溠水源头有两支，皆发自桐柏山南麓鹰子咀。西支为正源，由 9 道水汇成：一道水名合河，源于老蛇沟，长 10.5 千米；二道水名解河，源于鹰子咀，为西支正源。一、二道水于二龙畈合流为溠水西支主干；三道水名石板河，源于磨牛石簸箕顶，于万和店汇入西支；四道水名孙家沟，源于大仙垛癫独石，于百坟台汇入西支；五道水名罗家河，源于大仙垛黄龙潭，于三房塆汇入西支；六道水名青苔河，上有 3 水分别源于香炉垛、观音崖、黄石崖，于丁家塆汇入西支；七道水名八木沟，源于佛山寨北柯家棚，经黑龙潭入西支；八道水名佛山沟，源于人和店西老母崖，至迎水寺与七道水合流；九道水名倒峡流，于邓家塆汇入西支。东支有 5 源：一名花鹿沟，又称沙河，源于冠子垛西麓；二名冈家河，亦名江头河，源于冠子垛南麓；三名五道河，源于玉皇顶南麓。以上 3 支汇入江头，统称冈家河，南流入封江口；四名龙潭河，源于双山南麓水田冲；五名天河口水，源于双山东麓鬼门关。两支合流后称天河口河，亦南流入封江口。东、西两支于双河店汇为㵲水主干，南流入厉山境，至厉山镇纳西来三道河水，南流入随州于两河咀注入㳻水。全长 105.3 千米，流域面积 1306.4 平方千米。

厉山镇曾于 1969 年跨㵲水建设大型公路桥梁一座，为 7 孔净跨 30 米双曲拱桥。桥全长 245 米，宽 9.5 米，高 8 米。由省公路局设计，随县交通局承建。使用劳力 17 万工日，水泥 1100 吨，钢材 41 吨，木材 504 立方米，总投资 48 万元。

2009 年，厉山成为新的随县县城后，为解决交通拥挤状况，在城区兴建了㵲水新桥。新桥全长 242 米，宽 15 米。其中行车道 12 米，两边人行道各 1.5 米。为 5 孔预制钢筋架拱桥。总投资 2000 余万元。

第四节　老城改造

2009 年，恢复随县建制后，当时厉山镇区几条主要的街道是神农大道、交通路、天星街、日中街、濠边街、西正街等，镇区面积不足 3 平方千米。县治迁入后，县城规划设计为 6.5 平方千米。

承担随县县城规划设计的是中南建筑设计院。按照"高起点规划、高标准建设"的思路和"规划一步到位、建设分步实施"的理念建设新县城。县委、县人大常委会、县政府、县政协及县直相关部门同驻县综合办公大楼办公。综合办公大楼前面是市民广场。综合办公大楼平面设计为编钟造型，市民广场平面设计为麦穗造型，融入了编钟文化、炎帝文化元素。在县"四大家"及其相关部门入驻县综合办公大楼前后，各单独建设办公楼的县直部门也陆续搬进新楼办公。整个办公区域集中连片，占地 1 平方千米，被称之为行政服务中心。

新县城建设和老城改造同时进行。新建了 4 车道的炎帝大道，将新县城与老城区连接起来。随县星级宾馆在县综合办公大楼落成之前，就已竣工并交付使用。烈山湖文化长廊的建设，为市民提供了一个有文化品位的休闲场地。建县伊始，随县便将老城小区改造作为县城品质提升三年行动计划的重要工作来抓，连续两年列为县政府为民兴办十件实事之一加以落实，基本完成十几个老旧小区的改造任务。

参考资料

《史记补·三皇本纪》。

第六章　社区及新农村建设

随县农村建宅多依山傍水，背西北面东南，以避风向阳为好。民国时期，一般为土砌瓦盖结构，板门木窗。贫者住草屋，富者房屋俱为"青砖挂斗"白灰装饰，磨砖铺地。规格以 9 檩、11 檩两种为多，每间使用面积分别为 22 平方米和 28 平方米。黑房屋，亮堂屋，伙房安"亮眼"冒烟。富户大多建立屋架以防被洪水冲塌，以三正三厅、二进或三进的四合院为阔绰。中华人民共和国成立后，建房用人字屋架，多改为 13 檩进深。普遍改用烟囱灶。1978 年后，农村相继兴建砖砌瓦盖平房。一些富裕户盖起了楼房。

第一节　村落变迁

随州 1985 年有行政村 985 个，自然村 6673 个；1999 年有行政村 858 个，自然村 5210 个。2000 年，随州升格为地级市，下辖曾都区；2009 年，又从曾都区切出大部分乡镇重新设立随县。此时已先后经过合村并组和迁塆腾地等工作，当时随县有行政村 378 个，自然村 3273 个。

过去，随县村落多选择背后靠山、前面有水的地方建设。农户建房讲究"五虚""五实"。"五虚"是指：宅大人少、地大屋小、门大内小、墙院不完、井灶不全，这是建筑住宅应该避忌的方面。如果宅大人少，人气不足，宅大就显空荡，会招来鬼魅；门大内小，容易透风，给人一种不聚财的感觉；墙院不完，没有收管，不安全；井灶不全，生活难以安定；地大屋小，家也无法兴旺。

在避忌"五虚"的同时，则要力求做到"五实"。"五实"是指：宅小人多、宅大门小、院墙完全、家里六畜多、檐沟东南流。"五实"与"五虚"并不是简单的对应，像"家里六畜多"就不是说建房，而是在说生产和生活了。随县人很务实，他们不主张建大宅，提倡"计口营造"、规模适度，体现出较为节俭的建设风尚。

就建筑材料而言，随县民居基本上都是就地取材。过去大多是土砌瓦盖，土砌方式有架设墙板然后填黏土夯实，称为土墙；有将黏土兑水和成熟泥，再将熟泥通过砖模子制作成土砖后砌墙；有山墙尖以下夯土垒墙，山墙尖则用土砖；有用熟泥直接制成墙的形状，再铲切掉凸出多余部分使其光溜成墙等。盖屋的瓦多为土窑烧制的黑瓦。不同于土砌墙的，是经济条件宽裕的家庭采用烧制的青砖挂斗做墙，也有内生外熟（未烧制的砖坯称为生砖，烧过后称为熟砖），即房屋外立面用熟砖、里面则用生砖做墙，以节省费用。在块石较多的山村，一般会将块石尽可能多地砌于屋基之上，以减少雨水溅起对墙体的冲损。屋檐的规制多为飞檐，封合檐较少。土砌瓦盖房屋的地坪是用黏土铺就，讲究的人家会将黏土、生石灰、细沙搅拌在一起形成所谓的三合土铺地；青砖挂斗的房屋则用方片砖铺地。

如今，在随县的自然村落，过去土砌瓦盖的房屋早已荡然无存，一些砖木结构的房屋还留有些许残迹。今殷店镇张家塆，据称是因洪武元年（1368 年）自江西婺源迁入此地入住的张姓人家而得名。张氏祖先克勤克俭，苦心经营，至张瑚、张琳辈稍显发达，再至张高富、张高策辈便广置良田，筑房建屋，富甲一方。张家塆建造房屋属石木结构，占地面积达 5 亩左右。今尚存一处，保存较完整，门楼前有石鼓一对，正厅屋的花门、花窗依然存在。现存房屋据考证属光绪元年（1875 年）建造，至今已有 100 多年历史。据匾文记载，清朝翰林院曾给张家送过寿匾，张之洞也给张家送过寿匾。今吴山镇的刘家老塆，坐落在一个小山坳里，由数座院落组成一个自然村落。房屋多为青砖挂斗的硬山结构。每座院内正房开间都为 3 间，开间相等。建有门楼和厅屋，但大多已成断壁残垣。塆前有小溪，溪上有石桥两座，一座为进出村落的唯一通道，另一座为进出后山所用。塆四周原建有寨墙，残高 0.5 米，与塆前小溪自然形成的防护河组成较为完整的居防体系。该塆四周古木参天，环境幽雅。

中华人民共和国成立后，社会安定，自然村落原有的防御功能已不复存在。1967年开始"农业学大寨"，农村普遍拆塆改田，村民多于山边建屋宇成排的新村。改革开放以后，农村相继兴建砖砌瓦盖、钢制亮窗、室内装饰、水泥地坪的平房，一些富裕户盖起了带阳台的楼房。

第二节　古民居保护

随县古民居较为完整保存下来的有澴潭镇的黎家大院和草店镇的柯家寨民居。黎家大院又称为黎福记，坐落在澴潭镇街道中部，为明清建筑风格，坐南朝北，五进四合院，占地 1121.8 平方米。其墙体均为青砖，上盖黑瓦，封合檐。临街山墙凸出墙体约20厘米，高于屋面1.5米左右，采用薄砖封顶分水，亦为防火隔热墙。临街二楼普遍设有鼓皮望楼。除临街一进单列之外，其余几进均为通连的二层木楼。有"人"字形二龙戏珠木雕彩绘立架，小姐绣楼设在后花园对面。四进天井小院均有回廊相连，以方便雨雪天行走。院落内排水系统良好，即使暴雨天气，院内也不会有积水，室中不会泛潮气。建筑中带吉祥图案的木雕、砖雕、石雕随处可见。

据称，黎家始祖本诚公于1729年由麻城迁入澴潭。黎家先祖为人精明，曾任澴潭巨富雷员外的管家。因雷家无后，员外主婚，命黎管家与一丫鬟成婚。员外夫妇百年之后，黎管家继承了雷家的巨额财产。黎家又经过多年经营，发展到黎福记时，已成为澴潭乃至随枣一带首富。黎缙珊一家即占有土地11万亩，其中随西5万亩、枣南6万亩。当时澴潭镇8000余间房屋中，黎氏家族所属竟有4200余间。

柯家寨民居始建于清代，系由当地大户柯香坡所建，因此称柯家寨。民居整体建筑坐北朝南，为四合院式布局，分东、南、西、北4个门楼。据称，柯香坡娶有4房太太，每位太太各占一方门楼，每方门楼又建有小四合院。南门楼为主门楼，面阔3间，进深6米，设计布局合理。民居外围有一圈寨墙，用方形石块和青砖垒砌而成，最高的残垣约有5米。寨墙外还有一圈寨沟，宽2.5米，深3米。柯家寨民居主体建筑有200多间，为硬山式屋顶建筑，内为抬梁式木架结构，外墙体为青砖砌成空心斗墙，屋上建有封火墙。门楼均为两层楼，一层两侧各开一扇菱形窗户，二层上开3扇方形窗户，门楼内用木板做隔层。门前均各有一对石鼓，鼓面上刻有各种图案。地面用石条和青砖夹杂铺设，走廊有木柱支撑，下有鼓形柱础。南门前有上马石一对。寨外东角有一口方形古井。

除黎家大院和柯家寨民居外，随县还有100多处古民居，可惜都遭受严重的损毁，有的只剩下一些残迹。党的十六届五中全会以后，随县大力开展社会主义新农村建设活动，加强了对古民居的保护和修复工作。太白顶景区的戴家仓屋古民居群，是咸丰年间花翎都司戴曜堂的庄园，占地259500平方米，四周有1220米长的城墙，设东、南、北3座城门和6座城堡。建筑面积2317.5平方米。庄园正门有楼，进门为一大殿，大殿左右设敞廊，地面多用大型青砖铺设，少数用大理石铺设。院内大多配有假山、水池、景墙、景门，点植树木花卉。所有天井院四周均设敞廊，并穿过厢房联通，使整个庄园构成一体。因连绵战乱，该庄园遭受破坏，有的建筑被毁，城墙、城门、城堡在"文革"中被拆除。太白顶景区成立后，将戴家仓屋古民居群作为一个景点打造，修复了部分损毁建筑。随州市（地级）政府将其列为重点文物保护单位。

其他较为有名的古民居还有殷店镇袁家楼民居、汤家塆民居、詹家塆唐家老屋、厉山镇老街古民居群落、草店镇楼子塆民居、黄家楼民居、宋家大塆民居，淮河镇李家塆民居、高庄民居，太白顶景区曾家畈民居，吴山镇汪家塆民居，新街镇河源店民居，安居镇老街民居建筑群，澴潭镇任家塆民居，洪山镇周家塆民居，三里岗镇朱家老塆民居。上述民居所在村镇通过多种途径争取项目资金，对毁坏的民居进行了修缮。修缮后的古民居成为散布在随县大地的一个个靓丽景点，为随县发展全域旅游提供了有力支撑。许多游客走进古民居，去细品它的科技含量和文化品质。

第三节　新民居建设

万福镇凤凰山村是随县新民居建设的试点村。依据规划，该村把 29 个自然村合并为 11 个居民点。村里通过整合公路建设、迁塆腾地、土地复垦、洁美村庄、移民后扶等项目资金，将全长 22.5 千米通村公路全部扩宽到 5.2 米并硬化、刷黑，形成"一线串珠"，即一条公路将 11 个居民点串联起来，保证所有居民乘车 10 分钟内可达万福镇区。各居民点的绿化、亮化、排水同步到位。

全村 500 多户人家，有近 400 户选择了居住平房，他们分布在 9 个居民点，政府对原有住房进行改造扩建，除去政府危房改造补贴资金，大多农户只需投入一两万元就可住上称心如意的好房子。另有 100 多户选择了居住楼房，他们分布在 2 个居民点。

村民的居住条件好了，也对居住环境有了更高要求。凤凰山村推进"美丽村庄"建设，发动村民共同建设家园，清除垃圾、杂物，保留古树、竹园，增设水面、绿地、健身广场；废弃的砖瓦砌水沟，本地的石头垒花坛，瓦缸瓦盆做盆景。信手拈来，即为一景，全村 11 个居民点变成"乡村公园"。随县住建局总结凤凰山村美丽乡村建设的经验是：尊重群众意愿，不搞照搬照抄，多花心思少花钱，本土元素聚成宝。

继万福镇凤凰山村之后，澴潭镇柏树塆村、尚市镇太山村、高城镇梅子沟村、淮河镇龙泉村、唐县镇华宝山村等也先后实施了民居改建工程。柏树塆村动员村民拆除污染环境的传统的猪舍、厕所等，村内畜禽养殖户实行人居与畜禽饲养分开、生产区与生活区分离。村里整合资金，对居民房屋进行统一包装，配套绿化、亮化工程，整个村庄面貌焕然一新。太山村对全村民居统一风格，一律女儿墙、花格窗、朱漆大门、红瓦白墙，形成一座座整洁而富有乡土气息的农家小院。梅子沟村以自然塆为单位打造"一塆一景"，依托村里的古树、磨盘、碾子等修建石桌、石凳，为村民提供休闲娱乐点，打造全域春观花、秋采果的生态效果。村民房屋外立面通过简单仿古包装后，散发出浓郁的荆楚风味。龙泉村有著名的三大景区，即西游记漂流、神农部落、抱朴谷。一村托三景，这在随县是绝无仅有的。它当之无愧地成了旅游名村，村里民房也自然被包装得古色古香，与其景点相映成趣。华宝山村以"把塆子建成小公园，把全村建成风景线"为目标，以土地流转、宅基地流转的方式，打造特色民居。村民房屋统一规划建设，沿门楼统一布置灯带。修建了休闲广场，配套建设凉亭及休闲长廊，安装太阳能路灯35盏，实现了亮化美化。

第四节　纾困济贫及对留守儿童和空巢老人的安置

清同治八年(1869年)，随州用于孤贫支银九十一两三钱。民国时期，随县政府先后有第一科和民政科(局)主管社会福利、灾情勘察及赈灾事项。曾在县城设立救济院1所，但所拨经费甚微，以致收养之孤寡老人不得不白天上街乞讨，夜晚返回住宿。1935年发大水，灾民以树叶、糠皮为食。县政府提出有钱出钱、有粮出粮救济灾民举措，借此派粮摊款，增加税收。间或有捐下发，亦被层层克扣，穷苦百姓所得无几。

中华人民共和国成立后，县设民政局，区(镇)设有民政委员会，业务机构有教养院、福利院、孤儿院等共同办理纾困济贫事宜。按照政策核灾救灾，对灾民发放救济款；对社会孤老幼残分别给以收养或在当地实行"五保"(保吃、保穿、保烧、保教、保葬)举措。

扶持贫困户的工作始于1977年。部分地区因土质瘠薄，水源条件差，生产投资大，农民仅靠单一农业收入，年终分配时大部分农户欠款，进款户亦无资金兑现。一些生产条件好的地区，也有因缺劳力、缺技术、缺资金或天灾人祸造成的困难户。当年统计，全县属此情形的贫困户约2万户、11万人。民政部门在开展扶贫工作中，重点扶持高寒山区、边远地区和革命老区的穷队改变生产条件，增加粮食产量和工副业收入，帮助贫困户发展家庭副业，解决吃、穿、住的困难。民政局从社会救济款中安排40万元拨发给2600多户。同时，社队安排劳力，支援物资，照顾工分，扶持6000多户建造房屋、制作衣裳，解决发展生产、家庭副业所需资金。

1983年后，扶贫工作实行改革，由单纯扶持农副业生产改为向农、林、牧、副、渔、工、商、建、运、服综合经营方向发展，向商品生产转化；由民政部门独家扶持改为动员社会各方面力量共同扶持，多方筹集资金，实行对口支援；扶贫资金运用由单纯救济改为有偿、无偿相结合。1985 年扶持贫困户 8500 户，拨贷资金 84 万元，帮助贫困户选择种植、养殖、加工、运输、经商、服务等合适的发展门路。当年脱贫 2900 户，人均收入都在 350 元以上。1986 年后，农村贫困户的救济和扶持纳入整体扶贫开发之中。

自 1982 年始对城镇困难群众实行救济制度。当年全县城镇无劳动能力、无生活来源、无法定赡养人的孤老残幼人员共 789 人，由国家按照每人每月 10～12 元标准给予定期定量救济。1998 年开始实施城市居民最低生活保障制度，最低生活保障标准为每人每月 90 元。当年共有 3836 人享受城市居民最低生活保障。1999 年，城市居民最低生活保障标准提高到 100 元。2000 年，将原享受城镇定期定量救济的"三无"对象纳入城市居民最低生活保障范畴，享受最低生活保障人数增加到 5300 人，其基本生活达到保障线标准人均 130 元/月。

随县常年外出打工的农民工高达 20 万人，这也导致农村出现了大量的留守儿童及空巢老人。对留守儿童，政府细致摸排他们的信息，全面核准适龄儿童就学情况，扎实做好控辍保学，发挥学校、家庭、社会力量，各镇选优配强一名儿童督导员，每个村配备一名儿童主任，掌握留守儿童生活情况，及时开展思想劝导和关爱行动，全县留守儿童就学率达到 100%。对空巢老人，各村都明确了关爱联系人，定期探访、跟踪关注，必要时实施关爱救助。

参 考 资 料

李旭斌：《随县民间礼仪》，武汉出版社 2017 年版。

第二篇

产业文化域

第一章　农业产业

随县农业发轫较早，春秋时已是原始农业较发达的地区。境内光、热、水、土资源协调，适宜多种农作物生长。因自然条件不同，全县大致划分为随北桐柏山、随中岗地及平川和随南大洪山4个种植区域。

改革开放后，随县农村普遍实行家庭联产承包责任制，农业经济开始向专业化、商品化和现代化转化。随着改革的深化，农村土地经营权遵循依法、自愿、有偿原则进行流转，传统农业也逐步向现代农业转换。

随县地处府河（涢水）上游，为封闭流域，无客水过境。境内水系计有常流河139条，分布均匀，但均系源头。因山高坡陡，汇流迅速，往往汛期河水泛滥成灾，水去成旱。1941年5月新四军第五师在随南开展的"千塘百坝"运动，是随县历史上最大规模的水利建设。新中国成立后，随县"以工代赈"兴修水利，至1985年共建成22座大中型水库，形成了较完善的水利工程体系，并且发挥了防洪、抗旱、养殖、发电等综合效益。

林、牧、渔、副业是大农业的组成部分。随县的地理环境和气候适宜林木生长。改革开放后，随县既注重对森林的保护，境内森林覆盖率长期保持在55%左右，又注重对林产品的开发，其食用菌生产全国闻名。随县牧业生产也很有名，是全国秸秆氨化养牛十佳示范县（市）、湖北养猪大县（市）。渔业生产推广"八字养鱼法"，我国主要淡水经济鱼类随县基本都有养殖。副业生产品类众多，银杏、桔梗、金头蜈蚣并称随县"三宝"，三里岗香菇、厉山腐乳、唐县蜜枣等在市场享有盛名。

第一节　自然经济状态下的农业生产

三里岗冷皮垭新石器时代遗址发现谷物标本，表明此地四五千年前即有水稻种植。至春秋时，此地已是原始农业较发达的地区。

境内光、热、水、土资源协调，适宜多种农作物生长。种植以稻为主，小麦、棉花次之，并出产大麦、蚕豆、豌豆、红薯、玉米、高粱以及油菜、芝麻、花生等。

清末至民国时期，由于长期的封建统治，农业生产水平低下，耕作制度以"一熟制"为主，品种系固有农家品种，习惯稀播稀植。1934 年统计，中等田每亩产稻谷 200 千克，小麦 105～120 千克，棉花 11.5 千克。

民国时期，随县大部地区每年虽能生产两次，但复种指数甚微。水田以种一季中稻为主，冬季大部冬泡或休闲，少数种大麦或豌豆。旱地冬种小麦或豆类，少部种抢茬棉花。耕作粗放。小麦播种一般在秋分开始，至立冬、小雪结束，故有"三个月种，一个月收"之说，小麦产量不高。随县棉花种植历史悠久，清同治《随州志》中有"随地户种木棉，人习为布，秋熟后贾贩鳞集，随民多恃此为生计"的记载。历史上自然形成 3 大棉区：随中平原为集中产棉区，分布在涢水、㵐水、浕水、漂水、均水 5 大河流沿岸，占全县棉花面积的 60% 左右；随中岗地棉田约占全县棉田面积的 35%；随北、随南为分散棉区。民国初期棉花品种主要为"胡花"和"山花"，亩产皮棉 5 千克左右。1927 年开始引进"美棉"种植，亩产提高 40% 左右。1937 后，厉山何家畈一带棉农引进河南灵宝优质棉花试种成功，单产达到 11.5 千克。

随县各地因自然条件不同，种植制度也有一定差别，全县大致形成 4 个种植区域：一是随北桐柏山麦稻、肥稻区。此区包括桐柏山东北部的小林、淮河、草店和桐柏山南部的殷店、万和、吴山等镇全部和厉山镇一部分。其特点是山多田少，地势高低悬殊，耕地多分布在海拔二三百米间。耕地土壤质地轻、砂性大、砾粒多、土层较薄。农作物种植以麦稻两熟为主。秋播作物，多种绿肥改良土质。二是随中岗地低丘麦棉、麦稻旱杂区。此区包括万福店、唐县镇全部和厉山、澴潭镇一部分。其土壤黏性重、瘠薄。秋播作物以小麦为主，春播水稻、棉花大致各占一半。三是随中平川低丘麦棉、麦稻、双季稻兼作区。此区包括安居、新街、尚市等镇全部和均川、澴潭、厉山等镇一部分。该区土壤熟化程度高，耕性良好，水利条件优越，是随县唯一适宜种植双季稻的区域。四是随南大洪山麦稻、油稻区。此区位于大洪山北部，包括洪山、三里岗、柳林等镇全部和澴潭、均川等镇一部分。种植制度以麦稻或油稻两熟为主。

第二节　新四军第五师开展"千塘百坝"运动的历史影响

1940 年 6 月，新四军第五师在随南白兆山建立了抗日民主根据地。1941 年 5 月，随南县抗日民主政府在洛阳店成立。这年夏天遭受严重旱灾，随南县严重歉收，根据地军民生活发生极大困难。面对严重旱灾，新四军第五师和随南县抗日民主政府在李先念、陈少敏等领导同志的倡导下，开展了"千塘百坝"运动。

开展"千塘百坝"运动动员大会于1941年8月中旬在洛阳店召开，会上发出"有田出米，无田出力，以工代赈，救灾恤邻，兴修水利，消灭旱情"的号召，宣传"宜未雨而谋水，勿临渴而掘井"的哲理，动员民众积极参加"千塘百坝"运动。要求对堰塘、堤坝，无论是公用的还是私家的，需要整修的，一律加以修补；凡可以利用的河流，度量地势，尽可能筑坝修堤，蓄水灌溉。县政府还聘请各群众团体负责人和热心公益事业的士绅、有水利专长的地方人士，成立随南县抗日民主政府兴修水利指挥部，统一规划、组织、指挥随南地区的农田水利建设。

随南县兴修较大水利项目采用"以工代赈"形式组织劳动力，具体办法是穷人出工，富人和受益人出钱或粮，按受益田亩数统筹安排，合理负担。地主绅士修筑堰塘用工，先由边区建设银行贷款，政府代垫，年底结账时随征税扣还；贫苦农民和抗属的堰塘修补用工，年底结账时可作减免；公用塘用工报酬，由县政府拨专款解决。原则是：自愿互利、定工记账、年终结算。具体计酬方法按劳动力强弱分三等级，能挑50千克以上者，每个劳动日3升大米；挑50千克者，每个劳动日2升大米；半劳力每人每天1升大米；特殊情况者，其劳动报酬经民众民主评议可予增减。

党政军各级领导干部带头参加劳动，推动了"千塘百坝"运动的开展。陈少敏在九口堰同群众一起挑土、打夯、搬石头，不少富家闺女在她的影响下，也纷纷投入"千塘百坝"运动，仅随南11个乡就有上千名妇女劳动在工地上，成为水利建设的一支生力军。

从1941年8月到1942年春，随南修堰挖塘600多口；从洛阳店的石板河到清水河地段内，筑坝70余处。1942年秋，农业获得好收成。"河也满，塘也满，引水好灌田""仓里满，心里甜，再不过荒年""陈大姐，新四军，修水利，为人民"，这是当年随南民众发自内心的歌唱。

新四军第五师开展的"千塘百坝"运动，改善了随南根据地的农业生产条件，为1942年农业丰收奠定了基础，从而使根据地度过了最困难的时期，而且，"千塘百坝"运动也开创了随县水利建设的新纪录，在随县历史上产生了极大影响。中华人民共和国成立后，随县始终如一重视水利建设，1957年11月5日《湖北日报》就随县水利建设发表题为《为掀起大规模的兴修水利高潮而斗争》的社论。1958年5月，全国水利会议在随县召开。这年冬季，水利部党组书记李葆华又专程到随视察水利建设。1959年12月，中央新闻纪录制片厂到随县拍摄以治水为主要内容的大型纪录片《旭日东升》。

第三节 "农业大县"的资源优势及劳模群体的辉煌事迹

随县山川秀丽，气候温和，兼得大江南北之利，资源丰富。全县耕地 150 余万亩，林地 400 余万亩，牧地 70 余万亩，养殖水面 19 万余亩。土地肥沃，盛产粮、棉，素有"鄂北粮仓"之称，是有名的农业大县。

中华人民共和国成立后，随县基本形成了麦—稻、麦—棉两熟的耕作制度。麦—稻两熟耕作制度的形成要归功于劳动模范王国勤。过去随县农民多在旱地秋（冬）播种小麦，水田冬季大部分休闲。长岗区庹家乡农民王国勤于 1952 年试验水田麦—稻连作，即秋（冬）播种小麦，夏收后栽秧，一年两熟。1954 年，他又改革了随县各地沿用多年的旧法育秧，尝试"早下秧、下稀秧、育壮秧"，将下秧时间由 4 月中、下旬提早到清明前后，提高了秧苗素质。1955 年全县推广王国勤育秧经验和其试验成功的麦—稻两熟制，增产十分明显。王国勤因此成为省级劳动模范。

和麦—稻两熟同时并存的一种耕作制度是麦—棉两熟。麦—棉两熟耕作制度的形成要归功于另一位名叫刘元祥的劳动模范。刘元祥，生于 1883 年，厉山区两水沟蔡家塆人。虽是文盲，却具有丰富的农业生产经验。1950 年冬，他在 1.5 亩麦田里每隔 2.5 尺左右犁棉沟一行，经过冬凌炕土、普下厩肥、反复平整后，于次年清明节前播下棉籽；另外 1.5 亩准备插秧的麦田则照常管理，以作对照。当年，刘元祥将两块田的小麦分开过秤，没犁棉沟的 1.5 亩田夏收小麦 158.5 千克；犁棉沟、套种棉花的 1.5 亩田，夏收小麦 148.5 千克，相差 10 千克，但秋收籽花 123.5 千克，亩单产籽花达到了 82 千克，其经济收入大大增加。首次试验获得成功后，1951 年冬播，他又在原 1.5 亩麦田里每隔 1.7 尺犁棉沟一行，其后对棉苗采取抹赘芽、打顶心、围埂等管理措施，结果 1952 年夏季亩产小麦 108 千克，达到当地一般产量；秋季亩产籽花 121.5 千克，单产比上年增加 48.1%，获大幅度增产。1953 年冬，城郊、淅河、厉山等 12 个区试点推广刘元祥首创的"麦棉两熟"种植经验，都获得了麦棉双丰收。1955 年，全县普遍推广这一成功经验，促进了农业大面积、大幅度增产。之后，全省乃至全国不少地区先后派代表学习刘元祥的麦棉两熟种植经验。1953—1957 年，刘元祥被评为县、地区特等劳动模范和省甲等劳动模范，多次出席县、地区、省召开的劳模表彰大会，被选为随县第一、二届人民代表大会代表和县人民委员会委员。1973 年 7 月 11 日因病去世，终年 90 岁。

1958年12月至1959年元月,党中央在首都北京隆重召开了全国农业社会主义建设先进单位代表大会。随县出席大会的正式代表有著名的棉花姑娘汪秀兰、棉花高产公社代表邓克明、棉花高产队代表何绍和、粮食高产队代表张光香、绿化荒山先进单位代表张存新、林业育苗土专家童传增等6人,列席代表有棉花姑娘周廷英等4人。汪秀兰被选为大会主席团成员。

汪秀兰,女,1938年出生,东风公社星旗大队汪家畈人。她15岁开始种棉花试验田,1958年带领全大队271名女社员种棉花试验田310亩。她们实施了改良棉种、棉麦间种、精耕细作、施足底肥等措施,试验田获得丰收。汪秀兰种植的3亩试验田,比上年的产量翻了一番,被誉为"棉花姑娘"。随后她出嫁到土地贫瘠的尚市公社星荣大队,又创造出黄土岗地平均亩产皮棉50千克的先进经验,为后来全县平均亩产皮棉50千克做出了贡献。

何绍和是汪秀兰所在星旗大队的主任,他在全大队推广和普及"棉花姑娘"制度,加强田间管理,发现问题随时解决,使全大队1300亩棉田平均亩产皮棉50千克,后全大队平均亩产皮棉又提高到107千克。

邓克明,城郊公社生产科干部,主抓棉花创高产工作。他十分注意不断改善生产条件,在劳动模范刘元祥的"麦田串沟,预留棉行""麦棉两熟"种植技术的基础上,引进星旗大队"岱字棉"良种,由"棉花姑娘"周廷英带头种棉花试验田,全面推行生产队配备"棉花姑娘"制度,夺得棉花高产。周廷英棉花试验田亩产皮棉73.5千克。条件最差的首义大队第五生产队(沙窝)也实现亩产皮棉50千克,在原来25千克基础上翻了一番。

张光香,五星公社联华大队主任。联华大队地处桐柏山区,农业生产条件差。张光香带领群众兴修水利,改善灌溉条件,扩大水稻栽培面积,引进劳动模范王国勤的"早下秧、下稀秧、育壮秧"及麦稻两熟种植经验,普及淮河农民关开顺选育的良种"胜利籼"。胜利籼是淮河农民关开顺在1952年从农家品种黑壳糯中选出优异单株育成的水稻品种,后被列为全省优良水稻品种之一。张光香带头试种3亩试验田,创造了平均亩产571千克的新纪录。全大队种试验田290.5亩,平均亩产422千克。在试验田的带动下,全大队水稻平均亩产达到400千克,比原来的产量翻了将近一番。张光香被誉为全县水稻高产状元。

改革开放后,随县由农业大县向农业强县迈进。与此同时,又继续涌现出一批在全省乃至全国有影响力的劳动模范。唐县镇农民余永兰在1982年向国家交售粮食20

余吨，为全县第一售粮大户，获省特等劳模和全国"三八红旗手"称号。殷店镇东岳庙村劳动模范涂家保1995年种植的3.32亩水稻，总产量3466.5千克，平均亩产1090千克。这在湖北省农业厅组织的专家验收组中引起轰动，省专家验收组组长、华中农业大学教授刘承柳发出惊叹说，在他30多年的教学生涯中，原只知道云南出现过中稻亩产过吨粮的事实，教科书上载湖北由于光照和温度等原因中稻亩产不可能超过1000千克，看来，这个结论到了该改写的时候！出生于1954年的草店农民秦大海，带领群众发展袋料香菇生产，2000年草店镇从事香菇生产的农户达6000多户、2万多人，年种袋料香菇3000万袋，产干菇1万多吨，成为中南地区食用菌供种重要基地。秦大海在这一年荣获"全国劳动模范"称号。

第四节　农业格局与种植结构：农林牧副渔全面发展

中华人民共和国成立后，经过土地制度改革，农民成了土地的主人，极大地促进了农业生产的发展。1979年，随县调整农作物种植布局，压缩双季稻面积，恢复发展麦、稻两熟制，实行"良制、良田、良种、良法"配套，粮食产量逐年大幅度上升。1985年，随州市(县级，下同)粮食播种面积13.78万公顷，总产809525吨，公顷单产5.87吨。总产、单产分别比1978年增长36.7%和62.4%。1987年，随州市被列为湖北省商品粮生产基地县(市)之一。1991年元月，国务院授予随州市"1990年度全国粮食生产先进单位"称号。

注重发展经济作物。1980年后，棉花生产实行"稳定面积、改革技术、主攻单产、增加总产、提高效益"的方针，常年种植棉花1.7万~2.0万公顷。1985年种植棉花17640公顷，总产24166吨，公顷单产1.37吨(亩产91千克)。1986年随州市被列为"全国优质棉生产基地"，1990年被农业部、纺织工业部评为"全国棉花生产先进县(市)"。坚持因地制宜，合理种植油料。1985年，油料种植面积6553公顷，总产8059吨；1998年，油料种植13350公顷，总产30141吨，公顷单产2.257吨，总产、单产分别比1985年增长2.74倍和83.74%。蔬菜、草莓、麻类、烟叶、药材等经济作物也得到发展。

随县森林植被属亚热带常绿针阔叶林带，其地理环境和气候适宜林木生长。改革开放后，全县开发山场资源，发展茶叶、银杏、板栗和柑橘、红梅李、油桃、大枣等水果生产；开发利用森林资源，大规模发展香菇、木耳生产。2000年，茶叶产量1134

吨，银杏产量 618 吨，板栗 3010 吨，水果总产量 61599 吨，分别为 1979 年的 7.36 倍、5 倍、22.41 倍、19.15 倍。香菇从无到有，年交易量达 3 万吨，居全国前列。随州先后被评为"湖北省绿化达标市""全国经济林建设示范市""全国营造林工作先进单位"，两次被评为"全国食用菌生产先进县市"。

随县草山宽广，牧草茂盛，青饲料丰富，可饲养畜禽的农副产品亦多。1978 年随县被定为湖北省 9 个商品牛基地县之一，1982 年又被省列为"母猪地方良种化、公猪外来良种化、配种人工授精化、肥猪一代杂交化"试点县之一。1979 年后，随县农村相继出现一批畜牧专业户、重点户。1995 年，随州养牛 28.6 万头，其中过 2 万头的乡镇 10 个，过千头的村 100 个，过百头的场 1000 个，过 10 头的户 1 万余户，被农业部评为"全国秸秆氨化养牛十佳示范县（市）"。2000 年，随州出栏生猪 56.21 万头，被省授予"养猪大县（市）"称号；出栏羊 143212 只；出笼鸡 1316 万只，鸭 2.6 万只。另外还有兔、鹅、鸽等 40 多个种类的零星养殖。

随县养殖鱼类均属鲤鱼科，其中以鲢、鳙、草、青、鲤、鲫为主要养殖鱼种。改革开放后新引进品种有团头鲂、细鳞斜颌鲴、莫桑比克罗非鱼和尼罗罗非鱼。目前我国养殖的主要淡水经济鱼类随县基本都有养殖。在渔业生产上曾经推广过"八字养鱼法"：水（深 1.5 米以上）、种（品种好）、饵（定时、定质、定位、定量投入饵料）、密（投放鱼种密度合理）、管（规范管理）、混（上、中、下三层混合放养不同鱼类）、轮（轮捕轮放）、防（防病除野），提高了堰塘养鱼的平均单产。1980 年，养鱼业开始实行承包责任制，执行"五定一奖"（定面积、定人员、定开支、定产量、定报酬，增产受奖，减产赔款）制度。此后，堰塘普遍由农民承包养鱼。1998 年，堰塘放养面积 6466.66 公顷，成鱼产量 16994 吨，是 1979 年的 13.33 倍；公顷单产 2.63 吨，是 1979 年的 11.56 倍。

随县农村副业生产除上面已经述及的茶叶、药材、果品、食用菌、木本油料外，还有柞蚕、蜂业、干菜等。1978 年以后，随县先后被湖北省列为蜂蜜、柞蚕、龙须草等生产基地。1991 年，随州养蜂户过千，蜂群 2.6 万箱，年产蜜 700 多吨。柞蚕生产 1985 年为历史最好时期，产茧 700 多吨，此后逐渐萎缩，至 2007 年随州只有厉山、高城两镇还有柞蚕生产，年产蚕茧不足 100 吨。随县所产龙须草纤维细、拉力强，备受造纸厂青睐，历史最高年产量的 1985 年产草 500 万千克。

第五节　大中型水库的综合效应：抗旱、防洪、灌溉、养殖

随县有大型水库 6 座、中型水库 16 座。6 座大型水库总库容 115079 万立方米，其

中有效库容 56542 万立方米。16 座中型水库，其中分布于府河流域 11 座，淮河流域 3 座，汉水流域 1 座，漳河流域 1 座。

以大中型水库为骨干，以堰塘为基础，随县形成了大、中、小相结合的水利工程体系，较好地解决了农业灌溉问题。至 1985 年，各类水库总库容已达 18 亿立方米。拦控河流来水面积 3208 平方千米，净拦控率 45.9%。蓄水工程有效蓄水 12.5 亿立方米。有效灌溉面积 130 多万亩，占总耕地面积的 85% 以上。

随县是府河、淮河、漳河的源头，也是汉水一些支流如大富水、长寿河、三夹河、里河、三合河、构成河、王城河、油坊河、清潭河、龙滩河的源头。分布在这些河流流域的大中型水库，还具有防洪的功能。汛期，大中型水库泄洪有严格的规定，大型水库泄洪必须经地（市）防汛指挥部批准，中型水库泄洪必须经县防汛指挥部批准，这自然是为了减轻河流中下游区域的防汛压力。1998 年地处长江中游的湖北、湖南、江西发生特大水灾，长江危在旦夕，随州（县级）市大中型水库均坚持多蓄水，不泄洪，全市共组织劳力 16.5 万人，分兵把守各水库，做好水库安全和防汛工作。

由于随县地处鄂北岗地，是有名的旱包子，因此大中型水库的主要功能还是抗旱。随县有 22 座大中型水库，有 496 座小型水库，水库密度为全国县（市）之最。全县分为 29 个灌区，大中小水库、堰塘贯通，发生旱情时，抗旱用水能做到调盈补缺、死水活用。

第六节　农田经营模式改革

随县于 1983 年普遍推行家庭联产承包责任制，将土地分给农户，但土地的性质没有改变，仍然是集体所有，农民只有经营权。首轮家庭联产承包土地的时间为 15 年。农户每年按比例向国家上交农业税，由地方财政负责收缴；粮、棉、油实行定派购任务，由国有粮油部门收购粮油、棉花部门收购棉花。1990 年代以后，国家逐步取消了定购任务，农民自由销售农产品。为了保护农民利益，国家还制定了保护价，即当市场价低于保护价时，国家粮食收储部门就按保护价收购粮食，这在一定程度上调动了农民种田的积极性。

1998 年第一轮承包期满后，随州（县级）市又依法进行农村土地第二轮承包，在第一轮承包基础上实行大稳定、小调整，承包时间依旧为 15 年。到 2005 年，又开展了土地二轮延包工作，即延长承包期到 30 年。这样一来，土地二轮延包截止期限为

2028 年。

随州于 2002 年实行税费改革，取消面向农民收缴的"三项提留""五项统筹"。农民种田只上缴农业税；有农业特产生产的，据实依率上缴农业特产税。农民负担人均一律不得超过 100 元，亩均也一律不得超过 100 元。从 2003 年起，农业税税率开始下调，连续下调两年后，到 2005 年随州农业税全部取消，结束了两千多年来农民向国家上缴"皇粮国税"的历史。与此同时，国家加大对农业的扶持力度，对农民实行粮食直补、良种补贴、地力补贴等，极大地促进了农业增产和农民增收。

随着打工潮的兴起，许多青壮年农民外出打工，他们迫切想把承包的土地转租出去，而一些种田能手不满足于承包的那点土地，希望扩大种植面积，发展家庭农场和庄园经济，还有一些以农产品为原材料的加工企业出于自身发展需要，急需在农村建立稳固的生产基地，他们有较先进的农机装备，主张用工业化的理念来发展农业。于是，就出现了土地经营权的流转。为此，人民政府强调"三个不得"：不得改变土地集体所有性质，不得改变土地用途，不得损害农民土地承包权益。要求坚持依法、自愿、有偿原则，尊重农民的土地流转主体地位，任何组织和个人均不得强迫流转，也不能妨碍自主流转。

土地经营权的流转，尤其是涉农企业通过或入股或经营等方式的参与，促进了农业结构的调整和生产方式的转变。涉农企业和农民形成"公司+基地+农户"等生产格局，结成命运共同体，农业经济渐呈产业化发展趋势。

成立于 2003 年的金禾米业公司是发展"公司+基地+农户"生产格局的典型。其总部设在唐县镇，起初只是网罗了唐县镇的数万农户，实施订单农业。唐县镇是随州的农业大镇，年产粮食 7 万多吨，金禾公司年处理加工粮食也只有五六万吨，唐县镇就能喂饱它。后来金禾公司新上设备，扩大生产规模，除巩固唐县镇基地外，又向外辐射殷店、万和、尚市、厉山、新街、洪山、均川、万福、澴潭、吴山等地，其水稻基地面积达到 50 万亩。总部设在市区的金银丰面粉有限公司在随南均川、洪山、澴潭建立小麦基地，辐射 40 万亩专用小麦面积。

还有"市场+基地（农户）""协会+基地+农户"等生产经营模式。前者的突出例子是三里岗香菇大市场+三里岗镇和柳林镇万家菇农，成千上万吨香菇从大市场走向全国各地乃至国外，这无疑方便了众多菇农，而大市场的经营者也获得了丰厚的回报。后者的典型代表是随县马铃薯协会+唐县镇鲁城河 5 万亩马铃薯板块基地+鲁城河数千农户，进而网罗厉山、新街、吴山、万福、安居等地薯农，薯农因种薯而致富，马铃薯协会则成为有一定经济实力的协会，在随县享有盛名。

第七节 传统农业向现代农业的转换

围绕建设现代农港目标，随县确立了重点打造食用菌、粮油、畜禽、果蔬、茶药等5个农业产业链。

注重全程全面推进农业标准化生产，由机械化向数字化农业转变。土地生金，源于标准。从"靠天打粮"到"标准种田"，犁地整地从拖拉机、旋耕机变身为激光智能机，插秧从农用手扶式插秧机转身为侧深施肥插秧机，植保从弥雾机喷药转身到飞机航化作业。乡镇普遍建立育秧基地，配齐大棚喷淋设施、小型气候观测站、自动化孢子捕捉仪等物联网一应设备，实现工厂化高标准管理和数字化智能应用。村级全面设立手机微信、飞信、短信服务平台，通过这些平台为村民提供最新的气象信息、农时农艺标准以及生产技术措施，为村民科学生产提供便利条件。

切实抓好供给侧改革，推动农产品由"种得好"向"卖得好"转变。譬如，澴潭镇发展香稻生产，其香稻每千克价格高于市场价0.40元，亩增效益300元左右。这无疑是供给侧改革给农民带来的实惠。随县香稻种植是供给侧改革的成功范例，种植户手握订单，香稻不愁卖，每千克加价0.40元，当然是"卖得好"了。而湖北大自然米业等稻米加工企业则不愁优质粮源，其通过种植户按照绿色食品标准和有机标准生产的香稻加工出来的"随州香米"先后荣获"荆楚好粮油""中国国际粮油产品金奖"等称号。大自然米业还与武汉中百仓储签约，其香稻产品通过中百线上平台和线下门店销售。这就打通了"品种、种植、加工、市场"全产业链，也为随县重点打造的其他农业产业链供给侧结构性改革提供了可以借鉴的经验。

第八节 土 特 产

随县土特产有茶叶、果品、烟麻、药材、柞蚕、干菜、草品、调味品、木本油料、林副产品10大类3000余个品种，已开发利用的达584种，其中主要品种28个。银杏、桔梗、金头蜈蚣并称随县"三宝"；金黄蜜枣、洪山三黄鸡、茶叶、柞蚕、香菇等在市场享有盛名。《唐六典》有隋绢列为贡品的记载。1978年以后，随县先后被省列为蜂蜜、黄花菜、苹果、红枣、皮木梓油、蓖麻油、龙须草、桔梗、柞蚕等生产基地。2007年12月，三里岗镇被中国食用菌协会授予"中国香菇之乡"称号。2009年12月，草店镇被中国食用菌协会命名为"中国花菇之乡"。

一、三里岗香菇

地处"楚北天空第一峰"大洪山下的随县三里岗镇，气候温暖湿润，栎树资源极为丰富，生长香菇得天独厚，很早以前就有野生，1963 年开始试验人工栽培，1978 年后形成规模，1989 年进入盛产期。三里岗香菇柄短，肥嫩，花纹美丽，远销日本及东南亚 10 多个国家和地区。

到 1990 年代中后期，香菇生产在三里岗已形成蔚为大观的局面，全镇年自产干香菇 4000 余吨，从事香菇生产的人员过万人。2000 年开始自营出口。2003 年 12 月，三里岗香菇通过了国家级"原产地保护标记"认证。2007 年 12 月，三里岗镇被中国食用菌协会授予"中国香菇之乡"称号。2008 年 12 月，首届中国随州香菇节在三里岗镇成功举办。

二、厉山腐乳

厉山腐乳又名白方，已经有 100 多年的历史，以五味调和、质细香酥、色泽黄润、汤汁醇浓而饮誉省内外。1960 年，时任国家副主席的董必武视察湖北途经随县品尝厉山腐乳后，连声道好。

厉山腐乳生产工艺精细，操作规程严格。其用料选择上等黄豆，通过泡豆、磨浆、烧浆、点浆、包扎、切块等工序生产制作。一般是立夏前后封缸，霜降过后开缸。贮存两三年质量不变，味道不减。

厉山腐乳行销河南、黑龙江等 20 多个省份，备受消费者青睐。在 1996 年 12 月举办的第二届中国国际食品博览会上，厉山腐乳被评为"国际名牌食品"。

三、唐县蜜枣

唐县镇被誉为枣乡。该镇有枣树面积 1 万余亩，年产大红枣 150 多万千克，年产上等蜜枣 60 多万千克，占全县蜜枣总产量的 70%以上。

随县蜜枣历史悠久，据《随州志》记载，清朝乾隆年间，咸宁胡家街有一胡姓人家来到随州安居镇落籍，此人有祖传制作蜜饯的技艺，见当地盛产个大肉厚的"秤砣枣"，便开始制作蜜枣。由此看来，随县蜜枣已有两百多年的历史。

安居镇虽是随州蜜枣的起源地，却不是随州蜜枣的主产区。随州蜜枣主产于唐县镇，这是因为唐县镇盛产大枣，唐县镇大枣又以该镇华宝地区所产的罗汉枣最为有名。

其个大肉厚，丰硕饱满。唐县镇金黄蜜枣的生产原料，主要采用华宝罗汉枣，并融传统生产工艺，经过十多道工序精制而成。产品不仅以其"色如琥珀，体丰肉厚，沙酥爽口，甘之如饴"而负盛名，而且以其"营养丰富，含大量植物蛋白质、碳水化合物、胡萝卜素以及维生素C"而备受消费者欢迎。1985年唐县金黄蜜枣荣获湖北省优质产品称号，进而被列为湖北十大名产之一。

第九节　森林、湿地保护与自然生态的良性发展

随县森林植被属亚热带常绿针阔叶林带，其地理环境和气候适宜林木生长。1985年，有树种66科、118属、319种。其中，主要乡土树种58种，主要引进树种37种。

1979年前，县、区、社、队层层都设有护林组织。1980年县林业局设森林保护股（后改为林政科），加强对森林的保护。1983年，设立随县林业局派出所。1990年代，实施封山育林政策。普遍订立护林公约，因地制宜抓护林工程建设：垒土墙，在浅山、丘陵林业基地周围垒起1.5～2米高的围墙，垒砌1200余处；挖壕沟，标准为深1.5米，宽2米，不仅可阻止牲畜危害树苗，且兼收拦截流失水土之效；围刺城，平畈地区土地金贵，垒墙挖壕要占用土地不划算，就采取栽种荆棘，这即是"围刺城"；建瞭望哨，山区封山育林地带，选择制高点建瞭望哨，共建350个。

全县各级森林防火组织于1978年后逐步恢复和健全。自1986年始，确定每年11月至次年4月为森林防火期。1993年后，各级防火机构做到有牌子、有班子、有章子、有制度、有预案、有措施。1993年6月，森林防火无线电台通信组网使用，设中转台、基地台和车载台13个。

进入21世纪后，在继续做好森林保护的同时，随县尤其注重做好湿地的恢复和保护工作，从而促进自然生态良性发展。湿地素有"地球之肾""生命摇篮"等美誉，是自然界最为重要的生态系统之一。湿地恢复保护和合理利用的新模式是建设湿地公园。随县先后在随北和随中建立了淮河源省级湿地公园、封江口国家湿地公园。

淮河源湿地公园以淮河镇道座塆至谢家塆之间的淮河主干道及滩地、淮河右岸支流胡家河干道及支流，以及胡家河源头周边山林为主体，面积达1万余亩。这里植物资源丰富，种类达300多种，其中有银杏、水杉等2种国家一级保护植物，有樟树、红椿、川黄檗等8种国家二级保护植物，有青檀、野核桃、大叶冬青等7种被列入省级的珍贵树种。而丰富的植物资源和优越的自然环境又为大量野生动物提供了良好的

栖身之地。这里的野生动物种类达 200 多种，其中有白额雁、鸳鸯、赤腹鹰、红隼等 12 种国家二级保护动物，有豆雁、苍鹭等 56 种被列入省级重点保护陆生野生动物名录，有白鹭、斑头秋沙鸭等 135 种被列入国家保护的有益的或者有重要经济、科学研究价值的陆生野生动物名录，同时列入省级重点保护名录和国家"三有"名录的陆生野生动物有 49 种。

封江口湿地公园地处桐柏山与大洪山山间谷地，湿地类型主要为库塘湿地、永久性河流湿地以及沼泽湿地。该湿地公园通过采取底泥疏浚、护岸固土、退养还湖等措施，以及水源涵养林建设、水鸟栖息地营造等，从而维护和提升随县湿地环境与生态系统。封江口湿地公园被称为生态系统健康、自然景观优美、宣教设施完善、文化底蕴深厚的国家湿地公园，是鄂西北湿地公园生态典范。

第十节 农业谚语

随县农业谚语很多，反映出随县农业生产的基本面貌。

地是刮金板，人勤地不懒。

人误地一时，地误人一年。

人哄地皮，地哄肚皮。

人靠地来养，苗靠肥来长。

季节不等人，一刻值千金。

要想生活好，土中去取宝。

精耕细作，五谷丰登。

田不翻冬，来年草凶。

冬耕深一寸，春天省堆粪。

马无夜草不肥，田无冬耕少收。

要想庄稼收成好，三犁三耙不可少。

人无道理讲不赢，地无横耙不得平。

一寸芝麻经得起一尺水，一尺芝麻经不起一寸水。

种田不下粪，等于瞎胡混，懒人怕发狠，薄土怕上粪。

息田如息马，炕地如下粪。

粪放三年变土，土放三年变粪。

有苗三分收，无苗无望头。

家有陈柴必富，家有陈粪必穷。

人怕老来穷，谷怕午时风。

种怕水上漂，谷怕折断腰。

麦倒一包糠，谷倒一包秧。

草怕断根，稻怕抽心。

当兵学打枪，种田学育秧。

三年学会生意手，十年难学种田人。

栽秧栽得嫩，如同下道粪。

秧苗栽得深，半月难转青。

栽秧要抢先，割麦要抢天。

谷含苞，水起腰。

花木要向阳，栽秧要亮行。

肥田栽稀，瘦田栽密。

合理密植多收稻，过分密植多收草。

人生病不舒服，秧生病难结谷。

人瘦脸皮黄，地瘦少打粮。

除虫如治病，不治丢了命。

除虫没有巧，只要动手早。

要想来年害虫少，冬天割去田边草。

猪是庄稼宝，肥是地里金。

种田不养猪，好比秀才不读书。

穷不丢猪，富不丢书。

多喂猪来多喂羊，多积肥来多打粮。

猪多肥多，肥多粮多。

油多菜香，肥多苗壮。

庄稼是枝花，全靠肥当家。

长嘴的要吃，长根的要肥。

今年多积一车肥，明年多收一车粮。

扫帚响，粪堆长。

流不尽的水，积不完的肥。

没有粪臭，哪来饭香。

人是铁，饭是钢，地里缺肥庄稼荒。

门前没有三大堆（粪），长好庄稼尽是吹。

萝卜白菜葱，多用大粪攻。

庄稼施肥无他巧，看天看地又看苗。

量体裁衣，看苗施肥。

春天肥堆密，秋天粮满仓。

养猪没巧，窝干食饱。

猪吃百样草，看你找不找。

猪要喂得饱，马要上夜草。

小猪要游，大猪要囚。

若要猪牛不生病，做到窝干食物净。

若要牛膘好，多放露水草。

闲时养牛不保膘，忙来急得双脚跳。

来年要耕田，冬天喂点盐。

冬牛不瘦，春耕不愁。

牛怕清霜，马怕夜雨。

上选一层皮，下选四只蹄，前要胸膛宽，后要屁股齐。

养兔没有巧，地干不喂露水草。

种子年年选，产量节节高。

三年不选种，增产要落空。

换地不如换种，换种犹如施肥。

好种出好苗，好树结好桃。

肥猪出好肉，好秧出好谷。

好种壮秧，金谷满仓。

妻好一半福，秧好一半谷。

宽秧田，窄菜园，舍得种子种得田。

歪嘴葫芦歪把儿，品种不好莫怪苗。

丰收无他巧，一苗二肥三锄草。

过了端阳节，锄地不能歇。

棉锄七道白如霜，秧耪七道猪无糠。

七锄金，八锄银，锄头底下出黄金。

头道清，二道精，三道出黄金（黄豆）。

晴天不薅草，阴天忙不了。

人勤地生宝，人懒地生草。

芝麻薅得嫩，如同下道粪。

头道刮，二道挖，三道四道如绣花（花生）。

种子下地，管字当先。

种是基础，管是关键。

三分种，七分管，十成收成才保险。

只种不管，打破饭碗。

修塘如修仓，蓄水如储粮。

修塘筑坝，天旱不怕。

水满塘，谷满仓。

只靠双手不靠天，修好水利万年甜。

人治水来水利人，人不治水水害人。

春雨贵似油，点滴莫让流。

春栽杨柳夏栽桑，正月栽松好时光。

疏栽桐，密栽松。

栽树莫透风，透风白费工。

干榆湿柳水白杨，桃杏栽在山坡上。

枣树当年不算死，柳树当年不算活。

松树喜欢挤，两株栽一起。

沙蒿越埋越旺，沙柳越压越长。

春打六九头，种田不用愁；春打六九尾，种田撞见鬼。

惊蛰节气到，快育红薯苗。

惊蛰不放蜂，十笼九笼空。

麦到春分，昼夜不停。

清明前后，种瓜种豆。

清明前，早种棉。

清明老青菜，谷雨老腊菜。

椿树蓬头泡谷种，刺花香时田露秧。

夏至不栽，东倒西歪。

过了芒种不种棉，过了立夏不种田。

小满不满，干断田坎。

夏至种芝麻，当头一朵花。

芒种打火夜插秧，灯笼挂在树梢上。

夏至不打杈，到老无棉花。

芒种不割土里钻，夏至不打飞上天（指小麦）。

大暑小暑，抢插红薯。

有钱难买五月旱，六月连阴吃饱饭。

头伏芝麻二伏豆，头伏萝卜二伏菜。

霜降种麦，不要问得。

秋分早，霜降迟，寒露播种正当时（蚕豆）。

晚物不过秋，过秋九不收。

一年劳动在于秋，粮食不到仓不算收。

春干满场，秋干绝粮。

两春夹一冬，十个牛栏九个空。

一年两头春，耕牛贵似金。

进九三日黑，又收芝麻又收麦。

小雪雪满天，来年是丰年。

参 考 资 料

1. 清同治八年《随州志》整理工作委员会：《随州志》，湖北人民出版社 2013 年版。

2. 湖北省随州市地方志编纂委员会：《随州志》，中国城市经济社会出版社 1988 年版。

3. 何相安：《随县农事劳作》，武汉出版社 2017 年版。

第二章 工业产业

城市工业化进程是衡量社会生产力发展水平的主要标志，也是一个地域产业文化的重要标志。随县有着悠久的人文历史和强盛的工业化基础，远在春秋战国时期，就已拥有先进的铸造冶炼技术；同时，随县又是全国的农业大县，其近代工业的起步阶段，则是由原始手工业向现代工业雏形转变的过程，而这个过程中几乎所有的产品都是为农业服务的。从铁匠铺到农具厂，从生产锄、镰、锹、犁铧到生产插秧机，处处都能找到与炎帝神农文化中关于"制耒耜"的相关印迹；而陶瓷厂、木器(家具)厂、砖瓦厂、纺织厂、酒厂、茶场等，也无不与神农"和泥制陶""筑木为屋""织麻为衣"以及发明酿酒、茶叶等有关联；随县制药业更是与"神农尝百草"有着不可割舍的密切联系。当然还有木材板材、建材石材、化工化肥、食品加工、缝纫、皮革、造纸、能源、采矿、交通运输以及新兴的电子产业等，都可以称得上是炎帝神农"八大功绩"的传承与延伸。

从历史文献和曾侯乙墓出土的文物来看，随国有着悠久、先进的工业制造技术，但是随着随国的消亡，浩大的"国有"式集体工厂已经不复存在，在随后的几千年小农式环境里注定不能再实施这些浩大工程，一些先进的工艺亦就此失传。直到新中国成立后，随县才算真正进入了工业化的时代，而改革开放，更是给随县的工业带来了一个崭新的春天。从手工作坊的农机具生产到大型机械工业的横空出世，从手工纺线织布到规模纺织企业的异军突起，从乡镇企业的遍地开花到各行各业的异彩纷呈，从"齿轮道路"到股份制企业集团的转型蜕变，从土法上马、煤烧锅炉到新能源产业大放异彩，无处不展现出随县人民的聪明智慧和独有的创造精神。新时代，新随县，新型的工业城市格局带着古朴的神农文化气息和现代的都市气息正扑面而来。一个地方的工业，无论从规模还是效益来讲，重头戏仍然是机械行业。新中国成立后，随着大生产运动的掀起，随县开始大量生产农机具和农业机械；为适应集体生产需要而研制开发的插秧机畅销全国，形成了农业机械化产业化的高潮；改革开放后，因农村联产承包责任制(分田到户)的实行而导致插秧机滞销，转向交通运输业的汽车挂车生产，继而生产各类汽车改装车，实现了与汽车真正的结缘，最终完成了随州工业从零散的手工作坊到集约化规模化的机器生产，直到以改装汽车为第一产业、实现向"中国专用汽车之都"的历史变迁。

第一节 古时工业成就及先进的国有手工业技术

据史料记载和曾侯乙墓出土的大量青铜器等资料表明，早在曾国时期，随县在铸造、科技、音乐艺术方面就已经取得了非凡的成就。曾侯乙墓出土的青铜器以型大、体重、工精、量多著称于世。产品多达6239件，总重约10.5吨，世所罕见，其青铜铸造工艺不仅继承了战国以前的青铜铸造工艺，并且在许多方面有革新、创造和发明。这些手工技术成就中的技艺有些在历史发展中已被淘汰或失传，有些在创造性转化中融合于了现代工艺，还有一些至今仍然在现代工业中广泛使用着，如失蜡法。

曾国手工技术成就是极其辉煌的，支撑此辉煌成就的产业结构是发达的手工业工场。这些手工业工场分工细密，不仅蕴含了"守之世"的"工匠精神"，更有超越工匠的"原创精神"。这些都是发展现代工业的强大基因。

以曾侯乙墓出土的青铜器为例，其青铜铸造工艺不仅继承了战国以前的青铜铸造工艺，而且在许多方面有革新、创造和发明。

组合陶范浑铸技术的新创造 14件曾侯编钟件件都采用了组合陶范浑铸技术的创新。以中层第三组的甬钟为例，一件钟的每一枚就得用两块陶范。各钟均有36个枚，就得用72块陶范。除甬为铸接外，全钟一次铸成，共需136块陶范(含钟体泥芯)。铸造界的专家们一致认为，曾国的工匠们在铸造编钟时运用了组合陶范浑铸技术，不仅要求其外形精美，而且着眼于声音纯正、音色悦耳、音律准确，组合陶范浑铸技术达到了新高度。

传统分铸技术的新突破 商周青铜器往往采用分铸法，如鼎的铸造往往是先铸足或耳，然后再铸身，再将先铸者接在一起。但那时的分铸件大多体小、重量轻，而在曾侯乙墓中许多大件青铜礼器如大尊缶都是采用分铸法或包铸法铸成的。用包铸法铸造型大、体重的青铜礼器一般要采用铸型预热的办法，其设计及工艺流程必须十分严密，各个工序的配合不能有丝毫差错。铸造专家对两件大尊缶的实地检测结果显示，没有发现铸造缺陷。铸件的接合部位不仅十分牢固，而且非常严密。出土时器内盛满水却没有渗漏现象。曾国的分铸技术实现了由铸小到铸大的跨越。

焊接技术的新成就 人们在曾侯乙墓里看到的铜焊远比春秋时期范围更广泛，技术更成熟。例如：天平底鼎的腿和簋的龙形象，所用焊料一种为铅锡合金，含锡53.41%、铅41.4%、铜0.38%、铁<0.01%；另一种为纯锡，主要焊接装饰作用的附件，如鉴缶的龙头焊料含锡90.92%、铅0.48%、铜0.03%、铁1%。我国古代用这种合金焊接，在考古学史上为首次发现。

失蜡法焊接的新高度 曾侯乙墓出土的尊、盘，在所有传世和出土的青铜器中最为精美，其纹饰的纤细、精致，铸作的整齐、精美，已经到达鬼斧神工的地步。1979年中国机械工程学会铸造学会鉴定：曾侯乙尊盘的透空纹饰附饰系由熔模铸造成形。熔模铸造即失蜡法，先用蜡料将设计好的铸品做成蜡模，在其表面涂上沙、石、耐火泥等粉末，形成比较坚固的外壳，然后加热去蜡模，形成铸件的外模，再浇以通液，冷却后去模壳，铸件即成。许多西方学者认为，中国的失蜡法是因佛教的传播而由印度传入的，或是从西方传入的。但曾侯乙墓尊盘即为失蜡法所制这一史实，把我国成熟失蜡法铸造技术提到了战国早期，其起源必早于战国早期。失蜡法铸造技术在目前现代工业中仍有广泛的应用，现代精密铸造中即先做蜡模。因此曾国手工业技术包含有现代制造业的基因。

精耀如真的制珠技术 从文献记载来看，曾国的手工技术成就不仅得到了考古学的实证，而且得到了科学实验的实证，文献记载随侯不仅有一颗得于自然的明月珠，而且还能制作像真珠子一样的人工珠，"随侯以药作珠，精耀如真……"（王充《论衡·率性》篇）。随侯珠有自然珠和人工珠之分，人工珠是以药制成的，几乎达到了以假乱真的程度。曾侯乙墓有173颗玻璃珠，其表面布满圆圈纹，最大者直径2.3厘米。随国有极为发达的制珠技术和产业。随侯做珠的工艺是"消烁五石"，而"五石"据《抱朴子·登涉》是指"雄黄、丹砂、雌黄、矾石、曾青"。最近，学者雷志华、高策使用矿石原料对此进行了模拟实验，结果表明消烁五石是炼制砷铜和铅玻璃工艺。这个实验结果与曾侯乙墓里的玻璃珠具有一致性，说明随国的确有以药做珠的技术或产业。

娴熟的工程图学要素 曾侯乙墓出土的文物，无论是青铜器，还是漆器上绘制的各种富于动感的几何图案，包括等分线段、平行线、对角线、棱线、切线，同心圆、椭圆、圆弧连接，它们几乎包括了工程几何制图的主要内容。曾侯乙墓青铜器、漆器不仅成功地采用了多种长方体、圆柱体、圆锥体、棱柱体、圆球体、近似椭球体、圆环体、近似椭圆环体，以及任意曲面主体，而且还掌握了不同几何体的相贯线。如两件联禁大壶是由多种几何体构成，颈口与圈足、腰部与壶口的衔接十分光滑，外部轮廓整齐划一，表明对各种几何形体运用得极为娴熟，小口鼎的鼎足与鼎的主体，匡鼎的鼎足与匜体以及匜体与匜口的相贯，形体极为准确。

纺织技术的新收获　曾侯乙墓的纺织品虽然绝大部分没有保存下来，但从仅存的一些残片中可以看出曾国纺织技术的高度发达，其中一些发现在我国纺织史上属于重大突破。养蚕、缫丝、纺麻技术在曾国有新发展。曾侯乙墓出土的各种丝织品，经显微镜鉴定是桑蚕丝，其纤维平均截面面积在 60～124 平方微米之间。这比河北藁城商代遗址，河南安阳殷墟遗址出土的丝纤维面积的 506 平方微米增加了 1～2 倍。该墓 E143—2 号深棕色的沙袋是丝麻交织物。这在我国迄今所见最早的丝麻混纺织物实物，也可以说是世界上最早的丝麻混纺织品。曾国发明的混纺为人们提供了交织各种不同质地的织物、提供丰富多彩的衣料做出了突破性的贡献。曾侯乙墓出土了 10 多块锦的残片，经分析其结构为单层的暗花丝织物。这也是首次发现，对商锦、周锦以及汉锦织造工艺的探索，具有十分重要的意义。

由于随县地区在新石器时代晚期即已掌握了青铜合金技术，并出现了手工业工场，到了曾随时期，便形成了高度发达的国有手工业和"国际化"的手工工场。编钟铸造属于礼乐文化产业，如此浩大的文化工程，是由许多从事音乐乐器铸造以及其他工种的人在同一个空间场所里工作的，其中有明确的专业分工：有绘制工程图的，有铸造各个配件的，有音律指导的，还有组合焊接的，这种分工协作使战国早期曾国手工业必然以国有工场这种形式存在着，蕴含现代工业的强大基因。

第二节　从 1949 年前后的手工业作坊到改革开放初期的工业化起步

直到清末民初，随县地区的经济在整体格局上还处在小农阶段，大多数人固守着传统农耕业，铁匠铺和手工作坊是传统农耕生产工具的补充。民国时期，随县人开始进行"工业研究"，探索并选择工业生活方式。虽然多数工业经济的"细胞"表现为手工作坊(铺)，但"企业家"们开始看重"工厂"，民族企业开始萌发，各类机器得到使用。

清光绪元年(1875 年)至二十七年(1901 年)，古城畈、柳林店建有铸锅厂，以土炉生产铁锅，年产 6000 余口。当时的县城、厉山、淅河、安居、澴潭等集镇共有铁器作坊(铺)19 家。每作坊(铺)多为一盘红炉、一套打铁工具，生产锄、镰、锹、犁铧、斧、刨铁、凿、锅铲、菜刀、剪刀等。其中厉山、淅河、安居有木器作坊 12 家。清末，县城、厉山、淅河、安居、澴潭、均川等集镇有私营作坊手工生产陶器、银器、铜器、铁器、木器等日用制品和生活用器。

至1948年，铁器作坊发展到37家，从业者76人，其中，陈立宽的犁辕、王胜发的剪刀、刘洪忠的铁锹、汤仕新的斧头、厉山镇喻保和的镰刀、杨再新的菜刀等，较为出名。

清末时，境内散布有纺线织布、编织篾器、焙烧砖瓦、制陶、酿酒、榨油、饯蜜枣、制糖、建筑、锻铁、加工金银器等匠人，制品以"长头布"棉布、木炭、蜜枣著名。民国年间，除随县城有一台柴油机发电和机械碾米外，重要集镇多系手工操作的印刷、纺织、缫丝、制革、缝纫、染布、金属制品、粮油加工等工场、作坊，县民的生产、生活用品主要由匠人制作。抗日战争时期，新四军第五师在随南山区建有半机械生产的兵工、被服、印刷、制币等工厂，产品主要供应部队。

1949年后地方工业建设由手工业发展到轻工业，进而形成门类较全的现代工业。国民经济恢复时期开始兴建工厂，同时对手工业实行社会主义改造，形成了国营手工业生产合作社、私营工业并存的工业经济结构。产品主要是棉布、农具、火电。1952年工业产值416万元，是1949年工业产值242万元的1.72倍。第一个五年计划时工业有了进一步发展。至1957年统计有发电厂、农具厂、酒厂、锅厂、米面加工厂、粮油加工厂、轧花厂、屠宰加工场等地方国营企业和印刷厂、酱园厂、陶器厂、糕点厂、猪鬃厂、毛巾厂、针织社、缝纫社、鞋社、皮革社、白铁社、木器社、砖瓦社等公私合营企业及手工业生产合作社。企业实行"定人员，定产量、定质量、定消耗、定工时"的管理制度。原材料供应按企业生产任务编制年、季、月需求计划，由国家分配统销物资、商业供销部门代购或企业自购非统销物资。商业供销部门统购包销企业产品，工人（社员）按件或计时计取劳动报酬。年产棉布12.1万米、袜子5.82万双、木材24939立方米、农具38.3万件、锅10.54万口、酒322吨，产值1497万元，比1952年增长72.2%。利润连年增长。

1958年工业"大跃进""土法上马""大办钢铁"，大建工厂，手工业生产合作社和公私合营企业转为国营企业，农村人民公社建有农机具修造厂，工业企业增至133个，对工人定技术级别，按月发给固定工资，生产计划和原材料由工业主管部门制订分配。企业废弃了原有的管理制度，不讲效益追求高产，经济连年亏损。"大办钢铁"时投入10余万人，毁林百万立方米，耗资200余万元，炼出了些烧结废铁。

国民经济调整时期关闭了亏损工厂。手工业生产合作社复为集体企业——恢复"大跃进"前的工业管理体制，建立"职工代表大会"或社员代表大会监督企业管理，地方工业建设趋向正轨。农机具产业得到发展，产品有条播机、深耕犁、脱粒机、弹花机、水车、小型抽水机等。1962 年工业总产值 1615 万元，比 1957 年增长 6%，产值虽比"大跃进"时下降，但利润增长。嗣后，食品工业、机械制造业、纺织业，水电等随着农业增产和兴修水利得到迅速发展。1965 年工业总产值 2061 万元，其中，食品工业产值 857 万元，占总产值的 41.58%；纺织业产值 344 万元，占总产值的 16.69%；森林工业产值 242 万元，占总产值的 11.7%；机械业产值 228 万元，占总产值的 11.06%；建材工业产值 62 万元，占总产值的 3%；造纸业产值 47 万元，占总产值的 2.28%；化学、电力和其他工业产值合计 281 万元，占总产值的 13.6%。1965 年至 1966 年，省机械、纺织部门先后在本地兴建挂车厂、齿轮厂、汽车修配厂、棉纺织厂，带动了地方工业的发展。1965 年 1 月，中央在湖北省召开农业机械化现场会，农机工业迎来了新的发展机遇。1966 年 2 月，省委确定随县为全国农业机械化重点县之一，促进了农业机械的大发展。

1970 年后开展"小水电、小氮肥、小煤窑、小钢铁、小机械"建设，但因缺乏人才、技术，盲目开采品质低劣的煤、铁、铜、萤石等矿，形成了巨额亏损。1975 年推行定额管理、质量管理、劳动管理、财务管理、安全管理等制度，企业设专职人员负责成本核算、质量检验、生产调度、工料记录、政治教育、生活管理等，职工执行岗位责任制，实现产值、利润同步增长。至 1977 年，建有湖北省随县棉纺织厂、湖北油泵油嘴厂、湖北齿轮厂、湖北汽车改装厂、湖北随县缫丝厂、湖北省澴潭汽车修配厂、随县机动插秧机厂、随县挂车厂、随县化肥厂、随县化工厂等骨干企业，初步形成了拥有电力、机械、化学、建材、纺织、食品、缝纫、皮革、造纸等 10 个门类几十个品种的工业体系。

1978 年后，开始调整行业和产品结构，县制定了"优先发展轻纺工业，调整整顿机械工业，巩固提高化学工业，大力发展矿产工业，积极发展乡镇工业"的方针，地方工业建设由侧重"为农业服务"转向国内外市场，由以增加产量为中心转为提高经济效益为中心。企业由厂长负责，围绕节能、降耗、高产优质实行技术改革，推行经济责任制和质量全面管理制度；对国家承担的责任按照责权利相结合的原则分解成各项经济指标，分给车间、班组，部分指标落实到人。

国营企业执行由国家制订的以指导性为主的生产计划，集体企业根据市场需要确定生产项目。原材料供应以市场调剂为主，计划供给为辅。国家对产品不统购包销，工厂由单纯生产型转向生产经营型，注重开发新品种、新花色和提高产品质量，讲求经济效益。1979年，国营企业财务形式由以前的统收统支改为企业和国家利润分成，1983年易为利改税。企业留利逐步增长，增强了自我改造、自我发展的能力。工资逐步改为联产计酬、多劳多得的浮动制。工业布局由过去集中在城区兴建国营企业改为分散到城乡发展国营、集体企业和个体工业，推动了国营企业的稳步发展和乡镇工业的蓬勃兴起。到1980年，有国营企业77个，产值30039万元，占工业总产值的63.1%；集体企业74个，产值7171万元，占工业总产值的15.06%；乡镇工业企业530个，产值10377万元，占工业总产值的21.8%。年末固定资产原值22805万元。工业产品中，通道客车、改装汽车、汽车挂车、农用挂车、电风扇、台钻、重晶石、薄帆布、白丝、软锻被面、涢水绸、裘皮衣、皮毛玩具、齿轮、齿轮箱、编钟乐酒等被国家或省评为名优产品。1984年，随县对工业布局进行了再次调整，确定以机械工业为主，相应发展轻纺、食品、化工、建材工业。推行"齿轮道路"，加速发展乡镇工业。1985年工业总产值65925万元，占国民经济总产值141150万元的46.7%，比农业总产值54495万元多11430万元，是1949年工业总产值的272.4倍、1980年工业总产值的3.48倍。其中，国营企业产值33404万元，占工业总产值的50.7%；市属集体企业产值8460万元，占工业总产值的12.8%；乡镇街道工业产值24061万元，占工业总产值的36.5%。机械工业产值19324万元，在湖北省低于武汉、十堰等5市，位于第六。

20世纪50年代，随县建立了多家国营企业，有随县国营农具厂、随县国营酒厂、随县地方国营砖瓦厂、随县地方国营锅厂等，号称"八大国营厂"；随后于六七十年代，又先后有六大省直厂矿迁至随县，号称"六大厂"，仅在1966年，就有湖北齿轮厂在县城西南郊破土动工，随县棉纺织厂在县城北郊兴建，以及随县府河化工厂、随县化肥厂、湖北省㵐潭汽车修配厂等，均在1970年左右建成投产，加上涉及各行各业的乡镇企业、街办企业，随县的工业呈现一片欣欣向荣的景象。

第三节　从农机具为主到大型农机产品的机械工业发展

新中国成立前随县无机器制造业，1952年以铁工厂为基础，随县兴建地方国营农具厂，由修理、生产农具开始，逐渐发展到制造机耕船、手扶插秧机、收割机等60多种农用机械，并研制了钻、车、刨、铣等简易机床和机动插秧机及柴油机、拖拉机、球磨机、搅拌机、轮碾机、磨石机、锯木机、喷灌机、拖车、电焊机、硅整流五用机、交流发电机等机械。1960 年后，湖北油泵油嘴厂、湖北汽车改装厂、湖北齿轮厂、湖北省澴潭汽车修配厂、县农机修造厂、通用机械厂、随州挂车总厂等 10 余个重点国营厂先后建成。1985 年有机械工业企业 70 个，主要产品有通道客车、改装汽车、汽车挂车、齿轮、油泵、油嘴、机动插秧机、拖拉机、气刹气泵、水轮机、台钻等。年产销 19321 万元，占工业总产值的 29.31%

1951 年，随县农业机械厂开始制作水田耕作机、宽幅播种机、条播机、收割机、脱粒机、预留棉行倒沟机及喷雾器等。省属油泵油嘴、齿轮、汽车改装厂建成投产后，提成了本地的机械生产能力，试制出机动插秧机、拖拉机、柴油机和气泵、齿轮、油泵油嘴等农用机械部件。其中，拖拉机因功率小，试制后停产。插秧机成为全国同类优秀产品。

1956 年农业生产合作化后，新式农具供不应求，随县农具厂和重点区(镇)农具厂以自有设备，结合手工操作，先后制造出了简易的车、铣、刨、镗、钻等金属加工机床和剪板机、台钳等机械，迅速提高了农具产量。随后不断改进设计，改良工艺，添置新式设备，可生产较为精密的机床。

1958 年，县农具厂仿制了半自动铁制车床 18 台，简易车床 84 台。次年易名为通用机械厂，以自有机床实样仿制 10 台六尺简易车床、10 台二百毫米牛头刨床。厉山农具厂 1959—1977 年自行设计制造三米液压龙门刨床 1 台、简易卧式镗床 1 台、X57-3 型万能铣床 10 台、CJ6140×900 型车床 59 台和杠杆移动式压力剪板机 1 台，还于 1969 年至 1977 年间生产 QH3X1200 型剪板机百余台。1971 年，安居农具厂造出台钳，至 1978 年，共生产 1279 台。这些机床弥补了区(镇)农具厂的机械不足。此后各厂停止生产机床。

1959 年，随县农业机械厂试制 10 台小立式钻床，随后进行小批量生产。1976 年 5 月，在城西南郊建随县通用机械厂，生产 Z51、2515、Z106、Z1016 等型号台钻，销往全国和印度尼西亚、马来西亚、法国、美国及我国香港地区，年生产量达 2000 台，1983 年其"编钟"牌台钻获随州市科技成果二等奖，次年获省优质产品称号，1985 生产各类台式钻床 1302 台。

随州农业机械厂于 1954 年(时称随县农具厂)开始试制插秧机，1958 年 9 月，制出两台牛拉连杆式插秧机；1965 年生产出手扶式 65 型插秧机 10 余台，1968 年 3 月仿制"东风"2C 型机动插秧机成功，次年投入小批量生产。1971 年与湖北省机械工业局机动插秧机统一研制小组改进"东风"2C 插秧机，试制出 7 台新型插秧机，经大面积试插，质量、性能良好，被湖北省机械工业局鉴定会定名为"湖北 74 型插秧机"，企业易名为随县机动插秧机厂，成为我省定点生产插秧机专业厂，省经济委员会为此投资 250 余万元，添置主要设备 118 台，年产能力达 5000 台，1976 年在"湖北 74 型"基础上试制出无上小苗、无上中苗新型样机，定名为"湖北-74B 型"插秧机，1977 年增制 2 -Z 系列全国统型插秧机。自 1968 年至 1980 年计产各种型号秧机 9227 台，销往本省和北京、天津、山西、河北等地区和马来西亚、印度、摩洛哥等国。

全国统型插秧机获全国插秧机生产企业评比的质量第一名和农机部科技成果一等奖，"湖北-74 型"插秧机和"湖北-74B 型"插秧机获省科技成果三等奖，后因家庭承包责任制实施，插秧机滞销，工厂转产。

1970 年 1 月，由湖北齿轮厂生产齿轮、随县农业机械修造厂生产引擎、随县农业机械厂生产底盘并总装了 32 台四轮拖拉机，后因成本高，质量差而停产。此外，1970 年至 1973 年县农业机械厂还仿制了柴油机 1434 台。

1978 年，随县农业机械修造一厂开始试制空气压缩机（简称气泵），1979 年生产 40 台，厂名改为湖北随县气刹装置厂，1980 年改制成 SZ-W 泵，可为各种大、中型拖拉机使用，成为当年全国农业产品订货会的畅销产品。之后继续改进并于 1981 年成功生产出"双安"牌拖拉机通用泵，通过省级鉴定，评为优秀产品，至 1982 年累计生产气刹通用泵 8113 台，销往山西、甘肃、陕西、黑龙江、河南、河北等地。1983 年更名为湖北气刹装置总厂。

农业生产合作化后，为适应农作物成片大面积种植需要，1956 年至 1978 年间，县、区农具厂先后研制、仿制出数十种耕作机具。如麦棉两用条播机、脱粒机、深耕犁、收割机、圆盘耙、推土铲、宽幅开沟机、预留棉行倒沟机等。

1970 年 1 月，湖北齿轮厂建成投产，主要生产柴油机、拖拉机、液压泵、机耕船、插秧机等机械的 10 余种型号齿轮。年产齿轮 20.24 万件，产值 443.05 万元。1979 年农业机械滞销，遂减少齿轮生产量，转为武汉市第二汽车制造厂生产 BJ-212 吉普车齿轮分动箱，W1-120 轻型齿轮变速箱和"神牛-25"型拖拉机齿轮，并试制成功 16 型船用齿轮变速箱及出口齿轮，产品销售全国。

第四节　从汽车挂车到改装汽车以及"专汽之都"的形成

党的十一届三中全会以来，农村家庭联产承包责任制全面铺开，以插秧机为代表的随州农业机械逐步向汽车机械转型，随县工业规模从小到大，竞争力由弱变强，高端产品"无中生有"，随县机械产业从当初的手工"牛"拉连杠式插秧机、汽车挂车发展到现在品种最齐全、特色最鲜明、资源最富集、区域最集中的中国专汽产业集群。"专精智特新轻"正引领机械制造业抢占应急产业风口。2007年12月，随州被中国机械工业联合会授予"中国专用汽车之都"称号。

　　1965年，湖北省长江配件厂在县城北郊建拖车车间，生产3.5吨和1.5吨农用挂车，后发展为湖北拖车厂。1974年，拖车转产。由随县农业机械厂（原插秧机厂，后改为随州市东风一四〇汽车挂车厂）试产了JC4-140型4吨汽车挂车，年产925台，旋增"烈山"牌LSG1422和LSG1424型号的4吨、4.5吨、5吨、6吨等汽车挂车，其中以4吨为主，年产挂车3019台。同年在县城阳和门外建拖车车间，有职工78人。初产3.5吨、2.5吨及2吨农用拖车，11月扩为随县拖车厂，增产炮筒车，"京运"3吨自卸、不自卸挂车，3.5吨挂车，4吨自卸和不自卸挂车，5吨自卸、不自卸挂车，7吨自卸挂车等"随州"牌挂车。1980年，3.5吨农用挂车获省和国家优质产品奖（后拖车厂改名为随州市挂车总厂）。湖北气刹装置厂于1982—1983年生产了2吨农用拖车312台，1985年生产1吨自制拖车285台，挂车配件一、二厂产有挂车配件7.48万件。

　　随州市东风一四〇汽车挂车厂的1SG1424型四轮制动挂车获1984年省优质产品，"烈山"牌LSG1422型挂车于1981年被评为省优质产品，并获机械工业部1985年度优质产品证书；"烈山"牌LSG1124型5吨汽车挂车、LSG1524型6吨汽车挂车于1985年被评为省优质产品。随州市挂车总厂于1982年被评为省先进单位，其生产的3.5吨挂车获省优质产品称号，SZ-4型挂车获1983年优质产品称号。

　　1966年，湖北省在随西兴建湖北省㵐潭汽车修配厂，1970年5月竣工，开始修理汽车，兼制汽车配件。1977年，试制有JT661A型（40座）、JT662型（45座）、HB691型（65座）客车，经修改设计并经第三轮试验，JT692型铰接式全密封通道客车、HB692B型全密封通道客车、662单客车等定型。其中，HB692B型铰接式通道客车是国内第一轮达到全密封程度的通道客车。1981年改为专业生产改装通道客车和单客车，产值达393.78万元。后迁至随州北郊，先后更名为随州客车厂、湖北专用汽车厂客车专业厂。

　　1980年，随县机动插秧机厂改名随州市东风140挂车厂，当年试产汽车挂车，年产925台，1983年12月更名为湖北随州汽车挂车厂。1985年开发各类改装汽车，引进美国亥斯公司轿车车轮轮辋生产线，成立随州市车轮厂，成为全国第一个定点生产轿车钢制车轮的专业厂家。后来因战略合作的需要，经市政府批准，将车轮厂无偿赠与东风汽车公司，以后成了知名的"东风随州车轮厂"。1986年生产挂车8380台，1987年7月，更名随州市汽车改装总厂。各类型改装车通过技术鉴定后，批量生产。1988年销售收入达20486万元。1989年被评为省先进企业，1991年，产量跃居全国同行业第三名。1994年更名为湖北驰乐汽车(集团)股份有限公司。

与此同时，自1991年起，随州市挂车总厂也先后开发出厢式零担车、单双桥半挂车、自卸车、油罐车、轻型车、微型轿车、单双梁行车、10吨集装箱运输车等五大系列上百个品种。成为又一家由生产挂车向改装车转型的专用汽车厂家。1994年6月，成立湖北天风汽车(集团)股份有限公司，下辖17个分厂、5家分公司，有职工1565人，为机电部定点生产挂车和专用汽车的国家大型二档企业，省级先进企业。

1980年，湖北汽车改装厂和二汽技术中心共同确定专用自卸汽车底盘技术参数，形成了东风系列自卸车汽车专用底盘，开启了湖北专用汽车先河。1982年11月20日，中国汽车总公司组织的"改装汽车道路试验标准工作会议"在湖北汽车改装厂召开。1984年12月21日，其被二汽接纳为"半紧密联营厂董事单位"。1984年，向湖北汽车总公司、省机械工业厅呈交湖北专用汽车制造厂建设年产5000～10000辆"楚风牌"专用汽车底盘总装生产线的项目建议。次年5000～10000辆项目列入"工厂七五计划"。1985年，湖北汽车改装厂自卸车、运油车、加油车、粮食散装车4种新产品，经省鉴定合格，投入批量生产。HQG342型自卸车获省优产品。1986年8月10日，湖北汽车改装厂首批试制的5辆专用汽车底盘在链传动装配线上完成。1989年，高位自卸车获国家专利。1984年、1985年、1986年，HQG3100自卸车在东风汽车联营公司改装汽车行业质量评比中，连续3年名列第一。1989年、1990年连续2年被中汽公司质量监查部门评定为一等品。1992年7月，湖北汽车改装厂自行设计、制造的具有国内先进水平的汽车底盘生产线一次试运行成功，开始大批量生产底盘。1993年5月，湖北汽车改装厂更名为湖北专用汽车制造厂。同年，5吨、6吨、8吨平头柴油系列汽车及底盘通过鉴定，列入当年汽车产品目录。1994年，楚风五平柴投产问世，产销两旺。

"一个产业半座城"，从20世纪80年代中期到90年代初，随县相继形成了湖北专用汽车制造厂(楚风)、湖北驰乐汽车(集团)股份有限公司、湖北天风汽车(集团)股份有限公司3家专用汽车厂三足鼎立的态势。目前，拥有资质的专汽企业达到40家，专汽集群优势不断扩大，整车资质企业达到2家，具备整车生产能力的企业达到4家，相继涌现出重汽华威、新楚风、中车楚胜、东风随专、江南、程力、合力、东正等一大批有影响的专用车企业，以及众多像齐星、东风车轮、华龙车灯、全力铸造等为专汽配套的零部件产业，区域集群龙头的地位进一步巩固。随州已发展成为全国专用汽车品种最齐全、特色最鲜明、资源最富集的产业基地，产量占全国的10%。2007年12月，随州被中国机械工业联合会授予"中国专用汽车之都"称号。在这里，四分之一的家庭都与专汽相关联，产业工人10万余人。几十年来在不断沉淀中逐步形成的专汽文化，已深深植入随县人民心中，融入经济社会的方方面面。

第五节　纺织行业的应运而生与蓬勃发展

纺织工业主要有棉纺织业和丝织业。据古籍记载，春秋时期本地即有精美的提花丝织物，当时随州丝织物已列为贡品。棉纺织业在元末随着棉花种植技术传入而产生，长头布(俗称上布)一度行销山西、陕西等地。1914年，县知事公署在县城圣宫(随州市第二招待所)开办随县贫民工厂，有6台木织布机、2台铁织布机和8名工人，生产少量"电光布"；1921年县城私商阎庚洲及随县政府实业局分别开办"汉东工厂"(址设城南汉东楼)、"随县工厂"(址设县城关帝庙)，共有工人30名，木、铁织布机14台，生产电光布、土纱棉布、条格棉布、粗纱布袜等。后因"洋布"充斥市场，土布生产渐趋衰落，至1948年，随县仅有一家私营织袜作坊，农家仅有少量土纺土织自产自用。

1951年，城关镇8名烈军属自筹资金400元，兴办"荣益毛巾厂"，随后改称城关镇织布社(第一棉织厂)，有铁木混合织布机1台和脚踏式毛巾机4台，主要为县花纱布公司加工细布和毛巾。1958年，织布机添置到24台，织绸机2台，新增围巾等产品。同年，唐县镇搬运站家属组建"唐县镇织布社"(第四棉织厂)生产土棉布，次年8月开始生产细棉布。1963年，试织三丝罗蚊帐布成功，填补了襄阳地区纺织工业产品中的一项空白。1966年春，厉山镇二街织布厂(第三棉织厂)建立，生产棉布、再生布、包装布及橡筋布等。8月，湖北随县帆布厂在县城北兴建，1970年投产，主要生产棉纱、棉帆布。10月，吴山公社唐王棉织厂(第五棉织厂)建成投产，单一生产三丝罗蚊帐布。1980年后，第二棉织厂、第六棉织厂相继建成。至1985年共有棉纺织厂7个，共生产棉布2307.26万米，棉纱9574.83吨。其中，随州棉纺织厂1710.22万米，主要品种有帆布、色织布(各种条、格、呢)、包装布、橡筋布、阔幅布、工业用布、灯芯绒坯、平纹布、斜纹布、三丝罗蚊帐布、平板蚊帐布、雨伞布、沙发布等30余种。

1976 年后本地贯彻"优先发展轻纺工业"的方针，纺织工业迅速发展，增设丝纺织、麻纺织等行业，兴建了丝织厂、毛衫厂、麻纺厂等，纺织机械化程度及产品质量、数量亦得到提高。1980 年有纺织工业企业 17 个，职工 7324 人，主要产品 70 余种，销售全国各地。其中，服装细帆布、白厂丝、棉纱、丝绸、拉链带坯、床单、毛巾、漂白线等远销东南亚及欧美各国。至 1985 年，纺织工业有棉、毛、丝、麻纺织、针织 5 个门类，23 个企业，职工 11103 人，完成产值 10721.02 万元（占工业产值的16.26%），实现利润 682 万元。

随县棉纺织厂为大型骨干企业，1966 年初建为随县帆布厂，1973 年改名为随县棉纺织厂，1980 年再改名为随州棉纺织厂。至 1985 年，全厂职工 4767 人，拥有细纱机82 台、织布机 690 台，固定资产 2400 万元。年生产棉纱 9000 吨，棉布 1780 万米。棉纱主要产品发展到 6 支、10 支、16 支、21 支、32 支等十余种，帆布产品发展到 27种，其中 6244、7240、8034、6262 等 6 种出口服装细帆布销往我国香港地区和新加坡、日本、新西兰等国家。全省橡胶工业及其他工业用、民用各类帆布制品的坯布大部为此厂供应。1994 年更名为湖北铁树纺织（集团）股份有限公司。

1979 年，随县纺织工业粗具规模，拥有纺织工业企业 19 家。按层级分，省直企业 2 家（棉纺织厂、缫丝厂）；县直企业 6 家（一棉纺厂、床单厂、丝绸总厂、服装一厂、制鞋一厂、羊毛衫厂）；社镇所属 11 家：第一棉织厂（后来的色织布厂）、第三棉织厂（厉山）、第四棉织厂（唐县镇）、第五棉织厂（吴山唐王）、第一床单厂（当时生产帆布）、第二床单厂（㵐潭）、厉山织带厂、厉山制线厂、第一制线厂（东关）等。当年主要产品有棉纱、棉布、帆布、蚊帐布、床单、拉链带坯、漂白线、木纱团、白厂丝、丝绸被面、各式服装、塑底布鞋、羊毛棉线衫裤、麻袋等 70 余种产品。其主要产品产量为：棉纱 7726 吨，各类布 932.8 万米，床单 4.1 万床，白厂丝 91 吨，丝织品 39.94万米，丝绸被面 5.4 万条，各式服装 15.34 万件，布鞋 6.11 万双，毛巾 53.8 万条，袜子 31.89 万双，手套 52.81 万双。据以上有统计数据的 15 家企业计算，年创工业产值（20 世纪 70 年代不变价）35381 万元。

1980 年后，本地纺织工业加快发展，在原有企业进行技术改造、扩大生产能力的同时，新增 14 家企业：安居棉织厂、南郊第六棉织厂、唐县镇第二羊毛衫厂，从色织布厂分立出去并开发针织衫裤产品的市针织总厂、安居内衣厂、北郊第一毛巾厂、淅河第二毛巾厂、西城劳保用品厂、西城服装厂、㵐潭童装厂及市毛纺厂、市麻纺织厂等。

到 1990 年，随县纺织企业达到 32 家，另外还有印染企业 2 家(东城印染厂、厉山针织印染厂)，纺器、纺配厂 4 家(汉东纺器厂、洪山纺器厂、柳林纺器厂、万店纺器厂)。是年，36 家纺织工业企业(不包括安居麻袋厂、㵐潭制鞋二厂等 2 个企业)共生产纱 8712.48 吨，线 4102.33 吨，布 1990.39 万米，印染布 72.41 万米，合纤长丝针织面料 34.25 吨，棉毛、绒布、单面布衫裤 117.58 万件，毛巾 173.31 万条，床单 25.75 万条，腈纶针织绒羊毛衫 2.56 万件，木纱团宝塔线 129.13 万个，呢绒 1.13 万米，毛毯 1.85 万条，白厂丝 20.14 吨，丝织品 120.85 万米，服装 136.52 万件，布鞋 28.15 万双，纱线手套 197.56 万双，国标麻袋 80.37 万条，铁树纺织集团、纺织工业实验工厂工业产值合计 5330.54 万元；市纺织工业公司直属企业第二棉纺织厂、丝绸总厂、色织布厂、针织总厂、床单一厂、服装一厂、制鞋一厂、毛纺厂、绒织衫厂等 9 家企业工业产值合计 3494.12 万元，乡镇及其他 25 家企业工业产值合计 5110.24 万元，其工业产值所占比例依次为 38.3%、25.1%、36.6%。

1991—1995 年，市纺织工业公司直属的绒织衫厂(原一羊毛衫)、毛纺厂及㵐潭童装厂第一毛巾厂(北郊)、第二毛巾厂(淅河)、第二羊毛衫厂(唐县镇)、印染厂(东城)、针织印染厂(厉山)及有关乡镇的 4 个纺织配件(器材)厂等 12 家企业先后停产或转产。

1997 年后，湖北纺织工业实验工厂全面停产；第二棉纺织厂将纺织部租赁给兴发纺织企业有限公司，纺织部由重组的金环织业有限责任公司经营；市绒织衫厂、市床单一厂利用厂房和场地开办汉东路建筑装饰材料批发市场、清河路家具市场；针织总厂、色织布厂、毛纺厂、服饰鞋帽总厂、丝绸总厂 5 家企业利用全部或部分厂房出租，维持企业生存。到 2000 年，市直 11 家企业只剩下铁树纺织集团、服装一厂和第二棉纺织厂的织部服饰鞋帽总厂等企业正常生产经营。乡镇及其他系统的 16 家企业只剩下厉山新星服装厂、厉山重型帆布厂、安居棉织厂、淅河镇的益达服饰有限公司在生产和经营。其他 12 家企业从 1996 年起相继停产、转产或破产。

2000 年，纺织工业产品只剩下纱、布和服装三大类，原来的传统产品如白厂丝、床单、麻袋、针织绒布衫裤、塑底布鞋等产品完全退出随州纺织生产领域。

第六节　轻工机械化工电子等各行业异军突起异彩纷呈

新中国成立以来特别是改革开放以来，随县在大力发展机械、纺织工业的同时，大力培植和发展轻工、化工、建材、电子等产品，各行各业异军突起，异彩纷呈，乡镇企业、街办企业遍地开花，公私合营和民营企业亦开始崭露头角。经济体制综合改革取得显著进展，一个工农并举、城乡一体、统筹规划、协调发展的开放型、网络式的经济格局已见雏形。

轻工业方面，清末、民国时期，县城、厉山、淅河、澴潭、安居、均川等集镇，有私营作坊手工生产陶器、银器、铜器、铁器、木器及铸锅等日用制品和生活用品。1950 年后，私营作坊经过社会主义改造，逐步转为集体经营或国营，手工生产逐渐转为半机械或机械化生产。相继兴建了随县轻工机械厂、随县皮鞋厂、厉山镇皮毛厂、随县电度表厂、随县猪鬃厂、随县国营造纸厂等企业。1983 年，轻工业发展到造纸、印刷、包装、五金、家用电器、日用机械等 11 个门类、65 个企业，职工 5053 人。主要产品有电风扇、电度表、自行车、灯具、铁丝、铝芯线、猪鬃、毛刷、皮鞋、皮箱、裘皮服装、皮褥子、皮毛玩具、棕床、帆篷布等 80 余种。

1971 年，城关镇机修厂设计产 400 毫米单相、三相排风扇 300 台，产值 209 万元。1978 年，更名为随县轻工机械厂（后为随州市轻工机械总厂）。1980 年后，陆续增加了 300 毫米单相台风扇、900 毫米吊风扇、落地扇等新产品计 11 个型号。1981 年产电风扇 1 万台。

1980 年 8 月，澴潭农具厂引进上海电表厂生产设备和技术，试制 DD28 型 2-4A 家用电度表成功。次年电度表车间扩为随县电度表厂，批量生产电度表，兼产调光调速落地灯、花壁灯等灯具。

1980 年，随州市在城关镇钟表修配社的基础上筹建县手表元件厂，以"武汉""北京"牌机芯组装随州"鹿鹤"牌手表。1981 年有职工 80 人，厂房 2600 平方米，设总装、元件等 4 个车间，当年便组装手表 4000 只。

1975 年，县轻工机械厂开始生产气门针、气门箍、自行车、衣架等零配件，1980 年后增加设备，始产"云雀""宇宙"牌自行车。县自行车修造厂 1981 年始产"编钟"牌自行车，1982 年厂更名为县自行车厂，设镀铬、三脚架、烤漆、后方等 5 个车间。1983 年，两厂共生产自行车 6.1 万部、三脚架 33 万支、钢圈 3.2 万支。县自行车厂后来更名为第一汽车配件厂，也就是湖北齐星集团的前身。

电工机械主要有电动机、水轮机、电焊机、硅整流五用机、交流发电机等。1980 年，城关镇电器设备修理厂改称随县城关镇压敏电阻避雷器厂，试制压敏电阻。当年末又研制出 0.22 千伏低压氧化锌避雷器，后定型为"鹿鹤"牌 FYS-0.22 千伏低压氧化锌避雷器，次年正式投产，年产量 4.8 万支。

农副产品加工机械有手摇弹花机、碎糠机、饲料粉碎机、饲料打浆机、米机、粉机、榨油机、轧面机、轧花机等。

建筑机械有厉山农具厂自制的打夯机，洛阳农具厂生产的球磨机、轮碾机，县建筑公司机械修配厂和淅河农具厂制造的搅拌机、卷扬机、磨石机、井架等建筑机械等。

建材工业方面，1955 年以前，仅有窑炉焙烧砖瓦、石灰。1956 年组织了砖瓦生产合作社，以人力生产青砖、布瓦，产量甚少。1958 年兴建砖瓦厂。以后陆续建设了石灰厂、水泥厂、水泥制品厂、油毡、石料厂等企业，主要生产标准砖、硅酸盐砖、平瓦、琉璃瓦、石灰、水泥、水泥预制品、大理石、钒石、涂料、油毡。

食品工业主要产品有芙蓉糕、绿豆糕、蜜枣、腐乳、酱萝、大蒐菜、辣椒酱、酱油、酱、白酒等 60 余种。1980 年，食品工业主要有肉禽蛋加工、粮油加工、酿酒、饮料、糕点、酱品、卷烟等 7 个门类，品种增加有汽水、汽酒、啤酒、雪糕、云片糕、果酒、卷烟、罐头等。随县国营酒厂主要产品有"双凤白酒""随州特曲""擂鼓墩酒""涢水大曲"等，畅销北京、辽宁、山东、黑龙江、山西、河北等 16 个省（市）。"双凤白酒"获 1983 年湖北省白酒评比会的同类产品第二名，1985 年，酒厂更名为市编钟乐酒厂。

1981 年 9 月，均川酒厂酿出"四季美"啤酒，填补了本地啤酒生产的空白。至 1983 年，生产"四季美啤酒"1161 吨，销售河南、湖南、四川、江苏、福建、内蒙古、黑龙江、山西、山东等 12 个省（市），获湖北省同行业同类产品优良产品称号。1996 年迁址到随州经济开发区，后被青岛啤酒厂收购。

电子信息产业方面，拥有泰晶电子、波导电子、泰华科技、美亚迪光电、美亚迪精密电路等 5 家龙头企业。其中，泰晶电子是国内唯一一家生产纳米级的微型晶体谐振器厂家；2012 年被评为"国家火炬计划重点高新技术企业"，2014 年被中国电子元件协会评为"全国百强企业"，并于 2016 年 9 月在 A 股市场上市。随州波导电子有限公司是宁波波导股份有限公司的全资子公司，是一家集移动电话、电子通信产品、通信系统、计算机及配件、现代办公设备的研究开发、制造、维修及销售为主业的高新技术企业。

湖北齐星集团为国有参股的大型企业集团，始建于 1980 年，经过不懈努力和顽强拼搏，从一个濒临倒闭的街道自行车配件小厂，发展成为以生产经营汽车驾驶室、特种汽车底盘、汽车改装、专用房车、汽车高分子内饰及模具制造为主，集太阳能光伏材料、化工、生物农药等科工贸一体化的国家级高新技术企业集团，员工 3000 余人，占地 2700 亩，总资产近 50 亿元。

第七节　农产品深加工与香菇产业的规模化

农产品加工产业是当地两大千亿元产值支柱产业之一，为全国仅有的 2 个食用菌出口基地之一，现有国家级农业产业化重点龙头企业 2 家，省级 34 家，市级 128 家。粮食、肉禽制品、食用菌、果蔬、蜂产品深加工各领风骚。食用菌出口位居全国地级市第一、茶叶出口居全省第一。农产品出口总量占全省 1/3 强，精深加工占比逾 70%，"随州香菇"获农产品地理标志登记认证，"随州香稻"成功注册国家地理标志证明商标。

农产品加工产业链建设上，智能机器人和设备正走进越来越多的农产品加工车间、基地，不断提升效率、优化品质、锻造精品；产业链条已延伸到食用菌、粮油、畜禽、蔬果茶等各个领域；农副产品深加工新格局正逐渐形成。品源食品公司自主研发生产的"菇的辣克"香菇酱获得全省第一个香菇酱出口资质；随县持续有效地占领、扩大市场，强大自主品牌，壮大香菇、畜禽、优质稻、茶果菜等重点产业，强力打造洪山鸡、吉阳大蒜、泡泡青、马铃薯、优质桃、小龙虾等多个地方品牌，重点培育以炎帝神农文化为底蕴的神农香米、随州香菇、炎帝神农茶等一批特色农产品公共品牌。

随县是炎帝神农故里，传说神农氏尝遍百草，最早发现香菇有食用价值。到唐宋时期，香菇作为"八大山珍"之一，开始作为养生食物走上餐桌。1978 年，华中农业大学杨新美教授在随县三里岗镇杨家棚村木瓜园，开创人工种植椴木香菇先河，随州椴木香菇种植获得成功之后，相继辐射到周边地区及外省，随县成为全国最大的香菇种植及交易集散地。80 年代中期，县农业局组织人员到福建古田学习大田式袋料香菇种植，90 年代初期，随州市食用菌研究所开始袋料香菇种植试验，90 年代中期引进南北模式，并结合本地实际形成了当今的随地香菇春栽、秋栽和反季节栽模式，引进和培育出适宜的香菇品种 20 多个。

随县香菇已成为全县山区及部分平原地区农民脱贫致富的支柱型产业，成为农民增收致富的"不倒翁"，成了国内外闻名的出口创汇的特色产业、生产健康食品的绿色产业、农产品加工业的支柱产业、推进农业现代化的优势产业，产业辐射带动效应明显。随县香菇生产发展 40 年的时间里，造就和培养了一大批企业和技术人员，各企业和技术人员先后到河南西峡、襄阳南漳、十堰郧阳区、湖南岳阳、贵州、云南、福建等地，创办企业、搞技术服务。目前，随县有47个重点贫困村发展香菇产业扶贫，20家香菇生产加工企业、50多家香菇种植专业合作社参与到产业扶贫工作中，共辐射带动1.3万户贫困户、3.8万贫困人口发展香菇产业，户均增收4500元以上。省政府将"随州香菇"打造成为国家级品牌，着力推进"随州香菇"产业发展。

除185家香菇加工企业之外，还有香菇菌种生产企业40余家，食用菌种植合作社180余家，食用菌机械制造企业30余家，农业产业化市级以上重点龙头企业达到26家，其中省级重点龙头企业12家，国家级重点龙头企业2家，是中南地区最大的香菇集散地和加工出口基地，产品远销60多个国家和地区。随县拥有湖北省香菇产业研究院和随州香菇学院，以及院士专家工作站3家，专技人员1万余名，从事香菇产业者达30万人，产业链产值已超过300亿元。香菇产业已成为随县建设全国一流现代农港，实施乡村振兴战略的优势特色产业。

第八节　经济开发区与工业园区建设

进入21世纪，随县以牢固的工业基础为依托，成立了随州市经济开发区。市级经济开发区始建于2001年，地处随州市城区东部，现辖淅河镇、东城办事处望城岗、十里铺社区，面积305平方千米，辖区人口20万，建成区约40平方千米，规划面积86平方千米。截至2012年，入区企业达到400家，其中规模以上企业182家，工业总产值180亿元以上，GDP达到53.2亿元，财政总收入达4.5亿元。目前园区内形成了装备制造、汽车及零部件、电子信息、农产品加工、医药化工、物流运输、纺织服饰等七大支柱产业。装备制造方面拥有中航工业、厦工机械、华奥塑钢、正野电梯、三环铸造等企业；汽车及零部件拥有齐星汽车、厦工楚胜、航天双龙、华龙车灯、东风专用车等企业；电子信息拥有波导电子、美亚迪光电、硕科能源、天华电子等企业；农产品加工拥有同星农业、三得利肥业、裕国菇业、青岛啤酒、黄鹤楼酒业等企业；医药化工拥有犇星化工、武汉健民、九州通药业、丰源化工等企业；物流运输拥有现代粮食物流中心、武钢物流、齐星物流等企业；纺织服饰拥有冰姿三梦、钰玛纺织、三新纺织等企业。

随县经济开发区筹建于2009年9月，2010年5月正式挂牌成立，2011年1月被省政府批准为省级开发区，位于316国道旁，距随州市区12千米。一期规划面积10

平方千米，远期规划面积 30 平方千米，主要以汽车及零部件生产、高新技术和创汇农业为主，主要企业有：日昕汽车、金银丰食品、联飞翔汽车、双星生物、珠峰钢构、三铃专汽公司等。

随县经济开发区主要以汽车及零部件生产、高新技术、纺织服饰和创汇农业等四大产业为支柱。目前，通过招商引资入园 52 家企业，完成固定资产投资 230 亿元，规模以上工业总产值 270 亿元。随县经济开发区将建设成为规划布局合理、功能设施齐全、产业特色鲜明、整体环境优美、年产值过 100 亿元的综合型、生态型、环保型新型经济开发区。园区现有高新技术企业 8 家，新三板上市公司 1 家(湖北随州双星生物科技有限公司)，国家级农业产业化龙头企业 1 家(湖北省现代农业有限公司)，湖北省最大的茶叶出口企业 1 家(湖北中兴食品有限公司)。

参 考 资 料

1. 王文虎：《曾国产业文化及其"创物"精神》，载于《中国式现代化与中华优秀传统文化论文集(2023)》。

2. 湖北省随州市地方志编纂委员会：《随州志》，中国城市经济社会出版社 1988 年版。

3. 湖北省随州市地方志编纂委员会：《随州市志》，湖北科学技术出版社 2018 年版。

4. 贺卫东：《永远的驰乐》，载于随州市政协学习和文史资料委员会：《流光碎影》第二辑(2016 年版)。

第三章　文 旅 产 业

　　随，古为汉东大国，建置历史悠久，文化源远流长。其地北接中原，南临江汉，自古为中原文化与楚文化的交汇处，具有南北兼容并蓄的文化特点。随地物华天宝，人杰地灵，历代英才辈出，文人荟萃。唐代著名诗人李白，慕名游随，称赞随"彼美汉东国，川藏明月辉"。北宋诗人、书法家黄庭坚，以"诗到随县更老成，江山为助笔纵横"的诗句，赞美随地的山川景色。历代文人墨客，凡抵随者，无不留言寄语，绘景抒怀。从随县走出的知名学者、作家、文人周国衡、黄建中、冯放、杨汝梅、周泽春、顾我等留下较多著述。

　　勤劳智慧的随县人民，历来具有热爱文化艺术的优良传统，"田歌历历，数十里不绝"，展现了随县人民"喜歌好舞"的传统风貌。随着改革开放的不断深入，以炎帝神农文化、编钟文化和旅游文化为代表的"随文化"逐步形成。

第一节　文物发掘与开发利用

一、"炎帝神农氏遗址"碑及炎帝神农故里景区

　　"炎帝神农氏遗址"碑位于厉山镇幸福村九龙山，刻于明万历五年（1577年），白色花岗岩质，圆首，方座。碑文楷书，中部竖刻"炎帝神农氏遗址"，为第三批湖北省文物保护单位。

　　以"炎帝神农氏遗址"碑、炎帝神农洞为核心而形成的炎帝神农故里风景区建于2007年，是国家4A级风景旅游区，被湖北省委宣传部定为"湖北省爱国主义教育基地"、国台办定为"海峡两岸交流基地""中国华侨国际文化交流基地"等。其"炎帝神农传说""随县炎帝祭典"被国务院公布为第二批、第三批国家级非物质文化遗产名录。

　　景区位于随县厉山镇，距随州市城区西北18千米，316国道、汉丹铁路、随岳高速公路、西宁铁路连接线穿境而过。

　　自2009年起，每年农历四月二十六日，以炎黄子孙寻根谒祖为核心，以体验炎帝

神农的农耕文化、医药文化、贸易文化、原始艺术文化为根本的"世界华人炎帝故里寻根节"活动在此举行，受到国家、省市领导的高度重视和关怀。炎帝神农故里景区已成为海内外炎黄子孙寻根祭祖、旅游观光的胜地。

二、曾侯乙编钟的发掘及编钟文物复制业

1978 年，举世闻名的曾侯乙编钟在随县出土，这是我国古代最庞大的乐器，它共64 件（计钮钟 19 件，甬钟 45 件），分三层悬挂在满饰彩绘花纹的铜木结构的钟架上，每层的立柱是一个青铜佩剑武士。它们的形体和重量是上层最小，中层次之，下层最大，是我国迄今为止发现数量最多、保存最好、音律最全、气势最宏伟的一套编钟，其造型和工艺代表着中国古代青铜器制造的巅峰水平，堪称精美绝伦。曾侯乙编钟气魄宏大，场面相当壮观。这座墓的下葬年代为公元前 432 年，距今 2400 余年。它的出土引起国内外的重视，被认为是世界音乐史上的重大发现，被誉为"世界第八大奇迹"。

1980 年初，湖北省博物馆、中国科学院自然科学史研究所、武汉机械工艺研究所、佛山球墨铸铁研究所、武汉工学院和哈尔滨科技大学等单位上百名科技人员通力协作，采用激光全息摄影和描电镜等现代技术手段，发现我们的祖先早在 2400 多年前就摸索出了铜、锡、铅三种成分的最佳配方，以获得优美的音色；掌握了钟体大小，钟壁厚薄与音高的严格比例，铸造出不同音高的编制系列；设计了"合瓦式"的独特钟形与复杂的钟腔结构，形成了奇妙的一钟双音和优美的旋律。这套编钟都能奏出两个乐音，全部音域贯穿 5 个半八度组，高音、低音明显，中间 3 个八度，12 个半音齐备。由于有了完备的中间音，所以能在任何一个音上灵活自如地旋宫转调。尤为可贵的是，钟体和附件上，还篆刻有两千八百多字的错金铭文，记载了先秦时期的乐学理论以及曾和周、楚、齐等诸侯国的律名和阶名的相互对应关系，这一重大发现，摒弃了所谓"中国的七声音阶是从欧洲传来、不能旋宫转调"的说法。

为了使这套中华乐器史上珍贵的国宝发挥更大作用，科学工作者将曾侯乙编钟进行了复制。

青铜器制作技艺（青铜编钟制作技艺）遵循古法，涉及材料学、冶金学、物理学、力学、声学等多学科，具有较高的科学研究价值，同时实现了金属造型艺术和音乐表现艺术的完美结合，具有独到的艺术价值。

为此，匠人项绍清开始了 30 多年的摸索。他于 1984 年进入随县博物馆从事文博

工作，1992年开始研究、仿制曾侯乙墓出土的编钟及青铜礼乐器。最初主要仿制工艺编钟，不具备演奏功能。后通过长期观摩出土编钟、请教音乐专家，科学打磨调整钟壁厚薄实现对音律的安排，终于在1990年初把成套的编钟按古代音律排列校音，使每个编钟的"正鼓"和"侧鼓"位置均能敲击出两个不同的乐音，成功仿制出首套演奏类编钟。这套编钟跨6个八度，可任意旋宫转调，演奏古今中外各类名曲。在地下沉睡2000多年的"曾侯乙编钟"，终于再现"一钟双音"的美妙，奏响了它天籁般的黄钟大吕。

目前随州市从事青铜器制作技艺（青铜编钟制作技艺）的传承人约百名，年生产大、中、小型演奏类、工艺类青铜编钟产品3000套，产品销售以国内为主，也远销美国、德国、法国、印度、日本、韩国等国家和地区，或陈列于博物馆、孔子学院、宗祠庙宇、酒店会所等公共服务区，或被音乐厅、教育机构、文化旅游景区等单位用于演奏和教学，供热爱传统文化的公众参观、欣赏和互动。

第二节　以炎帝神农故里风景名胜区为轴心的全域性旅游开发

得天独厚的炎帝神农故里风景名胜区，以寻根文化为核心打造的寻根节，取得了巨大成功，积聚了世界华人的人脉和资源，加之与藏有国宝级编钟的随州博物馆、国家级风景名胜区大洪山强强联手，形成了闻名国内外的文旅顶级圣地。随县县委县政府牢牢把握了这个巨大优势，提出了以神农故里为轴心的随县全域性旅游开发的战略目标。

一、从"景点旅游"向"全域旅游"转变

为力图使随县从"景点旅游"向"全域旅游"转变，随县一手抓景区旅游，一手抓乡村旅游，以产业深度融合建设"全域随县"，建设"生态经济化、全域景区化、乡村公园化"的"全域旅游示范体系"。规划出全域旅游示范区，辖厉山、高城、殷店、草店、小林、淮河、万和、吴山、尚市、新街、安居、澴潭、洪山、长岗、三里岗、柳林、均川、万福店等18个乡镇，394个村（居）委会，规划面积5673平方千米，使得随县旅游业取得突破性发展，为实现将随县建设成为"旅游经济强县"和"中国旅游强县"的目标而奋斗。

以随县核心旅游资源——炎帝神农文化为轴心，开发寻根文化、朝觐文化、随楚

文化、西游文化、花木文化、山水文化、养生文化、饮食文化、红色文化，打造精品景区景点，大力发展乡村旅游，深度推进产业横纵向发展。

随县以"战略协调、节点支撑、项目突破、产业落地"四大发展为纲要，以炎帝神农为核心，突破发展西游神话、梦幻花海、美丽乡村三大本地特色资源，以生态廊道建设(绿道)为串联，联动旅游业与其他产业发展，将区域建成集文化体验、养生休闲、乡村旅游、会议商务等功能于一体的世界华人寻根谒祖圣地、华中生态文化旅游目的地。

随县努力打造"二十大核心景区""四大田园综合体""八大特色小镇"。二十大核心景区包括炎帝故里风景区、随县"一河两岸"风貌区、铁山红叶景区、西游记滑雪度假区等；四大田园综合体为澴潭国家油茶公园田园综合体、云峰山万亩茶园田园综合体、炎帝大道生态苗圃田园综合体、石头记森林大牧场田园综合体；八大特色小镇有康养小镇(洪山镇全域)、香菇小镇(吉祥寺村)、航空小镇(厉山镇)、禅茶小镇(车云山村)、温泉小镇(温泉村)、赏花小镇(尚市镇)、养老小镇(凤凰山村)、森林小镇(万和镇)。

随县政府打好"旅游+"产业融合牌，以全域旅游为引擎，衔接不同产业、空间并实现相互间的良好互动。以生态、绿色为发展原则，优先和支持发展循环可持续产业和服务业，实现由单一传统农业向现代产业体系的转型。

"旅游+农业"绘就"诗与田园"新画卷。随县利用农业大县资源优势，积极打造生态农业、观光农业、休闲农业，让山水乡愁成为"大卖点"。神农牡丹园、慈云居等农耕景区遍地开花，大片荒山变成"绿色银行"。

"旅游+工业"激活"旅游市场"着力点。随县加快传统产业、新兴产业与旅游业融合发展步伐，打造工业旅游示范点，建设参观体验工厂。建设香菇博览馆和裕国菇业香菇生产基地，裕国菇业按照四星级工业旅游景区标准，把工业园区打造成旅游景区，最高峰日接待游客突破1000人次。

"旅游+教育"释放"研学旅游"新动能。随县利用炎帝文化、红色文化资源发展研学游，炎帝故里被列入"全国中小学生研学教育实践基地"，每年接待大量研学游团队。西游记公园被确定为湖北省中小学生研学实践基地，云峰山万亩茶园被确定为湖北省中小学生研学实践营地，田王寨、张体学纪念馆被列为市党员干部爱国主义教育基地和廉政教育基地。

2022年，全县共接待游客867.12万人次，旅游总收入达52.51亿元，较2021年增长 9.6% 和 7.2%。2023 年 1 月至 6 月，全县接待游客 572.21 万人次，同比增长 30.0%，旅游收入 34.86 亿元，同比增长 31.3%。

二、乡村旅游大卖点——无级自由游

在随州全域性旅游这个闭环里，炎帝神农故里无疑是轴心，而 18 个镇(场)内的乡村小景则是它的支点，必须围着它转。真正经营得好的乡村小景，靠的就是借助轴心的力量，以及乡村小景能理智地认清自己。各小景各具特色，在现有的基础上，因地制宜地打扮、美化自己，不设门槛，不定条件，把持底线，任人准入和欣赏。这种游览现象被称为无级自由游。

无级自由游是指人们自由出游于非 A 级景点。其自由性主要表现在即时性、即兴性、随意性和节俭性。无级景点大多选择在路程较短、时间可控、费用较低的城镇周边乡村和山区。

无级自由游景点无须高投资，大运作，用心保持原生态就足够了。留住乡愁，关键在"留"。只有"留"下某种实物，才能唤起某种记忆。随着城镇化进程加快，乡民成为市民的进程也加快，乡愁将成为更多人的诗与远方。

无级景点的文化品质属古旧传统型，拒绝"城市元素"的掺入。随县全力推出"古树古村落""土货土工艺""乡俗乡故闻""野味野情趣"，尤以"独门独格调"为最佳。尽管无级自由游的文化品质属古旧传统型，而经营无级自由游的乡民们的人品却是既朴素又大方，思想属于新型农民型。乡村最大的优势，就是不缺少空间。乡村旅游必须强调空灵自然，朴实简洁，如诗如画，如歌如咏，一切都带有田园风，令人流连忘返，这就叫留得住乡愁。

任何景区的成功与否都取决于客流量，无级景点的纯天然品质能吸引游客自不待说，但乡村还要有乡村的土味。每个村总有那么一两个好歌喉，他们唱唱民歌，讲讲故事，猜猜灯歌，甚至扯扯白儿也行，只要能调动人的"食欲"，都可以端出来待客。随州乡下还有舞蹈"拉犟驴""独人轿""独龙杠""独角兽""跑旱船""跳狮子"，体育活动项目有抵棍、拔桩、踢毽、蹭磴、爪子、跳房子，都是很受游客欢迎的。

无级自由游，从小处说，它是乡村旅游的一种新视角，从大处看，实质上是一种大战略。以农业文明立族立国的华夏人，生存命脉在农业，审美基因属山水。城市再好，生产不出秀丽山水；农村再差，绿色生态非城市可比，这就是乡村旅游依托的王牌。具有五千年农耕文明史的中国，工业的发展，首先将消灭的是耕牛、犁、耙、耖。

留住几头耕牛，再培养几个好把式，一样具有"为往圣继绝学"的文化品质！农村此类事情太多，无级景点还要用心抢救。无级景点的建设不求"大而全"，重点是抓"小而久"。效益不及高端景区是事实，但长久绝对胜出，因为山水存在多久，它就能存在多久。这就是它的大卖点！也是农民能攥在手心里的幸福生活的钱袋子！

第三节 文化立县：图书馆、博物馆、文化广场的综合利用

作为炎帝神农的诞生地、华夏文明的发源地，穿越历史的长河，炎帝故里随县以其厚重的文化底蕴和优质生态资源，已拥有湖北省旅游产业发展突出贡献县、湖北省旅游强县、湖北省十大乡村旅游目的地、省级公共文化服务体系示范区、湖北省全域旅游示范区、湖北省民间艺术之乡等多张响当当的文旅名片。

一、随县文化概况

清末、民国年间随县有赋文吟诗、研习书法、雕塑、绘画、唱歌、跳舞、游艺等活动。新中国成立后，县人民政府重视专业性及群众性的文化活动。民主改革时期组织群众跳秧歌舞、打腰鼓、演戏，创作了一批反映劳动人民翻身解放的曲艺作品。1955 年，城乡文化网络和农村广播事业随着农业合作化运动的发展而开始建设。"农村俱乐部"组织开展文艺活动，业余作者编写了歌颂农业生产合作社的优越性、工农业生产模范人物的剧本和演唱材料，县在每年春节或召开重要会议时举办文艺会演。1958 年，创办《随县报》，广播事业基本实现"社社有广播站，队队有喇叭"。群众文化工作提倡"人人是诗人，个个是画家"，创作了大批鼓吹急躁冒进的诗、画、文艺作品；各公社、生产大队成立了文工团、文艺演出队。"文化大革命"期间，只准演出"样板戏"。1978 年以后，认真贯彻"百花齐放、百家争鸣"的方针，随县成立各种文化艺术学会、协会，挖掘、整理发展传统文艺项目，对文化事业机构推行经济管理，艺术表演团体实行经济承包，进行区镇"文化中心建设"，动员集体企业和伴随农业生产责任制产生的文化专业户向文化建设投资，文化事业迅速发展。文化事业形成了包含文学创作、戏剧、电影、电视、美术、音乐、摄影、新闻、融媒体等门类的体系。

随县建成了面积 5300 平方米的县图书馆、5000 多平方米的炎帝大剧院（县文化馆分馆）、4000 多平方米的全民健身活动中心。全县 18 个乡镇均配备综合文化站，其中

达标一级站 2 个(殷店镇、洪山镇)，二级站 3 个(澴潭镇、万和镇、万福店农场)，三级站 4 个(尚市镇、均川镇、草店镇、安居镇)，其余 9 个乡镇文化站(厉山镇、高城镇、小林镇、淮河镇、吴山镇、唐县镇、新街镇、三里岗镇、柳林镇)均已通过新建和改扩建等方式，全部达到国家上等级站标准。投资 400 多万元建成文化馆分馆 18 个，图书馆分馆 18 个。成立了随县文化和旅游局志愿服务队、随县图文博志愿服务队、随县民间艺人协会等志愿服务团队，全县业余文化骨干、文化志愿者超过 1000 人，170余支社会团队 1 万余人常年活跃在乡镇、村(社区)。随县文化艺术界联合会成员有500 余人。

二、随县图书馆打造随县文化高地

随县图书馆建立于 2009 年，占地面积 1.2 万平方米，建筑面积 5300 平方米，藏书 30 余万册(含数字电子书、视听资源)。

随县图书馆设有藏书区、借阅区、多媒体视听区、少儿阅览区、报刊阅览区、特殊人群服务区、古籍和地方文献保护区、辅导培训区、行政办公等区域。县图书馆加强了图书规范化管理，建立图书检索、信息统计、自助借还等系统，为读者提供更加方便的借阅服务。

随县图书馆虽然成立时间不长，却紧跟时代，与时俱进，充分体现了时代特色：其一便捷化，在全县各镇(场)建立图书馆分馆，搭建起全县总分馆图书管理系统平台，实现全县域内总、分馆图书通借通还服务。其二是数字化，随县图书馆拥有 10 万册电子书、3000 小时有声读物，利用县文旅云和图书馆微信公众号在手机端、PC 端，可实行随时随地看书、听书。其三是智慧化，在所有分馆设有 8 万多元一台的华为智慧屏，装载有全省最先进的智慧云系统，与所有分馆实现可视化资源共享，最高端的文化盛会、最有名的名家讲座、最新出炉的新书发布等活动不再是处于"庙堂之高，江湖之远"，皆可通过智慧云系统实现即时即地的传播和学习。其四是人性化，充分照顾各类残疾人文化需求，县图书馆还是"中国盲文图书馆随县支馆"，拥有盲文图书数千册，为盲人提供听书系统，让读书变得更加轻易。其五是对接资源，与国家图书馆实现资源共享，每年定期更新图书 3 万册。

随县图书馆以"省级公共文化服务体系示范区"金字招牌为引领，以"为读者找书，为书找读者"为服务理念，读者在哪里，就把服务点建到哪里，以读者的需求为需求，以服务读者为宗旨，以满足读者为职责。通过举办线上、线下活动，打造"馆内+馆外"双阅读基地模式，更深入地推进随县全民阅读。

随县图书馆多年持续开展免费开放活动，图文博三馆、各镇文化站、电子阅览室、村(社区)综合文化服务中心等文化场所全面实行免费开放，且每周开放时间不少于42小时；扎实推进随县文旅云平台建设，开设了随县文旅云视频号、"游随县"抖音号等文旅宣传平台，满足群众多样化的文化需求，打通公共文化服务群众"最后一公里"。

三、随县博物馆珍藏随县文化厚重底蕴

随县博物馆位于随县厉山镇烈山湖西路，成立于2010年4月，同年组建随县考古队，负责全县文物保护工作。展览馆面积500平方米，馆藏文物420件(套)，其中，二级文物5件，3级文物2件。展示随县本地新石器、西周、春秋、战国、汉、明、清等时期古遗址古墓葬出土的珍贵历史文物108件。藏品类别有：石器、铁器、陶器、铜器、玉器、骨器、银器、瓷器等，是随县重要的爱国主义教育基地，发挥着随县博物馆应有的社会功能。文博旅游、文物研学游也带来了文旅融合的新内容，"博物馆+旅游"成为随县旅游新热点，博物馆成为备受游客青睐的打卡地。

随县在考古界和历史学界有个重要特点，就是一个县里有4个古国。随县的4个古国都是古代文献中有记载的。第一，厉国，在厉山、殷店一带，它是炎帝神农的后裔建立的，源于炎帝神农的诞生地烈山(厉山)而名。厉国以农业立国，与现在的随县有点相似。第二，噩国，噩通鄂，鄂现为湖北省的简称。噩国原来在随县安居羊子山，在发现噩国青铜器之前，长期以来学术界都认为，噩国要么是在河南的南阳，要么是在湖北的鄂州，学术界认为河南南阳叫西噩，湖北鄂州叫东噩。但两地都没有发现噩国的高等级贵族青铜器，青铜器上面也没有铭文，只有随县发现的噩国青铜器有噩侯，可见噩国位于随县。成套青铜器发现的重大意义在于将东西噩连成一体，勾画出其盛期地望。噩国，这个国家也是渊源极深，武王伐纣时期，噩侯是三公之一，因为在周朝建立的过程中立下功劳受到分封。现在发现西周的噩的青铜器在此，而且有铭文，说明噩侯很有可能受封于此。第三个国家，就是曾，或者是随。曾为国姓，随为国名。曾随之谜历来就是考古界研究的课题。在古代文献上记录的都只有随国、随侯，而在地下出土的青铜器等文物上同一地段、同一时期、同一事件都显示的是曾国、曾侯。最后专家研究结论是，曾国和随国为一国两名，曾国就是史书中的随国，始祖是周朝

开国功臣南宫适。第四个国是唐国，它的地段就在今天的随县唐县镇。唐国在历史上是个小国，但是它很有名，《史记》等文献上都有记载。

随县拥有丰富的古代遗址，如冷皮垭遗址、周家古城遗址、长堰湖遗址、黄土岗遗址、刘家台遗址、窑湾遗址，多为新石器时代至汉代文化遗址；随县有丰富的古代墓葬，墓子堰墓群、王坟岗墓群、加家楼汉墓群、陈家楼墓群、熊家老塆墓群、桃花坡墓群、砖瓦厂墓地，多为两周至汉代墓；还有云台寺、祖师顶、玉皇顶、柯家寨古民居、戴家仓屋、佛山寨等古建筑；洪山寺石碑、神仙洞、观音岩石窟等古代石刻。这些都是随县独有的历史文化。

四、农村文化广场，点亮群众幸福生活

为丰富人民群众的精神文化生活，随县18个乡镇(场)、384个自然村(社区)，村村有文体广场，各乡镇先后开发利用特色农村文化广场，如吴山镇文化广场、尚市群金文化广场、洪山镇云峰山万亩茶园文体广场、洪山镇郭集村文体广场、均川唐王文体广场、殷店文化广场等，各广场成为村民休闲娱乐锻炼的好去处。

吴山镇立足于"中国花岗岩之乡"，其公共文化服务设施设备建设日新月异，以众多广场群而闻名随县。镇区将街心文化广场、新时代文明实践广场、吴山古镇广场、孝善文化广场、中国花岗岩之乡广场、全民健身中心、富金商贸街、湿地公园、山体公园等打造成系列广场群，不但将集镇框架拉大了3倍，而且公共文化服务体系日趋完善，为群众业余文化生活提供了舒适的文化环境。

尚市镇群金村依托每年四月桃花节的举办，其桃花文化广场不但满足当地群众的文化娱乐生活，更是不断举行各种别开生面的文旅活动以加强影响，如随州旅游摄影大赛启动仪式暨摄影达人秀、花仙子表演秀、花海健康跑、乡村旅游后备箱集市、湖北乡村赏花游地图揭幕及赏花线路发布、乡村赏花旅游直通车、公益踏青自驾行、荆楚赏花经济与乡村振兴主题演讲等。

洪山镇云峰山万亩茶园文体广场，是文企旅游融合重要场地。其坐落于洪山镇云峰山万亩茶园景区，辐射周边人员5000余人，广场设有国家标准篮球场，场地全橡胶颗粒铺设，可充分保护体育运动者安全，更好展现体育运动爱好者实力，其自然环境优越，生态健康，一年四季绿意盎然，为群众打造舒适健康活力的运动场所，可满足本村小集镇居住人口的日常锻炼娱乐活动。

均川镇唐王文体广场立足历史文化，为重现古唐王街历史，在街口建有大型"唐王牌楼"，牌楼墙壁的大理石刻，记录有神农药山采药及唐太宗李世民"日游大洪山，夜宿古均川"等均川文化故事。均川全镇 30 个村（居）委会都配有乒乓球桌、篮球架等健身体育器材，90% 的村建起了文体广场，有的村还建有灯光篮球场。人们在工作或劳动之余，用舞蹈、运动等方式装点自己的生活，大幅提升了百姓的健康和幸福指数。

殷店镇先后投资 2000 余万元，相继建成一河两岸风光带、文化广场、灯光球场等公共场所，不断完善该镇文化娱乐设施。殷店文化广场、文化公园占地面积 23 亩。广场里设有文娱活动场地、篮球场、羽毛球馆、照明路灯、健身器材和停车场等公共服务设施。

第四节　文旅、餐饮民宿康养、非遗民俗及民间工艺大展宏图

随县政府持续做好"旅游+"文章，推进旅游与其他产业跨界融合、协同发展，催生新业态、延伸产业链、创造新价值，以优质的文旅产品、完备的文旅设施、有效的文旅营销、贴心的文旅服务，创造性转化、创新性发展，打造世界华人谒祖圣地、中华民族精神家园，着力构建全域旅游新格局，推动山水旅游、城市旅游、乡村旅游、工业旅游向高品质和多元化升级。

一、随县文旅，底蕴深厚

"悠悠华夏文明史，烈山脚下是源头"，一句话勾勒出随县五千年文明史，构成随县文旅的基本底色。

随县古为汉东大国，文化源远流长，历代英才辈出，文人荟萃。五千多年前，中华民族人文始祖炎帝神农在随县开启了赓续数千年的华夏农耕文明；80 多年前，无产阶级革命家李先念带领新四军在随县浴血奋战，徐海东带领红二十五军行军驻守田王寨，为随县注入了强大的红色基因。2009 年，新随县经国务院批准重新设立，成为湖北省最年轻的县。

随县地貌独特，山水有形。以低山丘陵为主，兼有山地和冲积平原，地势由南北渐向中部倾斜，孕育出独特的自然风光和丰富的人文景观。境内南有"汉东地阔无双院，楚北天空第一峰"的大洪山，北有横跨鄂、豫两省，"东南自古衣冠地，桐柏山前

淮水春"的桐柏山。两山呈南北拱势，以 1000 多米的海拔高度共同托起随县一片吉祥的天空；中部为一片狭长的平原，称之为随枣走廊，是古今南北交往的重要通道。发源于这两座山脉的㴲水河、㵐水河、㴜水河、漂水河四条水系纵横交织，滋润着这片人杰地灵的沃土。

山水相融、文化浸润，以寻根文化和山水文化为主题的随县旅游一线串珠，串起 300 多个旅游景点，星罗棋布，如众星捧月般托起 5 个国家 4A 级旅游景区——炎帝故里风景名胜区、西游记公园、西游记漂流、田王寨、明玉珍故里；5 个国家 3A 级旅游景区——大洪山琵琶湖风景区、抱朴谷康养旅游区、云峰山万亩茶园风景区、神农牡丹谷生态旅游风景区、神农部落；2 个国家级湿地公园——随县封江口国家湿地公园和随县淮河源国家湿地试点公园；2 个省级风景名胜区——炎帝故里风景名胜区和桐柏山太白顶风景名胜区；1 个省级森林公园和 1 个省级地质公园——七尖峰森林公园、大洪山火山地质公园。随县是湖北旅游强县，湖北省旅游产业发展突出贡献县，湖北省重点宣传和扶持的 10 个乡村旅游目的地之一，省级全域旅游示范区，现正在创建荆楚文旅名县，争创国家全域旅游示范区。

悠远厚重的人文历史和叹为观止的自然奇观，联袂构成了随县恢宏壮观的文化旅游长廊。以山岳景观为代表的有大洪山、桐柏山、七尖峰、鸡鸣山等；以水域景观为代表的有封江口国家湿地公园和"华中瑶池"琵琶湖等；以红色旅游为代表的有革命遗迹省委大院旧址、"张体学纪念馆"，田王寨"长征国家文化公园"等；以地域文化为代表的有"随县花鼓和曲剧""义阳大鼓"、国家级非遗、省级非遗、市县级非遗等，它们遍及全县，在民间经久不衰，与炎帝神农文化共同构成了这座城市的灵魂，成为人们精神栖息和放飞心灵的家园。

在随县，可以进入古山寨、古村落，进行怀旧之旅。安居老街、澴潭黎福记民居、草店的柯家寨、解河的戴家仓屋、殷店的鹦鹉观、柳林的明玉珍故里等，有多处古村落。有小武当之称的鸡鸣山、小香山之称的铁山、小黄山之称的西沟，还有张良隐居的八坊洞，断崖崔巍、飞瀑流泉，奇峰怪石等自然奇观随处可见。

在随县，还有丰收节、尚市桃花节、牡丹节、万和兰花节、三里岗香菇节，节节相连；柳林镇的野樱花、柏树湾的金银花、双寨村的月季花海、均川镇的百亩油菜，花花不同；车云山、云峰山、七尖峰、紫茶园的茶叶，叶叶有别。

随县文旅大致可以提炼成数字"一、二、三、四、五"：其中一就是一个伟人：炎帝神农；二是两大名山：大洪山、桐柏山；三大湿地：琵琶湖、封江、涢水；四个古国：厉国、噩国、曾（随）国、唐国；五朵金花：唐县镇的枣花，尚市镇的桃花和牡丹花、澴潭镇的金银花，万和镇的兰花。

此外，已连续成功举办十五届的世界华人炎帝故里寻根节，是凝聚海内外华人感情、增强中华文化认同感和归属感的重要载体，是湖北省最重要的文化旅游节庆品牌之一。"炎帝文化庙会""骑纪中国机车嘉年华""华中汽车越野赛"等异彩纷呈的文旅节事活动，给随县发展注入了蓬勃生机，营造出"月月有活动，常常有惊喜"的良好文旅氛围。随县努力打造以炎帝神农为核心，突破发展西游神话、梦幻花海、美丽乡村三大本地特色资源，以生态廊道建设（绿道）为串联，联动旅游业与其他产业发展，将区域建成集文化体验、养生休闲、乡村旅游、会议商务等功能于一体的世界华人寻根谒祖圣地、华中生态文化旅游目的地。随县为游客开辟有"西游"文旅路线：西游神话世界、花果山、东海龙宫等；"梦幻花谷"文旅路线：随县炎帝紫薇园、尚市桃花、尚市牡丹、万和兰花、草店檀山芍药、苏湾荷花、铁山红叶等；"美丽乡村"文旅路线：古枣遗梦的华宝山、传统村落典范的戴家仓屋、禅茶风韵的车云山、草店柯家寨、安居九街十八巷、澴潭黎家大院等。

二、餐饮民宿康养，地方特色突显

随县的特色菜肴有厉山拐子饭、罐儿肉、泡泡青、三鲜、春卷、蜜枣羊肉、安居豆皮、汽水馍等。厉山拐子饭起源于 20 世纪 80 年代，传统做法是专选猪脚拐子部分及猪肘子肉红烧放在瓦罐里炖，酥香，油而不腻，胶质丰厚，赢得广大食客的喜爱。罐儿肉为随县的传统风味小吃，清末年间就有饭店经营罐儿肉，制作的罐儿肉、罐儿蹄，肉、蹄烂，味浓而不腻，佐酒下饭均可，深受人们欢迎。泡泡青在当地有着"冬季蔬菜之王"的美誉。它主要呈墨绿色，叶面为泡泡状，叶肉厚实，质地柔软，特别是经霜后的泡泡青，口感鲜甜嫩爽，有降火、促消化、排毒、降压、醒酒、保护肝脏等食疗功效。三鲜是把瘦肉、油条、鸡蛋等切成细馅然后用两张豆油皮把馅夹在中间经过油炸而成的产品。春卷俗称"菜饼子"，以泡泡青、少许藕丁和细肉为馅料，用豆油皮包卷成喜欢的形状，用温油小火两面煎成金黄色即可，外脆内软，清香可口。蜜枣羊肉是随县的乡土名菜，问世已有两百余年，常在冬季享用，具有大补的功效，系食中良药。

同时，蜜枣也是随县特色小吃，"华宝蜜枣，色如琉璃，香甜如蜜"。乾隆期间曾为朝廷贡枣，早在1982年，华宝蜜枣就得过世界食品博览会的金奖，它是随县，乃至随州的一张芬芳四溢的美食名片。安居豆皮是安居镇的地方特色美食，其制作历史悠久，还保留传统的手工制作技艺，色金而黄，豆皮脆香，口感酥嫩。厉山腐乳是湖北省随州市随县的地方名产，已有一百多年历史，口感与奶酪有些类似，和奶酪一样经过发酵，含有丰富的蛋白质和钙，具有细腻的质地和特殊的鲜味，有去腻开胃，增强食欲之功效，深受人们喜爱。蜂蜜麻花是随县著名的传统糕点，有200多年的历史，已被纳入随州的非遗美食。蜂蜜麻花香脆可口，甜而不腻，风味独具，让人回味无穷。随县其他特色美食小吃还有：万和黑蒜、吴山三合店黄酒、洪山面椒子、大洪山橡子粉、汽水馍、随州"片汤"、随州水搭片、石花粉、米子茶。

为挖掘随县地方美食文化，打造特色美食品牌，随县产生洪山三黄鸡、香煎糯米鸭、干锅鸭头、酱香排骨肉、吴山"四大头"等金牌菜30道；洪山酸面椒、鄂都羊珍（安居羊杂）、猪蹄炖豆条、农家粉蒸肉、邹记红烧肉、养生石锅鱼等优质特色菜50道；李廷广麻酥饼、蒋师傅麻花、抹茶雪花酥、特色香菇脆、香菇酱等精品美食10道；鸟语花香特色冷拼雕刻荣获特别金奖。

正因为有了这些具有地方风味特色的菜肴和小吃，随县大到酒店、宾馆，小到各种饭店、农家乐，在疫情后生意火爆，这些舌尖上的美味，留住乡愁，留住游人的脚步，以"文旅+美食"的模式，多元化助推随县文旅产业发展。

在随县餐饮行业，洪山烧烤一条街模式值得推广和借鉴。"烧烤经济"现已成为刺激消费增长的有效手段之一，洪山镇抓住机遇，推动"烧烤经济"发展壮大。结合本身自有特色体系，推广洪山特色烧烤菜系，烤鲫鱼、臭豆腐、烤盘鳝、烤肉串成为洪山烧烤四大标配。洪山镇政府积极组织烧烤商户外出学习，文旅局领导亲自站台开展网络宣传，通过短视频流量让更多人知晓洪山烧烤，带动烧烤经济，通过烧烤产业带动其他产业发展。引导监管单位做好食品安全、证件齐全、明码标价等市场监管。政府持续举办"洪山镇首届烧烤文化节"活动，推动商贸企业发展。

随着文旅产业的繁荣，随县民宿也活力迸发，先后开办大大小小数十家民宿，其中最具代表性的有水无声、山里、林泉山居、自在谷酒店、大洪山根园民宿、有巢氏树屋民宿、观山茶园、柳溪口养生谷、万景园林山庄、竹韵山房、慈云居生态园、抱朴谷森林木屋、山水庄园、清香荷院、梅林驿站、唐盛园、青林山庄、金家沟客栈等，随县还有诸多特色美宿，或隐于山林，或田园栖息，或现代奢华，其文化底蕴深厚，山川田园秀美，让人畅享自然，返璞归真，乐而忘返。

随县康养产业把大健康与民宿紧密结合起来，将随县独特的森林资源、野生中药材资源、随县中医药行业、随县医养结合起来，围绕康养产业涉及的"医、养、药、食、游、动"等全产业链要素，突出产业特色，加强政策引导，做好融合文章，推动康养与大卫生、大生态、大旅游、大体育、大数据等深度融合，促进健康制造业、健康服务业有机融合。

依托得天独厚的自然环境，大洪山积极探索山地景区发展新模式，以休闲度假康养为核心，以自驾体验和睡眠酒店为依托，打造华中区域最具魅力康养休闲度假"睡眠谷"。随县洪山镇琵琶湖风景区有琵琶湖园区、大洪山地质公园、龟仙谷湿地，拥有水域面积1.1万亩、林地面积4000亩，岛屿近百座，保留有华中地区唯一的火山喷发遗址，富含独特的火山地质温泉，环湖森林覆盖率达90%以上的自然资源。目前投资1.2亿元引进一批特色民宿，提档升级打造康养乐土。随县抱朴谷康养旅游区突出发展休闲文化养生，大力发展中医药和道家文化旅游产业，建设现代有机农牧业、原生态中药材种植园、中医养生主题酒店及各类主题林泉养生会馆等，是集传统农耕文化和道家文化、中医药文化于一体的文化园区。

三、非遗民俗及民间工艺代际传承

随县多项非遗项目进入名录。炎帝神农传说、随县花鼓戏、炎帝祭典、青铜编钟制作技艺4项被列入国家级非遗代表性名录，大洪山民歌等15项被列入省级非遗代表性名录，随县"三独"、打硪号子等106项被列入市级非遗名录，另有237项被纳入县级非遗名录。炎帝祭、编钟技、独角戏、花鼓戏，被称为随县民俗"四宝"。

花鼓戏系随县地方剧种，迄今已有170余年历史，2008年被公布为第二批国家级非物质文化遗产代表性项目。随州花鼓戏是全国已知300多个剧种之一，被《中国戏曲·曲艺词典》《中国大百科全书》等收录，是全国74个濒临灭绝的剧种之一。为使花鼓戏更好地传承下去，2008年，剧院在政府帮助下，面向全市范围招数十名学生组成花鼓戏班，培养他们成为未来的随州花鼓戏演员及传承人；在随县等中小学开设随州花鼓戏兴趣班，在学校教唱并传授表演技艺及基本功训练。

曾国漆器髹饰技艺属于非物质文化遗产十大类里的传统技艺类。曾侯乙墓发掘出的大量漆器证明，随县曾都地区漆器髹饰的历史，至少可追溯到两千多年前。曾国漆器髹饰工艺品制作主要环节包括：研究（筛选）——设计构图——制坯体——粗雕轮廓——精雕——打磨——上灰打磨数道——封底——上底漆、上面漆数道——水磨——上亮油——彩绘——推光——成品等几十道工序，主要涉及浮雕、透雕、圆雕、剔凿、阴刻并采用点描线勾、平涂色块、堆漆、针刻等技法。其工艺通过传承与创新，使得更多漆器工艺品走向大众，其作品造型、雕刻、彩绘等方面所达到的水平，一定程度代表了我国漆器艺术的成就，堪称艺术宝库中的瑰宝。其作品华美的纹饰图案、艺术造型，富于神话色彩的艺术题材，都彰显了楚文化的神韵，对于研究楚文化和曾国文化具有独特的意义。

随县非遗民间工艺主要有李廷广麻酥饼制作技艺、厉山腐乳酿造技艺、万福店松花皮蛋制作技艺、虎福瑞麻花制作技艺、新街剪纸、大洪山根雕等。

李廷广麻酥饼制作技艺历史悠久，可追溯到明朝。李氏祖上曾是明朝宫廷的面点师，明朝灭亡后回到随县，为了生计，在随县开了间糕点铺，生意十分红火，尤其是麻饼备受人们青睐。在随县，麻酥饼是传统定亲、婚庆和小孩过周岁时的重要礼品。李廷广麻酥饼有大、中、小三种，三个、五个或十个圆型的饼子叠在一起，外面是面粉，内置糖（冰糖）、芝麻、花生、核桃、蜜饯等。口感酥、香、甜、脆、易化，而且有嚼头。制作要经过揉面、制皮、做馅、包馅、粘芝麻、装入烤盘、入炉、出炉、描绘酥饼、装袋、打包等40多道工序，每道工序都十分讲究，要求极高。所用工具有擀捶、扣罐、按碗、铲、刷子、合盘、烤箱、盆、缸等。

厉山腐乳酿造技艺有100多年的历史。早在清光绪年间，淅河镇有刘姓人家善制腐乳，其口味独特，滋味香醇，被列为清廷贡品，享誉四方。厉山腐乳根据祖传工艺和秘方，选用天然含硒"神农泉"之水、优质大豆和30多种香料，经过20多道工序加工而成，被誉为随州一绝，经权威部门鉴定，富含硒、锌、钾、钙等人体有益的矿物质。它制作精细，具有细、黄、软、五味调和、滋味香酥、汤汁醇浓等特点，含有丰富的营养成分，有健脾开胃，增强食欲之功能，深受人们喜爱。厉山以神农故里闻名于世，又以厉山腐乳扬名全国。2008年，厉山地产商人黄明涛几经周折，找到了厉山腐乳唯一技术传人魏老师傅的后人魏先生。虽然魏先生也想光大父亲的技艺，却不愿冒险涉足不熟悉的食品行业。在黄明涛的坚持下，魏先生终于答应给他做技术顾问，传授秘方和制法，一起研制改进工艺，圆厉山腐乳制作百年工艺传承梦想。现在生产的腐乳产品品种丰富，有香辣型、香酥型、酱香型，全部继承了厉山腐乳的独特风味，独一无二，难以复制。

"万福店无铅松花皮蛋"是鄂北地区享有盛名的地方农副土特产品。制作时，把选好的鸭蛋浸泡在用碱、盐、茶叶、松针松果、无铅粉等配成的料水中，20天左右将蛋捞起，之后用干泥粉渗入卤水包好，再滚上粗糠即成，现有所改进，浸泡60天后晾干，不用泥、糠也能有同样效果。此蛋剥壳后，布满花纹，切开后分三圈不同的色彩：外圈墨黑结成晶状硬块，中圈略带黄色，较软，里圈呈金黄色，为溶糖状，称为"糖心蛋"。万福店松花皮蛋不仅是美味佳肴，而且有一定的药用价值。其沿革于传统手工工艺制作又引进新的技术精髓无铅制作，松花清晰美观，蛋体晶莹剔透，富有弹性，富有活力，入口香、爽、凉、嫩，回味悠长，含多种微量元素和营养物质，是人们喜爱的绿色环保食品。

"虎福瑞"麻花始创于清乾隆年间，是鄂北传统面食的典型代表，距今已有200余年历史。虎福瑞麻花制作技艺不仅保留了传统宫廷麻花制作技艺，而且随时代发展，在配方、工艺、口感、外形、包装上传承创新，让麻花这一传统食品走进现代生活，成为广受推崇的一种健康休闲零食。虎福瑞麻花用料考究，采用产于随州的优质小麦、油、白芝麻、黑芝麻等原材料，始终恪守最传统配比秘方的精髓，保留了纯手工的20多道传统制作工序。经过第七代传承人杨欢创新传承，对传统的蜂糖麻花单一品种进行拓展，推出无糖、黑芝麻、果仁、肉松、蜂蜜麻花、蜂蜜馓子等多个品种，并且创新出一套和面、发酵及制作的独特工艺，炸出的麻花色泽金黄透亮、酥香无渣、味道鲜美、甘芳适口，成为地方饮食文化记忆的一个符号。

新街"剪纸"是流传于随县新街镇一带的一种民间美术，是一种镂空艺术，其在视觉上给人以透空的感觉和艺术享受。主要题材有窗花、中堂装饰、对联、屏风、装饰画、灶画、扇面等。材质可以是纸张、金银箔、树皮、树叶、布、皮、革等片状材料。新街剪纸以构图丰满匀称、对称平衡、线条连贯简练、连接自然、细腻雅致著称，在表现手法上，以阳剪为主、阴剪为辅，阳剪和阴剪互为补充，密切配合，使整个画面主次分明，错落有致，富有层次感。在色彩上以单色为主，在对比色中求协调，具有强烈的工艺装饰效果。新街剪纸具有"四性"，即构图的连接性、技法的细腻性、风格的多样性和处变的适应性，其内容多，寓意广，具有浓郁的民俗特色，是随县农村众多民间美术形式的浓缩与夸张。

薛国旺是大洪山残疾根雕大师。在他的匠心妙手下，一个个枯木、树根化腐朽为神奇，被赋予灵性和生命。一块长6米、高2米、重达5吨的枯槐木，经他6年的精心雕刻，成为价值不菲的根雕作品《九龙戏珠腾盛世》。薛国旺每年创作根雕作品几百件，其中"昭君出塞"等200余件根雕作品漂洋过海，远销到美国、日本、韩国和东南亚等国家和地区。

参 考 资 料

1. 蒋天径：《乡村旅游的大卖点：无级自由游——兼议以神农故里为轴心的随县全域性旅游走势》，《炎帝神农文化》2022年第1期，总第二十一期(内部刊物)。

2. 宋云：《随县非遗概览》，武汉出版社2017年版。

3. 刘玉堂2017年3月6日在随县的讲座《谈谈随县文化建设》。

第三篇

商贸文化域

第一章 从炎帝神农"日中为市"到遍布乡曲的 大小集市

炎帝神农氏在随地不仅开启了农耕文明，还开启了"日中为市"的商业文明。《易·系辞》云："神农以日中为市，致天下之民，聚天下之货，交易而退，各得其所。"所谓"日中为市"，就是在每日中午的时候开市进行交易。日中为市也经历了一个不断发展完善的过程。集市的地点逐渐由都城所在地发展到了百姓的聚居地。日中为市的兴起，原始交换的实现，奠定了中华民族原始贸易的基础。随地是有史料记载以来中国最早的市场贸易活动地区，特别是隋唐以后，其密切了南北的经济往来，商品贸易蓬勃发展起来。

第一节 随县商业贸易及商贸网络

唐朝时，随地丝织品贸易已很发达，宋、元以后，随州棉花、土布贸易接踵而起。

清乾隆时期，山西、陕西的商人，年年来随贩运土布，销往山西、陕西、甘肃、四川乃至西藏，年输出量达 250 多万匹。

清末民初，随着市场供求变化，粮食、棉花、肉猪、菜羊、菜牛的生产和贸易进一步扩大。

1912 年德商艾礼司洋行的染靛，经汉口进入随县市场，年销 3 万多斤。1925 年，美商德士古煤油公司，在随县设立总代销处，年最高销量达 3 万桶。因经营洋货可获厚利，故较大商号多转向专营或兼营洋货，初为煤油、卷烟、棉布等，后及百货、文具、海味、食糖、火柴、棉线、丝光袜等，致使洋货风行城乡。同时，外地商人和小手工业者纷纷来随落籍经商，商户大增，市场扩大，随县成为鄂北的重要商埠。

往西北方向有厉山、唐县镇、枣阳、襄樊到陕西汉中的土布运销商路；往东北，有经万店、小林，进河南到山西的土布运销商路；往北，经万和到河南桐柏、唐河、南阳一带的粮油运销商路；往西南，经钟祥，有到荆沙地区的运销商路；往南，经洛阳、同兴、坪坝、宋河有至应城的食盐、石青运销商路；往东南，顺㴲水河道，经安陆、汉川有到武汉的粮、棉、土陶器和日用百货的水上运销商路；往东，经淅河、马坪、应山、广水沿京汉铁路，有北达豫中、南下湖广的运销商路；往西，经双河，有至宜城、南漳、保康的土产山货贸易商路；往东南，经随州、云梦、孝感有至武汉的陆上贸易，输入商品以盐、煤油、火柴、医药等为大宗，其次为日用百货和各种土特产，以稻米、小麦、长头布为大宗。

抗日战争时期，频繁的战争，农田荒芜，商人外逃，商路阻塞。在此时期，随县商业形成3个区域：日伪军以淅河、县城为据点，开设洋行、专卖局、交易所，掠夺战略物资，控制粮食、食盐销售；国民党政府退居澴潭，在随西、随北区域内控制粮棉贸易，搜集战略物资，供给国民党军队的需要；新四军以大洪山为根据地，在洛阳店、三里岗等随南一带领导抗日军民，开展生产和贸易，严防走私物资资敌。

1945年，日本投降后，随县商业有所恢复，外流商人先后返乡，重整店铺，继续营业。不久内战爆发，随县成为国共两军长期"拉锯战"地带，社会不宁，加之国民党官吏敲诈勒索，投机倒把猖獗，商业复趋萧条。

1948年元月，随县解放。当年5月，第一家国营商店信丰商店在澴潭镇建立，后迁入县城西关。供销社和国营商业的资金雄厚起来，基本控制着商品批发业务并有能力收购主要农副产品。在土地改革的基础上，城市经济的恢复与国营企业的兴建也随之而来。

1950年12月，中共随县县委为恢复和发展生产，新建第一批随县地方国营企业。政府一方面发展国营商业和供销合作商业，另一方面贯彻保护私营工商业政策，商业迅速恢复并获得发展，国营商业和供销合作社在县城设立了一批专业公司，农村普遍建立了基层供销合作社，国营商业和供销合作社积极开展购销业务，有计划地吞吐物资，使市场物价逐渐稳定。到1956年，随县形成了以国营商业为领导，以供销合作商业为助手，公私合营、合作商店、合作小组等多种经济形式并存的社会主义统一市场。

1978年改革开放后，商业模式不断改革，在充分发挥国营商业主导作用的同时，随县大力发展集体商业，适当发展个体商业，并开放集贸市场。此时商业网点增多，从业人数增加，市场较前大为繁荣。

第二节　随县集镇的历史沿革

集镇是社会经济和商品交换发展的产物，随县境内很早就有古老的集市，明代已具规模。嘉庆年间全县有集镇59个，宣统年间增至75个，新中国成立以来，城乡经济不断发展，集镇逐渐增多。据县工商行政管理局统计，1983年全县集镇82个。同解放初期比较，消亡者有江家店、刘家河(属新街公社)、清河店、谢店、张畈和随阳店等6个，新起者有新隆、卸甲、晃山、新集(属新城公社)、封江、新街、柳林河、庞家畈和土门等9个，恢复者有抗战前和抗战时消亡的七姑店、人和店、合河店、车店、大堰坡和汪家集等6个。除上列集镇外，历代均有城关镇。

一、城关镇的变迁

城关镇位于㵐水、㴔水汇合处，地处长江流域和淮河流域的交汇地带，南距武汉185千米，西距襄阳165千米，南北朝以来，是郡、州、县置署之地，是全市政治、经济、文化、交通中心。清末，城关镇人口已达万人，街道19条，较大商号50余家。1927年拥有各业商号300多家，成为鄂北重要商埠。

新中国成立后，城关镇进入新的发展时期。1949年春，随县第一家国营商店信丰商店，由㵐潭镇迁入西关开业。1950年，孝感盐业分公司、百货分公司，分别在城关开设盐业分销处、百货商店。1951年5月，供销社合作货栈开业，随后，国营商业各系统和供销社的批发零售网点，先后在城关建立起来，到1955年，以国营商业和供销社商业为主体的贸易网络形成。

1978年改革开放后，城关市场日新月异。原有的街道全面进行改造扩建，原长不足一千米的东、西关，已建成长达两千米的解放路，狭窄的南关，经扩宽延伸，建成长达3.7千米、宽20~30米、贯穿市中心的烈山大道，还兴建了交通大道、沿河大道、舜井大道、青年路、汉东路、明珠路、文峰路等新街道。现在，城区50多条街道，纵横交错，高楼大厦鳞次栉比，工厂林立，商店棋布，一派繁荣景象。

二、厉山镇1978年前的商贸活动

厉山镇位于㴔水中游，距随城18千米，大小街巷20余条，总面积5平方千米，汉丹铁路、汉樊公路由此经过。东与高城镇相连，南与随州城区接壤，西与新街镇毗邻，北与尚市镇相邻。相传为炎帝神农出生之地，明初厉山镇称"日中街"，清初有"纺线街"之说，嘉庆时称厉山店，宣统时改为厉山镇，沿用至今。

清雍正年间，厉山镇土纺土织盛行，除沿河百余户人家以纺织为生外，肖家巷至土家棚子(现在龚家棚子)一带村民也都挖窖、置机，从事土织。厉山土布因其板平纹齐，质量优良，赢得客商信赖。

乾隆二十九年(1764年)，山西、陕西布商，由郧襄商路，纷至沓来，与当地布商蒋中和、宋三发、谭财盛联营，驻庄收购，长途贩运，每年外运250万匹。

乾隆四十一年(1776年)，山西陕西商人与当地布商聚集资金，在该镇西门(现厉山镇学校内)修建结构精巧、华丽壮观的山陕会馆一所，为来往商人经营"据点"。这对厉山土布外销大起作用。

清末民初，由于土布贸易扩大，该镇茶馆、酒店应时而生，外地商人也趋利而来，黄陂、孝感帮吴大兴、吴恒兴、李恒发、义顺公、周元记、许大兴，黄安帮茂太义、泰乐记，江西帮杨吉兴、聂阳兴、张广顺、陈顺兴、凌楚卿等商人，相继来此定居经商。当年全镇商贩和小手工业者(前店后坊)已逾二百户，市场甚为繁茂。

民国年间，汉商对"厉山绒""红小麦"甚感兴趣，武汉工业兴起，厉山棉粮作为商品大量流向武汉，因该镇濒临漻水，可行舟楫，襄花公路横贯其间，能通汽车，故成为方圆数十里农村及枣阳、宜城和豫南各县的粮棉集散地。据1937年《随县经济调查》记载，其输出货就估价而论，棉花第一，粮食第二。

由于粮、棉贸易兴起，厉山镇商业更趋繁荣，据调查，1937年，全镇商户近400家，47个行业，8个帮口(棉花、粮食、南货、京货、印染、医药、熟食)。棉花、粮食为全镇商业之冠，资力雄厚。有行栈60余家，较大者8户，秦荣记、秦福记为该帮之首，秦荣记有流动资金30万银圆、汽车六部。何义和、正和顺、何其茂等，资金亦在3万以上。秦荣记、秦福记两号之营业额占全镇的80%，可左右市场。南货帮32户，最大者谦恒泰，资本十万，主营香蜡、纸炮、食糖、糕点、江西名瓷、山珍海味、胡椒八角，兼营酱园，营业额占该帮的五分之二。熟食帮70余户，大者承包筵席，而具有地方特色的鸡汤米粉、煎卷等店(馆)生意尤为兴隆，从早到晚，烟火不绝，每逢双日赶集者达三五千人。当时厉山镇有民俗一首："九街十八巷，早晚交易忙，店铺如星点，摊贩满街坊。"

抗日战争时期，该镇商业衰败。1938年重阳，日机轰炸厉山镇，死伤百余人，南至北门的房屋大部焚毁，更因敌伪时而骚扰，大商户秦荣记迁至随北青苔，秦福记老板秦育之辗转恩施、四川，惨淡经营。中小商户逃往老河口、襄阳及随南一带。自此，该镇商业一落千丈。唯国民党第五战区司令长官部军需采购专员王铁夫进驻厉山镇收购土布，每年达50万匹，运往老河口被服厂，故当时该镇土布交易仍较可观。

1945年日本投降后，秦荣记迁回，先后建起打包厂、仓岸，开设粮行六处，兼营酱园和杉木运销。其余外逃商人也陆续返乡，合股组成振兴、古庆水、诚记、裕丰恒等八个商号，市场稍有起色，但仍远逊战前。1948年，国共两军在厉山展开拉锯战，大商号多卷资逃往武汉，中小商户在国民党军政及地方团队的敲诈勒索下挣扎经营，生意不旺，市场十分冷落。1948年后，厉山镇新辟一条城壕街。1951年，在政府扶持私营工商业正当经营政策的感召下，秦观楼、向耀东等人集资合伙开设"励新商店"，独资经营者复业200余户。国营花炒布、粮食百货、专卖、贸易等专业公司及供销社的分支机构相继成立，厉山镇商业重现生机。然而后来该镇市场在"极左"思潮的干扰下，几经折腾，工商业裹足不前，至1978年，除国营、供销两家十个门市部外，集体商户仅一家经营糖果、菜籽之类。

三、新时代随县集镇的蓬勃发展

党的十一届三中全会以后，随县政府充分利用本地优越的交通和生产条件，发挥农村经济中心市场的作用，开辟流通渠道，重点开发适合本地特色的小型工业企业，新建和扩大了皮革、服装、制线、印染、喷塑拉链等十家工厂，产品一百多种，其中金线呢、漂纱、拉链、男女式皮鞋等十余种"拳头"产品，远销江浙、山陕、四川、青海和省内大中城市，皮毛玩具畅销港澳及南洋各地。

随县成立后，厉山县城立足新时代，以打造"航空小镇"为依托，形成了交通物流、新兴纺织、特色农业、农产品精加工、特色旅游、新型材料、通用航空七大产业。镇内纺织企业20余家，纺织工业总产值18亿元，销售收入16亿元，产品远销沿海城市及东南亚国家。全镇规模农业企业已达20家，规模养殖户730余家，其中，有3家被评为省级标准化示范场，4家被评为市级标准化示范场。悠然生态农场、玉明农场等项目不断发展壮大，厉山腐乳、封江蓝莓、同心莲藕、海潮寺柞蚕等农产品品牌效益凸显。厉山镇农产品资源丰富，在农业产业化的驱动下，出现了以裕国菇业、神农稻米为主体的农产品深加工规模企业。

以干香菇、干黑木耳等食用菌加工和销售为主营业务的裕国菇业股份有限公司实现年营业收入12亿元，税收6200余万元，创外汇1.5亿美元，大幅度提升了农产品附加值。

"一节一会"品牌享誉全球华人。随县先后承办了首届香菇节千人观光团、世界华人谒祖盛典百名旅游达人团、无限极溯源之旅等大型活动。神农兰花博览园、炎帝紫薇园、炎帝生态观光园等特色生态园区逐渐壮大，狮子口福缘居、琥珀山庄等一批特色民宿悄然兴起。永祥复合材料科技、汇丰建材等新材料企业与高等院校强强联合，研发生产的建筑材料、市政设施、包装材料、家具制品、汽车材料等具有广泛的用途。厉山机场扩建项目新征地420亩，总投资10亿元，建设跑道、机库、塔楼、停机坪、航站楼6S中心。目前随县正以机场为中心，发展航空产业园，辐射周边，打造新型经济增长极。

第二章 襄花公路的前世今生

随州中心城区，凡以"路"为名的城市主干道，大多与交通大道(老316国道)有关联。交通大道(老316国道)如一条南北中轴线，丈量着这座古新并蓄的城池。316国道最早的名字叫襄花公路，始建于1925年，是襄阳到孝昌花园的公路，也是该市境内最早的一条公路，是湖北省内第二条建成通车的公路(湖北省内第一条公路是襄沙公路，建成于1924年)。

第一节 康仪丞与襄花公路

襄花公路是连接湖北东西的交通大动脉，而这条路的肇始人是随州人康仪丞。

康仪丞，号国豪，1882年出生于随县厉山镇。1907年于武昌法政高等学堂毕业。民国初任江西南昌高等法院检察官。后在北京经营湖北风味面粉馆，结识了一些富商名贾，动员富商捐款在鄂北修建公路。1924年春，康仪丞回湖北，在随县城、安陆、应山、孝感等地宣传筑路，得到当地商绅的积极响应，于是组成修筑襄(阳)花(园)公路董事会。

1924年元月，众股东公推廖鸿轩(又名适安、廖寨人)为总经理，康仪承为协理，周骏声(又名少坪，应山马坪人)为董事长，主持发起私商集资入股筑路。后康仪承为总经理，全权负责襄花公路的修建。同年9月，在随州城倡议发动召开集股大会，将股票额定为一元、十元，议定修路占地可以折款入股，招收汽车司机、学徒每人带200元入股。一时入股数千份，共筹股金25.4万元。10月26日襄花公路开工。康仪丞亲力亲为，与工人一起浚沟壑、做涵洞、运石料、架桥梁，常和衣露宿工地。有一次为占压土地的事，被随县城东的张曙阁带人殴致重伤。

1925年3月，襄花公路南段全线通车，起自随阳店，经唐县镇、厉山镇、随县城、淅河镇、马坪镇、安陆、陈家店至花园，全长155千米，共耗资26万余元。

尔后康仪丞从汉口购回"福特"牌汽车2辆，开办客货运输业务。这也是随州历史上第一次有了汽车运输，又到英、美在华洋行购置煤炭汽车28辆，发展货运，并在随县城东垣成立襄花汽车公路长途运输公司，自任经理、站长。

该路修筑因陋就简，只在原驿道路基上就地平整，路幅仅 5 米左右。坡陡弯急，晴通雨阻。襄花公路全线通车时，在襄阳樊城定中门外举行通车典礼大会，庆祝襄花公路全线竣工。

襄花公路整个修筑过程，无工程标准，无测量程序，也没有工程技术人员指导；采用泥土路面，路基无边沟，只能慢速行车。遇雨天道路泥泞，常常数日不能通车。全线有大小桥梁 90 余座，除随县王凤桥、马坪的随应桥为砖石结构外，其余均为木桥，并在清河、唐白河、滚河 3 处置有渡船以渡运汽车。

第二节　襄花公路与 316 国道

襄花公路通车后，无养护专班，路况日益损坏。省政府鉴于此路在军事和经济上的重要地位，于 1928 年 8 月 11 日以赎买名义发给该路股东省道股券，将襄花公路南段收归省有，取消襄花汽车公司，改为"襄花路管理局"，康仪丞的运输公司和汽车被接管。1937 年，民国政府任康仪丞为湖北省建设厅工程处顾问。

襄花公路改为省道后，省建设厅拨款修补路基和改造桥梁，使路况有所改善。1930 年改造长岭岗木桥。当年夏天，山洪暴发，此桥被冲毁，只得临时架设浮桥得以通车。1934 年 3 月，又将白竹港桥改建为石墩木面的半永久式桥梁。1938 年秋，日本侵略军攻占鄂北，襄花公路在战火中被破坏殆尽，有些地方化路为田，唯随县至马坪一段经日军修复尚可通车。

抗日战争胜利后，国民党草草抢修了襄花公路，但未修建桥涵。1946 年 8 月，为发动内战，国民党中央特拨巨款，以武汉行营工兵组成的抢修队第二大队对该路进行全面抢修。1947 年，襄花路又遭水毁，加上随枣地区战事频繁，使刚刚修复的公路被毁，交通中断。次年 7 月，鄂北公路总段改组为湖北省公路局第四工程队，负责管理养护此段公路。1949 年初，为了支援中国人民解放军南下，解放区军民对襄花路进行抢修，很快恢复通车。

后来，襄花公路不断延伸，公路一直修建到汉口至河南孟楼镇，20 世纪 80 年代前还称为汉孟公路。这条路现为 316 国道，南至福州，北通兰州。近年来，316 国道又有延伸，起点为福建省福州市长乐区(漳港)，终点为青海省黄南藏族自治州首府同仁市，成为一条由东南至西北的国道。

　　为进一步拉开城市框架，缓解城区过境交通压力，2013 年 4 月 2 日，东外环(十岗至净明)一级公路正式开建，标志着 316 国道改线工程启动。东外环起于随州高新区淅河镇十岗，止于随县尚市镇净明，全长 43.789 千米，技术等级为一级公路，路基宽24.5 米，双向四车道，沥青混凝土路面。

　　东外环的建设，"一线串珠"随州高新区、曾都经济开发区、随县经济开发区，是名副其实的企业走廊和经济纽带。宽阔平坦的国道绕城东而过，蜿蜒曲折的襄花公路早已淡出人们的视野。

第三章　涢水、溠水的航运文化

随县水运鼎盛时期，主航线府河由随县漶潭至汉口长达 305 千米，境内的涢水、溠水、漂水、均水以及溠水，几条河流汇入府河，通达汉口。因水路运输条件得天独厚和陆运工具落后的原因，两地进口布匹、食盐等日常用品，出口粮食、油料、棉花等农产品仅靠水路运输。20 世纪 60 年代初，随着公路、铁路运输事业的发展，加上府河上游多处兴建拦河坝堤和大型水库，随县、应山境内主要河道逐渐干涸，航道渐废。到 1962 年以后，交通运输逐步被铁路和公路所取代。

一、航道

随州境内的涢水、溠水、漂水、均水以及溠水，入府河，流经安陆、云梦、汉川、汉阳等县，汇入汉水。(1959 年下游治理水患，改道向东汇漶水经黄花涝到谌家矶入长江。)1962 年前，汛期涢水、溠水、溠水均可行船。帆橹往来，涢水为盛。

涢水为府河主干(因其流经古德安府所辖州县，故名府河)，源于大洪山北麓，境内流长 194 千米。通航水路上起漶潭镇，下至云梦道人桥港，水程 210 千米。航道分两级运输，道人桥上游可通过载重 5 吨左右的船只，下游可通航 9 至 15 吨大船。本地上下水货物均在道人桥提驳。

溠水，涢水支流，源于桐柏山南麓。其通航水路由厉山镇至随州，长 20 千米。

均水，为涢水支流，其通航水路由均川镇至随州，长 20 千米。

溠水，系涢水支流，源于吴山镇大仙垛南麓梨园岭，其通航水路由唐县镇至安居镇，长 34 千米。

二、码头、渡口

清末、民国年间，境内涢水、溠水、溠水两岸有漶潭、安居、随县县城、淅河、阎家河、厉山镇等 7 处码头。各码头皆以深潭为泊岸。

县城码头位于城南涢水河北岸。清代，汉东楼外皆为"脚夫"(码头工人)寄身的草棚，故得名"草码头"，即草甸子街。随着商业贸易的发展，在两河口(涢水、溠水会合处）又形成装卸码头，遂称此为"上码头"，草码头为"下码头"。

清末至 1938 年为随县水运鼎盛时期。汛期，上、下码头泊船 400 余只。经常往返停泊的木帆船有随县帮、安居帮、澴潭帮、淅河帮、马坪帮（港帮）。

抗日战争开始后，水运日趋萧条。新中国成立后，境内船民开始了有组织有计划的运输，初实行木帆船联运，1957 年成立木船公司，下设 6 个木船合作社。1959 年成立随县航运公司。1962 年后，因河道水位下降，码头皆废。

澴潭码头位于澴潭镇东南涢水南岸，港区航道上起上贩，下至任家塆，长 2 千米，1928 年，因战事，襄河航运受阻，襄阳、枣阳等地农副产品转运澴潭镇，河边一带形成上、中、下三个码头。夏、秋汛期，舟楫云集，以水运为生者 300 余人。

随县渡口大多分布在水库库区，受库区经济条件影响，多处于自然状态。船舶以木船为主，另有部分机驳船。经过专业培训取得相应证书的渡工不多，渡口两岸也多是自然口岸。

第四章　随县巨商：厉山二秦商贸活动的兴衰史

民国年间，随州商业在湖北省内也属于较为发达地区，其中既有山陕商人经郧襄商路来随进行货物交易，也有中原商人走水道经随直下汉口从事物流贸易。而随州本地人亦不甘示弱，各乡镇利用便捷的陆路、水路，做起通江达海的大生意，其中厉山秦氏一族的秦观楼和其侄子秦育之堪称随州商界的翘楚。

秦观楼，字华海，生于 1890 年，祖籍江西。其父以行栈为业，在厉山经营土布、棉纱、粮食，商号"秦恒隆"，清末民初仅有一间铺面和四进单间后屋，因善经营，从事棉花、粮食，兼营杂货、酱园、牙行和土地收租，武汉、上海均设有商业网点。商号拥资数十万元(银圆)，商房 60 余间、卡车 3 辆、小木船 20 只，并有武装 70 余人(枪)。秦观楼善经营，重管理，抓信息，少有匹敌。

19 岁时，秦观楼与其兄继承家业，分家各立商号。秦观楼经营的商号为"秦恒隆荣记"(惯称"秦荣记")，其兄立号为"秦福记"。

1920 年，秦观楼雇工加工棉粮，扩大经营，生意日渐兴隆。1926 年开始购少量棉花出售给汉口商人，与各地商人建立广泛联系。不久邀山西、陕西布商及随州城、浙河一些商号在"秦荣记"设庄，经营渐广，财源日益扩大。

秦观楼为人干练，经营有方，资金运用灵活，或先收棉后付款，或先付款后收棉，买卖方式灵活便利，且"秦荣记"在汉口派驻代理人，安装有电话，对汉口、上海棉花市场行情了如指掌，因而生意兴隆，门庭若市。到 1929 年，"秦荣记"先后建店房 60 余间，雇员 20 余人，旺季日夜为市，资金达 20 多万银圆。

1931 年"九一八"事变时，"秦荣记"运 2.4 万担棉花至汉口，厂商因时局动荡不进货，价格剧跌，秦将棉花起岸存栈，后日军被阻在关外，棉花价格迅速回升，秦观楼喜获巨款 40 万元。1937 年一年，"秦荣记"即获利 7 万多元。数年时间，秦观楼一跃为随州头号商业资本家。

抗日战争中，秦观楼与侄子秦育之在汉口英租界合营"恒隆"商号，另置田地、骡马 16 匹，在万和青苔设铺经营棉花、食盐，购枪 70 余支建立私人武装护商队。1940 年由万和青苔迁至王家河筑寨购田，收取地租，开办酱园做豆腐，并以高薪聘请浙河刘家后人专制腐乳，很快使厉山香酥腐乳成为享有盛名的名牌，至今为厉山地方特产。

抗战胜利后，秦观楼卖掉大部分的土地，回到厉山经营酱园，建打包厂1座，购置汽车3辆，木船20只，恢复棉、粮商号，并派人到枣阳、河南设站收购棉花，就地加工成包运往汉口，同时收购周边其他县市棉花运销上海，在上海置屋，驻员开辟商路。后来，"秦荣记"因长期欺市霸道，克扣店员红利，信誉逐渐衰落，得力店员纷纷离去，生意每况愈下。1950年后，秦观楼除维持厉山的杂货、酱园外，多余资金分投厉山、随县、武汉等商号。

秦观楼的侄子秦育之生于1906年，名国英。小时读私塾，后跟随父亲学做生意。1928年随父到汉口开设"秦福记"棉花行。次年筹资扩大经营，创办"厉山细绒"棉花市场，与同业著名商号"松茂长""裕泰升"在武汉鼎足而立。1937年当选为汉口棉花同业工会常务理事、厉山镇商会会长，成为当时的商界名流。

时逢日军侵华，武汉沦陷，日纱涌进，花价猛跌，秦育之所经营的商号遭日机轰炸及日军掠夺，损失甚巨，濒于破产，无奈只有辗转于汉口、襄阳、万州、重庆等地，改营米粮、土布。

抗战胜利后，秦育之回到汉口重操旧业。1948年改"秦福记"为"亚新"号，扩大贸易，兼营豆饼，货物远销至台湾、香港等地。1949年4月在广州"秦福记"分行操持棉业，同年移居香港。1949年后，当得知武汉商业受人民政府保护，就于当年底乘海轮经天津返回武汉。次年再去香港，以亲身见闻劝说汉口巨商贺衡夫（蔡甸人）、程子菊（红安人）、何祥林等相继回汉。

1950年，秦育之带头认购"胜利折实公债"，响应人民政府"商业转工业"号召，筹建武汉第一家商转工企业"开明油厂"（今武汉油厂），任副董事长，继而与鲁文礼等人合资兴建"新亚造纸厂"，任总经理。同年加入中国民主建国会，参加湖北省工商业联合会筹备工作，任副主任委员。1951年代表湖北工商界参加"中国人民赴朝鲜慰问中国人民志愿军代表团"，回国后率武汉曲艺队到省内地区各县宣传抗美援朝。

1955年又带头响应政府号召，将所办油厂、纸厂实行公私合营，并主动率省工商联下到市、县宣传党对资本主义工商业的改造政策。1956年调任湖北省商业厅副厅长，参与管理全省商业物价事宜。

第五章 铁 路 建 设

交通运输是国民经济中的基础性、先导性、战略性产业，是经济发展的"大动脉"。党的十八大以来，随州持续推进交通基础设施建设。高速公路县县通达、干线公路相连成网、农村公路通组到户，综合交通运输体系初步形成，人更便于行，货更畅其流。

2011 年，在汉十高速、随岳高速的基础上，麻竹高速大随段建成通车。随县共有高速公路 4 条共 335 千米，全市基本形成"两横一纵一联"的高速公路骨架。高等级公路县县通达，从随州城区到各乡镇，开车时间均在 1 个小时之内，随州与武汉、襄阳、信阳、荆门等地 2 小时交通圈已形成，前往北京、上海、西安、广州等地也更加便捷，交通枢纽的地位更加彰显。

316 国道随州市区绕城段、346 国道广悟大道、107 国道广水段等相继建成通车，公路通达深度和等级公路密度进一步提高，路网结构不断提档升级。全市沥青、水泥公路总里程近 1.5 万千米。拥有国道 6 条 480 多千米、省道 13 条 590 多千米、县道 1690 多千米，路路互联成网，构筑了随州纵横交错、便捷互通的公路网络。

2009 年，随州火车站东移，停靠随州站的列车也不断增多，尤其是动车组开通运行，让随州与外界互通更加便捷。2019 年 11 月，汉十高铁正式开通运营，随州南站、随县站通车，随州正式进入高铁时代。

高速、高铁，为随州带来通行高速度。随州纳入武汉半小时经济圈，缩短了与长三角、珠三角等地时空距离，融入大武汉，对接北上广深，随州的"朋友圈"越来越大，也"拉"来了发展大机遇。

第六章 外贸产业的兴盛

随州可供出口的农产品资源丰富，是随州外贸出口的领头羊，农产品和食用菌出口多年稳居全省第一、全国前列，随州成为对全省外贸增长贡献较大、较为稳定的主要市州之一。

出口总量扩大，出口主体越来越多 截至 2021 年，全市年均出口过 10 亿美元，始终保持在全省第一方阵。出口备案企业 700 余家，5 年增加 339 家，年出口千万美元以上企业 33 家、1 亿美元以上企业 4 家。品源和裕国出口年超 2 亿美元，稳居全省前两位。

出口市场拓展，出口特色越加明显 贸易伙伴扩大到 162 个国家和地区，形成以农产品、专用车为特色支柱，医药化工、传统轻工齐头并进的外贸发展格局；创造了香菇出口的"随州现象"，茶叶出口的"大洪山现象"；专用车出口覆盖全球 94 个国家及地区，出口规模居全国同行业前列。

转型升级加快，金字招牌越来越亮 农产品出口由过去的单一干香菇发展到香菇胶囊、香菇酱、香菇即食品等，深加工产品占 42% 以上，食用菌、中药材、黑蒜等出口全省第一。专用车出口涉及消防车、危化品运输车等 62 个品系，零部件囊括 800 余个品系、上千个规格；获得国家级"外贸转型升级示范基地""出口食用菌质量安全示范区""出口专用车质量安全示范区"等金字招牌。

出口环境优化，出口后劲越来越足 出台《关于鼓励外贸出口的若干意见》等，全力解决出口发展中的融资、通关、资质等问题；开展"以商招商"，成功引进品源与陈克明、裕国与台商、中兴与浙商等合作项目；对接"一带一路"，专汽加快"走出去"；随州海关开关，"随州公用型保税物流中心（B 型）"申报启动。

第一节 "一芯两带"拓展香菇产业发展新格局

随县是湖北省第一农业大县、中国香菇之乡、中国花菇之乡，是中国现代香菇产业发源地。

1978 年，华中农业大学杨新美教授在全国多地选点开展优良菌株驯化选育、人工点种试验，在三里岗播下了人工栽培香菇的星星之火，随县香菇产业成长为富民强县的支柱产业、精准扶贫的主打产业、乡村振兴的优选产业。

随县香菇尤以花菇最佳，其菌柄短壮，肉质肥厚，花纹明显，美观匀称，香味浓郁。1990 年在武汉市召开的全国香菇评比会上，随县香菇夺得第一名。人体所需的 8 种氨基酸，香菇中就占有 7 种，是延年益寿的保健食品。香菇含钙、钠、磷等无机质及维生素 B1、B2、B12，维生素 D 也相当高。香菇内含一种可以降低血液中胆固醇的成分，能防止动脉硬化和血管变脆，有益于肝脏。医药界认为香菇还具有防癌、抗癌功能。

全县有 120 多个香菇专业村（占全县总村数的 31%），85 家香菇种植合作社，10 万袋以上香菇种植大户 300 多家，年种植香菇 2 亿袋左右，三里岗等 4 大香菇交易市场年交易量 6 万吨以上；农业产业化香菇龙头企业有 26 家（其中国家级 1 家、省级 5 家、市级 5 家），出口企业及备案基地 21 个，相关配套企业 130 余家。

随县香菇产业已成长为全国栽培规模最大、栽培技术最成熟、花菇品质最优质、菇农收益最稳定、产业链条最齐全的优势特色产业，跻身全省重点成长型产业集群，成功入选全国农业（食用菌）全产业链典型县创建名单，被誉为"中国香菇之乡""中国花菇之乡"。随县也因而获得外贸转型升级专业型示范基地、出口食品农产品质量安全示范县、优秀香菇出口基地县、农村一二三产业融合发展先导区、国家现代农业产业园、农村产业融合发展示范园等国家级荣誉。随县目前正大力推进香菇产业高质量发展，全力做大做强"一朵菇"产业，努力擦亮"随县香菇"品牌，全力打造"中国香菇第一县"。

随县以县城香菇产业园为中心，打造随南（洪山、三里岗、柳林）、随北（高城、殷店、草店）香菇产业发展带，鼓励和引导香菇主产镇村联合香菇龙头企业、乡村合作公司共建标准化生产基地，以"国有投资平台+乡村合作公司+种植大户"联办的方式，推行集中制棒、集中点种、集中养菌、分散出菇的模式，减少资源浪费和环境破坏，降低菇农种植风险，减轻菇农劳动强度，增加菇农收益，推动香菇产业转型升级，实现村级集体经济和跨村跨镇联合发展。

据不完全统计，全县共有 10 多万户农民直接从事香菇种植，创造的相关就业岗位超过 30 万个。70% 的香菇用于出口，远超全国同类产品。

第二节 "蕙兰之乡"蕙兰幽香飘万里

一方水土养育一方人，一方水土孕育一方好物。世界兰花看中国，中国蕙兰看随县。因独特的地理气候，随县是我国和全球野生蕙兰的主要分布区，品种达120种，数量在1.8亿株以上，其中尤以随县万和镇的兰花著名，以蕙兰为主，存量占全国80%以上，被称为"中国蕙兰之乡"。

20多年来，随州的兰花经过野生繁育到人工培植，发展粗具规模，出口到韩国、日本、美国及世界各地。随县也自然成为全国最大的蕙兰集散地。

随县兰花产业的兴起，韩国人功不可没。20世纪90年代初，万和兰花养在深山人未识，是韩国人"小老崔"发现了万和兰花的价值。自此，梅瓣、牡丹、水仙、三星蝶、树形兰等名贵品种崭露头角，兰草交易单株价格跃升至万元甚至几十万元。兰农跟着韩国人学习识草、交易。

过去，兰农因为栽培技术不过关，每年死掉的兰花价值过百万元。韩国人带来大量资金，繁荣了该市兰花交易市场。万和兰花声名大振，日本、新加坡等国家和地区的兰商纷至沓来，加强了兰花种植技术的交流合作。现在国内所有兰花品种都能在万和找到，这里的栽培技术和交易水平日趋国际化。如今，万和兰花已从卖资源转向人工培植卖产品。至目前，万和已有200多个存兰大户，户均存兰价值在100万元以上，形成了青苔、倒峡、吉祥店等9个兰花专业村。2002年，经省政府批准，万和镇境内的七尖峰林场建立兰花自然保护区，总面积达7.2万亩，对兰花资源原产地注册保护，禁止采挖。

随县兰农从"挖草卖钱"，向"收购名品——培育——繁殖——出售"的良性方向发展，走上可持续发展之路，形成了"买全国、卖世界"的雏形。看似不起眼的兰花价格动辄数万元至数十万元不等。兰博园举办的交流会引爆兰花交易，交易高峰期，一天的交易额在1000万元以上。

近两年，随县引导兰花富民的举措紧锣密鼓，首次把兰花产业写进政府工作报告，真金白银支持兰博园打造精品园区，依法打击盗采野生兰花行为，鼓励乡村合作公司涉足兰花产业。随县约5万人从事兰花产业，种植千盆以上的有2500多家，具有商品价值的精品兰草约1000万株，总价值约20亿元。他们携带兰花走南闯北，活跃在世界各地的兰花交易市场。为做强兰花产业，随县还每年举办兰花节，让兰花飘香海内外。

第三节　借船出海，专汽开辟外贸出口新市场

随州专用汽车产业历经多年的发展，已成为随州最具特色的主导产业之一。随州先后出台多项支持和鼓励举措，支持专用车企业争创自主品牌，发展高科技产品，积极参与国际竞争。

随州汽车产业20世纪60年代起步，到2000年形成三巨头——楚风、天风、驰乐。同年，地级随州市成立，湖北首家、全国第二家民营汽车企业——湖北双龙专用汽车公司诞生。

2010年8月，中国恒天汽车工业园第一辆专用汽车出厂，标志着继中国三江、中国重汽之后，第三家中字头企业在随州造出汽车。

随州全面实施专业化、精细化、特色化、创新型"专精特新"和单项冠军培育行动，不断提升应急装备制造企业创新能力、产品市场占有率和品牌影响力。

江南专汽、润力专汽获评国家级专精特新"小巨人"企业，程力专汽、齐星车身、重汽华威等28家企业获评省级专精特新企业，41家企业获评细分领域"隐形冠军"，专汽产业成为随州工业高质量发展的主力军。

随州抢抓"汉孝随襄十"万亿级汽车产业走廊发展机遇，通过调结构、上项目、扩产能，不断完善延伸产业链，提升价值链。

随州围绕应急专用车、汽车特钢、智能加工装备、车用新材料等关联产业谋划项目、招引项目，集聚应急产业发展新动能，打造应急发展新优势，取得了一系列成果。

第七章　专汽产业的裂变：从全国农业机械化 建设重点县到中国专用汽车之都

　　随州是我国最早生产专用汽车的地区之一，经过半个多世纪的发展，形成了 316 国道 30 千米的汽车工业走廊，构筑方圆 50 平方千米专用汽车产业园区。随州专汽产品销往全国，并出口 90 多个国家和地区。油罐车、洒水车、清障车、水罐消防车、高空作业车等产品销量多年位居全国第一，危化品车销量占全国 60% 以上。全国每十辆专汽就有一辆"随州造"，2007 年 12 月，随州被中国机械工业联合会授予"中国专用汽车之都"称号，是"中国专汽之都"。

　　随州专用汽车是从手工造、半机械化、机械化的农机起步。早在 1960 年代初期，随州的农业机械工业就为省内外所瞩目，其生产的农机具在国内享有较高的知名度，曾赴京参展并获奖。因此，随州农业生产的半机械化、机械化程度处于全国领先水平。

　　1960 年 2 月，湖北省委在随县召开了农业半机械化、机械化现场会，推广随县工业支援农业大搞工具改革的经验。随县成为全国农业机械化建设的重点县，先后组建了湖北油泵油嘴厂、湖北齿轮厂，农机修造企业遍布各乡镇。起步早、具有良好基础的机械工业，为随州汽车工业的发展奠定了良好的基础。

　　60 年代中期，当武汉长江汽车配件厂的一个仅几十人的车间因"战备"而迁到随州，随县人白手起家，艰苦创业，靠敲敲打打生产出农用拖车，并成立了湖北拖车厂。80 年代初期，更名为湖北汽车改装厂。到了 90 年代，改名湖北专用汽车制造厂，拥有员工 4000 人，资产总额 8 亿元，具有年产专用（改装）汽车 3 万台的生产能力。

　　60 年代末，一批来自武汉、沙市、随州等地的优秀儿女，听从祖国召唤汇集随州市澴潭镇。他们削山头、平土地、建厂房、安设备，建立了湖北澴潭汽车大修厂，成为从事汽车工业的另一支专业队伍。1988 年，该厂迁至随州城区，成为湖北随州客车厂，该厂于 1993 年加入湖北专用汽车制造厂。

　　从 70 年代后期开始，随州就有计划地将农机工业逐步转向为汽车配套服务，先后建立 140 挂车厂（湖北弛乐）、随州市挂车厂（湖北天风）。1978 年以后，随州专用汽车迅速发展壮大，依托东风并与东风公司错位发展成为全省乃至全国重要的改装汽车生产基地。随县先后投资 2 亿多元，加大技术改造力度，应用先进科技和设备，建设了 10 多条专用生产线，促进了具有特色的专用(改装)汽车工业的快速发展。

1992 年，湖北专用汽车制造厂建成一条全长 175 米，长度和现代化程度均可与二汽媲美的专用汽车底盘生产线，是国家"七五"重点项目之一。这条随州汽车人梦寐以求的生产流水线的诞生，标志着湖北从此有了完整的、成熟的地方汽车工业。这条现代化的专用汽车底盘生产线，按流水节拍生产，可日产汽车底盘 100 台。1993 年，湖北驰乐汽车集团投资 2000 多万元，新建 3000 平方米的油漆车间，引进了英国海登捷士专利技术——水旋式远红外线喷漆烘房生产线，完成了冲、焊车间的改造，抓住了汽车生产的黄金季节，一时间产销两旺，供不应求。

湖北专用汽车制造厂、湖北驰乐汽车集团、湖北天风集团三大国营企业呈三足鼎立之势，形成"三巨头"，撑起了随州专用汽车产业的支柱，90 年代中期，三大企业年产专用汽车 1.5 万辆，在国内市场的占有率一度超过 30%，形成随州汽车工业第一次巅峰。

1998 年，驰乐集团与东风汽车公司紧密联合，成为东风汽车公司的专用车基地。联合后的短时间内，就开发出新型 8 吨双后桥底盘车，迅速扩大了市场占有率。这一年，驰乐集团生产的改装车 50 辆首次出口到东南亚。随州专用(改装)汽车生产综合实力，在全国同类企业中名列前茅。与此同时，随州汽车零部件工业也得到了迅速发展，除汽车发动机、仪表盘不能生产外，其他装配件、零配件都可以生产，主要有汽车车身、车架、车轮、变速箱、取力器、前后桥、水箱、电线束、车厢、座椅、灯具、方向盘、蓄电池、油漆、液压缸、钢板弹簧等，品种多，规格全。除与本市汽车生产厂家配套外，还与国内众多汽车生产厂家配套，随州成为全国闻名的专用汽车销售市场和集散地。

从十堰经襄阳，到随州，穿孝感，进武汉，随州位于湖北汽车工业走廊的中端，随州市委、市政府确定了努力把随州建成全国最大的专用(改装)汽车城的目标。

1998 年以后，整个中国汽车工业陷入了困境，随州所依托的二汽更是困难，随州的三大汽车改装厂在这个大潮面前也不可避免地走向了破产、兼并重组的道路。

在国家鼓励私营经济发展政策背景下，省改装厂、天风、驰乐等企业改制后的职工，由于具备在销售、技术等方面的丰富经验，纷纷下海创业，从承包一个个小车间，从一台台车做起，成为专汽领域创业的主力军，民营专汽企业一个个风生水起。2000 年，原天风公司职工王焕义等创建航天双龙公司，是湖北省第一家、全国第二家具备专用车生产资质的民营企业。原驰乐集团破产后，为保住改装车生产资质，让下岗职工再就业，2004 年由陈钢战等 45 个原企业职工出资 1080 万元，组成了华威专汽公司。随后江南专汽、东风随州专汽公司、齐星公司、大力公司、华威公司、楚胜公司、楚威公司、程力公司、湖北新中绿公司等一大批专用汽车企业如雨后春笋般地相继建立，成为专汽产业的主打力量。

2004 年，湖北元通汽车销售公司与东风汽车合作，组建了东风随州专用车公司，开辟了随州混合所有制企业的历史先河。专业的设备、先进的工艺，使公司的生产能力达到行业领先水平。中国重汽、中国恒天、厦门重工等 50 余家知名企业纷纷慕名而来，抢滩随州。随州专汽企业与国有大型企业合作重组的序幕拉开，形成了全国瞩目的"随州模式"，兼并重组，盘活了存量、壮大了总量、激活了民间资本，随州专汽产业实现裂变式发展。

2007 年 12 月，随州被中国机械工业联合会授予"中国专用汽车之都"称号，专汽企业突破百家，产值接近百亿，专汽产业成为全市支柱产业。

在全国专用汽车行业，随州市拥有"四个之最"，即品种最齐全、特色最鲜明、资源最富集、区域集中度最高，"七项第一"即油罐车、城市环卫车、化工防腐液体车、绿化洒水车、平头车身、钢质轮毂和汽车铸造件等连续六年销量均居全国第一。随州市专用汽车产销量占全国全行业的市场份额稳步增长，营销人员遍布全国各地。

随州市专用汽车产业抓住了国际经济逐步复苏和国家推动"一带一路"的机遇，及时制定了"走出去"的发展战略，大力开拓海外市场，专用汽车产品已销往亚洲、非洲、南美洲、中东等 20 多个国家和地区。

第八章　招商引资及投资环境构建

随县一直秉持让有限的资源发挥最大效益的做法，创新招商方式，推动精准招商，紧紧抓住重点项目建设这个"牛鼻子"，不断优化营商环境，为经济社会可持续健康发展增添了后劲。

保障上有力度　落实实行"四联一包""1+2"联动招商工作机制，进一步压实领导责任，履行服务秘书职责，定期开展项目会商，打造招引前协调会商、建设中服务解困、达产后帮扶壮大的"闭环式服务"。

服务上有速度　及时兑现各类惠企政策，协助意亚食品、中兴食品、允升科技等33家企业完成政策资金返还近千万元，联合市县多部门现场协调解决骏洋物流公司、高城合创生态农业项目10余个项目的用地、拆迁、消防、审批等问题，让企业放心投资、安心发展、舒心生活。

招商引资有质量　围绕"3+4""5511"产业集群建设，充分发挥9个产业招商专班作用，积极开展"链招商"，主动融入"襄十随神"一体化建设，推进石材、新能源、农副产品3个优势产业的上下游企业向随县聚集，推动专用汽车、服装纺织、电子信息及生物医药、先进制造业等传统产业转型升级，打造"随县制造"品牌，为"十四五"发展和实现"石材和农产品深加工两个产业产值突破500亿元，新能源和先进制造业两个产业产值突破100亿元"的目标打好基础。

同时，不断深化商贸流通体制和商贸企业改革，一大批百货商场、购物中心、专卖店、便利店、餐饮店应时而生，网络销售、电子商务为代表的新业态初显成效，市场消费环境进一步优化。外贸出口额从小到大，由弱到强，常年位居全市第一，连续5年位居全省二类县市区第一，两次被评为全省外贸出口先进县(市)。

参 考 资 料

1. 随州市地方志编纂委员会：《随州志》，中国城市经济社会出版社1988年版。

2. 随州市贸易志编辑室：《随州贸易志》，1985年版。

3. 《随州交通志》，2010年版。

第四篇

国学文化域

第一章　随县文化的文脉之源

从某种意义上讲，随县文化史与中国文化史是同步的。《世本·作篇》曰："女娲作簧；随作笙，随作竽。"宋衷注："随，女娲氏之臣。"女娲是创世之祖，随为女娲之臣。随县，是地因人而名。这就确定了随地文化的起跑线是在中华民族的创世之初。实际上，随字是皇遄的合文。皇遄、伏羲、包牺、庖犧等同音互通，只不过是一个名称的多种写法而已。

我们从典籍中发现伏羲（皇遄）始作八卦，炎帝神农重演为六十四卦，但却未见文物实证。令人十分振奋的是，考古工作者竟然在随州新石器遗址里发现了太极符号。

1983 年 10 月，武汉大学历史系考古教研室的教授们带着 80 级考古班的学生到随州西花园遗址进行实习和发掘，参加这次发掘工作的还有襄阳地区博物馆和随州市博物馆的考古专家。遗址最上部的堆积是东周文化层，其次是湖北龙山文化层，再次是屈家岭文化晚期层。他们在考古简报上称："通过考古实践证明，湖北龙山文化是在继承屈家岭文化晚期的基础上发展起来的一种新文化，它的走向，看来是发展成为二里头文化类型的一种相当于夏商时期的物质文化。"

让人欣慰的是，在西花园发掘的屈家岭文化晚期的纺轮上出现了彩色太极图案，这是中国迄今为止最早的八卦太极图。

更让人欣慰的是，在淮河镇龙泉村发现了岩画。

2018 年 4 月中旬，中央民族大学中国岩画研究中心随州岩画考察小组与随县文管机构、神农部落景区相关人员联合进行了为期 15 天的随州岩画详细调查。他们按照国家文物普查的标准，在这里发现了 59 块岩画石、100 多幅岩画。专家们通过微腐蚀断代法、考古断代法等多种方法，得出初步论断：这些岩画时间跨度较长，从距今 10000 年左右到距今 3000 年左右，根据近几十年的考古发现，专家们推断这一时期，正是炎帝神农时代至夏商周时代。

这一系列考古发现，夯实了炎帝神农文化的基石，也确立了随县文化的文脉之源。

第二章　"民勤俭力穑""士习崇朴学"的随地人文个性

"随地土深厚，其民勤俭力穑，少末务，故多土著不外徙。士习崇朴学，不为浮夸。"这是外人从外部视角看随人，很客观，很公正。但这种地方人文个性是怎样形成的？"地土深厚"也许不是随县人"勤俭力穑"和"士习崇朴学"的根本原因。

第一节　"随"卦的核心要义是"天下随时"

炎帝神农所创《连山易》的六十四卦中已有随卦。"随"的卦辞是"随：元、亨、利、贞，无咎。"意思是指：随，具有根元的、亨通的、利益的、贞正的德性，做任何事都是没有灾咎的。此卦为大吉。随的象辞是："随，刚来而下柔，动而说（悦）。随，大，亨，贞，无咎，而天下随时。随时之义大矣哉！"这是说，随卦，有上秉于阳刚而谦下于阴柔的象征，动中含有愉悦的景况。它有宽大、亨通、贞正的德性，所以没有灾咎，而且天下的万事万物，都要随时而动。随时的意义，是非常广大的啊！随卦为什么会有"元"的德性？那就是"随时"！宇宙间，万事万物都是随着时间的变化而变化，而每一次变化都是重新开始。顺时而变就吉，逆时而动就凶，"随时"的意义之大就在于此。

随州有一句很刻毒的骂人话："该你背时！"被骂的人无论心性多么平和，也会被这句话所激怒。为什么？因为人们都喜欢"顺时，走运气"。其实"背时"是针对"随时"而言的，"随时"是顺时而动，"背时"是逆时而行，是两种截然对立的行为方式。

随卦的象辞说："泽中有雷，随，君子以向晦入宴息。"雷在泽中，是随的大象。一阳初发，犹如早晨喷薄的太阳，是为阳刚初来。继之，阳入阴中，万物随时而进入昏晦安息的状况。这是昼夜交替、万物生息的自然现象。

至今，随州还有一个与随卦象辞相一致的自然现象，就是随州是一个较严重的"雷电区"。有人曾对2000年《随州日报》的消息报道进行过一次统计，当年就有7次雷电击死击伤人的灾害发生，其他如击坏电力设备、房屋等还不在统计之列。在随的南方有云梦泽（据考证，古云梦范围很广，北至安陆，南至洪湖），暖流自南方来；在随的北面是桐柏山，西北边是秦岭，西南面是大洪山，寒流只能自南阳盆地侵入襄阳，经随枣走廊南下，冷、暖流际会于随州而发生雷电现象便成为十分自然的事。关于随州多雷，历史上还流传着一些故事。如宋朝居住随州的大科学家沈括在其《梦溪笔谈》中就有一则记载说：世上传说，雷击后能拾得雷斧、雷楔，这是雷神所丢下的东西。

这里所要点明的是，"泽中有雷"，是"随"卦之象，云梦泽离随州如此之近，炎帝"重八卦为六十四卦"时，以泽生雷来解释随地多雷的自然成因，也是"仰则观象于天，俯则观法于地"而得出的结论，这是多么了不起的科学发现。"泽中有雷，随，君子以向晦入晏息。"这话从表象上看，是告诫人们，在阴晦雷雨天气里，要加强安全防范措施。而实质上是对"天下随时"的进一步解释，"随卦的重心，在于教人明白顺时而动的道理，但更需要明白顺时而止的作用。……知动而动，知止而止，动便得元、亨、利、贞而无咎的妙用，止便得大、亨、贞而无咎的晏息。"这便是对"随"的辩证认识，其精义全部在此。

《易经·系辞传》中还有一段话："服牛乘马，引重致远，以利天下，盖取诸随。"意思是驾上牛车，骑上骏马，拖载重物，致达远方，以沟通有无，便利世人，这些作为，都取随卦之义。这里已提出了一种商业道德原则，经商者必须在一种利他主义原则指导下，进行公平交易。当年，我们始祖炎帝，在住地烈山，"日中为市，致天下之民，聚天下之货，交易而退，各得其所"。由此可以看出，烈山已有了较发达的商品市场，也证明了随卦的取义是有其现实生活根据的。

从以上分析我们可得出两个结论：随的哲学意蕴是"天下随时"，即当今流行的一句热语"与时俱进"；在体用方面是"引重致远，以利天下"的一种互通有无的商业活动，即当今市场经济条件下所强调的"诚信"原则、"双赢"原则和"利他"原则。

第二节　农人"勤俭力穑"品质的养成

炎帝神农的第一大功绩就是"始作耒耜，教民耕种"。"教"，就是传授知识。这种知识，不仅是教"耒耜之利"，还有其他方方面面的东西。如修塘筑坝，除草施肥，尤其重要的是"不违农时"。在农耕文明条件下，"天下随时"的首要功用就是"不违农时"。炎帝神农制历法，就是要求农人按节气变化操持农务。随县农谚中，这类顺口溜很多。"一伏芝麻二伏豆，三伏里头种寒粟。"按照农时，一伏就得种芝麻，二伏就应种黄豆，三伏天里便要种粟谷了。"小暑的苞，大暑的刁。"指稻谷到小暑就得打苞了，到大暑就得出刁子(稻穗)了。违背了时令,庄稼就不长,粮食就歉收。一个真正种田的好把式,会把严守农时、精耕细作放在头等重要地位。到了"抢种抢收"季节,不分白天黑夜地干。经这种长期磨砺,一种勤俭力穑的优秀品质就自然养成了。

古代的随州人,掌握和运用《连山易》,就像今天人们衣袋里常常装着的袖珍《生活实用手册》一样,需要时随时卜上一卦。很有趣的是,随县人至今称衣袋为"统卦"。身上之所以缀上这种口袋,就是为了统装卦签,就像装上某种技术手册一样,以备随时翻看和调用。随县人口语中的"卜"(铺)字使用频率很高。"把碗卜到!"就是把碗口朝下扣着。卜就是卜卦,如果你丢了一头牛,能不能寻到?卜上一卦看看。拿一个铜钱,或者拿一个小硬币,放在桌子上一旋,再用碗一扣,你怀着一颗蹦蹦跳的心等它转停,揭开碗一看,是"蒙",糟了,牛被人杀吃了;是"面",你的脸上就露出了笑容,牛会寻回来。因为"面"是阳(吉),"蒙"是阴(凶)。其实卜卦在随县人的生活中已成习惯,而且人人都会卜。早晨起来,雾很大,断不准今天下不下雨,于是就脱下一只鞋(最好是布鞋),往空中一抛,如果鞋子卜着,就会下雨,那么就把伞带着;若是仰着,说明雾会收起来,天会放晴。因为鞋子仰着是阳,卜着是阴。这不是迷信,其实是科学。因为要下雨的天,高空气压大,自然鞋子会卜着。

文化的"遗传基因",影响着随人的思维习惯和语言表达。随县人把天气说成"天道","天道不好"指阴天(阴),"天道好"指晴天(阳)。《易经》系辞中有"一阴一阳之谓道",这便是"天道"的来历。

总体看来,随县人重实际,少幻想,最重视的还是柴米油盐。神农文化的精髓是农业文化,"种田是根本,做手艺荒芜了人。"这是典型的重农思想。虽有"艺多不压身"的另一种说法,但在老农面前,你还是赶紧收起这一套,小心鞭子、扁担甩过来砸着你的头。

至于说到"土著不外徙""随县人恋家"等评价,随县人自己也不否认,而且还说出一句极有修养、极富哲理的话来辩驳:"儿不嫌母丑,狗不嫌家贫。"其实随县既不丑,也不贫,而是出于对故土的热恋。这是中国人的普遍心理,只是随县人更甚,总以一种苦"恋"精神紧紧守护着家门,竟达到了"离不得丈"的地步。一个小孩,生下地来就是妈妈抱,奶奶哄,总以"认生"而拒绝外人带,又以"护气"而不让别人逗。又一个十分有趣的现象是,新生儿离开母体后,所穿第一件衣服必须是旧的。这一件旧衣服早在几月前,奶奶或妈妈就从最要好的、已生了一个健康小宝贝的亲戚或朋友那里讨来的。这一件"旧"物,说是一种风俗习惯,实质上是一种极富有科学道理的育婴文化。

从作用上看，新生婴儿皮肤嫩，旧衣服光滑柔软，不易损伤婴儿皮肤。从寓意上看，穿健康小孩的衣服，希望给自己孩子带来好体魄。还有一种说法，穿别人衣服叫"沾生气"，人生在世，总得与社会交往，只与父母"熟"，能有什么出息？"沾生气"是新生儿的首次社交活动。父母最忌讳用"尿片子"包婴儿，那样长大后会怕羞、怕丑、怕见人。随县对不善交际的人，有一句很诋毁人的土话："尿片子包着长大的！"所谓"害臊"一词就源于此。这又说明随县人还是有"外徙"思想准备的，这也恰合"天下随时"之义：在变化无常的时势面前，必须有所准备。

第三节　"士习崇朴学"及求"正"的政治理念

这里所讲的"朴学"，是指追求本真的质朴之学，与后来学术界所说的古文经学和考据训诂学无关。《老子》曰："见素抱朴"，这里的"素"是指没有染色的丝，"朴"是指没有雕琢的木，强调人们要保持一种朴素的本质。"朴"，在《老子》中不仅作质朴理解，它也是《老子》中的一个基本哲学概念。我们可以把它看做"一"，老子说："抱一而为天下式。"南北朝时的道学家葛洪就认为是"抱朴而为天下式"，所以他便取号为"抱朴子"。追根溯源，他们还是受炎帝神农《连山易》的熏陶。古随的士民们都十分推崇朴学，重视以"质"做人，因而没有浮夸现象。南宋抗元名将孟珙有一首《无庵赞》："老拙爱游戏，忙里放痴憨；正当任么（末）时，无处见无庵。混沌庵之基，太朴庵之梁；太始庵之柱，太极庵之房；四象庵之壁，八卦庵之窗；白云庵之顶，清风庵之墙。谁人运斤斧，大匠曰羲皇。明月为伴侣，万古其如常。欲知吾富贵，秋水共天长。水云不到处，一片玉壶光。"这种对"朴"的崇奉和修持，已达到了一种至高的境界。

由此可以看出，随人骨子里充满着"随"的哲学理念。总在追求"元亨利贞"，一种本质的、原始的、亨通的、顺利的、贞正的东西。

翻开《易经》，我们研读"随"，第一爻就是"初九：官有渝，贞吉。出门交有功。象曰：官有渝，从正吉也。出门交有功，不失也"。

随卦的第一爻，讲的就是出门做官的事。意思是说，主管职事的官位有了变化（渝），须要贞正自守，才是吉的。只有这样，出门交际应付，才会获取功利。故而象辞说：官事虽然有了变化，但只要像开始一样，以贞正自守，便是吉的。所谓出门交际，有功利，是说只有不失其正，才能达到这种良好的政治结果。

这就是随县人做官出好官所奉守的"贞正"理论信条。

随县人第一位官至高位的是东汉时期的周章(后面有专节介绍),官做到了司空。汉朝实行"三公九卿"制,司徒、司空、太尉为三公,是人臣最高位,即所谓"一人之下,万人之上"的人物。由于和帝皇权的巩固,曾得力于宦官,所以郑众、蔡伦逐渐得势并干预朝政。周章数次直言以谏,和帝不听。后和帝死,邓太后擅权,又与宦官密谋,屡换太子。周章见众人不服,欲武力抚"正",被邓太后发觉,而饮恨自杀。在东汉中、后期日趋激烈的朝廷命官重臣与外戚、宦官的政治斗争中,他可谓是第一位采取行动的先驱人物。《后汉书·周章传》记载,他死后,家里穷得几个儿子出门只有一套像样的衣服换着穿,两日只吃一餐饭,可见其人清廉到何等程度!这就是随人的为官品行、处世人格和牺牲精神。

元代有"汉东太守,江表硕儒"之称的林兴祖,字宗起,其言行充分表现"硕儒"的特色,"诗宗李杜,文绍韩欧,书通《诗》《易》,经学《春秋》"。其政治实践根据儒家教导,以民为本。他在铅山任职时,对制造伪钞害民的罪魁祸首吴友文治以死罪。吴友文分遣爪牙四五十人为吏,散布各衙门,凡有告发他的,立即暗杀灭口,前后杀人甚多,民含冤不敢诉者10余年。林兴祖一到任,就说:"此害不除,何以牧民!"逮捕其党羽200余人,悉置之法。林兴祖之所以成为"良吏",就是因为他谨奉孔子"古之为政,爱人为大"为其治政指南。

但从一个孩提的生存需求出发,俗谚里又有"宁死当官的老子,莫死叫花子娘"。尽管也有"千里去做官,为的吃和穿"一说,却解决不了儿童所需的父母贴身之爱。这种看似矛盾的观念,确实制约了随人追名逐利的思想和行为。

第三章　从季梁祠到忠爱堂

——随人崇德尚贤的传承路径

随县人对自己心目中的好官不仅心存敬慕，而且立庙、建祠、筑亭、树碑，以志纪念。如炎帝庙、季梁祠、尹公亭(尹沫)、李公去思碑(李充嗣)。宋朝始建、明洪武十四年(1381年)重建的学宫，还专设乡贤祠，祀随大夫季梁、汉司空周章、宋参知政事宋绶及子直学士敏求、观文殿学士欧阳修、醴泉观使刘逵、参知政事李庭芝、都统制边居谊、明户部侍郎王铺、庆远知府贺子亨、工部侍郎陈寿、江西按察使童寅、大学士何宗彦等。凡入学宫就读的学子，入学之初或重要节日，都要礼拜乡贤，其旨意是"将以为后来生于斯、仕于斯者，劝其用心远矣哉！……彼若而人也，我亦若而人也；彼以贤以名闻，我则可不以贤以名而没世不闻也乎?"(王岱《忠爱堂碑记》，载清《随州志·艺文》)其用心是让那些在随州生长、在随州做官的人，都要把自己的志向定远点。要立誓：别人混得像个人，我也能混得像个人；别人以贤德而闻名于世，我难道就不能以贤德闻名于世吗? 这话中肯至切，令世代随人铭记在心。

城北义地岗，汉代便建有季梁祠。尽管时世多舛，人事多变，而随人敬贤之心不变。季梁祠建了毁，毁了建，不知轮回多少遍，可最后毁于日本战火。在重祭祀的古代，一座季梁祠，就是一座圣堂。他是随人的一种精神所在，人们隔三差五地去敬香谒拜，有宏图大志者可以在此谈经论道、咏诗言志；有教育子女者，可以在此劝学励进、鼓劲加油；即使是那些为柴米油盐而奔忙者，也可在此把心里想说的话、将来想办的事毫无遮掩地掏出来诉说诉说。

"神农之后，季梁为大贤。"这是侨居随州的李白所写。季梁的贤能，后文有专章介绍。他在中国思想史上，是第一个提出"夫民，神之主也"的思想家。中国的"民本"思想最早见于《尚书·五子之歌》："民为邦本，本固邦宁。"《尚书》里标榜的是"民本"，季梁倡导的却是"民主"，而且是"民为神主"。他这是冒着杀头的危险，以一种坚定的唯物史观，否定了唯心史观"君权神授"的欺人之谈，这是中国思想史上具有开天辟地意义的壮举。

季梁也是第一个提出"忠民"的圣哲。他在随楚之战中，劝随王不要用兵，说了这样一段话："臣闻，小之能敌大也，小道大淫。所谓道，忠于民而信于神也。上思利民，忠也，祝史正辞，信也。今民馁而君逞欲，祝史矫举以祭，臣不知其可也。"他说，小国能够战胜大国的根本原因，是因为小国有大道，而大国无道耍淫威所造成的。所谓道，就是忠于人民，信于神灵。国君的思虑举措，能给人民带来利益的，叫做忠；巫者能以恰如其分的祝辞祭祀神灵的，叫做信。然而目前百姓饿饭，国君却要逞强黩武，巫者不说正话而矫揉造作以祭神灵，我不知道这仗是能打还是不能打。一番话，说得国君心悦诚服，于是修补缺政，楚国不敢相侵。从典籍上看，我们发现历朝历代的士宦，都把忠解释为"忠君"，而对民则实行"牧民"。这完全是本末倒置，唯季梁能正视听。

随人几乎代代坚持了这一思想。直至清朝康熙年间，知州刘彬重修衙门时，也把公堂取名为"忠爱"堂。已退休的老学正王岱，在为此堂作碑文时说："余登堂历阶，观公之制而异之。知公之有志于民也。"他遍观堂内制设，知道此位州官有"忠于民"之志，于是大发了一番议论："公堂者，公之也。诗曰：'介寿公堂，此民感怀。'眷恋不啻其家人。父子酒浆，拜舞一堂之内，欢然望其康且寿也，此则忠爱之意也。"意思是说，公堂，就是大家都能享受的公共场所。像一家人为长者拜寿一样，聚在一块喝酒吃肉，唱歌跳舞，忠爱无比。可恨的是，到后世，人们把公堂看成了"过路店"，干燥、潮湿无人过问，徽章、音乐随便更换。"上不复有遗爱之风，民不复有甘棠之爱，望公堂而有太息愁恨之声，无鼓舞欢歌之色，所称忠爱者无有矣。"于是他呼吁说：凡以后登上这个公堂的官员，当想到，设此州官，是为了洞悉百姓隐情，做到上传下达，以广布朝廷威信德化；要为百姓排忧解难，申冤雪恨，千万不要辜负了百姓的期望！全文没有一句"忠君"的说教，而"忠民"之心昭显全篇。无论官民，读后都感动不已。

季梁这一"忠民"思想，福荫了随人几千年，为随县的政治文化披上了耀眼的光彩，使随县这一方天地涌现出无数的名宦能臣。

第四章 飞来的金凤凰

随县有一个很让人费解的文化现象：藏书家多，出书人少。造成这种现象的原因是什么？这恐怕怨不得别人，而只能从随人自己内心深处找原因。

然而随县飞来的金凤凰又很多，而且个个成绩斐然。这又是为什么？恐怕也不仅是随县的风景诱人，而应从内在的人文环境去找原因。

第一节 随人固有的藏书习俗

随县有一句俗言："前良后教。"这一传统的教育方法，使随县历史上出现的那些称得上"良"的科学、文化、技艺、风俗、习惯以及语言等都得到了很好的传承和发展。随县人几乎家家有藏书，只是多少的问题。这种习俗，主要来自对文字的崇拜。"走路不能踩到字纸上，踩了瞎眼睛！""解手不能用字纸揩屁股，揩了也会瞎眼睛！"这种老幼皆知而又被普遍尊崇，却又没有半点科学道理的道理，随县人却坚持着这么做了。随州人对不识字的人称"光眼瞎"，做了"光眼瞎"的人，一辈子都觉得低人一等，甚至在心里久久地恨着他的父母和兄嫂。无论哪个家庭，只要生活可过，都会把他的孩子送进学堂里去读书。书能读多深倒说不定，那要看年成和家境好坏，但至少要让儿女们认得"人名字儿"。至今农村过年写对联，还在写"读耕传家，读可荣身耕可富；勤俭为本，勤生衣食俭生金"。有了这种"全民重教"的深厚社会基础，随县人的整体人文素质始终处在一个高水平的位置上。

一、从韩愈送友读书到何成濬办私学建图书馆

对文字的崇拜，必然会产生大藏书家。史书有载的第一位名人是唐朝随州知州李繁。韩愈在一首《送诸葛觉往随州读书》的诗作里讲得很清楚："邺侯家多书，架插三万轴。一一悬牙签，新若手未触。为人强记览，过眼不再读。伟哉群圣文，磊落载其腹。行年余五十，出守数已六。京邑有旧庐，不容久食宿。台阁多官员，无地寄一足。我虽官在朝，气势日局缩。屡为丞相言，虽恳不见录……今子从之游，学问得其欲。

入海观鱼龙，矫翮逐黄鹄。勉为新诗章，月寄三四幅。"

邺侯是中唐的贤相李泌，这里是指他的儿子、当时任随州刺史的李繁。李繁大有父风。其父李泌身经四朝——玄宗、肃宗、代宗和德宗，其思想也影响了李唐的四个皇帝。在唐玄宗开元年间，李泌七岁那一年，宰相张九龄准备提拔一名性格软弱、才能匮乏的人做大官，他尖刻地对张说："公起布衣，以直道至宰相，而喜软美者乎！"即宰相您从平民到宰相，是靠正直无私升上来的，难道您也喜欢特软弱的人才吗？张九龄听了大为惊讶，连声唤他小友，并马上纠正了自己的错误。由此可看出他的聪明和奇特。李泌爱读《易经》，曾寻访嵩山、华山、衡山、终南山等名山大川，以求神仙长生不老之术。玄宗把他召到宫里讲《老子》，让他待诏翰林，供奉东宫，与太子兄弟打得火热。此时随人胡紫阳也在盛京讲道，李泌也曾听过他的课。肃宗继位后，李泌拒不任职，竟以白衣道人相伴皇帝左右，为其出谋划策。肃宗能剿除安禄山之流，大部出于他的韬略。后勉强做了太子李豫的行军司马，为扶持太子将来能顺利继位，又为太子争得了元帅大权。李豫（代宗）当皇帝后，就赐他府第，逼他荤食，迫他娶妻，于是后来就有了李繁。但因宰相元载妒忌，一直将李泌发放在外地做官。德宗李适继位后，才出任宰相，封为邺侯。李泌任宰相时，德宗李适与太子李诵发生误会，李泌从中调和，德宗大怒："卿不爱家族乎？"意思是说你不怕我诛杀你的家族吗？李泌声泪俱下地说："臣惟爱家族，故不敢不尽言。若畏陛下盛怒而曲从，陛下明日悔之，必怨臣曰：'吾独任汝为相，不谏使至此。'必复杀臣子。臣老矣，余年不足惜，若冤杀臣子，使臣以侄为嗣，臣未知得歆其祀乎！"弄得德宗也流泪。他又以"臣敢以宗族保太子"立誓，终于感动德宗，使他们父子和好如初。由以上一连串事实，可看出李泌的品行。

李繁继承了父亲的德行，也继承了父亲的学问。他在随州做刺史，也在随州教学生。韩愈怀着满腔真诚送诸葛觉来随读书，而诸葛觉史上未见有传，但他绝不会是庸才，只不过是被韩愈这等瀚海高浪遮没了而已。

但随州的藏书家却在无形中培养出了旷世奇才——大文豪欧阳修。这是随人应引以为豪的。史书记载，欧阳修四岁丧父后，投其叔欧阳晔寄住随州。他家里很穷，无书可读。城南有大姓李氏，其子尧辅好学，欧阳修与他相交密切，常到他家游玩嬉戏。有一天在他家的一个装古书的旧箧筐中，发现了韩愈（字昌黎）的文集六卷，就借回家去阅读。这一读就读出了一个天才，读出了一个"古文运动"的旗手，他说："韩文之后，没而不见者二百年，而后大施于今，此又非特好恶之所上下，盖其久而愈明，不可磨灭……"设若没有李氏藏书，韩文"没而不见"何止二百年？又设若欧阳文忠没读过韩昌黎文，又哪有欧阳修的再倡"古文运动"？

随州人藏书之风兴于何年无考，但李繁无疑起到了开先河之风。李尧辅家藏书也很多，而且还有《昌黎文集》。由此可推想，李尧辅祖上与李繁似乎也有某种渊源关系。此后，又出现了一个大藏书家宋绶(991—1040年)。他早年住在赵州平棘(河北赵县)，后徙随州。官至兵部尚书、参知政事。因幼时聪明过人，深得外祖父杨徽之的喜爱。杨无子，就将自己所藏之书，全部给了宋绶。宋绶拥万卷之书，亲自校勘，博通经史百家，至其子宋敏求(官至龙图阁直学士)，藏书已达三万余卷。多书是做学问的先决条件，宋敏求后来成为唐史专家，补写了唐武宗以下《六世实录》148卷，修有《两朝正史》《春明退朝录》《长安志》，还辑有《唐大诏令集》。

被清朝乾隆皇帝称为"浙之范氏天一阁为巨擘"的所谓天下藏书第一楼，也与随州具有千丝万缕的联系。该楼距今已有450多年的历史，素有"南国书城"之盛誉，是亚洲现存历史最悠久的私人藏书楼，也是世界上现存最古老的三个家族图书馆之一。可谁曾注意到，这个天一阁的创始人范钦，于明朝嘉靖十一年(1532年)中进士后，被派往随州任知州。此人生性耿直，不畏权贵，曾因顶撞权倾朝野的武定侯郭勋，而蒙冤入狱。后在袁州知府任内，因秉公执法又得罪了权臣严世蕃，为了避祸，决定今生不再做官，回乡以治学藏书为乐。这个范钦，就是在随州任职期间，深受随州文化影响，而开始收藏典籍的。在随时，他留心搜集本地的各种公私刻本，对无法买到的书就请人抄录。此后每到一地，就费尽心机搜罗。回乡后，便修建了"东明草堂"，作为自己的藏书楼。后发现宁波其他藏书楼因火灾被毁，就从《易经》中"天一生水，地六成之"为旨要，建一楼，并在楼前掘一池，与月湖相通，永不干涸，名之为"天一池"，其楼也名之为"天一阁"。范钦活了80岁，一生收藏各类书籍达7万余卷。乾隆诏修《四库全书》时，范钦八世孙范懋柱进呈天一阁藏书638种，使朝野震动，龙颜大悦，乾隆亲自赋诗曰："四库广搜罗，懋柱出珍藏"，并赐《古今图书集成》以示褒奖。天一阁的功劳不仅为《四库全书》提供了巨量典籍资料，而且为全国各地的藏书楼阁的修葺提供了蓝本。乾隆亲自下旨，皇家四库七阁无一例外都要仿照天一阁的模式建造，于是天一阁名扬天下。

随县藏书家代不乏人。即使在战火纷飞的年代里，也有人念念不忘此事。何成濬是一名起于微寒，靠才气，一步一步升上去的国民党重臣。何成濬对随县做出的最大贡献，是1934年倡办了私立列山中学和县立图书馆。可惜图书馆毁于战火。又可幸的是列山中学旧址仍存，即现在的实验中学，其以一种奋发的科学精神，激励着代代学子勇攀科学文化高峰。

至今，随县的个人藏书仍方兴未艾。大学者顾学颉所藏珍稀典籍颇多，谢世后，他将大部分书籍捐给了国家图书馆。包毅国、刘永国、蔡秀词均藏书过万册，樊友刚、蒋天径、王文虎、李虎等人也藏书数千册。这些藏书，弥补了随县、随州图书馆书籍短缺的现状，为地方也为他们自己做学问带来了方便。

二、随州的教育家代不乏人

随州出教育家，这也是具有传统性的。神农氏"斫木为耜，揉木为耒，耒耨之利，以教天下。"这是在没有书本的情况下，采取一种口传身授的教学方法，教人种庄稼。炎帝之子柱（又称稷，传云："列山氏始为稷，谓柱"）："七岁有圣德，佐神农氏……又以从事于植畴百疏（蔬），区百谷。"这样的人在今天被称为神童，而实质上是炎帝竭尽心力培养教育的结果。柱以他的天才和勤奋，植畴百蔬百谷，使天下殷实而无灾害，人们安逸而少有疾病。于是"西荡河原，东澹海潸；南耀丹垠，北坑幽墟，莫不来亨、来咨、来茹。亦曰列山氏。五帝以来稷之"（罗泌《路史》）。普天之下各人都来厉山学习、通商，享受科学物质成果，随州成了享誉全中国的文化教育中心，因而柱（稷）也成了五帝以来千古不变的社稷之神。

不知何因，历史上那些培养出季梁、周章、欧阳修、刘逴等一大批乡贤的先师们，却没有留下他们的事迹和姓名。这大概就是那种被世人称道的成就了别人牺牲了自己的"蜡烛精神"吧！为师之道，本来如此：他们鼓励学生建功立业，而自己决不带有任何功利主义或奢望回报的思想。

也许那些大师们，如唐朝李繁似的，一边当官，一边教书。清朝嘉庆年间，万店人万国荣，一边在江西金溪当着知州，忙着"锄奸扶善"的政务；一边在仰山书院，操持着训士授课的教务。在那里工作了十余年，钱袋子却是空空的。嘉庆二十五年（1820年）死在岗位上，在棺椁起程归随时，"士民遮道护送"，他以他的风范和学识教育影响了一个地区，同时他也得到了应有的回报。

明朝，就是那个自荐愿做太子师傅的何宗彦，他深懂教育的重要性，因而在始修《随州志》时，亲自编选和考录校定了一批有重大贡献的随籍老师，为他们立传。我这里略述几人：

贺子亨，于明朝开国之际，以秀才授本府教授。后来迁任广西庆远知府，他以深厚的文化底蕴和易学精神，"布政边陲，刚柔互济"，为稳定和巩固明朝边疆政权起到了重要作用。

储逊，永乐癸未举人，选入王府做"侍读"官。这是一种相当于"助教"之类的工作。他在与那些王子相处期间，总是"以礼闲（娴）诸王，不阿权贵"，在宫中留有美名。

宗文中，景泰七年（1456 年），乡试选为都昌县学教谕。此人淡于名利，虽在边远的地方做一名穷官，而处之泰然。他的儿子宗彝处处学仿他的人品学问，终于在成化二十一年（1485 年）考中进士。宗彝初任建德知县，以政绩卓异迁山东道监察御史。后进入京都，以敢于直谏而闻名朝野。又奉命巡抚福建。他去后，首先提拔莆田孝子刘闵做当地"训导"官，以良好的社会风范来影响世俗，很快使那里民风得到改善，政局得到稳定。这就是教育的巨大力量。

清朝，随州人教书的名气更大。钟维声，康熙辛酉甲子两中副榜，选取为通山县教谕。后又任桂阳教谕，一生喜欢资助和举荐贫穷而好学之人。当朝很有名气的萧必昌、郭远两人，当年家庭贫困，都依赖他的资助和教育才得以成名。桂阳发生瘟疫，贫困百姓死后无棺材，他拿出自己的俸禄，买了几千张席子收殓尸体。任满后又迁常德府教授，前后三任皆有好名声。

清人朱应镐的《楹联新话》记载了这样一则故事，随州人喻云岩深懂经术，在谷城县任学博（教育长官），与浙江绍兴施望云先生相交至厚。喻病故，曾留下遗言，让施望云为他题写铭旌（牌坊）。施望云作诗哭灵，并撰写了一副挽联："欲追旧梦已依稀，与君上下襄江，短别十年，长别千古；不为交情方痛哭，数我平生老友，经师易得，人师难求。"喻云岩身为经师，善解《易》《老》自不必说，但他更注重教经育人，为人师表。这就是随州教书人的为人品质。

随州名师代不乏人。正是有了他们，随州才出现了如此辉煌的教育成果。

第二节　飞来的金凤凰

一个藏书家、教育家多的地方，无疑会引来无数优秀学子来这里求学读经，韩愈送诸葛觉来随州读书就是典型例证。李白在此地成就了功名、诗文，还有如被人称为"五言长城"、著有《刘随州集》的刘长卿，被史界称为词家开山人物的温庭筠，此外唐宋散文八大家中扛鼎"古文运动"大旗的韩愈，继之而起的欧阳修，以及欧阳修的门生、为文学改革呐喊的曾巩，他们在随州或侨居、或游历、或做官、或访旧，留下了无数脍炙人口的文学作品。

往前搜索还有战国时期的屈原，汉朝的张衡；往后检视还有宋朝的沈括，还可数出唐朝的沈佺期、王维，宋朝的梅尧臣、黄庭坚等人，虽未查实他们的足迹是否到过随州，但却与随州的人或事有过联系、赋过诗文。

这是随州文学艺术中最宝贵的一批遗产。

李白是世人皆知的大文豪，他的足迹遍天下，朋友也是遍天下。然而对他一生影响较大的一位随州人是道人胡紫阳。李白25岁出川，大约28岁时到安陆，与高宗时宰相许圉师的孙女结婚。开元29年(741年，40岁)才离开安陆移居山东兖州。在这段时间里，他与名道紫阳先生相交甚厚，这使他的道家思想更深化，浪漫主义风格更成熟。他放情山水、愤世嫉俗，把其"我本楚狂人，凤歌笑孔丘"的思想表现得淋漓尽致。晚年还把他的书稿交给随人贞情，可见他对随州的深厚感情。

这里要特别提出的是温庭筠。温庭筠，本名歧，字飞卿，太原人，宰相温彦博的裔孙。据传，他每次应考押官韵，能八叉手而成八韵，时称"温八叉"。因行无检束，生活放荡，常与纨绔子弟赌博、酗酒，纵情声色，为当时上流社会所不齿。因讥讽当朝宰相不读书，故屡举不第。晚年始任方城尉，再迁随县尉，后任国子助教。他的"鸡声茅店月，人迹板桥霜"的诗句，一向作为写景名句而被历代学人所称颂。他致力于词的创作，遂使这一新的体裁，由民间扩大到文人当中，其形式益臻完善。他的词作大都收入《花间集》。后人辑有《温庭筠诗集》《金奁集》。

这一批飞来的金凤凰，虽然在百鸟争鸣中唱出了最强音，但"凤栖梧桐"，随州这一棵巨大的梧桐树，无疑为他们的生长创造了良好的生存环境。只可惜他们没能在此造成"百鸟朝凤"的文化景观，这又与他们自身的悲剧有关。

第三节　土著随人何以少文豪

欧阳修是移栽在随州这块土地上长得最壮的一株苗。他4岁时，其父欧阳观卒于泰州军事判官任上。年仅29岁的母亲决心守贞养子，因家贫无依，便来随州投靠任推官的欧阳观之弟欧阳晔。欧阳修少时聪敏过人，除"太夫人以荻画地，教以书字，多诵古人篇章，使学为诗"外，他自己也多方搜求经典好书来读，"州南有大姓李氏者，其子彦辅颇好学，予为儿时多游其家，见其敝筐贮古书在壁间，发而视之，得唐昌黎先生文集六卷，脱略颠倒无次第，因乞李氏以归"。由于这种机遇，他早期受到韩愈思想的影响，为后来倡导古文运动打下了坚实基础。仁宗天圣元年（1023年），他17岁，应举随州试；四年（1026年），自随州荐名礼部；八年（1030年），翰林学士晏殊主持礼部贡举，欧阳修获第一名，三月御试崇政殿，中甲科第十四名，五月授侍郎，试秘书省校书郎，充西京留守推官，自此开始了他长达42年的政治和文学活动。如此看来，他的整个青少年受教育期是在随州完成的，是随州给了他以传统文化哺育、滋润和启迪，随州称其为第二故乡一点也不过分。故而随州人将其拉进乡贤祠，视其为本地的大文豪。认真地讲，他也只能算是飞来的金凤凰。

那么欧阳修是怎么看待这个问题的？他在《李秀才东园序》中讲："予少以江南就食居之，能道其风。土地既瘠苦民给，生不舒愉，虽丰年，大族厚聚之家未尝有树林池沼之乐，以为岁时休暇之嬉。"这是欧阳文忠公在发出"随近在天子千里之内，几百年间未出一士"的叹息之后而说出这番话的。大意是说，随州的风气不佳，土地贫瘠，供给不足，人们的生活不愉快。即使是大户人家，在丰年里，也没个园林池沼的去处，以游玩取乐。这种环境，岂能出仕和产生大文豪？我们知道，文学艺术的本质是生活，而其外在表现形式却是审美的。没有一个良好的艺术氛围，就产生不了真正的艺术大师，这是被文学艺术史证明了的千真万确的事实。没有永州城外的小石潭，哪有柳宗元的《小石潭记》；没有黄州的峭拔峻巍的红石岩，哪有苏东坡的《赤壁赋》；就连瞎子阿炳，如果没有太湖的旖旎风光，他从哪里感知《二泉映月》的婉转琴声？

这些都不是根本原因，问题还是出在随人自己身上。清初在随州任学正的湖南湘潭人王岱在《浮槎集》里说："汉东颜木与信阳同时作诗，最有风骨，而近时选家不录一首。"这里的信阳是指何景明，为明代"文坛四杰"之一，是信阳人。王岱认为颜木的诗可与何景明比肩，不知何故，选家不录其诗！王岱也为颜木抱不平。光绪年间，浙江海宁人朱昌燕，一生"性嗜蓄书"，他获得一本未曾署名的文集，一看，就发现是颜木所撰。他也发出疑问："木诗文重当世，而《明诗综》《明文衡》俱未之选，岂其……早佚而不传耶？"颜木的诗文在当时很为世人看重，而《明诗综》《明文衡》都没有选他的作品，难道他的文稿早就散佚而没有传世吗？

这些疑问只有颜木自己说得清楚。在他晚年，其子颜熙海从四面八方搜罗了他的部分诗文，欲刻印成书。当儿子向他说及此事时，他大为光火："不文之言，无用之文。既常病人而复以自病，况多阙疑乎？亟为毁之！"他儿子没有烧毁，所以出版时便取名为《烬余稿》。颜木好歹还是写了个《烬余稿引》，开篇便说了这样一段话："鄙诗文，凡一时应酬之作，随出而随毁之，未尝存稿。"为什么要"随出而随毁"？即使是一时应酬之作，出于真诚，也有好作品出炉啊！原因可从明朝过庭训纂集《分省人物考》中揭示谜底。文中说，颜木，是正德丁丑年(1517年)进士，与当时名噪一时的王廷陈在声誉上不相上下，"端雅峻洁，人恒推重"。颜木在任亳州知州时，因惩治武人石某得罪了宦门名臣，被污蔑中伤而免官归乡。他激励自己说："他们能阻止我的仕途，而不能错乱我的行进步伐，能除掉我的官爵，而不能毁弃我的学识。我将树风立言，示范后世。"

随县大文豪不多，归根到底还是地域文化影响至深。"士习崇朴学"，"朴"与"文"相悖，随之士人更务实，更向善，更体察民情。欧阳修那一声叹息"随近在天子千里之内，几百年间未出一士，岂其瘠贫薄陋自古然也？"不是！清同治《随州志·选举》中说："自欧阳子应随州试，解礼部，随始有以甲科显者，嗣是连镖竟爽，代不乏人。"尤其是明朝，自成祖朱棣继位后的第二年(1404年)甲申科，一次就考中两名进士——童寅、柳昌，此后一发而不可收，先后有17名考为进士，中举68人。这是随州学人最光彩的一段历史，而且这些士人，为官大多有好名声，政绩颇佳。

第五章 民 间 歌 谣

　　随县的民间文学艺术异常发达，它像一片山林里的野花，任其自由吐蕊和开放，全不顾来自外部的种种压力，生、灭全是它自己的事。它似乎弥补了随县士人在文坛顶层的缺位，反而回归民间，加入到闹哄哄的底层文化活动中，使得随县成为十足的诗的随县。随县儿歌具有老少皆宜的特色，因为在没有幼儿园的时代，爷爷、奶奶、爸爸、妈妈就是幼师，所谓"家教"就深藏在他们所教的儿歌里。至于民间歌谣，反映的都是日常生活层面的内容，它与外地歌谣最大的不同点，是不对称的"三句子""五句子"歌占主导地位。这并不奇怪，随人的文化个性本应如此！

第一节　儿歌唱出的知识智慧

　　随县的儿歌异常丰富，一首好的儿歌，几乎传遍每个角落。它的生命力之所以旺盛，绝非仅凭童趣，而是兼知识性、创造性、想象力和娱乐性于一体。

　　这里举一首《数丁丁脚》为例：

　　　　丁丁脚(角)，麻麻脚(角)，
　　　　猜干子，褙笸箩；
　　　　笸箩白，笸箩黑，
　　　　笸箩里面种荞麦，
　　　　荞麦开花紫红色；
　　　　筛筛子，簸簸箕，
　　　　大脚(角)小脚(角)缩(收)进去呀嗬嗬。

　　这首儿歌妙在什么地方？大人在带孩子玩这个游戏时，首先要让大家都坐下，然后把脚伸出来，再指定一个人来数脚。第一句"丁丁脚，麻麻脚"，开场就给孩子们提出了一个不容易理解的问题："丁丁脚"这个似乎一唱就懂，是指小孩的小脚脚儿；而"麻麻脚"就不是指大人的脚了，因为娃子或大人的脚都不是"麻麻的"，那是一种什么脚呢？这里利用了荞麦的外形特点：一是有角，但角很小；二是有麻点，麻点也很小；三是"角""脚"同音，这就很有趣了，利用谐音提出谜面，于是便引出了第二句"猜干子，褙筐箩"。孩子们都来猜啊，猜中了有奖！可不能说不喽！大人就得这样来引导孩子们猜。"筐箩白，筐箩黑，筐箩里面种荞麦。"这里便暗示了谜底，孩子们应该恍然大悟了。接着就讲荞麦与其他粮食作物的区别了，"荞麦开花紫红色"，而其他粮食开花大都是白色的。成熟后的荞麦就得收割打场了，经过筛子筛，隔去了筛子底下的石子，略去了筛子面上的麦秆等，再用簸箕簸出麦壳、秕壳之类的东西后，就得尽快收仓了，所以"筛筛子，簸簸箕，大脚（角）小脚（角）缩（收）进去啊"。这里"缩"与"收"又是同音。整首儿歌，知识与劳动过程紧密结合在一起，想象力与娱乐性高度一致，当然最受儿童欢迎。这首儿歌，50 岁以上的随县人几乎人人会唱，这就是它的生命力。

再分析一首《花姐姐提了个花母鸡》：

> 高粱秆，踩瘪瘪，那里来了个花姐姐
> 花姐姐，提了个花母鸡
> 花母鸡，生了个蛋，八斤半
> 爹要吃，妈要看，嫂嫂留到过月半……

此儿歌开头主要写孩子的"盼"，无非来自两种动力：一是花姐姐穿花衣服肯定很好看，来了可以陪我玩；二是带来的花母鸡能生蛋，而且生大蛋，可以让我吃得好吃得饱。这是多美的一件事！但为什么以"高粱秆，踩瘪瘪"来起兴？这个儿歌的主要目的是哄儿童不哭，高粱秆，被踩破时发出的"噼噼"声似儿童的哭叫声，踩瘪后又似儿童哭瘪的嘴巴。这里象征性并不重要，重要的是大人太忙，只有当儿童瘪着嘴巴哭闹时，大人们才想到逗他们玩，哄他们不哭。于是，花姐姐、花母鸡就成了最好的虚拟道具。逗得孩子不哭了，大人又该忙去了。

随着儿童年岁的增长，儿歌的内容也得加深。有一首《鸦鹊尾巴长》儿歌，就满足了这个要求：

> 鸦鹊尾巴长，嫁姑娘，马上跑下来个杨六郎；
> 姑娘矮，下庞海，哪吒七岁去闹海；
> 螃蟹臭，加绿豆，包老爷斩了曹国舅；

> 绿豆香，加生姜，擂鼓三声斩蔡阳；
>
> 生姜辣，加枇杷，文王访贤姜子牙；
>
> 枇杷薄，加牛角，唐王陷在淤泥河；
>
> 牛角尖，杵上天，黄巢杀人八百千；
>
> 刀又快，好切菜，瓦岗寨上史大奈；
>
> 菜又甜，好过年，洪武出世种过田；
>
> 菜又苦，好过正月十五，李存孝一槌打死个花白虎。

这儿歌一句一个故事，既考验大人的知识范围，也考验孩子的接受能力，双方都得到了锻炼。

这些儿歌，都有一个共同的特色：总以儿童最熟悉的某种事物如"葱""灯笼""月亮""黄荆条"起兴，以此让他们联想到更多的知识，而且每首儿歌都采用对比的手法，以形象生动的实例来阐释人情世故，教给儿童认识生活的能力。

第二节　民歌歌词的艺术特色

随县文旅局 2017 年出版的《随县民间歌谣》一书，里面内容 80% 以上是"三句子""五句子"歌。

很有意思的是，李白出川，首站寓居地在随州寿山。他一生写诗无数，五句子歌仅有一首，此歌就叫《荆州歌》：

> 白帝城边足风波，
>
> 瞿塘五月谁敢过？
>
> 荆州麦熟茧成蛾，
>
> 缲丝忆君头绪多。
>
> 拨谷飞鸣奈妾何。

没有材料可以确证这首农妇思夫的五句子歌写于寿山，有人说他是受梁简文帝的《荆州歌》"纪城南里望朝云，雉飞麦熟妾思君"一诗得到启发而作。这些话都似是而非，但有一点是肯定的，当年李白的真实目的是奔"神农好长生，风俗久已成"的随州而来。他无论是途经荆州，还是乔居随州而发现了这种别具一格的"五句子"歌形式，并有兴附拟一首以表喜爱，就足以证明当年五句子歌特流行于汉东、荆州民间一带，亦可见五句子歌形式之古老。李白的诗中写了"布谷鸟（拨谷）"，随州恰有一首儿歌与之相呼应："栽秧撒谷，嬷嬷过河，打湿裹脚。"请注意这是一首"三句子"歌！三句子、五句子正是随县的诗歌特色。

一、随县民歌的最大特色是结构句式的不规整性

韵，是所有歌词的必要条件，所以它至少有两句。"一棵树娃高又高，上面挂着千把刀"，这是随州人为"皂瓜树"制作的一首灯歌。不言而喻，"三句子""四句子""五句子"……即是从这最基本的"二句子"形式发展而来。

随州民间艺人似乎少有诗的概念，哪怕读过私塾、背过《诗经》的老先生也很少提到"诗"。不知是因为"诗"雅致、无邪和高深，还是因为喜欢素朴、平白甚或粗鲁和野蛮，反正口中轻易不言诗，凡有韵的句子都称歌。不规整的称三句子歌、五句子歌，规整的四句就叫四句歌。

随州民歌多为"三句子""五句子"，这对于崇尚对称美的中国传统文化习惯来说，无疑是一种挑战。可以想象，初始创作这类民歌，目的就是为了突破那些对称规整的框框调调，寻找一种自由的表达方式。这种自由表达方式主要体现在三个方面：

一是用韵自由。以三句子歌《小奴一十七》为例，第一段"小奴今年一十七，收拾打扮上街去，外带个小生意"。三句全押韵；第二段"一卖饺子二卖面，再卖那个荷叶边（一种女性衣服上的装饰品），就是那个小生意"。一、二句押韵，第三句跑开了；第三段"昨天卖的一毛七，今天卖的一毛八，早卖早回家"。第一句不管，二、三句押韵，不仅用韵十分自由，而且转韵也快，不受任何约束。

二是说唱自由。仍以这首《小奴一十七》为例：

女唱：小奴今年一十七，收拾打扮上街去，外带个小生意；
男白：大姐做的么生意？
女唱：一卖饺子二卖面，再卖那个荷叶边，就是那个小生意；
男白：包的是么馅子？
……

这是一首有情节的叙事三句子歌。任何叙事文艺，都必须照顾受众的感觉。此歌说唱自由，不仅能满足说唱者收放自如的表演效果，更重要的是道白问话往往能造成

悬念，让听者急切地等待下文。尽管有些听者已经熟透歌词，仍有一种想模仿或参与其间的新鲜感存在。随县这类叙事民歌很多，如《十指尖尖》《杨花扭》《小小水车》。

三是结构自由。三句子、五句子本身就是对方正体诗歌的突破，随州还有少量的七句子、九句子歌。即使是方正的四句子歌，也会在某一句的字数上自由增减。如《十写》："小小幺姑娘，坐在绣楼上，不吃不喝脸皮黄，一心想情郎；桃红瓜子脸，白粉胭脂点，眉毛弯弯像月亮，三寸小金莲……"本是一首五言体民歌，第三句却增为七字，打破了一贯到底的五言格局。十分优美的三句子《采花》歌，每句的字数都不规整："正月里采花无花采，二月里采花花正开，百花人人爱；三月里桃花红似火，四月里葡萄花架上开，蜜蜂采满怀……"第二段中八言、九言、五言都有，结构十分自由。

二、随县民歌的另一特点是内容积极向上，动感性极强

凡民歌都趋于生活化，然而随县民歌更尊重生活，更深入生活，更能表现生活，且生活态度积极，生活情调热烈，生活愿景美好。一是唱"十"的歌多。《十把扇儿》《十对花》《十喜》《十写》《十想》《十绣江城》《十唱共产党》等数十篇。"十"是一个吉祥数字，代表圆满、完整、周密和全部。在喜庆之时，唱歌要唱"十字歌"，吃席要吃十大碗；出门时，路边有十里亭，城里有十字街……放开眼耳，象征"十全十美"的吉祥物随处可见，歌唱美好生活的"十"字歌也随处可听，这正是中国吉祥文化在世俗中的具体表现。二是唱情歌的多。民间受封建婚姻观影响尽管也很严重，但毕竟山高皇帝远，鞭长莫及，受制较宽，所以那些表露心迹的情歌生长旺盛。这类情歌的最大特点是直白、显露、朴实和生动形象，用一句土话来说就是："一张口就能看到喉咙管子！"真正的农家情趣，不转弯抹角。三是描述劳动场面的歌多。首先以集体劳动场合的歌为最多，如车水歌、打硪号子、薅草歌，这类歌都是为了与劳动协调一致；其次是手工细活类的歌，如纺线歌、卖花调等，唱这类歌不仅是为了抗拒疲劳，减少寂寞，更重要的是表达劳动带来收获的快乐情绪。四是对唱的多，帮腔的多。主要表现在休闲场合，人多心闲，自娱自乐，改善一下平民生存的文化环境。

积极向上的东西都具有较强的动感。"布谷鸟儿叫一声，泥腿子问是哪里人？我是东山布谷鸟，凤凰差我送歌声，稻谷扬花转回程。"春播时间到了，天上的布谷鸟叫了，地上的泥巴腿子忙了，一切的一切都动起来了。不过，到稻谷扬花的时候，大家就稍稍可以喘口气了。

三、随县民歌具有丰富的想象力

"蛇不咬人是黄鳝，蜂不锥人是苍蝇，郎不撩姐是傻子，姐不撩郎是刚贞，郎姐相

爱是天生。"蛇天生咬人，蜂天生锥人，郎姐天生爱人；如果蛇丧失天性就是黄鳝，蜂丧失天性就是苍蝇，郎姐丧失天性就是傻子了。这种想象比喻是多么贴切！

"有好姐无好郎，好似白米拌谷糠，桫椤树镶了围桶底，灵芝长在茅厕墙，都说人强命不强。"这是一位轻薄白面小子调戏漂亮少妇的歌，而那位少妇却回击得典雅有力、落落大方："红脸关公好杀人，黑脸包公断乌盆，白脸哪吒闹大海，花脸李逵打山林，脸上难辨谁人能。"这些用典、比喻都恰到好处。

利用谐音产生双关效果，也是随州民歌的一大特色。"一下田来水又深，十个歌（哥）儿九个村，个个歌（哥）儿不离姐，离了姐儿唱不成。唱个歌儿当媒人。"这是从多段五句子歌《一下田来水又深》中选取的第四段，现状是有很多哥儿在田里帮主家插秧，所以第二句、第三句的"歌"亦可当哥理解：会唱歌的小郎哥，早把姐儿的心唱动了，歌就是他们的媒人了！"叫我唱歌歌（哥）没来，歌（哥）在东山草林歪，打把镰刀一头弯，上山去把路砍开，修一条路让歌（哥）来。"这里歌也可当哥理解，因为"唱歌要有两个人，犁套要有两根绳。绳子断了棕丝缠，驾档断了进老林，歌声断了难交情。"唱歌是为了结交朋友，加深友情，一个人唱歌就没什么意思了。

随县民歌歌词别具韵味，需作深入探讨。

第三节　民歌三句子、五句子的形成原因

随县人这种注重表意、追求洒脱、不讲规整的三句子、五句子歌是如何形成的？主要有如下三点。

一、"三句子"歌符合成规，即符合中国传统文化的"成三"理论

中国最早的一部经典《易经》，所画八卦，就是三画成像；所提"三才"，就是天地人。《老子》提出："道生一，一生二，二生三，三生万物。"最终将中国的"成三"理论定型化。从实例上看，写文章：凤头、猪肚、豹尾；种粮食：春种、夏长、秋收；打仗：一鼓作气、再而衰、三而竭……词汇里有一日三餐，约法三章，举一反三……俗言中有：三伏带秋，热得眼泪流；三代不读书，好似一圈猪……音乐上有三段式，逻辑上有三段论，军事上有三三制……"成三"的现象俯拾皆是。即使对犯错误的处理态度，强调的也是"不能一而再，再而三"，容忍度也限制在"事不过三"，所以"三句子"是"成三"理论的产物。

二、随县人的"喜洒"性格使然

随县人平时口中不讲"潇洒"，而是讲"喜洒"。"潇洒"是一种浪漫情调，而"喜洒"则是一种乐观精神。一曲走红歌坛的《潇洒走一回》，随县人听了直摆头，认为那人要豁出去浪漫一阵子后就不想再活了。生活在现实中的随县庄稼汉子，决不会丢了农具去当潇洒人的"粉丝"。他们安于自己的农家生活，乐于自己耕种的土地，在插秧时唱唱秧歌，在车秧水时打打锣鼓（当然这是在 20 世纪 90 年代前）……活得也有滋有味。喜洒的随县人走到哪里，便把笑话带到哪里。晚上坐在草堆旁、槐树下、凼堤边，是他们最惬意的时候，手里摇着蒲扇，嘴里哼着小调，这小调有可能是即兴创作的，也可能是祖辈们传下来的……因没有任何著作权之争，也不会参加什么电视大奖赛，所以也就不拘形式、不讲音调、不顾脸面地胡唱起来。随县地域有个专用词叫"日白团"，获得这个尊号的人，很吃得开，很招人喜欢，其实他们都是随县人的喜洒性格催生出来的地方能人！潇洒人就没有这种东西了，他们玩的是个人心跳，招摇的是稀奇古怪，一阵疯狂后随时又会陷于颓丧。喜洒人的喜打心里来，洒往四方去。喜洒人追求的是一种自然状态，在现有的环境中尽量活得快活。喜洒人对生活的态度始终是积极的，尽管有苦也有痛，却从不叫苦连天！他们有气能自醒，有苦能独饮，累了大大地吼一口气，愁了长长地放一声歌。随县人的脸上总是洋溢着欢乐情绪，尤其是灌两杯酒后。这就是三句子、五句子畅行于随州的人文基础！

三、固有的文化传统和浓烈文化氛围而形成的常规态势

随县人对五句子歌的喜爱几乎形成了一种"全民运动"态势。这不是夸张，在 20 世纪 80 年代以前，这种态势还存在。一辆水车架在河边，那里会一天到晚歌声不断；一帮社员在大田里插秧，张三唱罢一曲，李四马上就会接上腔，王五恨自己没有抢前，或许会挖一坨泥巴扔到李四身上呢。唱歌真成了每个人生活的一部分，"太阳一出照大河，耳听人家在唱歌。三步两步跑过河，先听人家唱什么，再陪人家唱个歌。"当年就是这种景象。

随县之所以流行三句子、五句子歌，是固有的文化传统和浓烈氛围而形成的常态。从隋朝皇家的《食举歌》和李白的《荆州歌》，已映衬出随州五句子歌的久远历史。从我们收集的《随县民间歌谣》这本集子里，更能透射出民众的喜爱程度和氛围的浓烈程度。"山歌本是古人留，留给后人解忧愁，一天不把山歌唱，愁得少年白了头，人到老年万事休。"这里不仅述说了五句子歌的历史，点明了唱五句子歌的意义，也透露出不

甘"老年万事休"的心境和形成爱唱五句子歌文化氛围的真实原因。为了不白少年头，唱歌当然应从年少抓起。"十七十八正唱歌，我怕声音不调和，喝了三杯调和酒，人不调和酒调和，调和声音好唱歌。"到底年少底气不足，以这种"美酒佳肴"造势，一是壮胆子，二是亮嗓子，同时也反映出他衣食不愁、时间充裕的经济状况。然而也有经济条件不够好的，但处在这种文化氛围中，穷人也不禁会唱歌。"二十岁的小伙好唱歌，人说他是穷快活。我一不唱歌混饭吃，唱着做活好快活，会唱歌儿好处多。"试问好处多在什么地方？唱歌能唱饱肚子吗？当然不能！这要靠生活信念作支撑："太阳出山星儿稀，莫笑穷人穿破衣，十指尖尖有长短，树木琳琅有高低。三十年河东四十年河西。"这就告诉我们，有积极生活态度的人，能披星戴月干活的人，决不会饿得肚脐眼贴到腰椎骨上，而且好日子迟早会到来。这就是随县民歌的文化精髓。

由于这种强烈的文化氛围，随县造就了一批顶天立地的大歌师，这批歌师能走红，当然也是随县人捧出来的。"仁兄唱歌好声音，一下吹到北京城。文官见了把位让，武官见了把酒斟，杯杯先敬唱歌人。"把歌手抬到那么高的位置，有两把刷子的人谁不想在歌场上露一手！以前，随县人凡遇红白喜事，都要请歌师来唱歌，有条件的，还要请几班子歌师来赛歌。最考验歌师本领的是赛"盘歌"。盘歌，顾名思义，就是互相盘诘，一问一答，一方总想把另一方"盘熄火"，一盘就盘好几个时辰，盘得对方没有一点气焰了，胜者就算状元歌师。这就要求歌师们事先必须精心准备。"闲谈几句不算歌，山中毛桃难解渴，解渴还是要井底水，唱歌还是要把书本摸，书本上的词儿才是歌。"所以读书很重要，毛桃似的粗劣词句干涩刺人，人们不喜欢，真正能解渴的还是有学问人编唱出来的歌。所以，有本领的歌师都是要花大力气、长时间来作精心准备的，《一心要写五句子歌》道出了创作者的艰辛和努力："吃了饭来把碗搁，手搬椅子拦门坐。拿起羊毫笔一杆，十指尖尖把墨磨。一心要写五句子歌。"

而今，随县民歌衰落之势已成必然。这不能怪基层文化部门重视不够，也不能怪政府机关投入不够。机械化让一切笨重的农业生产工具失效，集体性的繁累农活变成简易性的单人电脑操作，90后的小子们想见见过往的农具实物都寻找无门，他还能随你去学唱车水歌、插秧歌？

如何让这种余韵保持更久远，这是目前文化工作者应考虑的问题。最现实的任务是收集整理随县民粹，犹如整理唐诗、宋词、元曲一样，它们的盛世已过，但它们的历史地位和文化精神尚存。所以大家在聆听那些渐去渐远的随县民歌时，应尽力寻找它的文化精髓和生命意义。

第六章　方言特色

随县方言属北方语系的西南次方言。随县话的形成，源于中原语言。早在夏、商、周时期，随地就是"金道锡行"的重要通道，官商来来往往，语言交流频繁。西周时随又为周室同姓侯国，官方强推中原通语亦为常理，这些都必然影响到随县方言的形成和发展。战国末随入楚，吸收了大量楚文化。现代河南曲剧下行止于随州，湖北楚剧上行亦止于随州，表明随州在文化上兼容豫楚，在语言上也显示出中原语言和楚语的一些特征。今随语"我俚"（我家）之"俚"即为中原古语。"俚"本作"里"，《诗经·郑风·将仲子》："将仲子兮，无逾我里。"《说文》注："里，居也。"历代随地人民多以务农为本，乡土观念浓厚，居民多土著，历史上较大灾荒和战乱之年都不曾发生过大规模外流。随县话中反映土著生活的词语多，像"送祝礼"（又"送粥米"）、"投帖儿"、"呷饭"、"燕菜"等都是反映随州人民生活风情的方言词汇。随州方言与外地方言又有许多一致的地方，如江苏话的"一弄"（经常、动不动），山东话的老嬷嬷（音马，老妇人)儿，山西话的"不好"（生病），江西话的"间（音干)些时"（等一段时间）等，随县话中都有。

随县的谚语、乡土成语、灯歌也是别具一格。

第一节　古老的随县方言

随县是炎帝神农故里，当年文字尽管还没出现，但语言基本成熟。语言人类学家最感兴趣的是先前无文字语言的历史和结构，十分重视田野调查，寻找古语的活体遗存。著名的中国方言学家、语言人类学家、广西语言学会会长、广西师范大学教授刘村汉先生，倾注毕生精力研究随县方言，他发现："岩闼"，岩是山石或石洞的意思，随县地名观音岩、鹰子岩、岩子河、岩湾（靠里边的村子）都因岩洞得名，闼是门，岩闼的字面意思就是山洞门口，实际意思是面前、跟前、附近。洞门口表达面前的意思，说明观察点在洞内，这是生活起居的地方，反映了当初是以洞为家，过的是穴居生活。

在现今随县人的口语中，"洞"的使用频率很高。这里选录一段对话为例：

甲："我的钢笔不晓得丢哪'洞里'去了？"

乙："好像是放'柜洞里'得！"

甲："不对！我想起来了，是夹到'书洞里'得！"

丙："真是忘性大！昨天你在堰边洗手时，我明明看到，你的钢笔掉到'水洞里'去了，我还提醒过你呢！"

这第一句"丢哪洞里去了？"是问话，"洞"的指谓不明，还能马虎说得过去。"放柜洞里得"这个"洞"就有些含糊了，柜是木柜，怎么称洞？但好歹木柜是个装物品的器物，其空间还多少有点像洞，从修辞学角度上看，近似比喻，也可糊弄过去。而"夹到书洞里得！"就无法理解了，一本薄薄的书无论如何也形成不了洞，而更让人不能理解的是，"掉到水洞里去了！"，水在任何时候都表现出一个整体，它哪里会有洞？

"洞"在随县人的语言里几乎无处不见："肉洞里有根刺"，"米洞里长了虫"，"云彩洞里有匹马（马形）"，"苹果从洞里烂出来"，"在火洞里烧红薯"……这里的"洞"，一般与"里"连在一起，表示为"里面"的意思。

这完全是炎帝神农时代人们穴居生活所形成的语言表达习惯，语言的一脉相承，正是人类自身血缘一脉相承的表征。

刘村汉教授研究随县方言，先后出版了《随州方言语法条例》《随县方言字韵》《随县方言的语词考究》等著作，还为随县方言建档制作了音频、视频（藏随县档案局）。此外，随州地方学者蒋天径的《随州方言大观》书籍，为有效保护随县方言起到了应有的作用。

第二节　随县乡土成语

乡土成语，严格地说不能算成语，它只不过是一个地方民众使用习惯了的固定语汇。它既没有典故作支撑，也没有对应准确的文字来记录。譬如评价一个思想乖戾、举止轻佻、言语张狂、不干正事的年轻人，随州人便会随口冒出一句"飞天神狂的"、"飞天失黄的"、"飞天神惶的"……这么多说法到底哪个对，那些字又该怎么写？马桂秀编著的《随县乡土成语》一书选取了两个，一个是"飞天失黄"，一个是"飞天神惶"。为什么这样选？因为这两个词汇都可解。方言学家刘村汉先生提出一个观点："俗语可雅解。"如此来看，"飞天失黄"之"飞天"，便出自敦煌石窟壁画"反弹琵琶伎乐天"之飞天。"黄"，指黄钟，古代乐律中阳律第一律。"失黄"，用现在的话说，就是一个没得谱、不靠谱的人。"飞天失黄"，就是一个什么都不懂的人却在那里卖弄飞天之巧，失去了应有的尊严。再如"以巫作邪"：一个稍微掌握了某一行道技巧的人（巫）故意在别人面前装神弄鬼，或某人占了那么一点理，却放大百倍来吓人，都可用这个词来形容。但在随县，不同乡镇说法也不同，厉山说"以巫作邪"，均川说"吁哝作形"，柳林说"以疯撒邪"，淅河说"倚风作邪"，还有人说"演武作戏"的，这是出于口音不同，还是出于理解不同而产生差异呢？细品这几个词，似乎都说得通，关键词是那个"作"，有"故意"的行为。

随县土俗成语中的"古音古语"占比较多，譬如"刺人巴些"、"丢人巴些"、"吓人巴些"的"些"，古音读 sā。"巴些"只是一个语气词而已，目的是加强实词的感情色彩。

例句：

【一本到蔸】

〔释义〕比喻办事完全，彻底。本：整个，或核心部分。蔸：植物的根或靠近根的茎干。

（例句）既然那些东西留下来有隐患，我们就不要姑息它，一本到蔸地清除掉。

【二巴郎子】

〔释义〕一、指十五六岁心智未开化、行事不规范、不务正业的男孩子。二、不精明，不圆通，说话处事别人不喜欢。

（例句）那群二巴郎子整天在街上晃来晃去，么事也不干，谁家后生要是跟他们混在一块，这辈子就算废了。

【七里八岔】

（释义）形容山里岔路多，地形复杂。

（例句）这个村七里八岔的，地形很是复杂。

【土砌瓦盖】

（释义）指土春墙瓦盖顶的简陋房屋。土砌：把黏土和稻草或稻草、石灰和泥土的混合料夯实而成的简陋墙。

（例句）二十年后当他第一次踏上故乡的泥土，他几乎认不出来自己的村庄。

二十年前土砌瓦盖的泥坯房早已没有了踪影，取而代之的都是一栋栋现代化的小洋房安静地坐落在一簇簇绿树的合抱间。

【无行倒市】

（释义）指逆规矩逆时势而行。

（例句）有些人无行倒市，暴涨暴跌，牟取暴利，大家一定要谨慎介入。

【乌黢巴黑】

〔释义〕事物或者周围空间很黑。黢：很暗的，非常黑的。

〔例句〕你们这地下车库谁在管？乌黢巴黑的，太不安全。

【东戳西戳】

〔释义〕一、无所事事，到处晃荡，干无聊的事。二、这儿干干，那儿干干。

〔例句〕那孩子都二十七八了，还整天东戳西戳，再不学点什么这一辈子就废了。

【甩手掌柜】

〔释义〕将一切事务交给别人处理，自己只挂个名。

〔例句〕他真是好福气，请了这么能干的一个小伙子，从进货到买卖一概不让他操心，他现在成了真正的甩手掌柜了。

【鸟赶旺场飞】

〔释义〕指人或某些动物喜欢去富有生机的火热的地方。

〔例句〕俗话说鸟赶旺场飞，很多人读书就是为了能摆脱落后的乡村，在大城市拥有了一席之地。

【夺过锅铲把】

〔释义〕指在一个锅里吃过饭，情谊深厚。

〔例句〕你竟然还在我们这儿挑拨离间，我们是夺过锅铲把的，要是那么容易被你挑动了，那还叫感情吗？

【寻祸蹭痒】

〔释义〕故意挑起事端，惹麻烦。

〔例句〕你老大不小了，整天啥也不干，就知道到处寻祸蹭痒，这样下去还有谁待见你。

【苕吃傻胀】

〔释义〕指不知饱足，吃非常多的东西。

〔例句〕以前那么讲究的人，现在每顿吃饭都要人夺碗，这样苕吃傻胀久了只怕要吃出新病来了。

第三节　随县俗谚俚语

随县民间谚语保存了祖先留下来的认知成果、生产经验、生活知识和传统习俗，处处闪现出随县人的生存智慧和精神追求。日常言谈中经常像经典一样被引用，在茶余饭后，场院树下，田间地头，甚至有随意的小型比赛，专门说谚语（以及歇后语），以消除疲劳，振奋精神。随县谚语有以下几个特点：

一、敬畏自然，尊重规律

随县人敬天并不迷信，认为"敬神迷鬼，捏到鼻子哄嘴"，"只见活人烧纸，不见亡人用钱"，"道场做给别人看，管他升天不升天"。随县人的天命观，与春秋早期随国思想家季梁"民为神主"的民本思想不无关系，敬天而不靠天，取的是现实主义的态度："天无绝人之路，总要自己去走。""天生的，地长的，不如自己攘的。"这与孔子"敬鬼神而远之"的敬而不信的儒家观念一脉相承。老百姓都说"信神神就在，不信神不怪"，人生不过一过客，"人是一世，草是一春"，"黄泉路上无老少"，无须恐惧。安天乐命不是屈服，而是一种不作非分之想的明智的生活态度："知福福长在，随缘缘自来。"

在长期的生产劳动中，随州人体察天地阴阳化育万物所形成的春种夏耘秋收冬藏的周期性变化，总结出与农业生产和日常生活有关的天道阴晴冷暖、昼夜长短的变化规律，凝结成谚语，用来指导生产活动的安排和预测收成的好坏。

"春寒有雨夏寒晴，秋寒就要下连阴。"连阴是指"秋雨连绵"。

"春风如栅刺，冻死告花子。"栅刺是指种在门前当篱笆的荆棘，形容寒风刺骨，告花子是指乞丐，没地方避风的穷人。

"春五夏三秋八遍，十冬腊月无数遍。"指雄鸡根据季节变化报晓的次数也跟着变化。

"二月有九，粮食到手；二月无九，粮食倒走。"

"有钱难买五月旱，六月连阴吃饱饭。"

"指东指西，身穿棉衣；指南指北，热到睡不得。"

"大山回音响，天晴又凉爽。"

……

二、真切的人生感悟

　　所有的宗教都认为人生是苦难的，都在尽力寻找一种解脱办法，以达到一种醒世救人的目的。中国的儒释道也不例外，儒家讲"正心"，释家讲"明心"，道家讲"炼心"，都想以一种清心寡欲的修炼方法，让人们走进自己的内心来抵御外界的各种诱惑。随县人的世俗生活并不追求那种境界，总以一种"变了泥鳅就不怕泥眼睛"的观念，来抗拒命运带来的一切苦难与不公。虽然也时常发出"幸福如泡影儿，痛苦长流水儿"的深切感叹，但并不悲观，"留得青山在，何愁无柴烧"就是他们努力活下去的信条，关键是如何发现自己的潜力，又如何开发自己的潜力？"文章起领，不提不得醒。"这要靠有经验的人、有眼力的人来引导、来开导；"外面有个笆，屋里有个匣"，这是从夫妻的密切配合上支招；"吃不穷，穿不穷，算盘不到一辈子穷"，这是从治家方法上给予点拨；"不光看眼前，要看后十年"，这是从志向上给人打气。这最后一点才真正说到点子上，任何事情都有补救的办法！本来是"富无根，穷无本"，就看你是不是"穷不离猪，富不离书"，否则，十年后，你还是老样子。

　　最重要的是争取人权，享受平等，这样的俗谚很多：

　　　　"一根草一滴露水儿，一个人一个位份儿。"

　　　　"水不流动一样平，人不求人一般高。"

　　　　"种你的田，完你的租，胳膊大腿一般粗。"

　　　　"皇帝的妃子长工的妻，脱了裤子一样儿的。"

　　难能可贵的是，在经济问题上还反映了草根的男女平权思想："他有不如自己有，丈夫有还隔一道手。"

三、谦和的处世态度

　　谦和的处世态度，靠时时修为。出现问题千万不要推诿，要从自己身上找原因：

"福是自家修的，祸是自家惹的。"做好事必须出自内心，不求报答："修桥补路，添福添寿。"尤其是做父母的，更要为儿女做榜样，"父母是儿女的样子，儿女是父母的镜子"。

个人修养，首先不要惹是生非："能伸扶人手，莫开咬人口。"遇到麻烦不要冲动："忍是忍，饶是饶，忍字要比饶字高。"答应过别人的事，必须坚决落实："看好的日子选定的期，凌冰搭桥要过去。"

自立自强也很重要："不怕人家瞧不起，就怕自家不争气。""三挨四靠，么事都做不到。"为人要低调，谦虚谨慎，不张扬："饱谷刁子往下掉，瘪谷刁子往上翘。"多看别人的长处，见贤思齐："看人之长自己长，不议人短自己尊。"淡泊明志，宁静致远："小时吃惯苦，大了难不住。"

与人相处，要学会沟通，互相商量："先说好，免得日后儿吵"，"有言在先，免得过后乱掀"。伙计也好，朋友也好，责任和利益分配要有一定的规矩："亲兄弟，明算账。"要把感情与生意分开来："人情一匹马，买卖争分毫。"

谦和的品性往往表现在一句话上：

"会说话的惹人笑，不会说话惹人跳。"

"好话听得人心暖，拐话听得人胆寒。"

"刀快叫人流血，话毒要人丧命。"

"话不要说死，路不要走绝。"

"话不能说满，事不能做绝。"

"传言过话，自讨挨骂。"

"不说好，不说坏，哪格都不见怪。"

"不说坏，不说好，哪格都不恼。"

"会说话的两头儿瞒，不会说的两头儿传。"

"待人三分笑，生意自然俏。"

"叫人不蚀本，只要舌头打个滚儿。"

……

四、治家的经验总结

家庭是在婚姻关系、血缘关系基础上构成的社会生活和经济单位。在小农经济条件下，治家的首要条件是家庭和睦，齐心合力："家庭和睦第一桩，不必远处烧高香。""要想日子甜，家无一人闲。""一人一条心，穷断骨头筋。"

其次是勤劳。"理家千条计，勤俭数第一。""男抓女也抓，白手能起家。""男也勤女也勤，做家越做越喜人。"勤劳必有回报："天冷不冻下力汉，黄土不亏勤劳人。""手勤不受贫，嘴勤不迷路。"勤劳还能提高劳动技能："一勤生百巧，一懒生百病。"勤劳必须抓紧时间，不放过任何可以增加财富的机会："鸡叫就起床，今年不强明年强。""早起三日做双鞋。""出门不弯腰，进门无柴烧。"

勤与俭，一个是开源，一个是节流。开源节流是中国传统的理财观念，随县人据此理家："外头有个笆儿，屋里有个匣儿。"男主外，是笆儿，负责增加收入；女主内，负责保管钱财，节省用度。节俭要会精打细算："不会精打细算，枉有家财万贯。""年年都当荒年过，遇到荒年不挨饿。"家庭开支要量入而出："出门看风向，吃穿看家当。"跟人家比勤劳，不比奢侈："能跟人家赌种田，莫跟人家赌过年。"家财最怕折腾："家盘穷，火盘熄，告花子盘得没米吃。"

古人说"俭以养德"，随县人将它升华为审美标准："好看莫过素打扮，好吃莫过家常饭。"

随县人的俚语俗谚十分丰富，苏满华先生的《随县俚语俗谚》搜集得较全面，值得一阅。

第四节　随县灯歌艺术

灯歌，是灯谜的一种。随县把"谜语"称为"雅谜"（也有人释"哑谜"），这种猜谜游戏，比拼的是智力、速度和知识面。所以一个会打灯歌的人，很受人尊敬。随县人之所以把灯谜称为灯歌，还有一层意思，即必须是两句以上且押韵的谜语歌。这里，亮歌喉便成了出谜人的首要条件。朱玉梅在其主编的《随州花鼓戏音乐》一书中讲："随州花鼓戏音乐，最早源于涢水、府河一带的灯歌、薅草歌、车水歌、栽秧歌、小调和部分寺庙中的经歌等。"灯歌竟成了一个戏种的主打唱腔！可见其音乐之美和表现力之强。

查古《随州志·风俗篇》（同治八年版），我们发现了下面一段话："上元前三日，剪纸为灯，缀以五彩，或架彩横棚于衢，而垂灯其下，或藏诗谜以试推测，或聚族为龙灯，或披锦为狮貌，咸鼓吹导之，自十三夜十四夜为试灯，十五夜为正灯。檀板度曲箫鼓相答，火树互角，卜夜为欢，至十九日方止。"这里有两个关键词："剪纸为灯"、"藏诗谜以试推测"。这就为随县的"灯歌"找到了注脚——彩灯上藏诗谜让人猜。往往这种猜还带有"檀板箫鼓"，并"度曲相答"，是要唱着来"互角为欢"的。这既说明随县的灯歌历史悠久，亦体现了随县百姓的聪明才智。

随县人喜欢灯歌，不是一般的喜欢。它被刻录在寺庙的碑壁上，书写在民宅的门墙上。草店镇柯家寨、楼子塆就是最典型的例子。随县人"互角"对灯歌，一整天可以不重复。车秧水时，五人头的水车上，五个人轮流出、对，会出、会对（猜）的可以歇脚。节庆时打锣鼓，歌师们对"盘歌"，张师傅对输了李师傅上，唱出的灯歌是一串串一套套，听灯歌的人是一群群一阵阵。盘歌实际上是"盘"歌师，盘熄火的（输）就认胜者为师傅，赢在最后的就称歌状元。要说随县灯歌的特色，最大的特色是参与的广泛性。歌师们在盘歌时，一时卡壳，台下聪明的观众就有可能"承头儿"喊上几句，能引得台上台下一片喝彩声。

一、灯歌的人间烟火味

灯歌出自民间，具有强烈的甚至呛鼻的人间烟火味儿。俗，是它的生存环境，也是它的魅力所在。尽管它俗而又俗，俗得可笑，但绝不是俗不可耐。

灯歌除了俗，就是唱，这是随县灯歌的两个最基本要素。然而"盘歌"、"打喏呋"之类的唱亦有厌倦之时，最让人们一呼百应、百唱不厌的是那些有情调、有细节、谜语夹杂在情节中的灯歌。譬如《十写》，从内容上分析，它其实是一首情歌，讲的是一位小姐因思念情郎而悄悄写信、请人送信、感动情郎回心转意的全过程。但它的尾声是一个谜，民间又把它归于灯歌。它的开篇第一段是："小小幺姑娘，坐在绣楼上，茶饭不进脸皮黄，一心想情郎。"这种灯歌，只要有人一起头，就有男女老少围拢来，能唱的唱，不能唱的就跟到一路喝彩，场面很热闹。唱上三段开场曲后，就要唱写信了："一写奴的恨，你嫖奴奴不肯，双膝跪在地埃尘，心软才答应。"再写她的怨、她的痛、她的思……这个冤家的罪孽数不清，写不完，总算写了十来条，然后是"书信写起了，拿到手中瞄，恐怕字句写掉了，惹得情哥笑"。就这质朴的几句话，你便可以看出那小幺妹的娇态、执着和对情哥的一片痴情。随后该请人送信了，请谁呢？"隔壁的幺兄弟，他是我的知心的，把他接到家里去，攘个便饭吃。低头进厨房，腊肉取一方，红花美酒着冰糖，求他去接郎。"信送到了，她的真情终于打动了那个负心郎，他被接来了。于是小幺妹满肚子委屈、怨恨，夹带着调情打趣，一切都毫无顾忌向他泼去："自从你走了，三天没得两天好；不是头痛脑壳烧，力气不来了。街上医生多，都是个内外科，湖南湖北都走过，没得那种药。"大家都来猜啊，她要么事药呢？谁才能医得了她的病呢？"红针白药真实货，打了一辈子不发作。"谜底不言自明，于是引来一场爆笑。这种荤素搭配的乡间小调，其实算不得纯粹的灯歌，可随县人拿灯歌调子来演唱，也就名正言顺地归入灯歌了。

但也有大量不唱的灯歌，它一般藏在故事中，随着故事的发展情节被讲故事的人讲出来。但它必须有韵，像歌。譬如《司务长进货》，讲的是解放初期，一个小工厂里的司务长，背着褡裢到生活门市部去买生活物资，他来到柜台前，营业员满面春风地问他："同志，您想买点么事？"司务长说："请听好：'沉底消，水上漂，喳（张）着嘴，弓着腰。'"营业员听后忙说："好，你要买多少啊？"司务长又说："一两半，二两半，三两五钱，四两半，再加四两你去算。"营业员把货物称好后给了司务长，司务长接下货物问："同志，你看得多少钱？"营业员笑着说："我们按'分'计算：一二三，三二一，一二三四五六七，七加八，八加七，十九加十一，合拢来，再乘上二加一。"这位聪明的司务长二话不说就如数把钱交给了营业员。你知道他们的谜语说的是什么？买的东西是：盐，油，花椒，生姜；斤数是 3 斤；钱数是 3 元。这里的重量有点费猜，它指的是十六两制的老秤，没有这种生活阅历的人，一般是想不到那儿去的。

二、俗中有大雅

其实大俗中有大雅，那种生动，那种高度具象化的灯歌，是书斋中无法产生的。"小时青，老时黄，结成一对巧鸳鸯，送君送到千里外，死不带我回家乡。"听后第一感觉就是一首很凄凉的诗，雅谜之雅全部体现出来了，谜底竟是最不起眼最卑微的老式"草鞋"。没有乡下生活的人，你怎么会猜到这方面来！一把稻草从青到黄，后来被人打成了一双草鞋（鸳鸯），主人穿着它出远门干苦活，穿破了就随便扔到大路旁，连回看一眼都不可能，怎么会把它带回家乡去？惨味儿啊！然而一双破草鞋，灯歌创作者却以最深情、最痛惜的拟人化口吻描述它："小时青，老时黄，结成一对巧鸳鸯"，开篇给人一种青梅竹马的感觉，终了却是"送君送到千里外，死不带我回家乡"，一片忠贞和辛劳的后果则是被遗弃，怎不令人肝肠寸断！

文字灯歌之雅，不仅是教人识字，更重要的是教人知礼。"言说是青不是亲，二人土台说原因，三人骑牛牛无角，草木之中有一人。"谜底是"请坐奉茶"。此谜的奥妙就在句句不离人，人际交往必须以礼相待，所以提示语是"打人际交往中的四个字"。这就是此条灯歌的真实意义。"二人力大顶破天，一女难种半边田，八王在我头上坐，千连田土土连千。"谜底是"夫妻义重"，强调夫妻间要情深义重，面对任何困难也能克服。当然人人都有忧伤之事，以灯歌的形式诉说也是一种很好的表达。

三、能跟进形势

随县的灯歌也富有时代性，而且能跟进形势，带有政治色彩。"航行用手不用船，羊头狗尾且相连，推去佳人暖日暮，十月十日庆团圆。"谜底是"抗美援朝"。具有讽刺意味的是"羊头狗尾且相连"，指的是"美帝国主义"（美，上羊下大。这里故意将"大"错说成"犬"），是一个"挂羊头卖狗肉"的角色。这是过往之事，无碍当今大国外交。

兼具思想性和颂歌色彩的灯歌，在随县也比比皆是。"一字看来近似手，胳膊右伸顶宇宙；绿水清清永长流，四季花开幸福有；红日圆圆初升起，灿烂光辉照全球；花开朵朵化为蜜，黄金两两归国有；泰山极顶观日出，名山无言誉九州。"这个灯歌很好猜，每两句一个字，谜底是"毛泽东万岁"！

乡野间藏龙卧虎，世俗中有雅士贤达！

四、随县灯歌的绝唱——盘歌灯谜

锣鼓歌师演唱的盘歌灯谜，是随县灯歌的绝唱。往往一个字谜反复点题，一个音韵一贯到底，不仅让对手歌师猜，也让周围的听众加入进来猜。

甲："木兰杀出黄岭山，黄忠勒马把路拦，丢了靴帽田公子，不要双脸想苏三。"谜底是"横"。第一句有"木"有"黄"已点得明明白白，第二句又点出"黄"来，即用了反复又用了所谓的"藏头诗"手法，第三句田公子丢了靴帽，还是个"黄"，第三次重复，你总该猜出来了吧！当然也可拆开猜，第一句是个"木"，第二句是个"廿"，第三句是个"田"，第四句是个"八"（脸的繁写是臉），拼起来就是横。很精彩！

乙："王元同路去游玩，玩耍用了这元钱，金龙公子玉龙院，去了一直是苏三。"谜底是个"玩"字，手法技巧与甲同。

甲："一二三的一二三，分开四面都是山，单脚本是天干首，独角能够伸上天。"谜底是"田"。反复再反复地述说，不怕你猜不到。

乙："坤山遣去土行孙，申公豹反周出兵，由金达拦路掉尾，玉川丢盏去逃生。"谜底是"坤"，仍是异曲同工。

下面再录几首盘歌灯谜：

甲："金莲勒马在观阵，小将出兵上顶门，月娥心中正胆怯，八贤王他来收兵。"谜底是"锁"。

乙："贝多芬离亲夫人，皆因是点小事情，比干半身而去世，白素贞在断桥分。"谜底是"赊"。

甲："上头站着白素贞，下跟丞相王严玲，去了一直三太子，减去一横二郎神。"谜底是"皇"。

以上基本上是一韵，接下来就换韵了："一个昭君去和番，三国貂蝉用连环，黛玉她把相思害，宝玉要把黛玉缠。"谜底是"姦"。

甲："王字无底是比干，干下一横王宝钏，君王国宝是玉璧，点头刘备坐西川。"谜底是"主"。

……

第七章 入典成语

每种方言都有被选入"官话""通语"的可能，关键是看它的表现力和准确度，更重要的是所在区域的政治地位高下，有没有大师级的语言学家和文学家出现。先秦时期随国的政治、经济、文化处于何种高度，这里虽不能做出肯定结论，但曾侯乙编钟能在此出土，就足以证明其非同一般，更何况屈原的《离骚》产生在涢水河畔。大史学家钱穆先生说："凡《楚辞》所言沅湘洞庭之属，皆大江以北之地名耳。"又在《史记地名考》上说："沅湘各自入洞庭，中隔资水，相距匪近，然汉人每以沅、湘兼称，疑本楚人旧习，盖湖北涢水即沅，襄水即湘，沅、湘之名，先起于此。"当年流放于此的屈原，心系楚国，忧国忧民，行吟在涢水河畔，便以流行在随地的民间曲调来抒唱自己的胸臆，写出了流芳千古的中国第一部长篇抒情诗《离骚》，由此产生出一批成语：骚人墨客、美人迟暮、光怪陆离、黄钟毁弃、瓦釜雷鸣等。诸子百家中的墨家弟子随巢子，是随国人。卫聚贤先生（1899—1989）说，《山海经》是墨子的弟子随巢子所作。《山海经》中也产生了一大批成语：精卫填海、夸父逐日、补天浴日、巴蛇吞象、鸾飞凤舞等。搁下这些有争议的话题不说，这里举几则真正产生于随地的成语。

随侯之珠　随侯之珠见于韩非子《解老》，庄子《让王》，墨子《耕柱篇》。故事讲得最全面的是晋人干宝的《搜神记》："随县溠水侧，有断蛇丘。随侯出行，见大蛇，被伤中断，疑其灵异，使人以药封之。蛇乃能走。因号其处'断蛇丘'。岁余，蛇衔明珠以报之。珠盈径寸，纯白，而夜有光，明如月之照，可以烛室，故谓之'随侯珠'，亦曰'灵蛇珠'，又曰'明月珠'。"由此衍生出：随珠弹雀、珠联璧合、随珠和璧等系列成语。

绿林好汉　典出《后汉书·刘玄传》："王莽末，南方饥馑，人庶群入野泽，掘凫茈而食之，更相侵夺。……于是诸亡命马武、王常、成丹等往从之……藏于绿林中，数月间至七八千人。"绿林军以大洪山为根据地，随县平林（古城畈）人陈牧、廖湛，这时也聚众数千人响应。后刘玄、刘秀相继加入，最后攻入长安，推翻王莽新朝，建立东汉政权。此后，绿林好汉便成了劫富济贫、替天行道的英雄豪杰的代名词。

乘风破浪　典出《宋书·宗悫传》："悫少时，炳问其志。悫答曰：'愿乘长风破万里浪。'"元嘉二十三年（446 年），宗悫任随郡太守，其为官廉正，兴利除弊，深得民众推崇，为朝廷屡建战功，死后赠征西将军，建孝武庙。其陵墓在随州玉波门内，东城宗悫巷，至今仍存。

荻画学书 典出《宋史·欧阳修传》："欧阳修，字永叔，庐陵人。四岁而孤，母郑，守节自誓，亲诲之学。家贫，至以荻画地学书。幼敏悟过人，读书辄成诵。"

随县人的语言表达力很强，习惯于以四字组词。如：以巫作邪、乌黢巴黑、七里八岔、妄恶恃强……现实版里还有"编钟乐韵"，源自出土的曾侯乙编钟，它广泛应用于随州各类书面文体和民众口语中，甚至应用于商业活动中，曾几何时，"编钟乐"酒行销全国各地。更具典型意义的是"寻根谒祖"，源自世界华人炎帝故里寻根节，它已被写入国家级行政文本中，发行到世界各地的华人中，起到了连接世界华人血脉、文脉，激起全民族慎终追远、唤醒乡愁诸方面的积极作用。

第八章　民间故事

　　随县民间故事有自己独特的创作、传承路径，主要表现在：一、集中于某一个人物，无论是英雄、平民、拐蛋（反面人物），都形成系列故事，成册、成套地在民间流传。如《炎帝神农的故事》《胡三麻子的故事》《张德的故事》。二、改编经典传说，加入当地人的习俗和善恶观念，如《牛郎织女的故事》。三、妇女也是讲故事的主角，而且更受欢迎。

第一节　人物系列故事的张力

　　产生人物系列故事的主要原因来自两个方面：一是随县流行"打锣鼓"说唱艺术。这种"打锣鼓"的说唱艺术兴于何年无考，据"大洪山锣鼓"省级非物质文化遗产传承人张大荣先生说，其先师周炳南先生讲，"打锣鼓"源于春秋时期庄子的"鼓盆而歌"，而"随县打锣鼓"所不同的是"三不歌"：死人的战争场面不歌，淫秽下流的东西不歌，葬事不歌。只在"添丁祝寿""祈神求子""新居搬迁""买田置地""生意开张"等喜庆场合而歌。最愿去的场合是赶庙会赛歌，所谓"一人不单行，二人不对口，三人五人显身手"，这种赛歌一赛几天，几天内容不重复，最后获胜者被称为"状元歌师"。不过他们以歌为主，而闲下来时也讲故事，一套套的，连篇累牍，没完没了。二是受"说书"人影响。茶馆里说书艺人，总是讲"大本头"，总以"且听下回分解"来攫取听众的心。

　　随县民间故事的"人物系列"，整体内容很长，而单篇内容很短，三五分钟就可讲完一个，极适合田头地角劳动间歇时讲，以短取胜，而又给人以期待感。

　　随县民间故事的"人物系列"，最受欢迎的是"平民系列"，幽默、风趣，而且解气。《胡三麻子的故事》最为典型。胡三麻子猛听其名会以为是个负面角色，但整部内容从生至死，都没提到他得过天花，而是讲他麻利痛快地处理各种难题。这也许是整部故事的"眼"！开篇《狗骨头金口》上说，胡三麻子原本是当皇帝的骨相。由于他是老三，母亲看得贱，烧火做饭时就把他放在灶头上或者灰匣子旁边坐着，再把一双筷子给他玩。胡三麻子有时乱屙尿，有时用筷子乱敲，司命老爷（灶王爷）受不了，就跑到玉皇大帝那里去告状，说胡三麻子如果长大做了皇帝，目中无天，请玉皇大帝趁他年幼未成正果，派人下凡，换下他的龙骨龙身。玉皇大帝听信了，就派太白金星下凡。而太白金星下凡时忘了带人骨头，只得打死一条狗，抽出一架狗骨头。可因打狗耽误了时间，刚换完胡三麻子身上的龙骨，临到换口骨时，胡三麻子醒了，太白金星也只好作罢。从此，胡三麻子便成了狗骨头贱身，龙骨头金口。长大后虽不能登基做皇帝，但一张嘴讲话还是金口玉言，样样灵验。这里，灶王爷是小人，玉皇大帝是昏君，而太白金星是个不干练的老臣，只有胡三麻子虽生得狗贱，却有一个聪明头脑。于是便有了后面的《守门》《不大不小》《吃西瓜皮》等捉弄老财主的故事；《扯谎架子》《衙役吃屎》《献宝》等戏弄官吏的故事；《狗咬狗》《乎》《巧对对联》等整治那些歪门邪道的坏人和酸腐文人的故事。但也有少量的恶作剧故事，如《亲嘴》，有几个女孩在蒜田里挑野菜，有个叫歪三爷的小混混就怂恿胡三麻子说："你若能亲到她们的嘴，我就给你三个大洋。"胡三麻子就走到蒜田边，大声说："你们听着，歪三爷说，你们偷了他的蒜苗，要你们赔他钱！"女孩子们说："你看我们的篓子，全是野菜、野草！"胡三麻子说："他说，你们都吃到肚子里了！"女孩子又争辩说："我们没有！"胡三麻子说："你们都张开嘴，让我闻闻！"女孩子们没办法，只得张开嘴让他闻。他就每人亲了一口。歪三爷认输，老老实实给了他三块大洋。

这个故事是不是有点缺德？不过，结尾马上一转：胡三麻子接过歪三爷的三块大洋，远远地抛到三个女孩跟前："你们一人一块拿了赶紧回家去，有点对不起啊！"

《张德的故事》也是这种风格，都是穷人戏弄富人故事。穷人听了很解气。

这类故事很有张力，会讲故事的人可以加油添醋，拉长情节，增加时长，也可以改变主旨，提升价值理念，上例《亲嘴》的结尾就是另一种提高档级版本的故事。

随县民间故事收集有多种版本，刘永国的《炎帝神农传说故事》、蒋天径的《炎帝神农传说故事之文化阐释》、刘大业的《溳山祭祀歌》等可供阅读。

第二节　对经典传说的改编

由经典传说改编的故事也有很多，《盘古开天地造万物》《女娲补天》《吴刚砍桂树》《刘关张桃园结义》《禹王锁蛟柱》等，都属于这类题材。然而像《牛郎织女的传说》虽属经典，但不一定是从外地引进，有可能是出自随县本土。在随县天河口、封江口（江头店）一带，流传着与所有版本都截然不同的《牛郎织女》故事。

　　不晓得根底的人都说，炎帝姓姜，黄帝姓姬。实际上炎帝出生在江水，本姓江。而黄帝出生在济水，本姓济。古时候，人对水的需要远比粮食重要，所以古人的姓都与水有关。

　　那个时候，炎帝、黄帝为争夺水和地盘，经常打仗，气得天帝站在玉皇顶上大发雷霆。他派二郎神将天上的银汉，掘开了一道口子，在随北田上山那个地方，让水从天上冲下来，冲到山脚下后就水分两股，向南流的一股被封为江水，再设一个口子，就是现在的封江口，作为炎帝疆域的关口。封江口以南的水流都叫江，什么汉江、长江、清江、湘江、珠江，一直到福建的闽江都叫江。向北流的那一股水叫河水，设一个天河口，作为黄帝疆域的关口。所以天河口以北的水流都叫河，什么淮河、唐河、洛河、伊河、延河、黄河，一直到北京城的永定河都叫河，责令他们分江河而治，永远互不侵犯。

　　炎帝、黄帝都是孝子。炎帝的母亲十分勤劳，一年四季都在常羊山放羊，这种母仪天下的品格，必须要让普天下的人都知道，于是炎帝便改江姓为姜姓，号召他的臣民们都向他的母亲学习；黄帝却认为自己的母亲最美丽，最贤惠，也改济姓为姬姓。所以中国的女人都继承了炎、黄二帝母亲的品格，成为全世界最勤劳、最温柔、最美丽的女人。

　　炎黄二帝分江河而治后，大大小小的战争还是不断发生。一时炎帝打过天河口，便改天河为天汉；而黄帝夺回去后又改天汉为天河。两地人民打来打去也因此结下了仇恨，这个仇恨最终割断了世间最美好的一段姻缘。

　　传说黄帝的妹妹最先发明织布，所以叫织女。炎帝最先发明养牛种庄稼，所以叫牛郎。他们互相倾慕，经常私会，并有了两个儿女。后来因炎、黄二帝常年打仗震怒了天帝，划江河而治，并严禁两边男女通婚，还派了天兵天将把守两边关口。炎帝与黄帝的妹妹只能隔水相望。通情达理的炎、黄二帝的母亲相约来到天庭，跪在王母娘娘面前，一把鼻涕一把泪地哭诉着为两个儿女求情，终于感动了王母娘娘，恩准他们在每年的七月初七见一面。然而好景不长，在炎、黄二帝的母亲过世后，他们就再没有这个机会了。两人又只能隔水相望，久而久之，他们的身影便幻化成了两座山。在田上山飞瀑西边有一个望夫岭，山上长满了桑树，织女就常年在那里养蚕抽丝织布，时时站在岭上望牛郎。飞瀑东边有一个放牛山，炎帝常扮着放牛郎，带着儿女，站在放牛山上看织女。孔子还把这件事收集在《诗经》上呢，有一首诗叫《大东》，大东就是汉东，也就是随国。

　　这个故事是不是《牛郎织女》最早的版本？经查，《诗经·大东》中，确有"维天有汉，监亦有光。跂彼织女，终日七襄。"诗中的织女、牵牛是天上的两个星座，它们之间有什么故事，我们不得而知。到了东汉时期，无名氏创作的《古诗十九首》中，有一首《迢迢牵牛星》原文为：迢迢牵牛星，皎皎河汉女。纤纤擢素手，札札弄机杼。终日不成章，泣涕零如雨。河汉清且浅，相去复几许？盈盈一水间，脉脉不得语，此时的牵牛、织女已是一对相互倾慕的恋人。最早称牛郎、织女为夫妇的，应是南朝梁代肖统编纂的《文选》，其中有一篇《洛神赋》的注释中说："牵牛为夫、织女为妇，织女牵牛之星各处河鼓之旁，七月七日乃得一会。"同是梁人的宗懔在《荆楚岁时记》中有这样一段记载："天河之东有织女，天帝之子也，年年织杼劳役，织成云锦天衣。天帝哀其独处，许配河西牵牛郎，嫁后遂废织衽。天帝怒，责令归河东，唯每年七月七日夜一会。"这个故事就没有那种美好爱情了，而是因为他们婚后贪玩，不再织衽，才遭天帝责罚。但所有典籍，都证明这个故事发生在中国南方。最早确认故事发生地在南阳的，是东晋诗人苏彦的《七月七日咏织女》："织女思北沚，牵牛叹南阳……"尤能说明问题的是，20世纪70年代，在南阳白河西岸的白滩汉墓，发掘出一块"牛郎织女星座"汉画像石，可见苏彦言之有据。随县此时归辖南阳郡。写《荆楚岁时记》的梁人宗懔，祖籍就是南阳涅阳县。历史上，南阳原本属楚，且不说楚立国之初在淅川，春秋战国时期，伊洛以南均属楚。这一切说明，《牛郎织女》的故事集中地在荆楚一带。《荆楚岁时记》注文云："牵牛星，荆州呼为'河鼓'。"肖统《文选》中也有"河鼓"一说，其所指为银河，或许属作者理解之误也说不定。但为什么牵牛星叫河鼓？书中没有明确注释。随县人认为是河牯，就是雄性水牛。随县人把雄性黄牛叫犍子，雄性水牛叫牯子。这样理解"牵牛星为河牯"更接近真实。随县人以为《牛郎织女》故事发生在随县，也不无道理。

　　改编了的经典民间故事加入这种正能量的道德观，无疑对改善乡风民俗会起到积极作用。

第三节　会讲故事的女性增多

　　由于文化知识的普及，女性加入讲故事行列的人越来越多，在均川、柳林、三里岗等乡镇，"打锣鼓"女性参加则更受欢迎。出现这种现象的原因主要有两点：一是因为她们声调"娇呐"（好听），又没有抽烟、喝酒等不良嗜好，再如果儿女双全，给主家

"喜庆"更增加了几分吉祥意蕴，这时，即使演唱要价高点主家也乐意。二来加强家庭教育又成了目前的重大课题，妈妈、奶奶的脑子里都必须装有很多故事，才能适应孩子的求知欲。时势逼着人们去学习各种有趣味的知识。

厉山镇的故事大王就是一位 60 多岁的女性——吴厚珍。这里选录一段她讲的《好喝酒的老头儿》：

从前呢，有一个老头儿喜欢喝酒，每天喝，每天喝，喝得么事儿都搞不成事。他的老嬷嬷气得不得了，就把钱啦、酒啊、么家伙都收了，不准他再喝酒。老头儿就跟老嬷嬷说："你不准我喝酒可以，但有一头儿，从今以后，你不能当着我的面说那个酒字。如果说了酒字，你就必须搞酒给我喝。"嬷嬷满口答应了。以后几天里，嬷嬷都忍到，怎么都不说那个酒字。老头儿就急得不得了，这怎么搞呢，酒瘾又来了？就跑出去满道里晃。七晃八晃嘞，就碰到了两个朋友。两个朋友就问："你是怎么回事，闷闷不乐？"他就把这个情况说了。两个朋友说："没得事儿，我们来跟你想个门儿。"第二天，一个朋友提了个酒壶，另一个朋友拿了一把韭菜，相约到老头的家。老嬷嬷不认得他们，就问："你们叫个么事？到我家有么事儿？"其中一个朋友说："我叫张老九，他叫李老九，接你老头儿明天中午到我的屋里去喝酒。"说完他们就走了。老头儿一会儿就回来了。嬷嬷就跟他说："刚才有你两个朋友来找你。"老头问："他们叫么名字？拿了么东西？找我有么事？"嬷嬷就说："一个叫做张三六，一个叫做李四五，一个提着个扁扁子壶，一个拿着个扁扁子葱，请你明朝去过中。"老头儿一听，下那么大的功夫，她还是没说那个酒字，一下子气歪在地下，晕死过去了。他的嬷嬷一看，唉呀！老头儿晕死倒在地上了，就大声哭起来了，说："老伴唉！只说跟你是天长日久……"刚刚说了一个"酒"字，老头子一下子就从地上爬起来了，手一伸："拿酒来！"

故事像单口相声一样精彩！这类男女都会的幽默风趣的民间故事，随县人张口就来，有传承，也有即兴独创。

第九章　现当代文学艺术

随县现当代文学艺术发展迅猛。在文学领域，出现了顾学颉、冯放、李辉、余世存等在全国有影响的作家、批评家；在书法领域，出现了李树人、许学源、曾翔等誉满京师的大书法家；在音乐、舞蹈、绘画、雕刻方面也出现一些有影响的作品和人物。

第一节　文　　学

清末、民国年间有知名学者、作家、文人周国衡、黄建中、杨汝梅、谢石钦、周泽春、顾我等，他们都有一些著述在社会流传。

新中国成立之初，随县作家创作了一批反映劳动人民翻身解放和新生活的诗歌和曲艺作品。1958 年，创办《随县报》，不时刊载一些来自社会各界的诗歌、散文和文艺通讯。改革开放后，文学创作出现了井喷，取得了长足进步。

一、成长于本地的作家群

20 世纪八九十年代，是中国文学的黄金时代，随县本土作家没有掉队，率先发表短篇小说的是李永朝的《弃猫》，刊载于《长江文艺》1982 年第 10 期；第一部中篇小说是蒋天径的《妙龄正风流》，刊载于《传奇天地》1986 年第 6 期；第一部诗集是叶笑天的《温情的手掌》，1998 年 3 月出版；第一部长篇小说是张启涛的《乐魂》，由中国电影出版社 2003 年 9 月出版。此后，蔡秀词的《吹鼓手》、蒋天径的《天汉浴》、李旭斌的《布袋沟》系列等相继出版。诗集有罗爱玉的《我想送你半个天空》、熊欣的《温情的花朵》《春风十里》、李之莺的《新的生命季》、贺卫东的《不见不散》、殷永军的《乡土情深》、上官灵儿的《红尘执念》等，散文集有蒋坤远的《岁月留痕》、卢林洲的《随南山语》、周忠兴的《风从故乡来》等，在随县造成了很大的影响。

随县文学有以下几个特点：

(一)作者的"两栖性"

处于基层的业余作家，在生存上具有"两栖性"：创作只能出于爱好，属于副业；

主业必须要找一份养家糊口的工作。在文字写作上也具有"双栖性"：既要能搞文学创作，又要会写公文材料，而且重点要放在公文材料的写作上，所以真正在文学上有所造诣的随县作家，大多是单位办公室主任、宣传干部、政工干部、工会干部等；即使不是从事单位文字工作的作家，也要学会写各种应酬类的文稿，否则，就难以被社会接受和认可。

（二）创作内容上的草根性

从整体上看，随县作家的作品都带有浓烈的随县乡土气息。蔡秀词的《吹鼓手》，写的是一帮在农村做丧事的吹鼓手的生活；蒋天径的《天汉浴》，写的是一个农村老接生婆的传奇一生；李旭斌的《布袋沟》系列，反映农民的悲欢离合生活。殷永军的诗集《乡土情深》、卢林洲的散文集《随南山语》等都较真实观照了农村生活的方方面面。

（三）"多面手"写家

修炼多面手是时势发展的需要，也是随县作家的一种自觉修为。他们往往以团队的阵容出现，集中大家的智慧，创造大容量、多学科甚至具有抢救性意义的文化丛书。譬如大型《随县文化图典》丛书，全套 18 册，包括《随县农事劳作》《随县神农本草》《随县民间建筑》《随县传统器用》《随县匠作工艺》《随县岁时习俗》《随县民间礼仪》《随县方言字韵》《随县俚语俗谚》《随县乡土成语》《随县灯歌艺术》《随县地名掌故》《随县戏剧曲艺》《随县民间歌谣》《随县锣鼓演唱》《随县金石碑刻》《随县文物考古》《随县非遗概览》等，他们历时 6 年，集中了 22 名作者，最大者年龄 86 岁，最小者 36 岁，这种相差 50 岁的队伍结构，很好地优化互补了不同层面作者的阅历、学识、情志和精力，而且每位作者，本着热爱乡土、心系文化的一颗赤诚之心，跋山涉水，夜以继日，攻坚克难，深入民间走访调查 700 多人，其中 80 岁以上的 41 人，90 岁以上的 11 人。在缺少专业背景、缺乏文献资料的情况下，大家担当起别人不屑干、不愿干、不能干的事，虚心求教，刻苦钻研，集思广益，突破个人生活与知识的局限性，建立随县文化图典 QQ 群，在团队内部进行充分讨论，寻求共识。整个团队一盘棋，出行搭伴，记录互换，实行资源共享，较好地完成了这种浩繁的文化工程。湖北省社科院副院长刘玉堂先生看后评价说："据我所知，县这一级编写出版地域文化丛书的似乎还不多，像随县这样以图文并重的形式全面系统地介绍一个县域的文化，在全国或许还是首例。"他们自己也戏称是"旱喇叭派"（旱喇叭即乡下人吸的旱烟锅），是"握得住笔头，挥得动锄头；玩得了文字，下得了憨力；仰头够得着精英，俯身连得着草根"的人。扎实的田野考察、细致的民间走访，为他们积累了大量素材，写出了更多更好的文学作品。

二、在全国有影响的作家

（一）顾学颉

顾学颉（1913—1999 年），字肇仓，号卡坎，别署坎斋，湖北随县人，九三学社成员；历任西北大学、西北师院、湖北师院、民国大学讲师、副教授、教授、系主任及人民文学出版社高级编辑，1975 年退休；曾任国家古籍整理出版规划小组顾问、世界文学名著丛书编委，及中国古典文学学会顾问、元代文学会名誉会长，中国作家协会会员。

1935 年开始发表作品，出版有《醒世恒言》、《元人杂剧选》、《白居易诗选》（合著）、《元曲释词》（合著）、《说古道今》等编选、校注作品或著作 20 余种。1986 年由中国社会科学院出版社出版的《顾学颉文学论集》，收录历年所发表的论著 50 余篇，内容十分广泛，在文学艺术界影响深远。

（二）冯放

冯放，作家，文艺评论家。原名潘麒祥，笔名姚慧子、吕野邨、方觉等。随县吴山镇人。1938 年参加革命，同年加入中国共产党。1940 年代发表文学作品十多篇。1947 年进入东北解放区。曾任冀察热辽联合大学鲁迅艺术学院文学系教员（代管教学行政工作）、湖南大学中文系讲师、《湖南文学》执行编委、湖南省文联筹备委员会委员。1984 年任湖南省文联理论研究室主任、研究员，后任湖南省文联副主席、湖南省文学学会顾问、《芙蓉》杂志主编、全国毛泽东文艺思想研究会理事。主要著作有《论现实主义》（1983 年）、《冯放选集》（1998 年）、《冯放选集（续编）》（2000 年）、《文艺湘军百家文库——红叶方阵：冯放卷》（2000 年）、《论多元化》（2000 年）、《文艺论坛》（2003 年）等自选文论集。另有《鲁迅的思想与艺术》（上卷）、《中国现代文学思想史论稿》等未完稿作品。

（三）李辉

李辉，《人民日报》文艺部副主任、作家，1956 年 10 月出生于随县，1982 年毕业于复旦大学中文系，先后在《北京晚报》"五色土"副刊、《人民日报》"大地"副刊工作，曾在《新民晚报》《南方周末》《中国青年报》等副刊上开设专栏。出版有《萧乾传》《胡风集团冤案始末》《沈从文与丁玲》《巴金传》《黄苗子与郁风》《传奇黄永玉》《沧桑看云》《陈迹残影》《绝响：八十年代亲历记》等传记与随笔集。1997 年散文集《秋白茫茫》获首届鲁迅文学奖，1998 年由花城出版社出版《李辉文集》（五卷本），2001 年由大象出版社出版个人图文系列"大象人物聚焦书系"10 种。主编"金蔷薇随笔丛书"20 种、"沧桑文丛"24 种、"历史备忘书系"6 种，参与策划"火凤凰文库"24 种，另有《福斯特散文选》《走进中国》等译著出版。

（四）余世存

余世存，诗人，学者，1969 年 2 月出生于随县城郊，毕业于北京大学中文系。曾任《战略与管理》执行主编，《科学时报》助理总编辑。主持过十年之久的"当代汉语贡献奖"，被称为"当代中国最富有思想冲击力、最具有历史使命感和知识分子气质的思想者之一"。代表作有《非常道》《时间之书》《大时间》《老子传》《家世》等。

第二节　书　　法

在随县艺术领域内，真正领跑的是书法。1978 年出土的战国时期的曾侯乙编钟，其铭文一经面世，就轰动了书法界，很快就有人把它写进了中国书法史。当年由随县文教局副局长、书法家陈彦昭，受命用道临纸覆盖在编钟上，逐笔逐画临摹了钟体上的全部错金铭文，共 2828 个字。这种临摹需要巨大功力，左手必须按在冰凉的钟体上，右手捉笔不能有半点颤抖，屏住呼吸，一笔一画地细心描摹，经过 3 个多月，才最终完成。底稿现仍保留在他手上，另晒制了一份交给省博物馆。省博物馆有一位叫张秀的女士，在此基础上，再次临摹参展大获成功，而不求功利、深居简出的陈彦昭却默默无闻。曾侯乙编钟铭文的书法价值，正如郭沫若在《古代文字之辩证发展》一书中所讲："有意识地把文字作为艺术品，或者使文字本身艺术化或装饰化，是春秋末期开始的。这是文字向书法的发展，达到了有意识的阶段。"

在中国历史人物中，随县人在书法界誉满京师的人大有人在。一位是元朝的宣昭。《元史·文苑》载："宣昭，号艮斋，有雅行。精通古今，于天文、地理、阴阳、术数、百氏之学，无不谙诣，尤精翰墨，正书能备八法。"

另一位是李树人，清道光丁寅年拔贡，大书法家，尤工楷书。"京师以缣素求书者，积案盈箱，日不暇给，墨刻数种，人争宝之。"曾国藩亦嘱子向其学书。

民国时出了一位许学源，1911 年在武昌读书时参加了辛亥革命。民国初期在《北京新闻》《忠言报》任主笔、社长。1918 年担任县长，后弃政从医，与董必武交往甚密。在陪都重庆期间，为共产党的抗日民族统一战线做出了重大贡献。许学源的书法也曾誉满京师，重庆"抗战胜利纪功碑"就出自其之手。

曾翔，随县万和人，是当代誉满京师的大书法家，号称中国丑书第一。其实他的真草隶篆样样皆工。他在《书法还有批评吗》中讲："'丑书'是一种风格，是一种追求对流俗趣味的超越的真艺术。"

第三节　民间表演艺术

随州民间表演艺术品种很多，最受群众欢迎的是自古传承至今的"三独"："独角兽""独龙杠""独人轿"。独人轿靠男女两人来完成表演，男角表演时背上插一根长竹，竹梢上扎一顶轿盖，轿盖下有一女郎做各种情态表演。情节以爱情为主，动作依滑稽编排，两人踩着鼓点，和着音乐，惟妙惟肖地表演着农家人的那种幽默和欢乐，艺术效果很好。老百姓编的顺口溜说："竿子当轿，好看好笑；不是真轿，而是嬉闹。"讨的就是一个乐子。"独龙杠"是四人完成表演，用长短两根杉木杆交叉扎成十字形，两人抬着，一人掌着长杆后部，前杆表演者或扮成赃官或扮成媒婆或扮成白叉子（小偷之类），反正是个滑稽丑角，胸前用竹篾系着一个夜壶（过去陶制的歪嘴便壶），随着杆子的闪动，赃官乌纱帽的帽翅或白叉子破草帽的草带便忽悠忽悠地闪，夜壶也随着左右来去地摆，模样滑稽可笑。表演目的是针砭恶人。平时骂人说他"二杆子"，指的就是那个坐在十字杆前的角儿！独角兽表演是，一条黑布袋罩住头、臂，两臂向上伸直，两手合并于头顶，形成"独角"，再在裸露的肚皮上画出兽头，以双乳为眼，以肚脐为嘴，中间胃部画鼻，胡须是脐下腰间围的蓑衣或麻裙，与一帮娃子嬉戏玩闹，表现的是一种人与动物的和谐关系。

"三独"的民间文艺表演形式存在了多少年，目前无考，但却一派古风，深得民间喜爱。其名虽叫"独"，表演却是多角色、多形式，而且互动性强，参与率高，谁都可以上场露一手，优劣不论，自娱自乐。随州人强调团结精神，十分反感"吃独食""玩独班子"。"三独"的民间表演艺术，寓意就是贬独、反独、排独的，尤其是独角兽表演，人与兽融在一起，乐在一起，由此可见随县人良好的生态文化观。

"板凳龙"据说源于汉代，由"舞龙求雨"演变而来。能查到典籍的是在清朝末年。民国初年，经辛亥革命的重要人物林翼支先生提议，在舞大型龙灯时，让"板凳龙"参与伴舞，从而使得场面更热烈更好看。

板凳龙是用一条长 120 厘米、宽 15 厘米、高 60 厘米的板凳，在板凳的两端扎上红布做成龙头、龙尾，在板凳上面用红色与黄色的布缝成龙身，玩法在"穿、蹿、翻、转"四种动作中展开。

板凳龙的表演可由二、四、八个或更多的板凳龙同时进行表演，有一人一龙，二人一龙和三人一龙的不同玩法。目前安居镇以三人一龙为主，二人在前各执一条板凳腿，一人在后执一条板凳腿，随打击乐的节奏，或快或慢。舞得极快时只见龙在飞舞不见人在其中。花样有左穿、右穿、跳跃、俯卧、直冲、穿花、拜四方等；还有左右、上下翻滚，左摇右摆；前沉后跷；前俯后仰；侧滚翻转；执灯人斜线举板凳龙腿，有时换手，撒一只手转身移步，表现出龙腾虎跃以及翻江倒海之势。其动作粗犷，千变万化，充分展示了舞龙者的阳刚之气，欢快而热烈。

随县民间表演艺术作品还有《高跷舞狮》《跑旱船》《九莲灯》《大头和尚戏柳翠》《随县慢板》等，很受群众欢迎。

参 考 资 料

1. 邓云特：《中国救荒史》，商务印书馆 1993 年影印版。

2. 钱穆：《古史地理论丛》，生活·读书·新知三联书店 2004 年版。

3. 仓修良：《史记辞典》，山东教育出版社 1991 年版。

4. 南怀瑾、徐芹庭：《白话易经》，岳麓书社 1988 年版。

5. 方酉生：《随州西花园发掘简报》，《江汉考古》1991 年第 2 期。

6. 王彦坤：《路史校注》，中华书局 2023 年版。

7. 李穆：《三月三日寒食从刘八丈使君登迁仁楼眺望》，载《刘随州诗集》卷 5（四部丛刊本）。

8.《元史》卷 192《林兴祖传》，中华书局 2000 年版。

9.（清）文龄等修、史策先纂：《随州志》，同治八年刻本。

10. 左丘明著、李维琦等注：《左传》，岳麓书社 2001 年版。

11.《宋史》卷 291《宋绶传》，中华书局 2000 年版。

12. 胡平生、张萌译注：《礼记·祭法》，中华书局 2017 年版。

13. 沈括著、诸雨辰译注：《梦溪笔谈》，中华书局 2016 年版。

14. 胡震亨：《唐音癸签》卷二十五"十才子"条。

第五篇

医药文化域

第一章　中草药的采集与炮制

随县境内多山，历来出产药材，清同治版《随州志》载："……神农窟前，百药丛茂，莫不毕备"，可见药材之盛。中药主要来源于天然药及其加工品，包括植物药、动物药、矿物药及部分化学、生物制品类药物。由于中药以植物药居多，故有"诸药以草为本"的说法。中草药的药性，功用与药物采集的季节、炮制方法、储存方法及药物的品种、性味、药效等，都有着密切的关系。

第一节　随县中草药资源

随县北临桐柏山脉，南抵大洪山脉，其间为丘陵和坡地。两山中部为"随枣走廊"，境内中药材资源十分丰富，仅植物类中草药就有上千个野生和家养品种。随县药材早期集中产于随北桐柏山一带和随南大洪山一带，品种较多，产量较大，有些品种在历史上盛名远扬。据清同治版《随州志》记载，唐、宋时期，随州的中药材覆盆子列为贡品。如今随县境内仍有许多野生覆盆子。随县的桔梗、红头蜈蚣在随县历史上也是著名的中药材。蜈蚣成为随县主要上调和出口的药材之一，盛名远播。主产于桐柏山一带的万和、天河口、吴山的桔梗，被称之"桔梗之冠"，品质好，产量多。据《随县贸易志》记载：1952 年，因天旱造成粮食减产，政府号召农民挖桔梗，以补偿灾害损失，当年采挖桔梗有 30 多万公斤。1964 年桔梗收购量有 10 万余公斤。由于过度采挖，野生桔梗资源锐减，20 世纪 70 年代初转为农家培植，1970 年至 1975 年间，平均每年收购量仅 4.5 万余斤，市场供应、外贸出口均感紧缺。此后由于扩大种植面积，桔梗收购量有所上升，但仍不能满足需求。

随县中药资源丰富，也促进了商贸业发展。厉山镇聂同兴药店，澴潭义聚厚药店开创于清代中、晚期；安居樊永康、兰太生等药店也于民国初年相继开业，全县各大集镇都有药店和收购药材的行栈。行栈每于采药季节，代客买卖，主要品种有桔梗、苍术、柴胡、金银花、沙参、紫草、黄精、玉竹、蝎子、蜈蚣等 40 余种。

新中国成立初期，随县仍有很多私人中药商店。据《随县卫生志》调查，1956 年对私营企业改造前，全县（含今曾都区）私人药店达 402 家，其中专营药材者 106 家，兼医者 296 家。

据统计，新中国成立前，上市地产药材仅有桔梗、杏仁、柴胡、金银花、全虫、蜈蚣等 35 个品种。20 世纪 50 年代，收购品种增至 69 种。60 年代初期，收购品种增至 156 种。70 年代后期，收购品种增至 216 种。80 年代初收购品种增至 228 种。对市场需求量较少的木瓜、刺猬皮、冬瓜子、夜明沙、夏枯球、紫花地丁等 17 种三类药材，只限在洪山、三里岗、安居、厉山等地进行收购。

1951 年以前，随县家庭种植药材极少，仅少数农户在房前屋后植有杏树、木瓜树等木本植物。1956 年到 1981 年，为了增加集体和农民收入，各地先后从河南、安徽、四川、福建等省及省内襄阳、竹山、利川、光化、谷城等县引进生地、白芍、冬花、川芎、茯苓、泽泻、麦冬等药材种达 46 种，分别在安居、均川、洪山、草店、殷店等公社进行试种，还从房县、保康购进白木耳菌种，在洪山等地试种；有的公社还引种甘草、贝母、黄连，因不能适应环境而未获成功。

在野生药材资源逐年减少的情况下，吴山、三里岗、天河口、小林、草店、淮河等地对当地的桔梗、天麻进行人工繁殖且获得成功。

近年来，由于人们对野生资源的需求与日俱增，不合理的采挖使随县众多的野生资源和生态环境遭到严重破坏，有的药用植物物种处于濒危状态。昔日一些似乎取之不尽、用之不竭的常用药材已经踪影难觅。究其原因：一是价格的刺激，造成过度采挖，如大洪山的野生七叶一枝花、南沙参、百合、野牡丹越来越少，随北的野生丹参已不多见。二是生长环境，包括植被变化的影响，尤其吴山、万和、淮河等地大量开采石材，使这里的野生药材资源锐减。三是除草剂的广泛使用。

1978—1981 年，按照国家卫生部的要求，湖北省单独组织了一次全省的中药资源普查。据悉，这项工作主要由随县中药材公司承担，大约在 1980 年，由县中药材公司编辑出版了一本《随县中草药》。

全国第三次中药资源普查于 1983—1987 年开展。随州市商业委员会成立了由 7 人组成的普查小组，建立普查专班。据悉，具体承担普查工作的肖启明、刘明才是长期从事药材收购工作的人员，经过近两年的调查，查出随州各种中药材达 1107 种（涉及植物 737 种，动物 116 种），其中名贵药材有蜈蚣、全蝎、桔梗、贝母、天麻、金银花、苍术、射干、连翘等 20 余种，新增品种 881 种。

随县独具地域特色中草药有号称"随桔"的桔梗、鄂北贝母、文王一支笔、红头蜈蚣、覆盆子、神农大白艾等。

随县桔梗为多年生草本植物，以根入药，有开宣肺气、祛痰排脓功效。桔梗喜阳光，对土壤要求较严，一般以沙质土和腐质壤土为佳，因而多生于山坡、沟旁等地。主产于桐柏山一带的万和、天河口、吴山的桔梗，被称之"桔梗之冠"，故称"随桔"，随桔有一个重要特点就是横截面呈"菊花芯"状，这种桔梗品质好，产量多。

鄂北贝母是清热、化痰止咳的良药。大洪山和随北产的贝母，科研人员命名为鄂北贝母和紫花鄂北贝母。1981 年开始，湖北省中药材公司科研所对上述两种贝母进行了理化分析。结果表明，大洪山产的鄂北贝母总生物碱含量达 0.410%，除低于紫花鄂北贝母外，高于湖北其他地区产的六种贝母，也优于全国其他贝母，药效甚佳，在全国享有盛名。鄂北贝母为多年生草本，鳞茎粗大，多达 50~60 片，最少 20~30 片，高于其他贝母。花期 4~5 月，果期 5~6 月。8~9 月鳞茎栽培，0.5 公斤种子一年可收获 1.5 公斤鲜贝母。鄂北贝母多为淡黄色或乳白色。唤狗山一带野生资源较多。

文王一支笔，学名寄生黄，民间叫回死草，就是能让人死而复生的意思。文王一支笔具有止血生肌止痛的功效，用于治疗胃病，鼻出血，妇女月经崩漏，痢疾，外伤出血。药名源自周文王游览神农故里，在批阅奏折的时候不慎将毛笔落入悬崖，却生出此名贵中药材。又因这种植物为寄生植物，常寄生在其他植物的根部生长，所以又有"借母还胎"之别名。

红头蜈蚣，又名天龙、百脚虫，性喜阴湿，多栖息于石头、树林烂叶之中。中医以干燥全虫入药。辛，温，有毒。有抗肿瘤、止痉、抗真菌作用。主治中风、破伤风、百日咳、结核、疮疡肿毒、痔漏、烫伤等。红头蜈蚣药效最佳。李时珍在《本草纲目》中说："头、足赤者良。"大洪山是红头蜈蚣的盛产地。清明至立夏之间是捕捉的最佳季节。每当下雨打雷、闷热暴雨前，蜈蚣外出活动频繁，最好捕捉。

覆盆子，据史料记载，唐、宋两朝，覆盆子是随州的贡品之一。覆盆子是一种蔷薇科悬钩子属的木本植物，有很多别名，是一种野生水果，果实味道酸甜，植株的枝干上长有倒钩刺。覆盆子的果实是一种聚合果，有红色、金色和黑色，在欧美作为水果，在中国大量分布却少有人食用，仅在东北地区有少量栽培，市场上比较少见。覆盆子油属于不饱和脂肪酸，可促进前列腺分泌荷尔蒙。覆盆子有补肝益肾、固精缩尿、明目功效，主治阳痿早泄、遗精滑精、宫冷不孕、带下清稀、尿频遗溺、目昏暗、须发早白。《本草经疏》曰："覆盆子，其主益气者，言益精气也。肾藏精、肾纳气，精气充足，则身自轻，发不白也。"

神农大白艾又名随州大白艾、冰台、艾草、香艾、白蒿、白艾蒿。随县艾草资源丰富，因其独特的地理环境和气候，质量上乘，相关检测结果表明"大白艾"各种成分明显高于全国其他产地的艾叶。目前野生大白艾年产 3 万余吨，占全国野生艾草的 1/

3。种植面积超 2 万亩。随县艾草企业 10 余家，艾灸馆 100 多家，年加工艾草 1000 多吨，产值在 1 亿元以上。神农大白艾香味浓郁，全草可入药，端午节前后采收的艾草挥发油含量最高，质量最优，艾绒含量也明显高于其他地区，有"艾中之王"的美誉。大白艾被作为药物记载，始见于梁代陶弘景的《名医别录》，比该书更早的汉代典籍《神农本草经》也记载了"白蒿"，据考证白蒿就是艾叶。随州艾草的主要特征就是艾叶背面的颜色呈白色，具有典型的独特地理标志特征，故被誉为"神农大白艾"。

第二节　中草药的采集

植物的根、茎、叶、花、果实、种子或全草，都有一定的生长成熟时期，应适时采挖；动物亦有一定的捕捉与加工时期。因为动植物在其生长发育的不同时期，药用部分所含的有效及有害成分各不相同，因此中药的采收时节和方法必须适当，才能确保药物的品质。如果不依时采收，可能导致药效不足，虽有药名，却无药实，达不到治疗效果，枉费了人工，毫无裨益。

有些药物适宜新鲜使用，而有些药物则愈陈久药效愈强，所以药物的合理保存也应得法。

随地常见中草药采收时间列举如下：

随县桔梗为多年生草本植物，多生于山坡、沟旁等地。春秋二季采其根，洗净晒干便可药用。

全草带根 3—5 月采集的有荠菜；4—5 月采的有金钱草、紫堇；5—8 月采的有地丁等。

全草春季采的有细香葱、山莴苣；6—7 月采的有半枝莲；6—9 月可采的有三白草、鸡眼草、夏枯草、浮萍、斑地锦。春夏采的有蒲公英、肥猪苗；夏天采的有青蒿、荆芥、骨节草；春秋采的有苜蓿、卷柏；夏、秋采的有龙葵、地锦草、狗尾草、鬼针草、鹅掌草、路边草。9—10 月采的有水芹、石见穿、龙须草、灯芯草、夜关门；全年可采的有凤尾草、天葵等。

全草或根夏、秋采的有大丁草、马兰、马齿苋、车前草、毛茛、牛筋草、一味药、虎耳草、败酱草、翻白草、藿香、鱼腥草、水葫芦。全草带花夏、秋采的有打碗花；全草带果实夏、秋采的有老鹳草等。

根茎春、秋采的有虎杖、知母、黄精；夏、秋采的有鸢尾；春天采的有野胡萝卜根；8—9 月采的有土人参；8—10 月采的有白菖；秋季采的有银柴胡、鲜地黄；初冬采的有板蓝根；秋、冬采的有土贝母、天南星、天门冬、白术、百合；冬、春采的有天麻、丹参；春秋采的有龙胆、白头翁、地骨皮、苍术、苦参、射干；根、叶夏季采的有地榆、苍耳；块根5—6月采的有延胡索；块茎7—9月采的有半夏。

花2—3月采的有迎春花；4—5月采的有金银花、白茅花；4—6月采的有玫瑰花、蔷薇花；夏季采的有木槿花、旋花；7—10月采的有马鞭草、鸡冠花、桂花等。

幼果5—6月采的有枳实；果实6—8月采的有蛇床子；8—9月采的有八月札、牛蒡子；9—10月采的有木瓜、白果、茴香；秋季采的有山楂、皂荚、金樱子、黄荆子、野八角；冬季采的有女贞子、五味子、橡实；果皮秋季采的有石榴皮、花椒等。

种子夏季采的有杏仁；7—10月采的有牵牛子；秋季采的有油桐子、胡桃仁、荞麦、蓖麻籽等。

茎、叶春、夏采的有山麻杆、繁缕；夏、秋采的有胡枝子、淫羊藿、薤菜。叶4—5月采的有牛舌草；春、夏采的有艾叶、侧柏叶；夏、秋采的有木芙蓉；9—10月采的有白果叶、紫苏叶。皮夏、秋采的有合欢、紫荆皮等。

全年可采的有石花、夹竹桃、枇杷叶、油茶根皮、柏树叶、接骨木、紫竹根等。

第三节　中草药的炮制

中草药炮制古称"修事"，是药物在应用或制成各种剂型前，根据医疗、调制、制剂的需要而进行必要的加工处理的过程。炮制的目的在于纯净药材，便于调剂制剂；干燥药材，利于贮藏；矫味、矫臭，便于服用；降低毒副作用，保证用药安全；增强药物功能，提高临床疗效；改变药物性能，扩大应用范围。

常用的炮制方法包括水制、火制、水火共制。水制如洗、漂、泡、渍、水飞等，火制如煅、炒、炙、炮、煨、烘、焙等，水火共制如煮、淬、蒸等。在炮制当中，还会用到一些方法，可以改变药物本来的性质，减少药物本身的腥臭苦味，降低毒副作用，增强其有效性及安全性。

到了现代，为了更方便快捷地为病人服务，临床应用更多的是中成药，用中药传统制作方法制作的有蜜丸、水丸、冲剂、糖浆、膏药等中成药；用现代制药方法制作的有中药片剂、针剂、胶囊、口服液等。

第四节　制　　剂

新中国成立以前，随县除中药店自制部分膏、丹、丸、散外，无专业药厂。1959

年8月，随县中药剂公司兴建中成药制药厂，至1978年，有职工35人，主要设备22台(件)，房屋面积2900平方米。设有粉碎、熬煮、制剂、包装、修理等6个车间，可生产针、片、膏、胶、糖浆6个剂型药，年产值35万元。但因药品质量不佳，多年来未能纳入国家计划。1980年药厂停产整顿，1984年1月正式纳入国家计划，职工增至76人，年产值100万元。县一医院制剂室建于1957年，至1985年，主要设备有多用蒸馏器、重蒸馏器、离子交换帮口封瓶机、消毒机、消毒柜、粉碎机、震动机、真空泵、叠丸机、冲压机、电烘箱、不锈钢夹层电冰箱、压片机、糖衣机、筛粉机等48台(件)，能根据临床需要生产灭菌制剂、中药剂、西药制剂等中西药品10个剂型80个品种，年产值35万元。

区、镇卫生院制剂生产始于1969年，为了解决资金不足问题，各地开展中草药"三土四自"(土医、土药、土药方；自采、自种、自制、自用)群众运动，采集野生药材，建立药材生产基地。到1977年，卫生院、卫生所共办药厂74个，生产针剂400余万支，片剂6000万斤，膏、丸、散5620斤，总产值112万元。除中草药制剂外，化学药品和生物制品有复方氨基比林注射液、维生素C注射液等。因设备简陋、技术力量薄弱，不能保证药品质量，1980年后，国家停止卫生所、卫生室制剂生产。县医院、区(镇)卫生院自制产品，须经市药品检验合格后由卫生局批准生产。无检验报告的药品一律不准生产、入库、使用。

1985年7月1日正式实施《中华人民共和国药品管理法》，卫生部门对制剂单位进行了整顿，获取"制剂许可证""灭菌制剂、中药制剂、西药制剂许可证"的单位有第一人民医院及洪山、厉山、均川、殷店、三里岗、新街、何店、淅河、万店、万和、安居11个卫生院，获取"西药制剂许可证"的有洛阳、小林、草店、淮河等4个卫生院。以上计有制剂人员198人，产值73.5万元。自2011年起，随县所有县镇医院都不能自行制剂，统一在"湖北省基本药物集中采购平台"采购。

随县从事中药材种养企业20余家，有医药相关企业10余家，其中中医药生产企业5家(2家为规模化中成药生产企业)，中成药生产品种100余个。健民叶开泰开发的"七蕊胃舒颗粒"，为湖北近年来首款创新中药。双星生物自主研发的可吸收骨替代材料打破国外长期垄断，达到进口产品同等水平。万松堂已经开发了100多种茶疗食疗理疗相关的养生保健品。随县已初步形成了医疗器械、医用敷料、医药制剂、中成药制造、药用包装、保健食品等门类的医药工业体系。

第二章　医药人才

炎帝神农是中药始祖，随县是最早的中医发源地。在浩瀚的历史长河中，随地名医应该不少，但留下历史记载的并不多。

第一节　民间医疗

远古时期，由于自然环境恶劣、生活条件艰苦，先民面对疾病时束手无策，经常会被病魔夺去生命。人们经过探索发现，动物受伤之后会深入山林啃食草木疗伤。炎帝神农因此受到启发，决心以身试药、分辨药性，更立下"遍尝百草、以疗民疾"的宏愿。他走遍山山水水，品尝各种植物的根、茎、叶、花、果，看它们是苦是甜、是寒是热，逐步摸索出能救治先民的草药，掌握了最初的医术。

炎帝神农长年累月地跋山涉水，尝试百草，每次中毒后，发现嚼几片茶叶就能解毒，而那时因为粮食不足，全靠在自然界寻找食用植物充饥，中毒情况时有发生，于是，他教子民们养成吃茶的习惯。但是有一次，神农带领子民们来到炎陵这个地方，他见到一种开着黄色小花的小草，那花萼在一张一合地动着，他感到好奇，想知道这种植物是不是药，对人体有没有什么好处，就把叶子放在嘴里慢慢咀嚼。一会儿，他感到肚子很难受，还没来得及吃茶叶，肚肠就一节一节地断开了，原来是中了断肠草的毒。为纪念炎帝神农为人民做出巨大的贡献和牺牲，后人经过整理，将神农所记录下来的药物命名为《神农本草经》。

在随州佛、道医术高明者也比比皆是，在唐朝有紫阳道人，他在仙城山餐霞楼修炼，道术高明，门下禀训弟子 3000 多人，官至西京太微宫使，常以丹药为人治病，死时本郡太守出郊相迎，全城出动，来参加他的葬礼、瞻仰他遗容的有上万人，可见影响广大。

宋朝的名医记录较多，宋朝何大任著的《小儿卫生总微论方》及刘昉著的《幼幼新书》里，详细介绍了一位"汉东王先生"，他有王氏之心法，口授之秘诀，其方为《家宝》，附录秘传小儿方 32 种，对婴幼儿各种病症深得其法。

北宋的大科学家沈括是位有心之人，他在《苏沈良方》里记录了他在随州碰到的一件事："以木炭皮为细末……予在汉东，乃目睹其神。有刘晦士人，邻家一儿误吞一钱，以此饮之，下近岁累有人言，得此方之效，不复悉载。"在他的《梦溪笔谈》里还记录到随州一位名医叫蔡士宁的，能以息石为人治精神狂躁症。

据同治版《随州志》记载，宋朝随州道人唐守澄幼年入武当做道士，能预言别人吉凶，大多应验，人称"唐风仙"，道行很高，常用一点墨、一片纸就可以为人治疗奇特的疾病，度化了弟子一百多人，为人治病无数。

明朝嘉祐末年的随州僧人智缘，尤擅医学，善《太素脉》，他每次一把脉，就知道别人的贵贱和吉凶，诊父亲脉而能道其子之吉凶，他的预言就像神仙一样准确，可算是医学奇人了。

在缺少医药的年代，随州民间中医大多采用拔火罐、针灸等方法为人治病。拔火罐一般普通的玻璃罐子就可以充当工具，用纸或棉球烧掉罐内的氧气，在罐内绕一圈再抽出；迅速将罐罩在应拔部位上，即可吸住。玻璃罐质地透明，便于观察拔罐部位皮肤充血、瘀血程度，从而掌握留罐时间；是目前临床应用最广泛的罐具，特别适用于走罐、闪罐、刺络拔罐及留针拔罐；一般留置 5~10 分钟，多用于风寒湿痹、颈肩腰腿疼痛。走罐罐口涂万花油，将罐吸住后，手握罐底，上下来回推拉移动数次，至皮肤潮红；用于面积较大、肌肉丰厚的部位，如腰背；多用于感冒、咳嗽等病症。闪罐罐子吸住后，立即拔下，反复吸拔多次，至皮肤潮红，多用于面瘫。刺络拔罐先用梅花针或三棱针在局部叩刺或点刺出血，再拔罐使罐内出血 3~5 毫升，多用于痤疮等皮肤疾患。

针灸是一项中医临床治疗性操作，包括针刺和艾灸两种具体操作方法。针刺是指采取金属针具刺激人体穴位，艾灸则是通过艾炷燃烧的温度刺激人体穴位，有微创、有效、安全、简便的临床特点，对多种临床疾病特别是慢性疼痛疾病如腰椎间盘突出、坐骨神经痛，中枢及外周神经损伤如脑梗死、脑出血、面瘫，关节疾病如风湿性关节炎、类风湿性关节炎等有着较好的临床疗效。

原随县万店镇人董高发与董健父子二人耗费数十年心血，在总结前人基础上，编写《中医经典》一书，2010 年由人民卫生出版社出版，全书既叙述了古今名医对 300 多种常发病、普发病的病理、病机及症状的论述和治疗方法，还收集整理了 1000 多个秘方和单方。

第二节　中 医 人 才

新中国成立前，随县城镇从事中医中药各家皆以"商号"开业，店主多懂医术。乡、村、集镇也有不挂牌号的药铺(店)，一般资金及规模有限。中医分为内科、外科、妇科、麻痘科、眼科等专业。病人求治名医，需送"脉礼"(钱或物资)、"发脚礼"(相当于出诊费)，有的还要轿抬马接。有的中医受药铺聘请，坐堂行医，按月或按药单得薪。也有亦农亦医者，平时在家种田，逢集到药铺坐堂接诊。城乡还有草医、游医及挑药担串乡者。

抗日战争前夕，城内较为知名的中医有马时若、马仲卿(青)、马眉白(梅白)、晏清若、谢治华、姚舜五、杨相臣、杨汤记、黄季怀、魏连成、冯仲仙、冯伯贞、晏厚生、吴文山、吴华洲、彭独倚、彭瀛洲、杨德轩、彭鸣岐、邓春波、郭峰九、郭玉山、刘道之、余即清、王培之、许香阁等。乡镇中较为知名的有安居吴崇安(内科)、王店刘福五(外科)、万店万省三及陈达五等人。

各类史书上有关随县名医小传摘录如下：

朱方旦(？—1682年)，清康熙时随州人，自称"二眉道人"，年幼就十分聪慧，青年时代饱读诗书，既精通儒家经典，又畅晓诸子百家，并对医学很有研究，医术高超，在当时很有名气。文渊阁大学士李光地在《榕树语录》中记载过他当时的盛名。由于他给人治病出怪招，尤其对"心之官则思"的理论提出挑战，认为"头脑是思维的中心"，因此被朝廷称为"随州妖人"，于康熙二十一年(1682年)以"诡立邪说，煽惑愚民"罪被捕处死，其三名弟子也被处决。朱方旦写下了两本医书，分别为《中补说》和《中质秘书》，均在此次劫难中全部销毁。

马仲青(？—1943年)，著名中医。城郊人。清末秀才。他对《伤寒论》《温病条辨》《医药》甚有见解，时方、经方兼长。

晏一清(1861—1932年)，著名中医。字清若。清末秀才。擅长内科，对《伤寒论》《金匮要略》颇有研究。著有《伤寒论补注》。

陈达五(1879—1942年)，万店塔儿塆名医。年轻时到上海学习"灵子术"，苦练中医、推拿、按摩、气功。医术精湛，闻名遐迩。其治医学，经方、时方兼蓄，主张药味少、剂量重，博采群方。穷人看病，不收分文，甚至解囊相助；对富人求医则藐而视之，不为重金厚礼所动。

李继昭（1880—1937 年），著名中医。号车明。安居人。善书魏碑。1919 年任甘肃省督军公署军医科长。1923 年在西安行中医。1934 年任湖北省中医学校校长。

许学源（1886—1972 年），又名朝海、化阳，字觉园，号大洪山人，三里岗籍。1911 年在武昌读书时参加过辛亥革命。民国初期在《北京新闻》《忠言报》任主笔、社长。1918 年后任县长。1937 年弃政从医，次年至重庆与董必武交往甚密，为中共重庆地下组织开展抗日民族统一战线工作。书法自成一格，重庆"抗战胜利纪功碑"为其手迹。新中国成立后任重庆中医研究院顾问、文史馆馆员，在西南医药研究所主编医药书刊。著有《采风录》。

马眉白（1908—1980 年），亦名梅白，名济瀛，随州人。1925 年在湖北省立第八中学（前身为德安府汉东中学）毕业，任随县县立第一小学教员。1936 年随父学医，后在汉口、随县行医。1952 年至孝感中医进修学校进修，后为随县人民卫生院中医师。1956 年调襄阳专署卫生进修学校任教，不久为襄阳地区人民医院中医师。其方"联耳散"、"万应膏"（治皮肤病）、"清脑散"（治结核性脑炎）、"牙痛水"等，皆有效验。

1930 年前后，全县从事中医中药专业者有 180 余人，1940 年前后有 210 余人，1949 年增至 315 人。

随县吴山桂花树"杜氏眼科"至今已传 13 代，《眼科十门症》世代相传，新中国成立后，继承人杜基正、杜绍良采用祖传秘方八宝金膏治疗巩膜、偏风下陷、眼珠起泡以及风水火目等疾，疗效显著，就诊者络绎不绝。

1964 年，吴崇安老中医撰有《温病条辩歌括》付印成册，约 2 万字，在县中、西医界发放。

1974 年，杨志契、吴治健、陈明信合编《中医讲义》（上、下册，约 40 万字），作为全县中西医培训教材，总发行量 1 万余册。

随着时代的不断发展，西医渐渐成为主流，中医渐渐减少，并走向衰退。所幸近年由于中医在疫情和一些抗癌治疗中的突出表现，随着世界卫生组织对中医的认可，中医也在慢慢地重回大众的视野，被重新重视起来。

第三节　西医队伍

西医西药于清同治、光绪时随天主教、福音教传入随县。光绪十二年（1886 年），英国基督教循道会差会"华中平信徒布道团"委派毛粹章（华名）到德安府（今安陆）开办医疗事务。同年，英人任修本（华名）等从德安府沿府河上溯，先后在唐县镇、梁家塆施药布道，修建教堂。光绪二十一年（1895年）随州建教堂，成立联区。各教堂除布道外，还宣传西法治病、接生、施舍药物。光绪三十年（1904年），英牧师李春华（华名）夫妇在县城福音堂设立简易药房，问病发药。1925年，雷德道（淅河人，汉口大同医学堂毕业）来药房工作，始有华籍医生。1928年，西医李绍白接手福音堂药房，将其改建为普爱医院。

1938—1947年，省及随县政府先后设立过4所医院，1947年12月，全县有公立卫生机构2处，卫生技术人员42名，正规病床40张。因社会动荡，西医药个体开业者迁徙频繁。

1950年后，通过学校培养、函授培训和自学等方法，国家卫生部门西医卫生技术人员不断壮大。

1950年初，国家正处于经济困难时期，广大农村医疗条件艰苦，医疗资源极度匮乏，为了解决基层百姓的医疗需求，经过广泛组织与业务培训，赤脚医生们为广大农村人民提供了及时有效的医疗服务。一般每500人左右有1名赤脚医生，每个大队有1名女赤脚医生。他们带着简陋的医疗工具和药品，在农村的每一个角落，为病人检查身体，开处方，甚至开展小手术。由上海中医学院、浙江中医学院等集体编著的《赤脚医生手册》，成为赤脚医生行医的标准指导手册。他们亦农亦医，其报酬，实行工分加补贴，略高于同等劳力。中国的"赤脚医生制度"曾被世界卫生组织和世界银行誉为"以最少的投入，获得了最大的健康收益"的"中国模式"，在长达30年岁月里，赤脚医生在农村基层医疗方面做出了重要贡献。

1950年建立县人民政府卫生院时，仅有西医卫生技术人员15名。1952年组建区医疗卫生所，从社会上吸收了一批个体开业西医，国家西医卫生技术人员增至104人。1958年建立卫生防疫站、卫生学校和妇幼保健所，西医卫生技术人数增至174人。1980年后，国家落实培训提高措施，鼓励自学成才，开展技术职称晋升晋级评定工作，加上人口猛增的现实需求，使得西医队伍迅速扩大，逐年递增。

第三章 医疗机构

清代，随州有"医学"，当时的制度是府设正科（从九品），州设典科，县设训科，主管医事。随州知州设医学典科一人。但那时由于医疗条件差，从医人员少，再加上人们的物质生活状况差，随县人民基本过着"小病靠扛，大病靠躺，重病等着见阎王"的生活。

1938年，省政府卫生处在随县设立第三区卫生戒烟医院，为省内最早设立的公立医疗卫生机构。1941年更名为三区卫生院，次年改组为随县卫生院。1947年，省卫生处在随县设立省立随县医院，有病床100张。1948—1949年，各县医院大都溃散，机构消失。直到新中国成立，此种状况才得以改变。

随县的医疗机构经历了从无到有、从少到多、从落后到先进的发展，随县人民医疗条件有了极大的改善和提高。

第一节 随县第一卫生院变迁

在随州城内的带溇阁社区，至今还有老人记得随县第一卫生院是如何一步步从无到有、从小到大、从大到强为人民救死扶伤的发展历程。

20世纪初，英国基督教会传教士李春华携家人来到随县，负责随县联区。当他看到处于清末的随县人有病无处医的困境，便决定在随县开办一家药店。1904年，在随县城区，一个叫福音堂的药店兼诊所开始了它的救死扶伤之路，同时也开启了随县医疗史上的西医之门。

1928年底，从英国学成归来的西医李绍白被委以重任，湖北教区派他来到随县，将福音堂药房改建为普爱医院。李绍白以他在英国所学，结合随县条件，分别建成男女特别病室、普通病室和员工寝室，开设病床40张。科室设置内科、外科、化验室、手术室、标本室。经过不到一年时间的筹建，第二年就开始收治病人。李绍白任副院长兼医生，可开展下腹部手术和产科助产术。1932年，霍乱流行，李绍白安排医生在县城、唐县镇组织设立防疫处，施行预防注射，挽救了数百名随县人生命。

　　1949 年，当随县人沉浸在欢庆新中国成立之际，随县人民政府决定建立"属于人民的医院"，邀请已调到汉口协和医院工作的原随县普爱医院院长李绍白回随，组建"随县人民政府卫生院"，李绍白第二次被委以建院的重任。当时的地址在南关口东侧，靠着平房 5 间，职工 10 人，病床 10 张起步。李绍白任院长兼医生，带领医院一步步从小到大，艰难成长。1950 年底迁址位于带涢阁社区的南关天主堂分社，次年接手普爱诊所。到 1955 年更名为随县第一卫生院时，已有职工 67 人，病床 69 张，设有五大科室。1984 年，县市合并，更名为随州市第一人民医院，后更名为随州市中心医院，并被授予"三级甲等医院"。医院逐步发展和壮大，医疗条件和治病能力得到进一步提升。

第二节　随县中医医院的发展

　　随县中医医院始建于 1958 年，是一所全民所有制二级甲等中医医院，原名为厉山镇卫生院，后几经扩建，于 2011 年 5 月经省卫生厅批复设置为随县中医医院，担负着全县中医药的研究、开发及医疗、预防、保健任务，同时担负着原厉山镇卫生院的一切职能。医院占地面积 30 余亩，开放病床 247 张，在岗职工 229 人。

　　医院拥有省级中医重点专科 1 个，市级中医重点专科 4 个，市级临床重点专科 6 个，是湖北省人民医院技术协作医院、湖北省老年友善医疗机构，为随县结核病、精神病定点救治医院，在"323"攻坚行动中承担着随县脑卒中防治中心、慢性呼吸系统疾病防治中心、精神卫生防治中心工作职能，是随县医疗服务的核心机构之一。

　　该院在结核病和精神疾病治疗方面，填补了随县公立医院救治机构空白，在骨伤科、心血管科、重症医学科等领域取得突破性进展。医院致力于将中医药特色优势贯穿于医院服务全过程。

　　同时，医院还承担了湖北中医人才培养的重任，作为"湖北省基层卫生人才能力提升培训基地""湖北中医药大学实习医院""湖北中医药大学就业基地"等，每年培训学员三百余名，成为省域中医人才培训的摇篮。医院先后被评为"湖北省抗击新冠肺炎疫情先进集体""全国五四红旗团支部"等荣誉称号。

第三节　随县人民医院成立

　　随县人民医院是一家崭新的现代化公立医院，集医疗、急救、康复、保健、预防、科教于一体。随县人民医院的成立，极大地提升了随县的医疗资源和医疗档次，为随县近百万人民的就医提供了更好的医疗条件，逐渐成为随县的医疗中心。

为更好地整合医疗资源，加快医院发展，医院成立之初，随县人民政府与随州市中心医院(三级甲等综合医院)签订托管协议，由随州市中心医院全面托管，托管期限20年，随县人民医院加挂"随州市中心医院炎帝院区"牌子。通过托管方式，发挥市属三级医院技术和管理的优势，帮助、提高随县人民医院的医疗服务能力和水平。

随县人民医院以"传承神农医道，仁爱奉献为本"为院训，秉承"严谨、求实、创新、奉献"办院理念，与老随县人民医院(今随州市中心医院)既源远流长，又一脉相承，神农普爱文化是两院共同的根。

随县人民医院在岗干部职工226人。其中，博士2人，硕士25人；正高级专家5人(教授2人；二级主任医师1人，三级主任医师1人)，副高级专家20人；研究生导师2人；享受省政府特殊津贴专家1人；市级学科带头人3人；国家级、省级、市级专业委员会学术兼职人员25人(其中，市级学会主任委员3人，副会长及副主任委员5人)。

医院投资6000多万元配置医疗设备。已购置进口64排螺旋CT、口腔CT、直接数字化X光机、高清彩色超声诊断仪、全自动检验流水线等先进诊疗设备和信息化软硬件。随县人民医院特色科室有消化内科，是集医疗、教学、科研于一体的临床科室，技术力量雄厚。

随县人民医院的建设与发展为完善随县乃至随州市医疗服务体系建设发挥了重要作用，极大地促进了紧密型医疗联合体和医共体的建设与发展。

第四节　随县第二人民医院及其他医疗卫生机构

随县第二人民医院前身为洪山县医院。1950年5月成立，时称洪山县人民政府卫生所，有房屋8间，职工8人。江山为第一任所长。同年10月改称洪山县人民政府卫生院，1955年改为随县第二卫生院，1958年后为区(社)卫生院。1980年更名为随县洪山医院，为县级地段综合医院，担负洪山镇及邻近区、乡医疗卫生、防疫保健、计划生育指导工作任务。1982年，医院自筹资金21万元，在龙沟湾南兴建门诊大楼，建筑面积1598平方米，全院房屋面积增至6035平方米。住院部分设大内科、大外科、传染科、中医科，门诊部设中医门诊、西医门诊、中药房、西药房和放射室、检验室、超声波室、心电图室、针灸室、理疗室、换药室，其他辅助科室有手术室、供应室等。1985年，全院职工153人，在111名卫技人员中，有"师"级职称者20人。

　　1997年12月医院被湖北省卫生厅评审为"二级乙等医院"，2011年12月被湖北省卫生厅评审为"二级甲等医院"。医院逐步扩大，占地面积21775.8平方米，建筑面积11000平方米，建有住院一部、住院二部、门诊楼和医技楼，开放床位300张，业务用房面积11000平方米。2000年8月，"随县第二人民医院"在此挂牌。现有在职职工238名，其中正高级1人，副主任医师级26人，中级职称96人，卫生专业技术员占全院职工总数的87%以上。

　　武汉协和医院骨科医院向随县第二人民医院授牌"湖北省骨科专科联盟"，标志着随县第二人民医院正式成为该联盟的一员，在医疗资源和实力上有了进一步的发展。医院先后被湖北省卫生厅授予"卫生文明单位"，随州市委市政府、曾都区委区政府、随州市卫生局等授予"先进单位""药品质量信得过单位""消费者满意单位""曾都区文明单位""随州市文明单位"等。

　　随县妇幼保健院由政府兴办，是不以盈利为目的，具有公共卫生性质的公益性事业单位，为妇女儿童提供公共卫生和基本医疗保健服务的二级甲等专科医院，面向基层，以预防为主，围绕女性的整个生命周期，关注0~6岁儿童生长发育，切实保障母婴安全。目前承担的主要职能包括：提供妇女保健、儿童保健、健康教育等公共卫生服务，以及与妇女儿童健康密切相关的基本医疗服务，开展妇幼保健技术培训、业务指导、检查考核、健康教育、信息管理、科学研究、适宜技术推广等工作。设置妇女保健科、儿童保健科、项目办、体检中心、生殖中心、妇产科、儿科、麻醉科、药剂科、检验科、心电图室、超声诊断室、放射科、手术室、消毒供应室、行管后勤等科室。全院在岗职工56人，其中高级职称3人、中级职称13人。

第四章　中西医结合

新中国成立初期，人民政府即提倡中西医团结合作，防病治病。随县采用与中医订合同的办法，邀请中医会诊、中医进修，增加生理卫生、传染病、流行病、地方病等基础科学知识的培训。1956 年首次组织西医学习中医中药知识，应用中西医结合的方法防病治病。1958 年，卫生系统掀起"西学中"群众运动，要求人人学针灸，举办中医讲座，普及中医中药知识。1959 年连续召开中医经络针灸座谈会、"西学中"经验交谈会。

1971 年，全国中西医结合工作会议后，"西学中"以在职学习为主。1972—1978 年，县人民医院在普遍组织西医学习中医中药知识的基础上，定专人、定病种、定方案、定资料积累和药品供应，组织中西医共同查房诊治，培训"西学中"骨干力量。1977 年，县医院被省定为第一批试办的中西医结合医院。至 1978 年，全院 90% 的医生能用中西医两法防治一般疾病，有的西医能初步运用辨证施治的方法治疗本科室中西医结合病种。护士一般能掌握针灸知识。全院共整理出 30 个病种的中西医结合诊断、治疗、护理方案。1979 年，县人民医院中西医结合的论文中，有 11 篇刊登在国家科委和省医学杂志上，并参加国家、省、市学术会议。

1980—1985 年，按照中医、西医、中西医结合三支力量都要发展，长期并存的方针，各中心卫生院继续加强中西医结合病房建设，培训中西医结合主治医师，合格者报省颁发结业证书。中医院与各医疗单位中医科，吸取现代医学的辅助诊断和功能检查，加强医技科室建设，提高诊断能力和治疗水平。

促进中医药振兴发展，是中医药强县建设的主要方向，新随县成立后，县政府及卫生部门着力完善中医药服务体系，推进中西医临床协同，加强中医药人才队伍建设，发展中医药大健康产业，通过多种方式促进中西医结合，提升诊疗技术手段，为随县人们提供更完善的健康保健服务，改善人们的生活质量，提高社会的整体素质，更好地满足人们的需求。

第五章　农村实行合作医疗制度

随县农村合作医疗始于 1957 年。厉山星旗、灯塔农业生产大队与区卫生所订立合作医疗协议，社员患病凭特约记账单就医，由大队定期向医疗单位结算费用，社员治疗不收费。此办法被其他大队陆续效仿。1958 年完善为每人每年缴纳 1~2 元的医疗费，不足部分由大队公益金补助，交由卫生院统一管理使用。社员治病不交药费，住院交半费。此法后被当成"共产风"取消，但仍然有部分地区坚持此项制度。

1968 年 12 月 9 日，《人民日报》刊登随县洪山公社举办合作医疗的经验，促进了合作医疗的发展。1969 年 4 月，全县 113 个公社实行了合作医疗，参加人数占应参加人数的 94.6%。由于对合作医疗举办形式片面强调越大越公越好，加之管理不善，致使部分大队合作医疗机构越办越穷。1979 年，全县有 94.1% 的大队举办合作医疗，群众参合率 92.3%。其中社队联办的有 387 个大队，自办的有 519 个大队。洪山公社群众住院医疗费报销 100%，其他公社报销 60%~70%。在大办合作医疗期间，赤脚医生担负着生产大队防病治病、爱国卫生、妇幼保健、计划生育指导等任务。

1980 年后，随着农村经济政策的变化，全县 921 个大队实行合作医疗有 898 个。1985 年，继续办合作医疗的有 325 个村。至 1988 年，实行合作医疗的仅 127 个村。至 1990 年，洪山镇坚持合作医疗 22 年，被省政府授予"全省合作医疗先进单位"称号。1991 年，随州市政府发出《关于恢复和发展农村合作医疗的通知》，到年底，发展到 514 个村。其形式多样：实行保本医疗的有 176 个村，实行村办合作医疗的有 210 个村，二级联办的有 10 个村（管理区与村委会联合办），三级联办的有 8 个村（乡镇、管理区、村联合办）。但医疗资金筹集困难，农民医疗保障力度低。

农村合作医疗制度、农村三级医疗预防保健网、赤脚医生制度，曾被世界卫生组织誉为中国农村卫生工作的三大法宝。世界卫生组织高级官员到中国农村实地考察，把中国农村的合作医疗称为"发展中国家解决卫生经费的唯一典范"。20 世纪 80 年代，中国经济体制改革从农村起步，旧的农村合作医疗失去依托，并逐渐解体。

随县从 2007 年 1 月 1 日起开始实施新型农村合作医疗，筹资标准是按照国家规定以家庭为单位，每人 30 元的标准收取（收费标准每年有调整），是国家扶持、农民互助共济的一种医疗保障形式。据 2010 年统计，全县共有 745402 万农民参加新农合，参合率达到了 98.56%。农民的参合意识逐步提高。全县农民住院率从新农合制度实施前的 4.6% 上升到目前的 9.02%，各级定点医疗机构的门（住）诊业务量、业务收入年均递增 25% 左右，实现了社会效益与经济效益同步增长。基层卫生机构就医环境明显改善，医疗服务水平和服务能力逐步提高，参合农民医疗消费需求得到进一步释放和满足。

第六章　卫生与健康

随县政府及卫生部门提前规划合理布局，在做好分级诊疗制度改革、公立医院改革、全民医疗保障体系建设、药品供应保障规范管理、综合监管体系建设，落实健康服务体系建设的同时，注重加强医疗机构内涵建设、中医药传承创新和健康产业发展、健康扶贫体系建设，更好地推动卫生与健康事业发展。

第一节　随县卫生与健康事业

为加快推进公共卫生体系建设，切实提高全县公共卫生防控救治能力，随县卫生健康局多方争取资金和项目支撑，完成了县人民医院、县妇幼保健院、县中医医院新建(或改扩建)项目，实施了三里岗镇中心卫生院、吴山镇卫生院整体搬迁项目，洪山医院等一批新建住(门)诊综合楼全面交付使用，正申报县疾控中心能力提升项目、县急救中心建设项目及部分乡镇的门(住)诊综合楼建设项目。

随县卫生系统积极与优势资源挂钩，湖北省人民医院与县中医院建立专科联盟，在县中医院成立了 4 个专家工作室，组织开展大型义诊 2 次，专家会诊 30 余次，开展眼科等手术 20 余台。县人民医院与市中心医院签订托管协议，市中心医院先后下派专家 30 人，县人民医院先后选派 20 余名医疗技术人员赴中心医院进修培训，共协助县人民医院引进和培养各类人才 11 人，建设市级临床重点专科 13 个。

全域开展"优质服务基层行"活动，13 个乡镇卫生院参加"优质服务基层行"活动；创建"湖北省示范乡镇卫生院"8 个、"湖北省群众满意乡镇卫生院"7 个、"湖北省十佳乡镇卫生院"1 个；按照"五化"标准，推进 367 所村卫生室建设达标，在岗乡村医生达 598 人，每个村卫生室均配有执业资格的乡村医生。村卫生室全部按照要求建设达标，产权公有化，人员及药品配置齐全，基本能够满足低收入人口就医需求。为加快急救体系建设，随县投资 2000 万元建县急救中心、20 个急救站及"120"急救指挥平台，现均已投入使用。

持续开展 30 种大病专项救治工作。按照"定定点医院，定诊疗方案，加强质量安全管理"的原则，对所有 30 种大病患者实行住院规范化治疗，充分发挥中医药简、便、验、廉的优势，有效降低医疗成本，切实减轻看病群众就医负担。

不断提高老年人健康管理服务水平。老年人健康管理、老年人中医药健康管理及 65 岁以上老年人家庭医生签约服务等涉老基本公共卫生服务项目常态化，推进老年健康与医养结合服务，全县 44 所养老机构，全部就近与乡镇卫生院、医院签订医养协作协议，签约率达到 100%，医养结合服务率达到 100%。县中医医院、唐县镇中心卫生院推进安宁疗护试点工作，医护人员培训及硬件设施建设逐步展开。建设唐县镇中心卫生院"医办养"、均川镇福利院"养办医"示范基地试点；全县 3 个二级医院和 16 个镇、场卫生院逐步建成老年友善医疗机构，不断改善老年人就医条件和医养康养水平。

持续开展家庭医生签约服务。按照"应签尽签、应检尽检"的要求，免费为贫困人口签订家庭医生服务协议书、建立居民健康档案，免费为贫困家庭中高血压患者、糖尿病患者、严重精神障碍患者、肺结核患者等重点人群，开展一年四次面对面随访，为签约家庭行动不便的人员提供上门服务，联系上级医院的预约门诊和转诊服务，做到"签约一人、履约一人、做实一人"。

第二节　妇幼保健

新中国成立之初，县卫生院妇产室（股、站）兼管全县妇幼保健工作。1958 年成立随县妇幼保健所。1962 年保健所并于防疫站，站内保健组有工作人员 12 人。1979 年复设保健所。1980 年，保健所被省列为县卫生事业整顿建设单位。1984 年，县、市妇幼保健所合并组建随州市妇幼保健医院，迁址青年路。医院可开展计划生育手术、剖宫产、子宫全切、尿瘘修补、子宫脱垂摘除等手术，能处理难产、产后出血、产褥感染等危重病症。各区（镇）卫生院设有妇幼保健组，乡卫生所配有专职保健员，两级计有妇幼保健员 239 名，村配有会接生的女乡村医生 1013 人。

一、新法接生

新中国成立前，妇女生育由接生婆接生。产妇以坐式分娩，胎儿娩出后用剪刀剪断脐带。新生儿窒息称"闷气生"，接生婆令家人甩罐、敲盆，呼喊胎儿父亲乳名"催产"。胎儿足先出称为"踩莲生"，以镰刀垫于产妇脚下。手先娩出为"讨盐生"，则以食盐撒于胎儿手心。若胎儿死于胎内，常以手或秤钩住往外拉。旧法接生，产妇、婴儿死亡率极高。

新中国成立后，人民政府重视推行新法接生。首先从培训新法接生员和改造旧产婆入手。同时采用办墙报、黑板报，广播，召开孕妇、妈妈会等多种形式，广泛深入宣传新法接生，破除封建迷信。1949—1952 年，全县训练新法接生员 355 名，妇幼保健员 42 名，改造旧产婆 42 名。1954 年，全县设立区接生站 20 个，各站下设接生组若干。1955 年，全县已有新法接生员 530 名，新法接生较好的乡达 20%~30%，全年新法接生 4682 胎次，新法接生开始为群众接受。1958 年，各接生站分别并入当地卫生所或卫生院。1959—1961 年，新法接生率下降。1964 年新法接生率回升到 50% 左右。1968 年后，农村接生逐渐改由赤脚医生担任。1976 年推广何店群众办妇产室经验，全年新法接生率达 78%。新法接生工作的普及和围产期保健工作的开展，提高了产科质量和住院分娩率，降低了孕产妇和新生儿死亡率。

改用新法接生后，我国新生儿的死亡率大幅度降低，很多流行疾病都得到了及时治疗，老百姓的平均寿命在 1949 年之前只有 35 岁，1978 年平均寿命已达到 68 岁。

二、妇科病防治

新中国成立以来，本地对严重危害妇女健康的疾病开展有计划有重点的查治，旧社会遗留下来的梅毒、淋病早已绝迹；对子宫脱垂、尿瘘等病，采取普查普治和分散治疗相结合的办法，两种病都得到有效控制。

子宫脱垂防治。在 1959—1962 年的"新四病"防治普查中，查出子宫脱垂患者 17874 例，约占妇女总数的 4%。治疗分别采用加强营养、中药治疗、针灸、上宫托、手术等综合措施，治疗 17438 例。至 1964 年病人下降到 2229 例，其中一度脱垂 1259 例，二度脱垂 536 例，三度脱垂 434 例。1976—1980 年，再次对子宫脱垂开展普查普治，查出子宫脱垂病人 4921 例。县保健所调整更改民间治疗痔疮验方，自制"219-3"注射液用于治疗子宫脱垂，疗效达 95%；巡回手术治疗 1299 例，追踪观察 1036 例，治愈好转率达 94.1%。据 1980 年统计，本地尚有子宫脱垂病人 2886 例正在治疗中。到 1985 年查出有三度以上子宫脱垂病人仅 246 人。

展开尿瘘查治。1979—1980 年，本地首次开展尿瘘病普查普治，查出尿瘘病患者 44 例，除 10 人因年龄较大不宜手术外，其余均予以手术治疗。1985 年查出尿瘘病患者 7 人。

闭经治疗。1959—1962 年查出妇女闭经 4069 例，治疗 3886 例。

注重宣传"四期"保护。卫生部门配合各级妇女联合会，宣传执行妇女"四期"劳动保护。其产假，农村妇女45天，机关、厂矿女职工56天。1979年，县保健所协助插秧机厂制定了《妇女劳动保护条例》，执行女工"五期"（增加更年期）照顾。各车间设立孕期休息室、经期冲洗室，定期发放卫生纸。

新随县成立后，妇幼保健院深入实施"两癌"免费检查，截至2022年12月，已检26869人，其中确诊宫颈癌1人，癌前病变12人，需进一步追踪检查1025人，病理学活检392人；乳腺癌筛查10165人，确诊乳腺癌1人。对检查出异常及可疑病例进行跟踪随访，构建"查—防—治—救"工作机制。

三、儿童保健

自1953年开始，每年于"六一"儿童节前后开展一次儿童健康检查，进行麻疹、天花、小儿麻痹症、流脑、白喉、百日咳等疾病的预防服药和注射。1962年对县幼儿园、城关镇幼儿园353名儿童进行锡克氏试验，其中阳性反应32人，占9.06%。1963年对城关、青素幼儿园进行蛔虫感染调查分析，感染率为65%，钩蛔虫混合感染率为0.65%。1979年对6000余名托幼儿童健康检查，发病率为18%。1980年对学校及农村分散儿童开展健康检查30639人，发病率为14%。农村儿童以肠寄生虫病多见，城镇儿童以龋齿和佝偻病多见。本年，各地托幼儿童开始建立健康卡片。县保健所在县幼儿园、商业局幼儿园、插秧机厂举办儿童保健工作试点，建立了传染病管理、饮食卫生管理等制度。

同时，随县积极谋划推进各类普惠托育服务。建设了一批公办托育服务项目，新建和改、扩建了一批嵌入式、分布式、连锁式、专业化的托育服务设施。截至2022年12月，备案注册托育床位1350个，实现了每千人常住人口拥有3岁以下婴幼儿托位数达到2.03个。随县殷店镇金塔托育服务中心和洪山镇中心幼儿园被省卫健委表彰命名为湖北省示范性托育机构，申报示范性托育床位270个，为随县托育领域发展起到示范带动作用。

第七章 卫生防疫

卫生防疫工作关系到人民群众的健康和社会的安定，是卫生健康领域关键的一环。清末和民国初年，随县境内无卫生防疫机构，1938年后相继设立卫生戒烟院、县卫生院，均为综合性卫生机构。新中国成立后，中央政府针对当时的形势，制定了"预防为主"的卫生工作方针，随县于1952年成立"随县防疫委员会"，由代县长张文任主任委员，县人民医院院长李绍白任副主任委员，张羽等15个有关部门领导为成员。下设三个股：卫生、防疫、宣传股。各区相继成立防疫组，区长兼任组长，从上到下成立防疫组织，形成基本网络，全县共成立了563个防疫组。1954年卫生部下发《卫生防疫站暂行办法》之后，1958年随县建立卫生防疫站，2009年建立疾病预防控制中心，防疫机构与医疗机构密切合作，共同担负起辖区内传染病、地方病、职业病、寄生虫病等各种病的预防、控制工作，使这些疾病的发病率、死亡率、致残率大大降低，有效保护了人民群众的健康，促进了随县全面发展。

第一节 防 疫 设 施

民国时期，随县卫生院办理传染病登记、报告、诊断、隔离、检疫、消毒和防疫注射事项，卫生稽查负责环境卫生及民食卫生（屠宰场、菜市场、茶楼、饭铺）的管理。

新中国成立之初，随县人民政府卫生院设防疫组，1953年6月改为防疫股，有卫生技术人员10人，负责卫生宣传，实施预防注射，扑灭传染病等工作。

随县卫生防疫站建于1958年7月。1961年设卫生股、防疫股、检验股、秘书股、办公室，有工作人员30人。1962年增设妇幼组。至1966年，业务员中有"师"级职称者3人，"士"级职称者7人。"文化大革命"中机构瘫痪，1972年恢复工作。至次年有工作人员20余人。1980年，县防疫站列为省三分之一县卫生事业整顿建设单位，站址由烈山大道迁于青年路，分设流行病科、卫生科、检验科、防痨科、宣教科、水改科、地方病科和站办公室。各区（镇）卫生院设有防保组，乡卫生所设有专职防保医生。防疫站基本能够担负流行病学调查、计划免疫、传染病管理、寄生虫病防治和预防性卫生监督以及环境、食品、学校、劳动卫生的监测等任务。

随县疾病预防控制中心是在成立新随县后组建的机构，成立于 2009 年 10 月，隶属于随县卫生健康局。单位设健教科、慢病科、精神病防治科、职业病防治科、急传科、应急办、信息科、结核病防治科、性病艾滋病防治科、免疫规划科、消杀科等十余个业务科室。设有中心办公室、人事科、财务科、总务科等 4 个职能科室。

防控中心承担辖区内疾病预防控制、卫生应急、艾滋病防治、结核病防治、重点传染病防控、寄生虫防治、健康教育与健康促进等工作，是以疾病预防与控制、卫生监测与检验、健康教育与促进、科研培训与指导等于一体的公共卫生核心专业机构，是全县疾病预防控制技术管理、指导、服务中心。

第二节　地方病、职业病防治

新中国成立之初，本地主要地方病及多发病有地方性甲状腺肿（下称地甲病）、克汀病（即痴呆、哈巴）、地方性氟中毒、头癣、钩虫及各种肠道寄生虫病、血丝虫病等。

一、氟中毒防治

氟中毒患病率较高地区有三合店、新阳、草店、白庙、药山、万福、张畈、白云、小林等 10 个乡（镇）。从 1983—1996 年，随县每年坚持下乡调查，共查出草店顺天寨村一、二组，万和七尖峰村一、二组，唐县镇柏树河村四组等 10 多处农村局部高氟区，全市高氟区达 15 处，共计 20 个村民小组、976 户、4563 人。1985 年，由国家扶持在氟病区开展改水降氟。至 1998 年 3 月，均川镇包家岩村三组最后一个改水点竣工，15 处高氟区全部降至正常水平。

二、地甲病、克汀病防治

地甲病、克汀病以万和、淮河、小林、草店、天河口、洛阳、何店、均川、柳林、三里岗、厉家、淌阳等地发病较多；克汀病尤以三里岗多见，丘陵及平原地区亦有少数病例。

本地甲状腺肿与克汀病有密切关系，地方性甲状腺病人多，带来克汀病也多。患有甲状腺肿的孕妇生下孩子患克汀病的概率高。

1959年至1980年，随县先后组织公社医务人员普查普治4次。1959年抽样41535人，查明地甲病8586人，患病率20.67%；1973年抽样41407人，查明地甲病14766人，患病率35.66%；克汀病1520人，患病率0.137%，后重点对原查出的克汀病人进行分型复核，共排出误诊病例300例，实有克汀病人1238例。其中，轻型449例，占36.27%；中型423例，占34.17%；重型366例，占29.56%。

全县在各乡镇探索地甲病和克汀病治疗手段，并推广应用。1973年在三里岗试用克汀片、鱼肝油钙片、维生素口服加针灸治疗克汀病205例，疗效确切。后此病极少发生。

1974年，在均川、柳林试用加碘盐预防地甲病。自1975年始，全县专销加碘盐。1976年，采用碘化钾注射、碘化钾口服和碘酊腺体注射3种办法治疗地甲病28514人，有效率达75.94%。1980年，省要求随县基本控制和消灭地甲病，本地层层成立防治专班，对全部地甲病、克汀病患者进行治疗。县抽调技术精湛的外科医生和麻醉师10余人组织手术队，分为4个组赴基层开展手术，共为1318人摘除腺肿，其中最大腺肿重8000克。

1981年复查复治地甲病29662人。1983年克汀病患者降至580例。原有患者，经治疗后参加劳动475人，结婚85人（女性患者生育27人），上学25人。1985年6月经省验收，地甲病患病率由1973年的35.66%下降到2.38%，达到国家基本控制标准。同时，为防止地甲病复发回升，卫生防疫站对碘盐供应加强定量定性监测，查封非法购进的非碘盐。

第三节　传染病、流行病防治

急性突发传染病是防疫和公共卫生的首要任务。新中国成立前，境内各种疫病广泛流行，严重危害人民群众的生命安全。1914年，随北"禁口痢"流行，淮河新菊一带死人甚多。同年"人瘟"（脑膜炎）在随中流行，数天内，仅均川九龙周围就死亡200余人。1916年，随北天花流行，殷店患病死亡人数最多。1917年冬至次年春，全县"人瘟"流行，淮河至祝林总地区一带死亡200多人，大堰坡一带死亡300余人。洛阳张畈桐木冲刘文全家6人，死亡5人，遗一儿童也死于乞讨之中。三里岗泉兴寺至殷家垱，有24家绝户。1919年，长岗店霍乱流行，死亡500余人。1920年"人瘟"在随北流行，当时殷店街上不过 400 人，约 20 天就死亡大半。

1943 年，麻疹在澴潭一带流行，小孩死亡 100 多名。同年疟疾在大洪山一带流行，从夏到秋，老少大半以上感染患病。当地国民党军与人民群众相互传染，循环不已，国民党第五战区司令长官李宗仁电呈省府请求派遣医疗队常驻洪山未许。伤寒、斑疹伤寒、赤痢、回归热、疟疾、天花不断，共发现病人 801 人，死亡 180 多人。

新中国成立初期，境内发生的主要传染病有天花、流行性脑脊髓膜炎、伤寒（副伤寒）、痢疾、白喉、百日咳、黑热病、炭疽病、流行性感冒、麻疹、病毒性肝炎、乙型脑炎、脊髓灰质炎、流行性出血热、狂犬病、猩红热、斑疹伤寒、疟疾等。通过开展爱国卫生运动、计划免疫、传染病管理和普及卫生常识，各类传染病分别得到消灭和控制。县医联会、卫生协会组织个体开业医务人员承担天花种痘任务。至 1952 年县卫生院共训练种痘员 670 人，接种 67 万人（含复种人数），实种人口占全县人口的 94%。1953 年，查漏补种，本年全县天花绝迹。1954 年，改为每年对 2~6 个月、6 岁、12 岁、18 岁四个年龄组的儿童接种。每隔 6 年全民普种一次。1969 年停止接种。

流行性脑脊髓膜炎（下称流脑）发病较高的年份是 1966 年、1967 年和 1978 年，发病率为 1.18%、7.8% 和 1%。防治办法主要是保持警惕、早预防、早发现、早报告、早隔离治疗，务求在萌芽期内扑灭。1963 年发病 224 人，疫情发生后，县人民委员会统一指挥，动员群众预防服药，在车站、剧场、影院和交通要道设立检疫站，对行人实施黄连素喷喉。全县预防服药 78.7 万人，黄连素滴鼻喷喉 296 万人，印发防治流脑宣传材料 5 万份。对现症病人实行隔离治疗，及时扑灭了疫情。1967 年，全县发病 7685 人，死亡 382 人；该年首次使用流脑菌苗预防注射 51954 人。1978 年流脑发病 1300 人，预防注射 28 万人次，在厉山、洪山、城关开展流脑带菌检查，人群带菌率占 13%。1979—1985 年，实行计划免疫，每年预防注射 20 万~30 万人。1985 年发病 244 人，死亡 13 人。

麻疹俗称"过喜事""出花"。1965 年发病人数达 24307 人，死亡 163 人。1967 年开始使用麻疹疫苗，注射人数逐年增加。1973 年完成麻疹易感儿调查。1979 年预防注射 23 万人，同时建立预防卡片。1983 年麻疹发病 392 例，无死亡。1984 年开始实施生物制品的"冷链"运转接种，城区实行一月运转 1 次，农村两月运转 1 次。1985 年麻疹疫苗应种 43467 人，实种 42165 人，接种率 97%；全年麻疹发病 7 例，发病率已得到有效控制。

霍乱（副霍乱）严重危害百姓生命安全。1952 年注射霍乱疫苗 44138 人。次年继续在淅河、安居及厉山镇、唐县镇、城关镇、两水沟等重点区镇实行伤寒、霍乱混合疫苗注射 53971 人次。1963 年开始成立预防副霍乱领导小组，交通沿线各区镇亦成立预防组织，全面接种霍乱疫苗，实行行政卫生部门双线疫情报告制度，经确诊或疑似副霍乱时，在 12 小时内以保密代号电告省卫生厅。县医院设有肠道传染病专科门诊，各医疗单位设有"肠道传染病门诊登记簿"，随时处理可疑病人。由于高度警惕，预防工作常备不懈，1949 年后本地未发现霍乱、副霍乱病例。

伤寒（副伤寒）病例不多，发病最多的 1960 年，为 521 例，预防工作以开展爱国卫生为主。1962 年开始使用伤寒菌苗预防注射。1964 年 8 月，厉山三河、城郊寨垮发病 8 人，县防疫站闻讯迅速赶往扑灭疫情。1976—1983 年发病在 10 例以内。1984 年发病 39 例，1985 年增至 79 例。此后逐年下降。

痢疾多数年份发病两三千例。1961 年开始使用痢疾菌苗注射 6500 人次。1974 年发病 13658 人次。随着农村管粪改水工作的深入开展，痢疾发病率逐年下降。

疟疾在新中国成立后发病率较高，有两次暴发期。第一次发生在 1954 年水灾之后，全县疟疾发病人数占当年各种传染病发病人数的 92.96%，卫生部门组织供应 160 万粒抗疟丸，仍不敷使用；流行高峰期持续两年。第二次发生在 1967—1973 年，1972 年全县疟疾发病为 191567 例，发病率为 17.1%（当年疫情报告漏报率为 9.52%），此次暴发流行的直接原因是防疫机构瘫痪，无人抓抗疟工作，传染病逐年累积导致暴发流行。

疟疾防治为防病重点。1963 年开始社会性预防服药。次年开始疟疾休止期根治工作。1967 年 4 月开始对疟疾现症病人实行免费治疗。1972 年建立"抗疟员手册"登记制度。1974 年，根据苏、鲁、豫、皖、鄂五省疟疾联防会议提出的"两根治、一预防、大力灭蚊"措施，随县疟防工作分类划区，采用不同防治办法：发病在 10% 以下的三里岗、洪山两地，采用反复根治，于每年 3、6、8、10 月各根治一次；发病在 11% ～15% 的漂潭、均川、何店、洛阳、草店、万和六地采用休止期根治加中草药全民预防；发病在 16% 以上地区采用全民预防。当年休止期根治 18 万人，社会预防服药 60 万人，疟疾发病比上年下降 51%。1980—1985 年，在坚持对疟疾"两根治"和社会预防服药的同时，落实"三热"（现症、疑似、发烧）病人的"八、三、一"管理措施（即现症病人采用八日疗法根治，疑似病人使用氯喹啉、伯氨喹啉三日试治，发烧病人马上服乙胺嘧啶），使疟疾发病率逐年下降。1984 年发病 1574 例，1985 年降至 430 例。此后较少发生。

麻风病在 1979 年前仅能根据疑似麻风症状，实行线索调查，进行初步诊断。1980年 6 月防疫站举办麻风病诊断培训班后始能确诊病人。1956—1980 年，本地共发现麻风患者 32 人，其中男性 19 人，女性 13 人，除 4 人死亡外，其余送往外地麻风病院免费治疗。

艾滋病到 21 世纪才引起公众注意。2001 年 4 月，随县均川镇富家棚村发现了首例艾滋病患者，该年卫生部门筛查发现该镇确诊 26 例感染艾滋病毒，当年死亡 21 例，一时引起社会恐慌。发病因素主要是 20 世纪 90 年代因有偿卖血而感染了一批艾滋病。2004 年 11 月，在全县范围内开展艾滋病基线调查"三查清"工作，通过全面普查登记，共查出有偿卖血人员 7349 人。当年新查出艾滋病感染者 220 例，2005 年又查出 115例，分布在随县 17 个乡镇，病例中卖血感染占 90.1%，性传播仅占 4.4%。2006 年新发现 33 例，经性感染高达 13 例，占 39.39%。到 2008 年底，全县累计报告 563 例，死亡 234 例，存活 329 例。

2002 年 4 月随县均川镇卫生院建立了全国第一个镇级"温馨家园"，给艾滋病病毒感染者和患者提供了一个集咨询检测、宣传教育、诊断治疗、病人管理、社会救助、综合关爱为一体的服务场所。为了激发艾滋病患者的生活斗志，"温馨家园"创始人夏治华还创办了全国第一个"艾滋病互助小组"，患者们相互疏导、帮助。中国艾滋病防治专家、武汉大学中南医院传染病教授桂希恩、武汉大学附属中南医院柯亨宁教授对随县的艾滋病状况给予了高度关注，带领团队持续研发新药，向艾滋病患者提供不断优化的治疗方案。

主动监测是获得艾滋病流行趋势信息最有效的途径之一。防治艾滋病"四免一关怀"政策在随县得到全面贯彻与落实。随县一年普查两次，每半年免费做一次病毒检测及生化常规检测。随县疾病预防控制中心以"温馨家园"为依托，在县、乡两级创建了以医疗救治、心理支持和社会救助，组织、指导艾滋病协会和病人互助工作的"随州模式"，被世界卫生组织称为艾滋病防治的"中国模式"。"随州模式"与泰国、乌干达、沙特以及西方国家探索的防控模式相比，处于国际先进水平。随州还被国家评为艾滋病综合防治优秀示范区，其一系列防艾模式也因此在全国乃至世界多个艾滋病高发地区推广。《健康报》记者采访艾滋病防治工作后于 2004 年 4 月 1 日在该报刊载了《春到随州》一文，充分肯定了随县防艾工作经验和成绩。2007 年 11 月 30 日晚，中央电视台《焦点访谈》栏目播放了随州防艾工作经验。

随县在艾滋病医疗救治、抗病毒治疗等方面居全国第一，医疗资源消耗最低，死亡率由 80% 以上，下降至 3.05%；其干预预防、健康教育效果显著，使全省疫情最重的地区保持了社会稳定，促进了经济发展。20 年来，随县形成了政府主导、部门配合、全社会参与的艾滋病防治工作格局，形成了群防群控工作局面，全面落实国家"防艾"政策，让艾滋病患者得到治疗和救助。通过多方努力，随县艾滋病患者、感染者数量逐年下降，患者的寿命延长了 15 年至 20 年，年龄最长者达 80 岁。经过有效宣传和防治，随县新生婴儿中已连续 20 年无"艾滋病宝宝"。通过性接触传染的比例很小，艾滋病扩散的概率已经很小。

　　中医药治疗艾滋病，是国家预防与控制艾滋病总体规划的重要组成部分。中医药治疗的优势在于：早期干预，以延缓病人发病时间，提高患者生命质量，减轻西药的毒副反应，提高免疫功能，控制机会性感染。

第八章　医疗卫生成果

新中国成立后，随县医务工作者共同努力，取得不少医疗成果，现将部分有影响力的成果摘录如下。

用磁化水治疗尿石症。随县第一卫生院自1978年8月以来，用磁化水处理治疗尿石症近千例，据对其中资料较完整的144例分析，排石50例，结石消石39例，结石率下降18例，病情好转29例，合计136例，有效率为94.4%。磁水器由两块水磁铁组成，磁场强度为2500~3000高斯，用来切割水流31次，水流速度为120滴/分左右。患者每日分次饮用磁处理水不少于2000~2500毫升，小儿酌减，连续服用直至结石排净或症状体征消失，尿常规正常为止。此技术于1983年获随州市科技成果二等奖。

狂犬病流行情况研究。本地1977—1983年共有2866人被狂犬咬伤。其中发病31人，全部死亡。卫生防疫站熊天寿、包庆斌等人总结抗狂犬病免疫经验，提出单纯用抗狂犬病疫苗免疫效果好于用抗狂犬病血清加疫苗共同免疫的效果，又将免疫程序，由原来全程免疫30天改为0、3、7、14、21日。如需注射血清者，须在伤后72小时内注完，待一周后再按上述程序进行免疫。此技术于1983年获随州市科技成果二等奖。

虫丸治疗脱疽。脱疽是我国医学界对多发于足趾，外腐外坏的一种外科疾病的命名。其病情顽固，是难以治愈的疑难疾病。中医蒋学良、杨光义以水蛭、地别、地龙、全蝎等为主要成分制成"四虫丸"，用于脱疽各期的治疗，收到成效。1980—1983年共收治32例患者，用"四虫丸"治疗，痊愈18例，基本治愈8例，好转者3例，有效率90.6%。此成果于1983年获随州市科技成果二等奖。

输精管注射粘堵剂绝育手术。1983年，姜天锡等人采用"输精管注射人体无害的粘堵剂方法"，进行男性绝育1180例手术。经对203例的调查，绝育有效率为96.5%，且无性功能障碍，此技术于1983年获随州市科技进步三等奖。

中麻注射液治疗子痫。随县第一卫生院（获奖时已更名为随州市第一人民医院）妇产科刘竟成、尹维珍等应用自制的"中麻注射液"治疗各类型子痫55例，无一例死亡，也未发生后遗症，对胎儿无影响，是我国首次提出的治疗子痫的新方法，1985年获随州市科技成果一等奖。

这些科技成果，对随县医疗卫生有着巨大的推动作用，随着政府对医疗卫生研发力度的增强，科技进步将为随县人民带来更多福祉。

参 考 资 料

1. 湖北省随州市地方志编纂委员会：《随州志》，中国城市经济社会出版社 1988年版。

2. 襄阳市卫生局：《襄樊市卫生志 1886—2005》。

3. 随州市第一人民医院王刚等：《随州市第一人民医院院志（1950—2000）》。

第六篇

科教文化域

第一章　随县科举制度的兴起与衰落

随州儒生参加科举考试始于宋仁宗天圣四年（1026年），明代盛，到清初严重衰退。以光绪三十一年（1905年）"废科举，兴学堂"为分水岭，随州1856年就已提前衰退了，其中大有缘故。

第一节　废科举前的随县教育

据同治版《随州志》记载，随州科举"代不乏人"。明代德安府历科共录取进士74人，随州就有17人。当时，德安府辖五县一州，平均每一县州约为12.3人，随州已大大超过这一平均数。随人出仕任官，多政绩卓著，立德、立言、立功的随人不绝于史册，其中不乏像欧阳修、陈寿、傅凤翔、童寅、宗彝、李庭芝这样因科举而走上仕途，并在历史上产生很大影响的人。

这些可从明朝著名宰相何宗彦父子举家搬到随州，后来考上进士；从韩愈的《送诸葛觉往随州读书》、黄庭坚的"诗到随州更老成，江山为助笔纵横"、杨士奇的《送刘朝宗随州学正》等诗句中可窥一斑。随州成为远近闻名的科举圣地。

一、学校教育

晚清年间，县内设学正训导署管理教育。当时的学校分为官学、私学两类。官学有书院、州学、社学，其生员研习经史、理学及八股文章，学员通过科举考试走向仕途。私学分为蒙馆、经馆，遍设于乡村集镇，学期及馆址多不固定，招生形式宽泛，教授儒家经典著作。到同治年间，境内计有州学1所，社学10所。

（一）私塾

本地私塾分为蒙馆、经馆两种。蒙馆遍设乡村集镇，时间、馆址多不固定，招生较为普遍，传授文化启蒙知识和进行写作基础训练；经馆讲经论策，教授诗词知识。清朝末年和民国年间，本地的私学有公延馆、族塾、门馆、专延馆4种形式。

公延馆也称议学，又称麦黄学，一村或相连几村联合举办，推举有声誉者为"学东"，择定馆址，聘请塾师，管理学务。塾师束脩由群众商定，学生家长分摊，并写"关书"交塾师凭执。此种私塾最为普遍，农家子弟均可入学；族塾即利用宗族公产设立的私塾，专教家族子弟，免费入学；门馆是塾师在家或租房自行设馆，招生授业；专延馆是官僚、地主、豪绅招请老师在家设馆，专教自家及亲近子弟。

各类私塾等第有别，塾师待遇各异。每逢端午、中秋，东家给塾师另赠粮食、果品、折扇、鞋帽等礼品。孔子诞辰，东家设酒礼祭，亦宴请塾师以示慰劳。严于管教，是私塾的传统。所谓"严师出高徒""教不严，师之惰"，讲求师道尊严，学生对先生只能绝对服从，社会上将老师尊为与天地君亲同等地位。

(二)义学

义学又称乡学，是贫家子弟接受教育的免费学校，以识字、写字、对课、作文及伦理道德为主要功课。明代嘉靖年间即有义学，清代才普遍设立。随县在康熙后设置议学21所，于同治年间废止。

(三)社学

社学是元、明、清时地方学校，面向愿入学的广大民间子弟招生。元代规定每50家为1社，每社设学1所。经费由老百姓统筹，属于官办民筹。明时随地有社学9所，清初，每乡设社学1所。同治年间，随州的社学有：安居社学、唐县镇社学、唐王店社学、㵐潭店社学、三汊湖社学、州城内社学、城外南关社学、城西木瓜园社学、落里九甲覃家嘴社学。

(四)州学

随州文庙称圣宫，也称学宫，是儒学与孔庙合二为一的统称。宋代建于州治之东、龙会门内凤凰台左右(今东关小学处)，后重建于明洪武十四年(1381年)。永乐年间，颁书籍、设祭器、立射圃。万历元年(1573年)因地势低湿，迁入城中与州治相邻(今曾都宾馆处)，将原学宫改建为汉东书院。崇祯十四年(1641年)，文庙毁于战火。清顺治十五年(1658年)重建，后又经两次重修与扩建后，颇具规模。有圣人殿、东西两庑、名宦祠、乡贤祠、明伦堂、典诗斋、立礼斋、启圣祠、卧碑亭、学署等。后又迁于城外龙会门原址，将城内遗址用于建汉东书院。咸丰十一年(1861年)毁于兵战。同治六年(1867年),再次将学宫迁建于城内旧基,右邻州署,大成殿基高9尺,殿高5丈8尺,殿台高5尺,环以石栏,宏丽壮观。1969年"文革"期间,文庙最后一座建筑大成殿被拆除。

随州州学设于明伦堂,学正训导署也设于此。通过学政经院试考取得入学资格的谓之"生员",俗称"秀才"。秀才是功名的起点,对于成绩优异者,由州学推荐到京师国子监学习,称为"贡生"。

(五)书院

自元起,书院盛,随地有书院两所,即汉东书院和白云书院,均始建于明朝。

汉东书院在东门外龙会门内(今东关小学处),原系学宫。明万历元年(1573年),迁学宫于城内,知州王纳言利用学宫遗址创立书院,即汉东书院。前建炎帝殿,设重门,门左有名宦祠,门右有乡贤祠,后建明珠堂为讲堂,并广造学舍,为诸生肄业之所。大学士何宗彦谓其规模可与宋时白鹿、石鼓、应天、岳麓四大名书院相媲美。可惜明末毁于战乱。顺治十二年(1655年)重修,恢复旧观。乾隆十二年(1747年)迁入城内,与学宫交换位置。中途曾易名离珠书院。道光五年(1825年),知州窦欲峻于讲堂左右改建号舍,后面增修学舍,复名烈山书院。同治六年(1867年),复迁于城外东关旧址。1901年遵旨改为随州官立高等(小)学堂。

白云书院建于明弘治年间,位于青城西南角白云楼下(今神农公园内)。宋朝刑居实居随时,尝登西城远眺,有"落日下青山,但见白云起"的诗句,后人于此建白云楼。此地还是宋朝文学家欧阳修"荻画学书"处。明弘治九年(1496年),李充嗣任知州时,凿城西为夜光池,于城南累土为基,与城等高(后百姓称之为"飞来土"),复建白云楼,下设白云书院,有后室、前堂、两旁横屋,招聘儒师讲学。弘治十五年(1502年),史经为随知州,毁白云楼,改白云书院为文忠书院,后又将此地租给商户,书院遂废。明嘉靖十五年(1536年),知州任德修复之,规制更甚于前,后废。清乾隆四十五年(1780年),在白云楼旧址复建白云亭。后随州市于2008年8月,在白云亭下建随州图书馆神农分馆,又名"白云书院"。

书院采用个人钻研、互相问答、集中解读相结合的方法教学,在当时对学术思想发展有一定的影响。清代绝对禁止生员过问时政,书院沦为科举的附庸。

二、人才培养

随地教育文化发达,培育英才众多,从科举考试中也可窥知一二。随州在小南门内文庙旧址建有考棚，以应科考之需。有东、西两棚，各有号舍 17 间，编座号 1600。堂室门垣齐备，以应考试之需。同治六年(1867 年)知州潘亮功于原考棚基址扩建，置门头、龙门各 3 楹(间)，川亭 1 所，后亭 9 楹，厨舍 2 间，东棚 20 间，每间深 3 丈 5 尺，宽 1 丈 6 寸。共设座位编次 2928 号。规模宏伟，气势壮观。

随地藏书甚丰，学风甚浓，历朝历代通过科举取得功名者不在少数。宋朝取得进士的有官至兵部尚书的李庭芝、官至光禄大夫的刘达、官至龙图阁学士的李敏求。明朝王兴福有善政，民甚德之，被擢升为吏部尚书；王镛任户部侍郎，多有建树；陈寿任工部左侍郎，所至以爱民为务，被太子称为侍郎中第一人；还有重农兴学的柳永；不阿权要的储逊；有淡于名利，好古嗜学的宗文中；有政绩卓异，知本励俗的宗彝；有孝友仁义，临政敏达的兵部侍郎傅凤祥；有端雅峻洁，树风立言，立风范于后世的颜木；有清修有执，名望甚隆的内阁大学士何宗彦等，他们都是明代政坛或社会上的风云人物，都是随州山水钟灵毓秀、陶冶而成的各种类型的佼佼士子。明朝立德、立言、立功的随人不绝于史册。而一整个清朝，随地考取进士者却只有 7 人。这一现象反映出随地学界长期受压抑的现实。

随人通过科举出人头地无望，却在甲午战败后迎来新的转机。甲午战败后，清廷"忍辱"向日本等国派遣留学生，这成为随州士子走出随州走向世界的另一个窗口。

19 世纪 60 年代，清政府掀起"洋务运动"，在教育领域按"中学为体、西学为用"的方针，翻译西方书籍，办洋务学堂。其中一个重要内容，便是发展留学运动，庚子赔款是其主要经费来源。

清廷废除科举，兴建学堂，倡导留学，从多个方面立志革新，随着新政的实施，奖励游学被列为新政的重要内容之一。清末对游学归来的毕业生，奖励获得进士、举人出身。曾对随地 11 名留学生授予了 1 名进士、10 名举人身份的奖励。

清末民初出国留学的共有 65 人，其中留学日本的有 44 人，其他则分别前往美国、法国、英国、德国、比利时及菲律宾等国家学习，在学成归国的人中不乏佼佼者，如张伯烈，随县草店人，1805 年留学日本攻读法律，在东京创办湖北地方自治研究会，出版刊物，宣传地方自治和民主思想。归国后多次参与重大政治事件，历任中华民国参议员、众议员、副议长，后退出政界，到天津当律师。曾主持废帝溥仪"淑妃"文秀与溥仪离婚案，名噪一时，还有杨汝梅、何成浚、谢石钦等人，均在后来的中国历史进程中起到不可忽视的推动作用。

第二节　随州文峰塔兴建始末

科举制度从濒临崩溃到彻底消亡期间，随州乡试中举人数由明代和清初的顶峰一跌而入低谷，其中就绕不开一个人，也绕不开一座塔，这就是在风雨中屹立了一百多年的文峰塔。

随州文峰塔始建于唐宋年间，据清同治《随州志·重建文峰塔记》记载："城东南望城岗回龙寺旧有文笔塔，所以唐、宋、元、明时，随文人学士层见叠出。明末战乱，此塔坍塌。清道光九年（1829 年），由城南杨秀才倡导，在民间筹款重建了文笔塔。至咸丰、同治两朝，塔多次遭战争破坏。光绪十年（1884 年）五月，知州拍板在城南沿用文笔塔名另建一座宝塔，改称文峰塔。原受损坏的文笔塔于 1966 年被拆除。

而这座于 1884 年重建的宝塔，绕不开一个人，这个人就是赵邦璧。19 岁的赵邦璧参加武举，考中德安府武秀才，被推举为落湖里甲长、团总。

咸丰五年（1855 年），大洪山发生百年一遇的旱灾，农田颗粒无收，百姓饿殍遍野。赵邦璧向随州知州报告灾情，要求减免赋税，却遭到斥责。他一气之下，组织五千余人起义，以大洪山为基地，开粮仓赈济灾民。1856 年，赵邦璧被百姓拥为皇帝，建国"后宋"，建元"新民"。建国后，赵邦璧封了宰相、军师、大将军、二将军等官制，还废大清币，铸"后宋通宝"铁币流通，起义军在太平军陈玉成部支援下，先后攻克安陆、京山、随州城及 10 余个市、镇，所到之处，打富济贫，开仓放粮，赈济饥民。义军很快发展到 2 万余人，屯粮食 50 万公斤，多次沉重打击了清军势力，是太平天国运动时期一支威胁到王朝政权的农民军。

不久，清军分三路向大洪山围剿，剿灭了赵邦璧的队伍，杀了赵邦璧及同党，连乡邻也不放过，同时文宗皇帝还降旨德安府随州知州公署：随州籍生员参加"省试""京试"时要严加管控，不予录取，传曰"暗踏十科"（一科 3 年），以示惩戒。此后多年，随地学子在相当长的时间内无出头之日。

而随地百姓却并不知情，还以为是本地文运不昌，在 1855 年又集资兴建文峰塔，寄望振兴文风。而此时，整个封建朝代的科举制度已经走向尾声，新的时代即将来临。

第二章　随县新式教育的发展历程

1905 年，中国历史上延续了 1300 年的科举制度终于寿终正寝。随州学子们终于摆脱清廷对随州人才的约束和桎梏。随县教育也开始在新兴的教育中艰难跋涉，随着第一所新式学堂的建立，乡村教育从梦寐中苏醒，教育工作者们不遗余力，社会各界力量齐动员，随县的新式教育成果丰硕。

第一节　随县新式学堂的建立

随县最早建立的新式学堂是光绪二十六年（1900 年），由中华基督教循道会随州教区在州城创办的福音堂小学。该校开设修身、国文、算术、历史、地理、格致、图画、体操、英语等课程。学生最初多为教徒子女，学费由教会负担。毕业时成绩优异者，可保送至武昌博文书院、文华书院或汉口普爱医院护士学校深造。嗣后，淅河店、万家店、祝林总、唐县镇、厉山等地相继开办教会小学堂。

境内第一公立小学创办于光绪三十年（1904 年）。光绪二十九年（1903 年）清廷颁布《奏定学堂章程》，颁布新的学制，行之全国。翌年，乡绅朱海谦在安居店香云寺（今安居镇粮管所处）创办了随州初等小学堂。

光绪三十一年（1905 年）随州学正训导署更名为劝学所，附设模范初等小学堂 1 所，作为州内初等小学的样板；嗣后又改烈山书院为随州高等小学堂，共设两班，学制 4 年，开设修身、国文、算术、历史、地理、格致、图画、体操等课程，以"庚子赔款改学堂捐"为经费。后又扩充为甲、乙、丙、丁 4 班，有学生 200 名，毕业后升安陆府中学堂。高等小学堂并附设有初等农业学堂，招生 1 个班，学生 64 名，其为随州职业学堂之始。

到宣统三年（1911 年），随州计有初等小学堂 22 所（其中官立 19 所，公立 1 所，私立 2 所），高等小学堂 5 所（官立 1 所，公立 4 所），初等农业学堂 1 所，学生人数千余名。

这一时期的小学教育以"启其人生应有之知识，立其明伦理、爱国家之根基，并调护儿童身体令其发育"为宗旨。新学堂基本是利用当地的祠堂、庙宇等房屋来充作教室，组织师资和生源，如安居公立初等小学堂校址在香云寺，模范初等小学的校址在州城的城隍庙，州公立小学堂设在南关的报恩寺，洛阳的公立高小设在铁塔寺，淅河的公立高小设在关帝庙和文昌宫，柳林的公立高小设在青林寺，府河的公立高小设在老虎寺等，儿童知识的起源和精神信仰的场所结合在一起，成为新式基础教育的独特发端。

新式教育在随县的开办，为随州教育普及开了一个良好的开端，刘亚平、黄建中、杨太朴等都是随州高等小学堂的首届毕业生，他们后来走出随州，走向全国，甚至走出国门，在多个领域多有建树。

第二节　新式教育的缓慢发展

民国初年的教育方针是："注重道德教育，以实利教育，军国民教育辅之，更以美感教育完成其道德。"废除"读经"等课，学堂一律改称学校。新文化运动波及随县后，国民教育掀起热潮。

1920 年 11 月，县劝学所在县城举办"随县国文教师培训班"，全县塾师 40 余人参加培训，改"五经""四书"为"国文"；改"八股文"为"白话文"。各校学生学习年限，初等小学由 5 年改为 4 年，高等小学由 4 年改为 3 年，后又改为 2 年。1923 年，县劝学所改为随县教育局。1925 年创办县立初级中学。其后，随县福音堂开办的男子小学、女子小学及抚幼室合并，称为随县"私立粹文小学校"，计有学生 6 个班。1931年，随县第一完全小学改为县立中心小学，变学年制为学期制。到 1935 年，全县各种学校发展到 140 余所，有教职员 304 人，学生 7913 人，全年教育经费计 90960 元。

民国期间，私塾经改良而合法存在。1936 年有私塾 190 所(其中已改良 138 所)，塾师 190 名，学生 4505 人(其中女生 588 人)，私塾学生占同期各类小学生总数的58.3%。民国初期，儿童入学率为 8%，学校分布率为每平方千米 2.1 所。

中等教育方面，民国年间，随县开办有教会中学、私立中学和公立中学。1916年，基督教循道会随县联区在县城福音堂辅仁学校开办初中部，称"辅仁中学"，招生 3 个班，学制 4 年。开设国文、英文、数学、格致、历史、地理、体育、音乐、美术、圣经等课程。该校开办 10 年后，于 1925 年停办。其后，中华基督教循道会又借辅仁中学旧址开办博文中学第二分部，后改名为"粹文中学"，定学制为 3 年，招生 3 个班，按照有关规定，开设公民、国文、英文、数学、童子军等课程。

公私立中学方面，1925年，随县县立初级中学兴办，招生2个班百余人，开设国文、英文、数学、格致、历史、地理、体育、音乐、美术等课程，后因经费短缺解散。1934年8月，时任湖北省政府主席的随县厉山人何成浚倡办"私立烈山中学"，动员县内及武汉等地热心士绅、棉商捐资兴学。

其他学校方面，还有1922年秋成立的随县乙种农业学校，是随县成立最早的职业学校。1931年随县普爱医院附设有高级护士学校，该校由医院总护士负责教学、行政事宜，学制3年，课程包括护理、药物、生理解剖、英语、临床等；教学由医院医生兼任，实行半工半读，见习时，高班生带低班生。

至1946年，全县有小学299所，707个班，学生28883人，教师1065人；初中3所（其中私立1所），21个班；省立高中1所，9个班；师范2所（省立1所），14个班。直到1947年冬，学校、班级、人数均无大的变化。

相比之前，这一时间的新式教育尽管前进缓慢，遭遇到种种的社会动荡，经历种种曲折，却无疑在随县教育史上具有重要地位。

第三节　雪公堂与烈山中学

原随县烈山中学校园内（现为曾都区实验中学），有一栋古老而别具特色的建筑，这便是雪公堂。

雪公堂始建于1935年，是由时任湖北省政府主席随县籍人士何成浚倡议并得到各方支援而建成的。何成浚字雪竹，人称雪公，随县厉山镇人氏。1935年，他带头捐资，在随县县城筹建一所完全中学。因人文始祖炎帝神农出生于随县厉山镇烈山，何成浚与随县方面商量，为纪念人文始祖炎帝神农，激励莘莘学子，学校定名烈山中学。开学次年冬，学校礼堂落成，为彰显其重视教育之功，校董事会议定将其命名为"雪公堂"，1957年改为"人民厅"。1984年修复时复为"雪公堂"。雪公堂属近代欧式教会建筑风格，建筑精巧坚实、美观实用，堪为教育用房之典范。自建成以来，它一直作为校舍使用，见证了近现代湖北初级教育的发展。现为湖北省文物保护单位。

何成浚早年以优异的成绩考取秀才（也是中国历史上最后一批秀才），赴日本留学回来后，到武昌湖北督练公所任职，1925年，何成浚被蒋介石任命为东征军总部总参议。1927年，南京国民政府成立，何成浚任军事委员会委员兼国民革命军高等顾问。

1929 年任湖北省政府主席。为了改变家乡贫穷、落后的状况，何成浚以"科学救国"为己任，欲用知识改变家乡人民的生存状况。1932 年，他捐款 1000 元维修随县县立中心国民小学校，即如今的曾都区东关学校前身。1933 年，何成浚带头捐资在随县玉石街小南门内原学宫大成殿北侧(今圣宫饭店)修建列山图书馆，馆内藏书，由随州教育家、哲学家黄建中开列清单予以采购，当时藏有图书一万余册。1934 年秋，何成浚带头捐资三万元在随县青城内关岳庙东北侧创办私立烈山中学，今随州一中前身。同年何成浚又责其子何懋州在厉山镇江西会馆创办私立烈山小学，今厉山镇中学、小学前身。

他首倡县内豪绅富户、海外随籍华侨、国内旧友、新贵献地捐资，兴建校舍，张学良、何应钦、阎锡山等当时社会名流曾为建校捐资。他以"诚、朴、洁、勤"为校训；以"效法先贤、发奋为雄、严谨治学、习谋国要术"为教育目标。

何成浚非常注意提高学校的教学质量，他从安庆女子师范学校挖回任教务主任的杨重熙，回随县任烈山中学校长，又以最高月薪达 110 块银圆的重金，聘请京、汉等地名牌中学教师来任教，还择优选用"世界""开明""北星""商务"等书局出版的一流教科书，按当时教育部规定的教学内容开全科课程，同时将捐建的拥有万册图书的县立图书馆附设于校内。

按照低学费、高效率的原则，先借县立初级中学旧址，招生两个班 100 人，继于县城关雁庙兴建新校舍，招生增至 7 个班。该校学制定为 3 年。1938 年武汉陷落，日军侵入随境，粹文中学迁至均川，旋至解散。烈山中学迁至漶潭，后改为公办，定名为"随县县立初级中学"，附设简易师范班，1943 年改名为随县县立第一中学。

由于教学质量得到保证，该校毕业生的升学率很高，颇有影响，其教学质量在全省名列前茅。在以烈山中学为代表的文化教育阵地的带动下，一大批随州学子得以施展抱负，成为国之栋梁，随县也因而成为远近闻名的教育名城。

附烈山中学校歌：

随兮随兮汉之东，泱泱大国风。

莘莘学子千里来同，诚朴洁勤发奋为雄。

谋国要如季大夫，治学要如欧文忠。

现代教育重生产，更追踪先圣神农。

第四节　随县大教育家代不乏人

随地出教育家具有历史传统。炎帝神农"斫木为耜，揉木为耒，耒耨之利，以教天下"，在没有书本文字的情况下，采取一种言传身教的方法教人种庄稼，炎帝神农可以说是"师"之祖了。

在自荐为太子太傅的明朝大学士何宗彦亲编的《随州志》里，收录了一大批有重大贡献的随籍老师，如贺子亨、储逊、宗文中、宗彝等大教育家。在1996年版的《随州教育志》里，记录了更多教育界人物，并为随州教育界做出巨大贡献的老一辈教育家丁觉群、杨重熙、刘文渊等数十人立传，这里重点介绍4个人。

一个是张时超（1912—1970年），此人可算随州教育界最可引以为傲的典范。他是何店人，原名叫张明厚。烈山中学首届毕业后以优异成绩，考入武汉大学攻读英语。1937年底，听了董必武在武大所作的抗战演讲后，张时超怀着满腔的救国热情，弃学投入抗日救亡运动。1938年11月入党。次年1月，被组织派到均川镇小学当教员，以此身份作掩护，秘密发展共产党员，建立了随南地区中共党小组，后发展为中国共产党均川党部委员会。由于工作干得十分出色，后被派往第五战区豫鄂边区抗战工作委员会政治指挥部，任随南工作队队长。1941年3月，任随南行政委员会副主席。5月，任随南县抗日民主政府县长兼县委政权部长。曾动员13000人参军从政。当年夏，随南发生严重旱灾，日伪军对根据地又实行物资封锁。张时超积极组织群众开展生产自救并以工代赈兴修水利。秋季，农业生产获得丰收，上交救国公粮500石，受到鄂豫边区行政公署的通令嘉奖，并获"模范县"光荣称号，《解放日报》亦在头版作了报道，在全党全国都起到了很好的影响。1942年7月，新四军第五师主力撤离随南，他被调到中共安（陆）应（山）县委工作。1945年4月根据地收复，张时超回随南任县长兼政权部长，他凭借自己的吃苦精神和良好的群众关系，迅速恢复了区、乡政权，又日夜奔劳，20余天筹集军粮25万斤，组织民工1200人支援前线抗战。"中原突围"前夕，张时超奉命化名北上东北，到安东（今丹东市）解放区工作。1953年，他先后被任命为武汉中南第一航空工业学校副校长，同时兼任航空工业局局长。不久学校迁到南昌，改为南昌航空工业学校，他任党委书记兼校长，并多次被委以建校建院的任务。尤其难能可贵的是，在随后的反右斗争和"文化大革命"运动中，张时超坚持实事求是，正确执行政策，保护了一大批领导干部和爱党爱国的知识分子。他自己生活艰苦，作风朴素，对自己和家人，不要求国家一分一毫的照顾，这就是一个老革命家、老教育家的襟怀和奉献精神，让人感动不已。

另一名教育家叫黄建中(1889—1959年)，又叫黄士申，是高城镇人。教育家，哲学家。县高等小学首届毕业生，1918年在北京大学攻读哲学，是校长蔡元培、大儒黄侃的高足。毕业后，被聘为北京大学、朝阳大学讲师。1922年赴英国留学，先后在爱丁堡大学、剑桥大学研究教育、哲学，获硕士学位。继读博士时，因国内动乱，公费无着而归国。1927年秋到上海暨南大学任教务长，1928年任湖北省民政厅秘书兼国民党湖北省党务训练所第二期教官和武昌大学筹备委员，他身兼数职，凭着自己的才干和精力，样样工作都干得很出色，很得何成浚赏识。1930年任湖北省政府委员兼教育厅长、乡村教育学院院长。他又兴办了乡村教育学院和省立高级中学。任期内，他把国内一批名师招募到自己麾下。1933年，黄建中被调到教育部高等教育司任司长，代理常务次长、高等院校教科书图书审查委员等职。1946年底当选为国民大会代表，参加制宪。后去台湾。著有《比较伦理学》《教育哲学》《中国教育史》《中国哲学通论》。

还有一位叫王本奎(又名王鹤龄)，当代教育家，他一辈子坚守在吴山乡下，乐于做一个贫困的基层教育管理工作者。他于1927年3月出生在吴山，父亲是长工，好在大伯是个穷秀才，便跟随着大伯断断续续地读了近十年的书。有了这一点文化底子，政治上又有了一个好出身，在解放初期人才奇缺之际，他完全可以在政治上大干一番事业。然而他却放弃了乡武装委员的职务，去本地小学当了一名教员。1955年他加入中国共产党，并被抽到县肃反办公室工作。这个思维敏捷，常常能将两种内容不同的材料同时口授记录的才子，很快得到领导器重，被任命为县公安局甄别组副组长，后又升任为秘书股长。这是一条十分宽广的仕途之路，然而他却志在教育，一次又一次写申请或找领导面谈，要求调回家乡教书。直到1962年才获准回归教育战线，被安置到县文教局主管人事工作。但这不是他的初衷，故而继续申请到基层，最后才让他回唐镇区任文教组组长。

他徒步调查了全区10个公社，87个大队的教育现状，拟定《唐镇区中小学教育事业发展规划》。为改善教学条件，修建校舍，他只身步行40余里，到桐柏山下采购原材，并将所买的树，一棵棵作上记号，让学校派人砍伐，直到黑夜才冒着寒雨忍着饥饿回到文教组。如此苦干了三年，用上级拨给的6万元基建费，到外地采购回32万斤石灰，170吨水泥，300多立方米木料，分送到各基建点，给11所小学盖了313间新房，开了1200亩果园，并辅助87个大队学校盖了813间新校舍，使全区校貌焕然一新，开随县依靠群众办学之先河。然而文教组仍住在原来的三间破庙里。他终因积劳成疾，患上胃癌。他以一个奋斗者的乐观面对一切，带病继续奔波于全区各中小学间，于 1972 年 2 月在县教育大会上，获"铁人"称号，被评为标兵。

还有一个坚持真理的孙伯英，他本是襄阳县薛集孙湾人，襄阳师范学校毕业后被分配到洪山区任教，并在此落户。在随后爆发的四清运动和"文化大革命"运动中，他不随大流，坚决拒绝呼喊错误的口号，坚持每天学习《论共产党员修养》一书，为此他遭受无数次批斗、拷打和凌辱，甚至被开除公职停发口粮，被迫栖于山洞像野人一样生活。1972 年 9 月被捕后仍然拒不认"罪"，不吃牢饭，1973 年 6 月病逝。1979 年，孙伯英被平反昭雪，其坚持真理的事迹被载于《湖北日报》和《人民教育》杂志。

第三章　战火纷飞中的随县教育

抗日战争时期,以洛阳店为中心的抗日民主根据地兴办了各类抗日小学,到1941年5月就有19所;积极改良私塾,仅古城、洛阳两区私塾就有50多所,学生1000多人。

同时举办各种特色的干部学校和培训班,培养抗日军事、政治人员;许多重要领导人如李先念、陈少敏、陶铸等都直接参与或指导了以教育为抗日战争服务的国民教育与干部教育,使随县抗日根据地教育自成体系,办学形式灵活多样,成绩显著,其间各种干部训练班最为活跃且富有特色,及时为新中国培养了大批军政干部。

第一节　陶铸和"汤池革命训练班"

1938年10月,中共随县党组织与国民党第五战区建立起抗日民族统一战线,并于随县均川镇成立"第五战区鄂豫边区抗战工作委员会"。同年,武汉和鄂中相继沦陷,已经举办四期先后培养出300多名青年干部的汤池训练班被迫中断,中共特委和鄂豫边区抗战工作委员会便将应城汤池临时学校的150名学员转往随县均川镇贺氏祠,改为"鄂豫边区抗日军政干部训练班",由李相符、杜石公负责,另招当地青年学生40余人,共计200余人,分为政治、军事两个大队,有政治教员和军事教官10人,学习《论游击战争》的理论和军事训练,半月结业,学员大多分配到军队、地方工作,少数留下继续学习。

陶铸同时还在多地举办干部训练班。在随县长岗店熊氏祠举办"第五战区鄂豫边区抗日游击军政干部训练班",设教育、总务两处,招收鄂中、鄂北等地知识青年。有政治教员10人,多系中共党员;有军事教官6人,均是国民党军队编余军官。政治课主要学习有关抗日游击战争的理论,军事主要为队列训练、枪弹使用和作战演习。两个月毕业,大多分配到国民党军队和地方工作。同时开办农民干部训练班,陶铸亲自讲课,主要讲解"目前的形势和任务""论持久战"及抗日民族统一战线问题、游击战争的战略战术等,他亲自带领学员到野外进行军事训练演习或政治野营训练,两期共培训学员 400 多人，这些人后来都成为党员和军队的骨干力量。

当时学校国文教材采用了一篇由陶铸编写的《抗日三字经》，影响很大。

> 我中华，是大国，人口多，土地阔。
>
> 气候好，物产多，全世界，第一个。
>
> 小日本，是近邻，人同种，书同文。
>
> 到明治，讲维新，翻了脸，不认人。
>
> 九一八，沈阳城，被侵战，东四省。
>
> 遭沦陷，我同胞，遭枪杀，或蹂躏。
>
> 七月七，挑事端，卢沟桥，战火起。
>
> 我将士，不畏敌，勇往前，奋抗击。
>
> 蒋介石，怕抵抗，丢上海，失南京。
>
> 坐四川，观战机，磨着刀，擦着枪。
>
> 打内战，害人民，共产党，是救星。
>
> 她一心，为人民，领导着，八路军。
>
> 抄后路，打游击，建立了，根据地。
>
> 搞统战，唤人民，扩大了，抗日军，
>
> 在敌后，杀敌人。
>
> 日本鬼，胆战惊，汪精卫，吓掉魂。
>
> 军和民，团结紧，持久战，得胜利。

第二节　从随营军事学校到抗大十分校

1940 年 3 月，豫鄂挺进纵队随营军事学校迁至随县洛阳店孙氏祠，后改为新四军第五师随营军事学校。李先念任校长兼政委，学校先编有军事队、政治队，以后相继增设参训队和会计、医务、测绘、译电、敌工等专业队。校部设政训、军训两处，配政治、军事干部 20 余人，教学日趋正规，截至 1942 年 2 月，随营军事学校办了 5 期，培训近 2000 名军政等专业干部，其中在随县境内办了 3 期，有 1540 余人。

1942 年 2 月 15 日，新五师随营军事学校更名为中国人民抗日军事政治大学第十分校，于洛阳店胡氏祠举行开学典礼大会，有干部和学员 1000 余人参会。师长李先念任校长兼政治委员，副校长是肖远久、徐休祥，副政委为黄春庭、郑绍文，教育长为邝林。李先念在大会上作了题为《我们的大学》的讲话。他说十分校是边区人民四年英勇斗争的结果，而它又将是最后战胜日本帝国主义的鄂豫边区人民英雄的摇篮。边区委和行署发来贺信贺电说："吸收有志青年，培养建设人才，充实军政干部，边区抗日武装得贵校而更加扩大，边区民主政权得贵校而更加巩固，边区建设工作得贵校而更加发展。"十分校校部设政治、校务、训练三部，政治部负责学员政治思想教育工作，下设组织、宣传、联络、对敌、民运等科；校务部负责行政管理工作，下设保卫、管理、供给三科和书记室；训练部负责教学训练工作，下设军事教育、政治教育、文化教育和队列训练四科。

学员来自边区部队和地方青年干部以及敌占区的进步青年学生。第一期编为军事队、政治队、知识青年队，学习期限为半年或一年。另设参训(培养营、团参谋)、青训(培养团、营、连青年干部)、敌工(培养敌工干部)、测绘、卫生、会计等专业队，还特设高干(均系国民党军政团县级以上人员)和少年(15 岁以下小学毕业生)队。

课程设置有军事课，包括军事理论、基本战术、游击战术、射击兵器、工事伪装、夜战训练、简易测量和绘图；政治课包括政治常识、中国问题、抗战理论等；文化课包括语文、算术。

分校教育教学注重联系实际和实践，例如组织学生做群众工作和参加实际战斗，以提高学员的工作能力和作战技能。

分校生活紧张、艰苦，但文体活动很活跃，有时还组织学员到农民中去教唱歌、演戏，做宣传工作。他们的上课条件就是"认字就在背包上，写字就在大地上，课堂就在大路上，桌子就在膝盖上"，但就是在这样的艰苦条件下，分校在历时两年的办学中共培养党、政、军干部 3000 余名，为发展壮大抗日武装力量及共产主义事业做出了重大贡献。

第三节　战火纷飞中的江汉公学

江汉公学自中国共产党江汉区委员会于 1948 年 2 月清潭会议决定创建，到 1949 年 7 月与鄂豫公学一起合并成立湖北人民革命大学止，历时近两年，共办四期，哺育教养了来自解放区和蒋管区包括全国 20 个省市及台港澳地区的 1500 多名进步青年知识分子，使之成为革命干部，奔上夺取全国革命胜利的斗争前线和所需要的工作岗位，为巩固和扩大解放区，解放全中国，迎接新中国的诞生和建设而奋斗前进，发挥了重要作用，被誉为"知识分子的革命熔炉""革命干部的摇篮"，在干部教育工作方面树立了典范，为老解放区教育史谱写了光辉的一页。

学校校长郑绍文同志，以江汉军区副政委和行署主任的职衔，代表江汉区党委实行对学校的领导，他既是江汉公学行政负责人，又是党组织的负责人。江汉公学党支部自始至终隶属江汉区党委。

学校行政序列共分三级，即校部、队、班。

校部是全校领导机关，有校长、副校长，下设文艺股、总务股(内含秘书)、教育科、组织科、保卫科，并有负责安全保卫的警卫班。

队是相对独立的活动单位和管理机构，设正、副队长、指导员和干部，一般三四人。在校部统一领导和安排下，负责学员的政治思想、学习、行军、劳动、文娱、生活等各方面的具体组织和管理工作，起承上启下的重要作用。

各队分设若干班，每班十人左右，班长、副班长由队部指定或选举产生，其既是行政组织，又是学员学习、生活、劳动、文娱等的基本活动单位。

江汉公学最后一期，由于学员增多，且与上期即第三期交叉开办，为了便于统一领导和分别安排工作，在校部与队之间，增设了大队一级组织。

1948 年 4 月 16 日，江汉解放区行政公署主任、江汉公学校长郑绍文撰写的，经区党委批准公布的《江汉公学校歌》歌词，对学校的宗旨作了全面的概括。

从 1949 年初开始，学校还先后成立了中国新民主主义青年团、学生会、学生俱乐部、中国民主妇女联合会江公小组、《江汉日报》通信小组等群众组织。这些组织的领导机构都很精干，其领导成员一般都通过民主选举产生，而且都是由校内干部和学员兼任，没有任何专职人员。

1949 年 2 月，《江汉日报》第 47 期载《江汉公学第三期招生广告》，明确宣告"本校以培养中原江汉解放区各项军政建设之人才为宗旨"。

江汉公学是在战争环境中为服从和服务于江汉解放区军事、政治斗争的客观需要而创办的，其办学特点有：

准军事性。学校组织机构的行政序列基本按部队编制，学习期间往往依战况变化安排学习、生活。第一期学习时间 120 天，其中反"扫荡"行军 30 天，第二期学习 157 天，其中反"扫荡"行军 72 天，第四期学习 115 天，行军 11 天，无星期日，无寒暑假，也无固定学制时限，如第三期因支援前线的需要，学员提前结业，学习仅92天。可以说，江汉公学是一所在战火纷飞中诞生、在战火中生存并成长的学校。

艰苦性。学校的条件很差，教职学员的生活十分艰苦。农村的祠堂、庙宇、山坡、河滩、稻场、树林便是课堂，农民的房舍就是学员住宿、自学、讨论的地方。讲课时，一张方桌一条凳是上课作报告的讲台，学员们坐在背包或砖、石上，在自己的膝盖上做笔记，有时行军途中还坚持上课，学习讨论。学员生活标准每人每天3钱油、4钱盐、一斤米、5分钱菜金。每年每人土布单衣一套，布鞋一双，棉衣两年一套，每人发给三丈土布一斤皮棉自己想法缝成被子，每人土布床单一条，除此之外，每人每月五角钱津贴，女学员另加2角钱卫生费。

革命性。学校课程根据实际需要开设，主要内容是进行形势教育、阶级教育、革命理论、革命史、革命人生观、唯物世界观、革命传统和各种政策教育。每学期之初，先向学员调查授课内容，发动学员提问题，然后再根据学员思想实际，确定讲授课程的内容，报请区党委安排首长来校讲课。学员听报告后展开讨论，讨论实行民主平等，敞开思想各抒己见，提倡争论，以理服人，尊重多数，保护少数，追求真理，修正错误，独立思考，提高认识，统一思想，允许保留，不急于下结论。

江汉公学的教育方针是：学习理论，联系实际，改造思想，提高认识。

江汉公学的基本任务是：转变学员的政治立场和改造学员的世界观，使之自觉地站稳无产阶级和劳动人民的立场，树立全心全意为人民服务的人生观和世界观。

江汉公学的教育形式有：（1）听报告。（2）学文件。（3）讨论会及"反省作业"。(4)诉苦运动和自觉革命。(5)生活会。(6)劳动锻炼。(7)社会实践。(8)谈心教育。

江汉公学的学员，一般由各级党委组织部门推荐保送或学校组织招生。学员有来自解放区的干部、青年，有原地方和军队的干部，有国民党军起义的官兵，有新参加革命的知识青年，有中共地下党送来的党员和青年学生。

江汉公学毕业的党员，无论是在革命和建设发展的康庄大道上，还是在国家、人民或个人遭受种种磨难的坎坷历程中，始终都用自己的行动证明没有辜负党和人民的期望，没有辜负母校的培养。他们中有数十人为革命献出了宝贵的生命；数百人成长为党和国家的中高级干部或专家、教授、学者；更多的人则在各条战线上为人民勤勤恳恳地工作，为社会默默地作奉献。这一切说明，江汉公学的办学实践是成功的。

1998年，在江汉公学建校50周年之际，湖北省老区教育研究会、江汉公学研究会和双河镇政府，联合在原江汉公学旧址（现双河学校）建立"江汉公学校史陈列馆"，现大部分实物移至玉龙温泉景区内红色革命纪念馆。

附：江汉公学校歌歌词

　　我们是江汉人民的儿女，我们是一群知识青年，固有的热情敏感，哪能忍受那法西斯的专制黑暗，在新民主革命高潮的今天，为了祖国的民族独立、人民的自由幸福，走上解放战争的前线。走上解放战争的前线，就要斩断，斩断，斩断，斩断旧社会的牵连，丢开，丢开，丢开，丢开个人的挂牵，继承"五四"的光荣传统，发扬"一二九"的牺牲精神，坚决，勇敢，把封建剥削制度推翻，扭断帝国主义的锁链。看，新生的中国就在我们的前面，就在我们的前面。

附：江汉公学毕业歌歌词

　　别了，母校！别了，母校！别了，别了，母校！你温存的双手培育着我们发荣滋长，毛泽东思想启示我们以新生的力量。再会吧，同学们！再会吧，同学们！今天我们还同室同砚，明天我们要受工作考验，到实际中学习，在岗位上共勉，不要留恋，不要留恋，同学们听吧！江汉人民在向着我们呼唤，向着我们在呼唤！

第四章　新中国早期的随县教育

新中国成立前，随州文化教育事业基础十分薄弱，由于战事频繁，文化遗产屡遭摧残，公立私塾学校都处于半关闭半开办的状态。新中国成立后，党和政府在领导人民进行经济建设的同时，十分重视人民群众的文化生活，大力发展文化教育事业。到1953年，全县已恢复和兴办各类学校541所，在校学生5.99万人，农民参加扫盲学习达14万人之多，已基本形成职业大学、中专、中学、小学、幼儿教育的"宝塔式"教育格局，与成人教育、电化教育和扫盲教育相匹配的教育网络初步形成。

第一节　新中国时期曲折的基础教育

新中国成立至今，随县教育可分为三个时期，即1949年至1965年，为经济恢复与社会主义改造和社会主义建设时期，这个时期的教育呈回暖状态；1966年至1976年"文化大革命"时期，这个时期的教育停滞，损失严重；1977年以后，为建设有中国特色社会主义时期，这时期的教育生机盎然，蓬勃发展。

一、第一时期的随县教育

1949年2月，县人民政府设文教科（后改教育科、教育局），接管旧学校、旧教师，"向工、农开门"，为"国家建设服务"。在城乡办冬学、夜校，组织群众学习政治、文化。到7月，恢复高小25所、初小241所、初中2所，并开办了1个幼儿班。

1951年提倡群众办学，37所小学98个班转为民办，贯彻执行《小学暂行规程（草案）》和《中学暂行规程（草案）》，变学期制为学年制，一律秋季毕业，向学生进行爱祖国、爱人民、爱劳动、爱科学、爱护公共财物的品德教育和德、智、体、美全面发展的教育。教育工作趋向正轨。

1953年，全县通过整顿小学、调整教师、推广苏联的教育经验、学习凯洛夫《教育学》和普希金教学法、加强成人教育等，小学增至539所1352班，中学2所22班，各种学习者近14万人，干部职工业余文化补习学校逐渐增多。

1955 年，贯彻实施《小学生守则》《中学生守则》；幼儿班发展成为城关幼儿园，随县县立第二初级中学在厉山建成招生，洪山中学改称县立第三初级中学。次年，县立第一初级中学设高中部，改名为随县第一中学，澴潭、淅河、唐镇、天河口新建的中学依次名为随县第四、五、六、七中学。

1957 年 2 月，毛泽东提出："我们的教育方针，应该使受教育者在德育、智育、体育几方面都得到发展，成为有社会主义觉悟有文化的劳动者。"中、小学遂对学生进行共产主义思想教育，教师致力提高教学质量，学生勤奋学习，教育事业兴旺发达。

1958 年，国家制定了"教育为无产阶级政治服务，教育与生产劳动相结合"的教育方针。各校实行"组织军事化、生活集体化、教育与生产劳动相结合制度化、行动纪律化"，师生走出学校，或住在农村，以"田间变课堂，休息变学习"，上"跃进课"，或办工厂(场)、农场，边劳动边学习，开展勤工俭学活动，学校正常教学秩序被打乱，课堂教学活动几乎停顿，教学质量严重下降。

1959 年，恢复教育工作秩序，县将城关、厉山、洪山、淅河、唐县镇、澴潭、天河口、安居、均川、洛阳店、万和等中学和实验学校、师范学校、农业中学、安居镇小学、打鼓店小学列为县属学校，研究教学方法，开展提高教学质量的活动。次年高考，城关中学(原名随县第一中学)语文成绩在全省 108 所重点中学中名列第一。

1961 年，贯彻"调整、巩固、充实、提高"的方针，对中小学进行了调整，关闭中学 8 所 49 班，专业学校 3 所 16 班，小学由 687 所 2656 班，调为 943 所 2938 班，压缩中小学教师 603 人，处理超龄生 19360 名。第二年文化科与教育科并为文教局，继续调整中小学，关闭了吴山、柳林、万店、尚市中学，改均川、安居、祝林、万和中学为农村中学，转 224 所 344 班小学和 380 名教师为民办，精简了 200 名教师职工，增强了学校财力，精干了教师队伍。

1963 年贯彻《全日制中、小学暂行工作条例》(草案)，教育工作得以有条不紊地开展。

1965 年，执行"两种教育制度，两种劳动制度"，县在合理调整布局的同时，采取多种形式办学，农村有半耕半读中学，县有职业中学，教育质量逐步回升。

二、第二时期的随县教育

1966 年 2 月，随县全面开展"四清"运动。5 月开始"文化大革命"，教育行政机构一度停止工作，学校一度停课。1968 年底和 1969 年春，高初中毕业生和家住农村的公立教师(占教师总数的 70%)先后到农村"接受贫下中农再教育"，学校停办。嗣后，各校"复课闹革命"，由"贫下中农宣传队"或"工人宣传队"驻校开展所谓"斗走资本主义道路的当权派、批判资本主义教育制度、改革不合理的规章制度"的斗、批、改。

1970 年，县在天河口、洪山、均川、唐县镇创办"五七"高中，并将牛角尖耕读中学改为"五七"高中，招生时废除了文化考试，实行"自愿报名、群众推荐、领导批准、学校审核"的制度，许多优秀学生失去了升学机会。次年，区区办高中、社社办初中、队队办小学，高中增至 16 所，初中发展到 181 所，小学达到 1129 所。高、初中学制各为两年，小学实行五年制。

1973 年，贯彻《全国教育工作会议纪要》精神，县在开展教育革命的同时进行了"人民公社'五七'教育网"的建设。至 1976 年 9 月，计有共产主义大学 1 所、公社"五七"大学 14 所、高中 71 所。中、小学教职工 4907 人，其中教师 4605 人。适龄儿童入学率达 98%，小学毕业生升学率为 99.9%。中小学生共 324734 人，占全县总人口的四分之一强；另外有 4234 个"育红班"，1229 个业余文化补习班和 65 所业余"五七"大学，形成了"男女老少都进校，人人同在学习中"的"五七"教育网。学生"学工、学军、学农"，只讲"政治"，不注重文化知识学习；业余文化学员主要学习政治时事。"文化大革命"十年，教育事业损失严重。

三、第三时期的随县教育

随县于 1977 年恢复考试和升留级制度，教学秩序开始走向正轨，贯彻"坚持德、智、体全面发展，又红又专，知识分子与工人、农民相结合"的方针，教育工作重点转向以教学为中心。学制为高中二年、初中三年、小学五年，课程按"文化大革命"前的规定开设，普及初中教育。高中招生实行统一考试，择优录取。学校在加强课堂基础知识教育和基本技能训练的基础上开展课外科研活动，教学质量开始明显提高。1979 年，县召开教育大会，表彰先进，转有贡献的民办教师为公立教师，给优异成绩的公办教师晋级，调动了教师的积极性。继续贯彻《湖北省全日制中小学学籍管理暂行办法》和中、小学生守则，建立健全了学校管理规章制度。为稳步发展教育事业，调整了中小学布局，随县一中被列为襄阳行政区重点中学之一，县重点办好 3 所高中和 6 所小学，公社办好 1 所初中，管理区办好 1 所小学。同时，坚持国家、群众"两条腿走路"的办学方针，依靠集体经济力量建校。

1980 年，群众集资建校舍 1080 间，其费用相当于过去十年国家拨给县教育基本建设费的总额；举办电视大学、函授学校、职工业余学校和组织干部职工职业培训等以提高干部、职工、社会青年的文化水平。

1981 年，根据省中等教育改革的精神，洪山三中开设了财会、纺织、无线电修理等专业，农村办了一批农业职业中学。

1983 年 11 月县市合并后，共有小学 1007 所、5598 班，专任教师 7711 名，学生173047 人；初级中学 170 所，高级中学 13 所，专任教师 3786 人；幼儿园（托儿所）47360 所，入园儿童 101098 人。

第二节 扫盲教育

1949 年后，农村、街道办冬学、民校及夜校，机关部门办职工业余识字班，采取包教包学、实物贴字、速成识字等方法扫盲。

1949 年，县、区、乡各级政府成立冬学教育委员会，以半日制、夜校、学习小组等形式办学，当年办扫盲夜校 30 所，次年发展到 52 所。有教师 321 人，学生 9630人。1951 年 12 月，全县培训冬学教师 1231 人。这年冬，学员一般能识 100 余字，并学会珠算加减法。

1952 年以县长、文教科长为正、副主任委员的随县扫盲委员会成立，下设扫盲办公室，由文教科长兼主任，配 5 名专职干部，领导各区扫盲工作。各区设扫盲大校长一人。举办了三期扫盲教师培训班。以省编农民识字课本和政策法令为教材，采用并推广速成识字法。1954 年，县设传授总站，区设传授分站，乡设传授组，传授教学内容，研究教学方法，检查、辅导学习，办试点、摸经验，推广典型。

1955 年，以农业生产合作社为单位办农民文化学校，普遍建立冬学识字小组，入学农民计 140531 人。学会记工分账的达 2800 人，脱盲 15000 人。秋，随县区乡干部文化学校成立，组织部长兼校长，教育科长兼教导主任，教职工 7 人。每期半年，分文盲班、初小班、高小班，学员 200 余人，共办三期。12 月，成立随县人民政府扫盲协会，以区为单位进行民师训练，聘请民师 5484 人。1956 年，各地以共青团为核心建立青年扫盲队 135 个，有队员 4560 人参加扫盲工作。是年 10 月，县、区又分别培训骨干民师 3445 人，组织 138714 人入学，摘掉了 15400 人的文盲帽子，培养了 28000多名记工员。刘裕奎等 10 人出席了全省扫盲积极分子代表大会。

1957 年办政治、文化、技术三结合的民校，入学达 11 万人，学时事、军事及自编的农业知识等。全县脱盲 15000 人。1958 年，县教育科组织教师和小学四年级以上的学生三万余人，以学校包社、教师包队、学生包人的办法突击扫除文盲，此举后因故停止。

1963 年恢复扫盲工作，坚持"农闲多学，小忙少学，大忙放假，假满复课，一年三放假"的原则，开办业余夜校。1964 年办耕读小学，耕读教师白天教小学，晚上教成人。1965 年 2 月，扫盲工作"结合生产，统一安排，因材施教，灵活多样"，办政治、文化、技术三结合学校，建立农业科学实验小组 95 个。1966 年，扫盲教育停止。1972 年扫盲机构被撤销。

1978 年恢复扫盲教育。次年 10 月，教育局拨付扫盲经费，送发扫盲课本。1980 年各区(镇)教育站配备一名扫盲干部。至 1983 年陆续办起扫盲学校 170 所，有专职扫盲教师 8 人，兼职教师 210 名，有 8270 人参加识字学习。正因为新中国政府及各级教育部门数十年如一日地普及扫盲教育，投入大量人力、物力、财力提升随县民众文化素质，到 80 年代末，经襄樊市验收，随县成为无盲县(市)。

第五章 "三线"建设中省直中专下放和创办共产主义劳动大学

1964 年 8 月，党中央从经济建设和国防建设的战略布局考虑，确立了"一线的重要工厂、学校、机关向三线迁移"的重大措施，从而拉开了随县三线建设的序幕，其中还提出了三线建设"靠山、分散、隐蔽"的选址原则，而当时的随县洪山，正好符合这样的条件。

第一节 新 阳 四 校

1964 年湖北省委省政府从备战需要出发，筹建了战备时期的湖北省委后方，供战争爆发后湖北省委战时办公地，并将几所省直财贸中专，即湖北省财政金融学校、湖北省商业学校、湖北省粮食学校、湖北省供销合作社干部技工学校，迁至随县西南 70 余千米庹家公社新阳店管理区，在管理区新建校舍以备平时办校、战时作为省委办公指挥的后方基地。

校舍从 1964 年开始动工兴建，按照省委的指示，各校多渠道多方面分头进行采购备料和落实运输工程队等工作，一场扎扎实实的建设工作迅速在新阳店开展起来，经过两年的辛劳，各校一栋一栋的房屋拔地而起，建成了教室、宿舍、大礼堂、食堂，以及供电房、小水塘等一系列建筑设施。两年间，64 级、65 级学生根据工程进度，分批迁到新阳店，由住帐篷逐步搬进新屋，进行边上课边建校的活动，到 1964 年到新阳店的四校师生加上建筑工人和各类杂工总共已超过 3000 人。新阳店战备基地平时办校战时备战的目标已初步得以实现。

1966 年，"文化大革命"爆发，学生也在新阳店工地搞"文化大革命"，不久学生"造反回汉闹革命"，随县的工地停工。此时共建房屋近万平方米。1969 年，学校将房产上交省政府。

1972 年中美建交，国际形势缓和，战备工地撤销。四校的随县工地交由随县代管。

1979 年 6 月，湖北省农副土特产贸易学校在新阳店原省商校旧址开办，有校舍296 间，教职工 63 人，其中教师 14 人。学校开设有政工科、教育科、行管科和办公室。当年从高考中专分数线内录取 150 名学生，分为烟麻茶、干鲜果两个班，学制两年。采用全国统编、省编、自编三种教材。首届毕业生于 1981 年在全省范围内分配工作。次年 9 月该校撤销。

1980 年，中国人民银行湖北省分行干部学校在新阳店原金融学校旧址开办，开设计划、工商信贷、储蓄 3 个班。共培训干部 357 人。随后又开办货币银行学师资班、政治经济学师资班、会计骨干班、县（市）行长班、部队转业干部班、新职工班、出纳班、保险班，每班 3 个月至 3 个半月，至 1982 年 6 月共培训干部 1322 人。后改为湖北分行电视大学并迁入武汉。

第二节　湖北省大洪山共产主义劳动大学的建立与撤销

在随县教育史上，曾创办过一所新型大学，它就是大洪山共产主义劳动大学。由于它的入学成本低，招生范围广，面向普通的工农群众，一时大受欢迎。然而，由于时代的原因，它的出现只能昙花一现。

1966 年秋，湖北省"四清"工作团在洪山公社（现为洪山镇）双河管理区创办大洪山共产主义劳动大学，面向随县、武汉、襄阳地区招生，首届招收高中毕业生 150 人。这年，洪山中学高中部 90% 的学生进入共大学习。

虽然大洪山"共大"校址设在解放公社（距离洪山中学约 20 千米），但他们依然在洪山中学上课。10 月 12 日，在洪山中学大操场上召开隆重开学典礼。共大的名誉校长是省长张体学，当时"共大"的主要负责人，是"四清"运动时到洪山蹲点的省派干部陈远和张石。"共大"不收取学杂费，学生以半工半读、勤工俭学为主，基本就是在田间或者林场干活。

据随县洪山籍资深媒体人陈强在湖北省档案馆查到的资料表明，湖北省大洪山共产主义劳动大学是一所正规的官方批准的大学。湖北省高教厅于 1966 年 9 月 21 日发布的《关于筹办湖北省大洪山共产主义劳动大学的报告》中，附带一份中共随县洪山区社教分团党委提交的《关于筹办湖北省大洪山共产主义劳动大学的意见》，该《意见》指出：学校是一所综合性大学，但主要培养农业科学技术人才。头几年准备先开农业、林业、农业机械、农田水利电力四个系和茶叶、气象两个专业，以后再逐步增设畜牧兽医、政治、文艺等系和水产、桑蚕等专科,学制暂定一年、两年、三年,主要在随县及其周围各县和武汉地区招收工人、贫下中农子弟中的高中学生,或相当于同等学力的回乡知识青年就读。招生办法主要采取推荐和选拔相结合的办法,第一期招生六百名,今年(1966年)十月一日开学。校本部设址洪山区解放公社青春大队(今大洪山林场)。意见还指出,该校的农田水利系设在王家台水库(今随县洪山镇)。

后来,由于时局变动,"共大"名存实亡,实际办学时间不足半年。

第六章 教育改革的成就

教育是攸关国家发展、民族兴衰的百年大计，是关系到千万家庭美好生活的民生工程。自新中国成立以来，随县一直在努力，从"没学上"到"有学上"再到"上好学"……随县始终坚持教育优先发展战略，不遗余力推进教育振兴，教育事业取得了长足发展。

第一节 基础教育改革

一、基础教学改革

新中国成立之初，全县学校在旧有学校的基础上恢复和发展起来，在学制年限、课程设置、教学内容、教学形式等方面都先后作了积极的改革。其改革也经历了3个阶段：

(一)新中国成立初期加快改革步伐(1949—1965 年)

首先，取消了"训育主任"，废除体罚，取消"公民"和"童子军"课，增加思想政治教育内容，适当增加社会活动。根据教育必须"向工农开门"和"文化翻身"的要求，学生入学年龄有所变通，超龄生和少数成人均可插班或跟班读书。

其次，对小学和中学课程作了改变，如小学阶段增加珠算课、体育课等，高年级增加自然科学，推广普通话。变学期制为学年制，一律秋季开学，课程设置基本统一。各学校开始成立各科教研组，开展备课和课堂教学，研究改进教学方法。学校教学工作开始有计划、有准备、有步骤、有目的地进行。

再次，县教研室编印《随县教育》，介绍推广"五级记分法""学生学业考核办法""小学语文阅读教学法""小学算术教学法""复式教学的备课与课堂教学"。以县实验小学为试点，在贯彻执行教学计划、落实各科教学大纲、改进教学方法、加强教学管理、提高教学效果、开展教学研究、探索新开课程的教学规律等方面，都先行一步，并做了大量的工作。各种教学活动搞得扎扎实实，既有特色又有成效，各年级各科教研活动、公开课示范课观摩课经验介绍、教具制作等均受好评。实验学校的领导和教师学习大纲，钻研教材，改革教法，提高质量，积累了大批教学经验，共整理编印《教学经验汇集》两册计 10 万字，对全县的小学教学和教学改革起到了引导和促进作用。

最后，学习贯彻教育部颁发的一系列文件，向教师提出"备好课，上好课，批改好作业，辅导好学生，做好学生学业成绩考查"的基本要求和贯彻"精讲多练"的教学原则。各校确立以教学为主，提高教育质量的指导思想，加强对各科教学的领导和管理。课堂教学力求精讲，突出重点，解决疑难。教学的各个环节必须注重理论结合实际，循序渐进，结合学生的生理心理特点，以及知识基础和接受能力，讲究实效。其他各科都从本学科特点出发，进行教学改革，从传统模式和苏联模式中有所突破，开始新的探索。

（二）教育混乱期(1966—1976 年)

1966 年，全县开展"四清"运动，"文化大革命"运动开始后，各中学"停课闹革命"。尽管中央一再指示"复课闹革命"，但"革命"照样进行，局势无法控制，复课仍然落空。1966、1967、1968 年三届高中毕业后开始"上山下乡"，插队落户和回农村接受贫下中农再教育，人称"老三届"。外籍和家在本县城镇的中学教师集中到师范参加学习班，家住本县农村者回乡接受再教育。农村小学下放到大队办，教师回原籍，接受再教育，城镇小学下放到工厂、街道管理，学制由六年改为五年，只教不考或实行开卷考试，废除留级制度。教学局面混乱，教学质量严重下降。

1970 年，小学附设初中班增多，达到社社有初中，学制两年。初高中均采用省编教材，实行开卷考试，有的课只教不考，取消留级制度，大中专招生废除文化考试，实行"群众推荐、领导批准、学校复审"的制度，高中招生工作也仿照执行。

1972 年遵照周总理关于加强基础理论的指示，省教育局重视文化课，恢复教研组，提倡三结合备课，强调"十大教授法"，开展评教评学活动，教学秩序和教学工作出现转机。

此后又相继出现辽宁的张铁生事件和河南的马振扶事件，学校开展"批林批孔"，批资产阶级法权，提倡教师与社员画等号，要求教师"早上一身露水，中午一身汗水，晚上一身泥水"，教学工作又陷入泥泞之中。

1976 年开展"外学松滋南海公社，内学厉山公社增产大队，大办'五·七'教育网"，全县低年级复式班 2956 个，适龄儿童入学率达 98.9%，小学生升初中为 99.9%。

（三）十一届三中全会后教学质量显著提升

1977 年，恢复招生考试和升留级制度，随州教育工作也开始走向正轨。"黑屋子、泥台子、烂桌子、破凳子，坐着一群泥孩子"，这是改革开放之初学校教育的写照。在办学条件艰苦和师资力量极为缺乏的状态下，随县教育艰难起步。

改革招生制度，恢复文化考试和统考统招制度，增添了教学工作的活力。各区镇办重点学校，学校办重点班，"要把耽误的时间抢回来"，"把损失的夺回来"，提高教学质量引起普遍关注。随县确定县一中、烈山中学和洪山中学为县重点中学，初中三年制，高中两年制。重点小学重点班开设英语课。改变只教不考和开卷考试的做法，恢复闭卷考试和升留级制度，教研组恢复集体备课、听课等制度，学习风气日渐浓厚。各科教师十分注重加强基础、培养能力、开发智力的工作，不少教师积极探讨课堂教学"一课一得"的方法，下力气研究启发式教学，注重学生学习主动性的培养和学习方法的引导以及学习习惯的形成。

县文教局要求恢复全县中小学各项规章制度，加强政治工作和学校工作秩序，整顿教师队伍，落实知识分子政策，调动教师的积极性，改善教学工作；坚持"抓纲、务本、重法、求实"的教学工作方针，各校教研活动普遍开展起来，课堂教学务必"一课一得，得得相连"，还提倡教会学生自学，把学生预习列为教学重要的一环。各小学的全年教育时间为 36 周，复习考试 4 周，机动 2 周，寒暑假由原来的 8 周延长为 10 周，后又延长为 2 个月。

1982 年，全县教育系统认真贯彻邓小平提出的培养"有理想，有道德，有文化，有纪律"的"四有"新人。次年中央又提出"教育要面向现代化，面向世界，面向未来"，进一步为教育工作各科教学教育改革指明了方向。全县教育和教学改革进入一个新的阶段。学生课前预习形成常规，教师不仅在教学教法上下功夫，而且在指导学生的学法上下功夫。

这一时期的教育改革主要体现在：课程设置及时间安排上从实际出发，力争开全课程；改革课堂教学，教师变"讲"为"导"，变"灌"为"引"，使学生化"记"为"思"，"学"以致"用"；认真组织和指导学生课外活动，探索开辟第二课堂的途径。

第二节　教育改革取得的成就

一、教育改革初期取得的成就

1959 年，一中外语组教师引导学生与苏联基辅中学建立俄语通信，促进外语教学，是年，首届高中毕业生的外语考试成绩名列全省第一。

1960 年高考，随县一中语文成绩在全省夺魁，学校荣获省先进单位称号。

1961 年随县三中、随县一中高考总分别获得地区第一和第二。1962 年随县一中高考语文成绩获全省第二，三中、一中和二中高考升学率分别为襄樊地区的第一、第二和第四名。12 月地区教育局组织 16 个县市的文教领导、干部重点中学校长、教导主任和教师 100 多人到随县一中参观听课，座谈观摩，听取校长何子才对教学工作情况的介绍，对一中教学工作成果给予了充分肯定，随县一中列入全省 108 所重点中学行列。

1963 年高考，县一中在地区名列第一。

1964 年，县一中和县三中考试成绩在地区分别获得第一名和第三名。

1977 年冬，改革招生制度，恢复文化考试，全县录取大专院校学生 534 人，包括"上山下乡"的知识青年。

1979 年，双河小学中学班物理教师周玉恒在两年内，自制 200 多件教具，其中遥控发射机、遥控接收机、光电示教板、电子闪光器均获 1979 年省科教作品展一等奖。湖北电台报道了他辅导学生学习电子技术消息。他创制的自动定时响铃钟，经鄂州市钟厂批量生产，正式投入使用，性能良好，成为科教兴教的榜样。

1981 年高考，县一中上录取线 216 人，其中 2 名成绩优异者被清华大学录取，填补了该校的历史空白。

二、新随县成立以后的教育新局面

新随县于 2009 年从随州市分设出来，成立之初，县城尚在规划设计之中，全县有 108 所中小学、135 所幼儿园，基本都散布在各乡镇，当时最好的教育资源是县一中（原县二中），但因地处厉山镇，整体教育资源和条件都比较落后。

十余年来，县委、县政府坚持教育优先发展，不遗余力推动教育。全县教育总投入从 2011 年 3.04 亿元递增到 2018 年的 7.51 亿元，2011 年至 2019 年共投入 52.62 亿元，教育总投入实现翻番。

随县积极创造教育发展外部环境，2013 年，省政府、省教育厅将随县纳入全省首批 20 个义务教育均衡发展试验区、农村中小学教师周转房建设试点县、国家"农村初中校舍改造工程"需求规划范围。

随县深度整合优化教育资源，全面加强学校基础建设与管理，科学统筹规划中小学校布局，教育事业得到了跨越式发展。

随县健全教师补充机制，2011 年以来，全县连续 8 年面向社会公开招聘教师 1200 余人，有效缓解了农村学校师资压力，全县教师资源得到了合理均衡配置；加大公开竞选工作力度，公开选人用人，深入推进干部人事制度改革，先后有 35 名教育管理干部通过公开竞聘上岗；选调教师同样采取公开选拔的方式，近两年，在全县范围内为县直高中、炎帝学校、厉山镇中心学校选调 200 余名优秀教师。

同时，落实"三情教育"，关注教师精神状态和文化生活，开展教师心理健康关爱服务，创新师德管理方式，提升师德满意度；改革教师继续教育培训方式，积极争取"国培计划"，2017 年被纳入"国培"试点县，基本实现全员全学科培训，发挥了国培"培训骨干、雪中送炭、引领示范、促进教改"的目的；深入"十百千名师培养工程"，加大名师、名校长、学科带头人、骨干教师培养力度。

随县教育环境不断优化、投入不断增长、兴学重教蔚然成风，在不断深化改革中实现了新的跨越。《中国教育报》《中国教师报》《人民教育》《湖北教育》等主流媒体多次介绍了随县教育改革的先进做法。

随县教育先后获得全国"义务教育发展基本均衡县"、湖北省"义务教育均衡发展先进县""家庭教育示范县"，随州市"教育精准扶贫优胜单位""学校项目建设优胜单位"，随县"绩效考核突出单位""党风廉政建设突出单位""党建工作突出单位"等一系列荣誉称号。

第七章　科技的力量

本地历史上即有较多的科技成就：谷物种植有五千余年历史，丝织品和车云山茶叶在唐朝时就驰名四方，水利设施于明朝时有"九十八湖"等蓄水工程，作为贡枣的金黄蜜枣制作已达二百年。

城市发展的脚步总是与科技进步紧密相连。在随县古老的历史上，科技之光璀璨星河，尤其是 1978 年曾侯乙墓惊人出土，其文物之丰富、制作之精美、保存之完好，尤其是科技含量之高，都让世界震惊。到近代，随县的科技一落千丈。2000 年后，随着随州升为地级市，随州的科技发展呈迅猛态势。2009 年，随县在一张白纸上描绘蓝图，再次将科技作为兴县的命脉。

第一节　古代科技对随县的影响

曾侯乙墓的出土之所以震惊世界，是因为它出土的一万五千多件文物里出现了诸多国内甚至世界都罕见的珍品，出现数十个科技之最。

其中之一就是世界上最早的"有声读物"——编钟，它不断改写了世界音乐史，被美国纽约大学教授麦克伦在美国最有影响的杂志《社会生物工程》上撰文为"曾侯乙编钟是古代世界第八大奇迹"，还在于编钟的铸造代表了战国时期最先进的铸造水平，它以高纯的铜、铅、锡合金制成，而且合金比例十分科学，制作采用了组合陶范铸造技术。在工艺美术上运用了塑、雕、刻、镂、髹（漆）、画、嵌、错等技法，这在当时都处于世界领先地位。

最精湛的工艺品——尊盘。在尊和盘的边沿处，布满精细的镂空蟠螭和蟠虺纹，这些镂空的附饰由表层纹饰和内部的多层铜梗组成，纹饰互不相接，全靠铜梗支撑，玲珑剔透，令人叹为观止，是曾侯乙墓中唯一无人能复制、仿制的绝品。

其中还有最独特的造型——鹿鹤，世界上最早的"冰箱"——铜鉴缶，青铜铸造史上的创举——联禁对壶，最精美的玉佩——十六节龙凤玉佩，更有世界上最早的天文资料——二十八宿天文图，世界上最早的材料力学代表作——主棺青铜框架，世界上最早的纺织品——丝麻混纺，还有墨竹书简之最，漆木器之最，金器之最，兵器之最，青铜礼器之最，还有许多"之最"仍在研究之中。

就拿国宝曾侯乙编钟来说，它集中国古代高科技于一身。其一是一钟双音，在编钟的鼓部分别有一个正鼓音和一个侧鼓音，相距三度音程，反映出先秦时期我国在物理学、声学和铸造学方面的伟大成就。其二是合金比例恰当，经科学家分析，乐钟在含锡量14%并含少量铅时演奏时声音清纯，浑厚饱满。其三是高超的铸造技术，一件甬钟36个枚需要72块范，全钟一次铸成需要136块陶范(含钟体泥芯)，而每一块范都需要经过设计、选料、混辗、筑制、雕刻、焙烧、烘干等工序，浇铸时要求纹饰清晰、钟壁厚薄符合设计要求，每一块陶范不能有丝毫错位。大甬钟还采用了红铜纹饰铸镶法，这项技术相当复杂且困难，可谓集先秦工艺之大成。

其后，还有东汉科学家张衡在随州读书，与随州的科学界发生过交流；北宋科学家沈括，在随州起笔写他的科学史上的坐标——《梦溪笔谈》。

第二节 新兴科技助发展

新中国成立后，随县人民坚持在生产过程中，开展群众性科技活动。1951年试验成功麦四串沟、棉麦两熟耕作技术，并被普遍推广运用。1956年4月成立随县科学技术普及协会，分行业建立科学技术学会、协会，开展学术交流，传授科学知识。1958年开始进行技术革新和工艺改革，群众性科研活动得以全面开展。1964年6月30日成立随县科学技术委员会，管理科技发展工作，组织科学技术的研究、运用。1966年，科委会被省评为先进科技普及单位，参加了全国农村群众科学试验运动经验交流会。"文化大革命"中科技机构被撤销，科技活动停止。1972年秋，恢复随县科学技术委员会和随县科学技术普及协会。1978年后，科协会正式列为人民团体之一，易名为"随县科学技术协会"，隶属县委领导，单独办公。科委会、科协会共同创办《学科学报》，为发展商品生产服务；在农村开展能工巧匠普查，普查15个地区能工巧匠2355人，其占全县农村总人口的比率为7%。至1985年，科委会设有秘书、业务、情报、科技干部4科，主要成果有：编印有3种科技刊物和技术手册，在省级以上刊物发表论文37篇，有18种影响较大的农业生产技术、26项工业科研成果和6种医疗新技术获得省、地区的科技成果奖。其中，新型齿轮箱符合国家标准、公路铰接式全密封通道客车获国家经济委员会的"金龙奖"，汽车挂车、机动水稻插秧机、低压氧化锌避雷器、气刹通用泵、织锦床罩等获省优秀产品，养蜂能手陈尚发被日本养蜂组织邀请交流养蜂技术。

在工业方面的成果有，1964年厉山农具合作工厂（后更名为水轮机厂）研制出水轮机；1965年随县农机厂（后更名为随州市机床厂）研发出台式钻床；1966年随县机动插秧机厂（原随县农机厂）研制的机动水稻插秧机，经逐步改进，于1983年获湖北省科技成果三等奖；1980年，避雷器厂试制成功低压氧化锌避雷器；1981年农机研究所研制成功预留棉行旋转锹；1981年随县农机修造厂（后更名为湖北气刹装置总厂）研制成功Z-0.04/7型拖拉机气刹通用泵；1981年拉链厂研制成功静电振荡流化床塑料粉末涂装生产线；1982年，随县拖车厂（后更名为市挂车总厂）研制成功随州牌SZ-4型挂车；1982年东风140汽车挂车厂研制成功LSG-1424型四轮制动挂车；1983年农机研究所设计制造了毛尖茶制茶机；1983年轮胎翻修厂研制成功全密封式橡胶伸缩棚；1983年水轮机厂研制成功节能日光灯镇流器等。

农业方面的科技成果有，1951年厉山区两水乡老农刘元祥试验成功麦田串沟、棉麦两熟耕作技术；1952年长岗区度家乡王国勤试验成功大小麦田插水稻的经验（简称"稻麦两熟"）；1962年国营鱼种场试验家鱼人工孵化获得成功；1977年农业局杂交中稻两段育秧技术，获得每年增产两成的效果；1980年府河公社采取了一系列科学种田的增产措施，当年小麦大面积高产；1983年殷店公社实施"攻头、挖中、壮尾"的高产栽培体系，获杂交稻高产示范；1983年农科所黎家友等人对小麦叶蘖生长特点观察应用，使本地小麦连续多年获得大面积高产稳产。

2011年，二月风食品、县马铃薯协会、神农茶叶、云峰山茶场、万和食品5家企业获得市级农业科技创新示范基地建设资格。

在科技普及方面，尚市镇净明小学成功建成湖北省科普教育学校、全国气象科普教育基地，并获得省科协10万元奖补资金；创建"科技专家工作室"，成为华中地区第一所"校园科普专家工作站"，2021年12月被中科协表彰为"全民科学素质工作先进集体"，汪家望主持的"随县尚市镇净明小学青少年科普示范活动"被省科协评为优秀基层科协"三长"工作创新优秀案例，获得3万元专项经费资助。

参 考 资 料

1. 湖北省中国历史学会、中共随州市委宣传部：《中国历史文化名城随州》，湖北人民出版社1996年版。

2. 随州市教育委员会：《随州市教育志（1869—1990）》，湖北省内部图书准印证，〔1996〕鄂随图内字第 04 号。

3. 蒋天径：《天下随时》，中国电影出版社 2003 年版。

4. 清同治八年《随州志》整理工作委员会：《随州志》，湖北人民出版社 2013 年版。

第七篇

法德文化域

第一章 法 治

第一节 晚清时期的随县法治

清雍正七年（1729 年）后，随为散州，无属县。州衙依制分设三班六房，知州为最高行政长官。民国时期县制多次变化，职官更动频繁。初期推行地方自治，出现官治与绅治混合体，县有知事公署及自治机关县议会和参事会。县知事综理县政并兼司法审判；县自治团体处理教育、交通、水利、土木、卫生以及自治范围之事项。

从 1840 年（道光二十年）鸦片战争到 1906 年（光绪三十二年）官制改革前的半个多世纪里，清朝政府实行行政与司法合一的制度，地方各级行政长官都掌握司法审判权。

清兵入关前，基本没有成文法典。入关后沿用明律。后来依据明律参酌满汉条例编成《大清律集解附例》，1646 年（顺治三年）颁行。康熙、雍正时进行修订，乾隆时进行总修。1740 年（乾隆五年），定名《大清律例》。其中分名例律、吏律、礼律、兵律、刑律。全书 47 卷，律文 436 条，附例 1409 条。至此，该律终于定形，简称《大清律》。此法律制定有"十恶"和内乱罪、外患罪、杀伤罪、鸦片烟罪等 30 多种罪名和"五刑""八议"制度，是一部诸法合体、刑事民事不分、实体法与程序法混杂的法律。

清朝没有独立的刑事诉讼法规，但在长期的司法审判活动中，形成五级五审制的刑事审判程序。县（州）为第一审级，府（直隶厅）为第二审级，按察使司（布政使司）为第三审级，督抚（总督、巡抚）为第四审级。对不服判决的刑案，可以逐级上告，直到京都，但不得越诉。州（县）衙门有权判决笞、杖案件，督抚、府可以判决非人命徒刑和徒刑以下案件。流刑、死刑案件，经初审后，须逐级依律审转至刑部。死刑案须奏请钦裁，经钦定后，每年于秋后行刑。

清朝亦没有独立的民事法规。审判民事案件以《大清律例》中规定的户婚、田土、钱债等条款，作为调整民事关系的法律规范。

1909 年（宣统元年）以前，民事案件的审判方式多与刑事审判方式相同。凡户婚、田土案件，必须先在县（州）起诉，如认为审断不公，可以逐级上诉府、道、省，再有

"屈抑"，允许京控，越诉则要治罪。民事审判保护的是封建地主阶级和买办的财产私有权，维护封建的"纲常礼教"和"男尊女卑"的婚姻制度。

清律还规定应严格遵守"回避"制度。凡与原、被告有服亲、姻亲、师生关系或有仇隙者，例行回避。

清朝法律及实际审判活动的封建性质鲜明。地方小官员犯公私各罪，都必须先奏告皇帝，地方不得擅自究问；下不得告上，卑不得告尊。

清代实行司法与行政合一制，知州兼掌司法审判权，州同、州判、吏目对婚户田土之争亦有审判权，不能断案者呈知州处理。光绪三十一年（1905 年）设巡警局，执掌随州治安。关隘要地设巡检司，以镇压人民反抗为专责。明清时期州官的政务都是划片管理的，叫分辖，处理辖区内的各种事务。营镇、戍、塘汛、巡检司，既是明清时期的地方军事建制，又是平时的治安、工商管理机构，相当于现在的各种检查站、派出所、工商所等，履行社会综合管理职能。1927 年，县知事公署改称县政府，县长总揽县政，下设公安、财政、建设、教育等局襄理县务。区乡推行保甲制度用以统治人民。抗战胜利后，设立随县参议会。

第二节　民国初年随县的司法状况

1913 年，巡警局改为警察事务所。同时，北洋政府标榜"司法独立"，随县亦创设初级审判厅，其内又设同级检察厅，行使侦查、起诉和审判监督等职权，旋改承审制，民刑诉讼案件仍由县知事兼理。国民政府定都南京后，改革治安司法机关，县警察事务所改为公安局，下设高城、洛阳、淅河、厉山、祝林、唐县镇、澴潭、安居 8 个分局。1934 年县府裁局改科后，公安事务由区公所、保安队共同办理，并于各区设立"铲共义勇队"专司镇压共产党和工农群众之责。1928 年设随县司法公署，由司法委员办理审检事务，1932 年改组为汉口地方法院随县分院，1935 年 7 月又改为随县地方法院，负责普通民、刑案件的第一审。地方法院内置有检察处，以一人为首席检察官，职权为侦查、拘捕和提起公诉。本地为行政督察专员公署驻地，专员兼保安司令及军法官，统率地方武装，部署指挥"围剿""清乡"反动事宜，办理军法行政案件。抗日战争和解放战争时期，国民党政府为加强镇压抗日救亡和人民民主运动，扩大军事审判的职权与范围，并推行特种刑事审判程序，专门受理所谓奸匪案件，罗列罪名，镇压爱国革命人士。随县于 1946 年设立军法室，除受理"军法案件"外亦受理一般民刑案件。

第三节　新中国成立初期随县的法制

我国人民民主法制是在革命战争年代里产生和发展起来的。1927 年大革命失败后，中国共产党面对严酷的斗争形势，坚持马克思主义与中国革命实践相结合的原则，科学地分析了中国革命的性质、任务和特点，开创了建立农村革命根据地，以农村包围城市，最后夺取城市的正确道路，领导广大人民群众在武装割据的红色区域里，建立起同白色统治长期对立的人民革命政权。

从那时起，各根据地人民政权，在党的统一领导下，依据党的民主革命的总路线和总政策，适应人民革命战争各个不同时期形势发展的需要，从实际出发，先后制定和颁行了数以千计的、代表人民意志和符合革命利益的法律、法令、条例、训令。这些珍贵的法制文献，尽管形式比较简单，并且不可避免地带有地方性特色，然而在中国法律制度史上，它揭开了崭新的篇章，树起了划时代的界碑，占有极其重要的历史地位。

根据地人民民主法制集中反映了广大人民反帝反封建的革命意愿，体现了人民群众的切身利益。它不仅有力地促进了根据地各项建设事业的发展，保障了人民革命战争的顺利进行，而且为社会主义法制的建立奠定了坚实的基础。它在中华人民共和国成立前创造和积累的丰富经验及其光荣革命传统，直至今天仍然闪耀着马克思主义的光辉。

新中国成立后，废除了旧的司法制度和司法机关，公安、司法工作根据政治经济发展的客观要求，逐步由简而繁地发展和完备起来。1949 年县人民政府先后成立公安局、司法科，次年司法科改为随县人民法院。1953 年成立随县人民检察署，1954 年改称检察院。依照宪法、法院组织法和检察院组织法，人民法院独立进行审判，实行公开审判和人民陪审员制度，被告人有权获得辩护。公检法三机关分工配合、互相制约机制形成。及至"文化大革命"期间，社会主义法制被践踏无遗。1978 年后，我国加快了社会主义法制建设。1980 年 1 月，《中华人民共和国刑法》《中华人民共和国刑事诉讼法》(下称《刑法》《刑事诉讼法》)正式实施，公安局、检察院、法院依法行使侦查、检察、审判职权，三机关在党的领导下互相配合、互相制约，准确、及时、合法地打击犯罪，为维护社会治安、保卫和促进社会主义现代化建设发挥了职能作用。

一、社会治安

民国年间，社会治安混乱，百姓苦于匪患、烟害。土匪麇集县境，四处绑票勒索，烧杀抢掠，人民不得安宁。各地纷纷筑寨建堡自卫。日军占据县城期间，汪伪随县政府凭专卖食盐、烟土维持开支。吸毒者往往妻离子散，倾家荡产，沦为乞丐、土匪、娼妓。据新中国成立初城关、安居、厉山3镇统计，吸毒者占其总人口的5%。

中华人民共和国成立后，公安机关紧紧围绕党的各项中心工作，有效地开展社会治安行政管理，打击敌人、惩罚犯罪，保护人民，净化社会，保障了社会主义革命和经济建设的顺利进行，创造出良好的社会环境，出现了人民群众安居乐业的新局面。

清匪反霸　新中国成立初期，残留县境的国民党散兵、土匪、特务、反动党团骨干、反动会道门头子，猖狂地进行各种反革命破坏活动，妄图颠覆新生的人民民主政权。为稳定社会秩序，保障"土地改革"运动的顺利进行，1949年10月16日，省统一部署，县成立"清匪肃特委员会"，公安局内设清匪反霸治安委员会，县下设随南、随中、随北3个联防指挥部，以区干队为骨干力量，实行党政、军民密切配合。在清匪反霸斗争中，破获了随北天河口、小林、草店区的敖学军、余少先等17人组成的"黄学暴动"案，洛阳区的罗小章、蔡皖南、胡祥林等特务组织案，厉山何家畈的何楚才"青年志愿军豫南纵队"特务组织案，逮捕了匪首、特务头子，以及反革命分子，初步制止了土匪、特务和各种反革命分子的破坏活动。

镇压反革命　1950年10月10日，全县开展了大规模的镇压反革命运动。运动分为三个阶段进行，至1953年8月结束。"镇反"运动给敌对势力以毁灭性打击，破获了汪志佩、黄克新等人组织的"反共青年自卫军"，苏海青组织的"铲共救国军"等反革命组织。按照"坦白从宽、抗拒从严、首恶必办、胁从不问"的方针，处决了黄克新、苏海青等反动分子，从根本上改变了敌我斗争形势，安定了社会秩序，保证了土地改革及其他各项社会民主改革的顺利进行。

清理积案　1951年5月，根据上级党委指示，中共随县县委成立了"清理积案委员会"。7月上旬，县召开各界代表会议，对已收捕案犯的案卷进行广泛讨论，听取代表对已捕罪犯的处理意见。7月下旬，公安局对在押犯分别填表登记，查实证据，呈报审批。9月底，清理积案的工作顺利结束，案件大量积压的问题得到解决。

登记反动党团组织　1951年11月至12月，在镇压反革命运动的第二阶段中，县公安局对反动党团组织成员及国民党军、政、警、宪人员进行审查登记，掌握了敌情。

取缔反动会道门　新中国成立之初，全县反动会道门组织庞杂，有"一贯道""大仙堂""道德学社"等 15 种。在"镇反"运动中，根据上级公安机关部署，本县于 1953 年 4 月公开取缔了反动会道门组织，对反动会道门头子及其骨干分子给予严厉打击。

内部肃反　1955 年 8 月至 1959 年 7 月，根据中共中央"在内部开展肃清一切暗藏反革命"的指示，本县在党政机关、群众团体、文化、教育、工矿交通、财贸企事业等单位开展了内部肃反斗争，先后查出一批隐藏在人民内部的反革命分子和刑事犯罪分子。

打击刑事犯罪　新中国成立之初，社会治安的重点是对反革命分子进行打击，随着斗争的深入和形势的发展，阶级敌人从隐藏的政治斗争转为肆意进行纵火、投毒、盗窃、赌博、残害耕牛、破坏青苗等刑事犯罪活动。根据上级公安机关"主动集中地开展一次打击刑事犯罪工作"的指示，随县于 1954 年 1 月至 5 月开展了打击刑事犯罪运动。4 月 18 日至 19 日，全县统一行动搜捕犯罪分子，同时召开了各阶层代表会，运用黑板报、大字报、广播、罪证展览会，现身说法等方法，大力宣传打击刑事罪犯的意义，发动人民群众揭发刑事犯罪分子的罪恶事实，分化瓦解敌人，鼓励人民群众同刑事犯罪分子作斗争，使刑事发案率大幅度下降。

"文化大革命"期间，刑事犯罪活动上升。为尽快扭转社会治安不正常状况，保障社会主义革命和社会主义建设的顺利进行，1983 年 8 月，全国人大常委会做出了"从重从快从严打击刑事犯罪和严重危害社会治安犯罪分子"的决定，随县、随州市分别开展了大规模的集中搜捕刑事犯罪分子的行动，斗争锋芒指向少数杀人犯、纵火犯、强奸犯、抢劫犯、爆炸犯等刑事犯罪分子。此后，又连续给予刑事犯罪分子几次沉重打击。通过严厉打击刑事犯罪的运动，破获了一大批刑事、治安案件，如在万和区抓获了河南省平顶山市公安局通缉在逃的盗窃万元巨款的犯罪分子罗国中。

二、治安行政管理

(一)户籍管理

清末、民国时期，户籍管理主要用于抽征壮丁、苛税、纳粮、服劳役，榨取人民血汗，维护统治阶级的利益。新中国成立后，废除了旧的户籍制度，并逐步建立和健全了一套崭新的户口管理制度。根据《中华人民共和国户口登记条例》规定，由公安机关主管户口登记，设派出所的地区由派出所管理，未设派出所的地区由区、乡(镇)政府代为管理。登记的内容为各户成员姓名、年龄、籍贯、职业等项。城镇实行常住、暂住、出生、死亡、迁入、迁出、变更等 7 项登记，农村实行常住人口登记和出生、死亡、迁出、迁入等 4 项变更登记。户口迁移按国务院〔1977〕140 号文件规定执行办理迁入迁出手续，保障人民群众的正当迁移。公安局分别在 1953、1964、1982 年的三次人口普查中，对本地人口实行全面登记和整顿，使户口管理进一步完善合理。

(二)禁烟禁毒

1952 年 7 月，中共随县县委成立禁烟禁毒委员会，县委书记焦德秀任主任，公安局长吕静任副主任，宫云胜(税务局长)、沈瑞五(法院院长)、张羽(民政科长)为委员。8 月 19 日，由县委宣传部、县公安局联合下达《关于禁烟运动中宣传工作的通知》，首先以城关、安居、厉山三镇为重点开展禁烟禁毒工作，取得经验后在全县范围内普遍开展。9 月底禁烟禁毒工作结束。禁烟禁毒中，破获了一批贩运烟毒案，逮捕了长期贩卖烟土的犯罪分子，查出一些吸食鸦片者，缴获并焚毁许多毒品毒具。长达百年之久的鸦片危害自此根绝。

(三)特种行业管理

1962 年，县公安局根据公安部关于对特种行业管理的有关规定，对旅店、废旧回收、印铸、修理四种行业进行了一次全面清理整顿，发放了特种行业许可证，严格了社会面的控制，有效地预防了刑事犯罪分子的破坏活动。1978 年，又将全县各区、乡(镇)牲畜交易所纳入特种行业管理，加强了对耕牛的管理。1984 年上半年，公安局配合工商部门，对全市的特种行业重新进行了一次普遍的清理登记，印制发放特种行业许可证 645 份，制定了印铸刻字业、旧货业、修理业、牲畜交易业、旅店业管理暂行办法，明确提出特种行业的管理措施，严格规定了违反特种行业管理处罚界限，对进一步纯洁特种行业组织，稳定社会治安起了积极作用。

(四)危险物品的管理

根据上级业务部门的规定，公安机关对枪支弹药、易燃易爆、剧毒、放射性物品以及其他危险物品实施管理。对于各类枪支严格执行中华人民共和国《枪支管理暂行办法》，允许佩带的自卫枪支(军队、民兵枪支除外)、民用枪支、体育运动枪支一律领取持枪证或临时持枪证，对各种易燃易爆品，发放爆炸物品安全生产许可证、储存证、爆炸物品使用许可证、运输证、烟花爆竹销售许可证等。公安局会同有关部门每年组织一次安全检查，防患于未然，减少了危险物品事故的发生。

（五）治安保卫委员会建设

"镇反"运动后，全县普遍建立基层治安保卫委员会。1953 年有 18 个区、2 个县辖镇、328 个乡建有治安保卫委员会。治安保卫委员会的建立，在维护社会治安、调解民事纠纷、协助处理一般刑审及治安案件等方面起到积极的作用。公安部门每年对治安保卫委员会主任进行一次培训，提高其政策法律水平，增强工作能力。

（六）交通管理

1976 年 6 月前，公安局固定一名干部协助交通、车辆管理部门开展水、陆运输的安全管理工作。此后，公安局成立交通中队，其主要任务是：负责城区交通事故的处理；做好交通安全宣传教育，加强交通指挥管理，经常开展安全检查；协助车管部门处理重大交通事故。从 1982 年 6 月开始，在城区解放路架设水泥隔离栏杆 600 多米。次年在解放路、烈山大道北端架设铁制护栏杆 3000 多米，并在防护栏杆上安装各种宣传标牌 1100 多块，在主要交通十字路口设立交通民警执勤岗楼、信号指挥灯、执勤点。1985 年于解放路与沿河大道交叉处、解放路与灞水大道交叉处、汉东路与交通大道交叉处各建转盘一个，有交通执勤岗（点）7 处，干警 45 人。

（七）消防管理

1973 年 10 月，公安局增设消防股，1975 年 3 月建立消防中队。消防干警依照《中华人民共和国消防条例》，贯彻"预防为主，消防结合"的方针，积极开展消防安全检查、消防监督，审查建筑设计防火方案；广泛开展防火安全教育，组织义务消防队，印发防火通告、布告管理规定，还利用电影、幻灯、录像、黑板报、专栏等形式广泛宣传。至 1985 年，共建义务消防队 139 个，义务消防队员 11935 名，有消防车 5 辆。

第四节　公安检察

清末，一般案件以自诉为主，官诉为辅。重大案件由知州勘验现场，仵作验伤痕，快班通缉罪犯。知州审结后逐级上报府衙、按察使司、巡抚衙门、刑部堂。1931 年，汉口地方法院随县分院内置检察处，职司侦察指挥、提起公诉、刑事裁判监督等。

新中国成立后，人民检察机关承办侦查监督、批捕、起诉等业务。

一、批捕

1954 年开始受理公安机关提请逮捕人犯的刑事案件，审查批准逮捕人犯，具体程序尚无定规，一般先由公安机关将案件材料呈报县委批示，再由公安机关填写逮捕意见书后移交检察院办理批捕法律手续。1958 年 10 月，审查批捕改由办案人员提出意见，集体讨论，再由公安局长、检察长、法院院长研究后报县委批准。1962 年至 1966 年，公安机关提请逮捕人犯的案件，经检察院审查、县委同意后报襄阳地委批准。"文化大革命"期间，审查批捕由公安机关军事管制小组办理。1978 年检察院恢复受理公安机关报捕案件，由承办人阅卷审查、集体讨论研究、检察长审核后报请县委批准，再送公安机关执行。1980 年 1 月正式实施《刑法》《刑事诉讼法》后，检察院依法独立行使检察权。对公安机关报捕的案件，由承办人阅卷审查，做出阅卷笔录，提出处理意见，集体讨论研究，报请检察长签发决定书，交公安机关执行。1981 年至 1985 年，刑事检察配合公安、法院贯彻依法从重从快打击刑事犯罪的方针，按时按质办好案件，年平均审结率为 98%。

二、审查起诉

随县自 1955 年开始全面完善审查起诉工作。1958 年至 1961 年，公安局、检察院、法院联合办公，审查起诉仅制作简单起诉书就结案。有的案件则立捕立判，并不起诉。1975 年至 1978 年，各类案件由公安机关直接移送人民法院审理判决。重建检察院后置审查起诉股，受理公安机关移送的起诉案件，严格依法办事。在从重从快严厉打击刑事犯罪分子的斗争中，除个别轻微案件外，基本件件出庭支持公诉。

三、侦查与审判监督

"文化大革命"前，县检察院选派干部参与公安机关对刑事案件的现场勘验、取证、搜查活动，履行侦查监督职责。1980 年 1 月"两法"实施后，检察院安排检察员参与公安机关对大案要案的现场勘查和侦破，保证案件的合法、及时侦破和批捕。同时，通过审查起诉工作，对少数公安人员体罚犯人、逼供、诱供等违法行为提出纠正意见，保证案件依法办理。新中国成立初期，审判监督工作尚无正规程序，县人民检察署采用社会调查方式，了解已判决案件的社会效果，对量刑不当的案件提请法院复议纠正。后采用定期组织案件复查的办法以发现和纠正冤错案件。1980年"两法"实施后，检察院依法对人民法院判决、裁定确有错误和量刑不当的案件，按照审判监督程序提出抗诉，对法院审判中某些违法行动提出纠正，有效地行使了审判监督职能。

四、经济检察

"文化大革命"前，经济检察列入刑事检察。重设检察院后设经济检察科，负责办理国家工作人员利用职务之便构成的经济犯罪案件。受案范围有国有贪污案、盗伐滥造森林案、行贿受贿案、重大经济责任案、假官商标案、偷税抗税案、挪用救灾抢险款物案。自1982年起，注重严厉打击经济领域中的严重犯罪活动，运用法律武器，保护农村专业户、重点户和经济联合体的合法权益。当年受理经济案件45件，为国家和集体挽回经济损失4万余元。1985年受理34件，结案18件，挽回经济损失34.6万余元。

五、法纪检察

"文化大革命"前，法纪检察列为刑事侦查工作的一部分。1980年检察院内设法纪检察科，依法追究侵犯公民权利和渎职犯罪的国家工作人员的法律责任。通过社会调查、设立法制宣传点、聘请法纪通讯员及通过信访等办法发现案件，立案侦查处理。1981年办理新街谢仕才诬陷案，为蒙冤三年的农民吴修洪昭雪，此事被当年三月最高人民检察院《人民检察》杂志载文表彰。1985年依法办理重大责任事故、刑讯逼供等法纪案件24件。

六、监所检察

监所检察始于1953年，通常派员检查入狱人犯法律手续是否齐全，配合管教干部开展人犯认罪伏法教育。1959年国庆，经批准对10名确实改恶从善的在押罪犯予以特教。1980年1月，检察院成立劳改监所检察科，依法对人犯入狱手续和案件的诉讼时限、判决后执行情况进行检察，纠正违法行为，从重从快打击刑事犯罪的斗争开始后，改造教育罪犯列为监所检察工作的重点。1985年对在押犯进行政策法律教育311次，个别教育30余次。对在押犯的生活、卫生、外劳、放风和监室环境安全定时检查，采取深入办案单位、查看监管情况和讯问在押犯等办法调查监管制度，改进工作。同时，对监外犯做到定期回访考察，帮助所在地建立帮教组织，促进监外犯人的改造。

第二章　改革开放后的法制建设

1979 年后，全市公安、司法机关坚持"业务、队伍、保障"同步协调建设，至 2000 年，共有办公、住宅和移动电话 1100 多部；有 20 世纪 90 年代先进水平的 350 M 无线集群通信网，有 119、110、122 和 148 等报警服务系统，52 台电脑用于人口户政管理、情报资料管理、信息档案管理、机动车辆管理及数据传输等工作，有各类机动车辆 261 辆；干警总人数有 1100 余人；共有侦查破案、预审监管、治安管理、内保警卫、消防交管、批捕起诉、执法监督、反贪打渎、审判执行、律师公证、司法调解、法制教育等司法机构 30 多个；基层派出所、检察办事处、法庭、司法所及法律服务所达 110 个。

市公安局侦查各类刑事案件 22330 起，破获刑事案件 15652 起，年均破案率为 70.1%；受理各类治安案件 58654 起，查处 54767 起，查处率为 93%；查处各类违法人员 72399 人。先后被省公安厅授予"集体三等功""侦破工作一等奖""全省先进公安局""全省严打斗争先进单位""全省打拐斗争先进单位和全省民爆物品管理工作先进集体"，以及公安部授予的"全国优秀公安局"称号。市检察院受理各类刑事案件共 6569 件、10324 人；审结案件 6370 件，审查批准逮捕 5658 件、8534 人。其中，经济案件 2234 件，为国家和集体挽回经济损失 3132 万元；受理法纪侵权案件 736 件；先后获"全省先进检察院""全省最佳检察院""全省人民满意检察院"称号。

市法院共受理各类案件 100581 件，审结 92958 件，审结率为 92.4%；审判监督收案 2795 件，审结 2329 件，审结率为 83.33%；案件执行收案 23952 件，执结 23044 件；受、处理各类信访 7846 件，受、处理各类人访 17268 人次；受理、定结各类法律鉴定案件 9603 件，被最高人民法院授予"严厉打击严重刑事犯罪分子先进单位"称号。

市司法局组织实施 3 个"五年普法"宣传教育活动。共调解民事纠纷 43311 件，调解成功 41160 件，成功率为 95%。办理各类法律事务共 59189 件，其中，刑事案件辩护 13780 件，民事案件代理 33727 件，办理各类公证 9837 件。

第一节　打击刑事犯罪

一、打击刑事犯罪

1983年8月，根据中共中央《关于严厉打击严重刑事犯罪分子的决定》，随州坚决执行"依法从重从快，一网打尽"的方针，按照上级统一部署，全市与全国同步开展"严打"斗争。至1986年9月结束，历时3年，共进行三个战役、10次大行动。从处理犯罪数量和行动规模以及破案数量上看，"严打"斗争都是新中国成立以来少有的大事件，对稳定社会秩序起到重要作用。

1990年5月，中央政法委员会召开电话会议部署了一场全国"严打"斗争。5月23—26日，随州市开展"严打"斗争第一次集中收捕行动，侦破刑事案件561起，抓获各类犯罪分子420人，追缴赃款赃物折款计29.15万元。

1996年春，中共中央决定从4月至1997年2月开展全国第二次"严打"行动。4月29—30日，随州开展"严打"斗争第一战役集中收捕行动，抓获重点对象220名，摧毁犯罪团伙21个、120人；破获各类案件544起，其中大案133起；缴获枪支289支，炸药1210千克，大麻2500克。6月25—26日，全市开展"严打"斗争第二战役集中搜捕行动，抓获逃犯27名，破获各类刑事案件121起。

二、打击经济犯罪

1995—1996年，侦查破获骗走47辆楚风汽车案，挽回经济损失532.2万元。1996年6月，帮三里岗农业银行追缴400万元贷款。1997年组建"经侦"队，打击走私、骗汇、抗税、金融诈骗等经济犯罪活动，为国家、集体挽回重大经济损失，为经济建设创造良好的发展环境。1998年4月，查破李某、梁某、康某、司某4人持伪造中国农业银行漯河市源汇区支行490万元的商业承兑汇票，来随州购买20辆五平柴油车的金融凭证诈骗案。9月，破获谭某、王某夫妇伪造100万假汇票在市工行骗取现金案。1999年4月，查处生产销售假冒伪劣磷肥案50余起，铲除制假窝点10余处，为企业挽回经济损失50余万元。1997—2000年，查获假冒伪劣卷烟6500箱。自经济犯罪案件从检察机关划归公安机关侦查后，市公安局经济侦查民警队先后在国税、地税、烟草、盐业、财政、技术监督、农行、石油、土管、工商、保险等单位设侦查室，进行经济侦查。至 2000 年，受理各类经济违法犯罪案件 315 起，立案侦破 315 起。其中，偷税、抗税、骗税 69 起，挪用资金案 4 起，利用合同、信用卡诈骗案 27 起，销售伪劣商品案 130 起，非法经营案 13 起。

三、专项打击行动

1979—2000 年，随县(市)开展打击流窜犯、扫黄打非、围歼车匪路霸、打拐、整治突出治安问题等专项行动 60 余次。

1982 年 4 月，开展清查堵截流窜犯专项活动，县公安局组织清查力量 6.9 万余人，设卡堵截 633 处，清查重点部位 3589 处，查出流窜嫌疑人员和盲流人员 55 名，破获各类案件 598 起。市公安局组织清查力量 726 人，设关卡 75 处，清查重点部位 553 处，查获各类违法犯罪嫌疑人员 86 名。1983 年 9 月、1984 年 9 月继续进行 2 次打击流窜犯罪专项行动。1987 年 7—8 月，开展集中打击刑事犯罪分子、开展社会治安综合治理，全市共组织 1388 人，打击各类违法犯罪分子 212 名，破案 166 起。

1989 年 2 月 16—28 日，全市开展集中打击流氓、盗窃、抢劫犯罪活动统一行动，抓获各类犯罪分子共 300 余人。

1990 年春节前后，查处"六害"案件 876 起，3309 人，端掉一批淫窝赌窝，缴获赃款赃物 4 万余元。1991—1993 年，先后开展"扫除六害"统一行动 6 次。1994 年 8 月，市公安机关进行以打击流氓恶势力为主的集中统一行动，即"八·五零时行动"，共抓获各类案犯 299 人，占应捕对象的 90% 以上；破获刑事案件 58 起，收缴赃款及赃物折款计 19.7 万元，凶器 158 件。广大群众关注的"六·二"公共汽车抢劫案的元凶李某和市区首霸"罗氏三兄弟"相继落入法网。

1995 年，开展"收缴枪支弹药"统一行动，打击涉枪违法犯罪；开展治理整顿摩托车安全行车秩序行动，查获盗、抢嫌疑摩托车 3 辆，现场抓获盗窃摩托车嫌疑人 2 名。全年共破获"六害"案件 100 余起。

1998—1999 年，两次开展打击车匪路霸专项斗争，共破获车匪路霸案件 13 起，破刑事案件 208 起，打击处理违法犯罪嫌疑人员 61 人，收缴自制枪支、管制刀具等作案凶器 127 件，收缴雷管 13000 发，导火线 10000 米，追回被盗摩托车、电视机、电冰箱及衣物等价值 6 万余元。1998 年 10 月上旬至 11 月上旬，在市区划分 4 个战区，开展重拳出击打击地霸、路霸、市霸的专项整治，查清阻碍市区建筑市场的流氓势力，捣毁 4 个"挂靠"建筑公司以敲诈勒索为业的团伙，以及在 316 国道净明段抓获路霸团伙等，共对 57 名"三霸"犯罪嫌疑人依法收审惩处。

2000 年 4 月，市公安机关出动警力 475 人次、警车 213 台次，采取多种措施打击拐卖妇女儿童犯罪。在全市 35 个乡镇办事处共设 35 个战区，查出上网拐卖妇女儿童信息 550 条，破获 34 起拐卖妇女儿童案件，抓获人贩子 8 名，解救被拐卖妇女 26 名、儿童 5 名；采集被拐卖及来历不明儿童血样 16 份。4 月 30 日晚，按照省公安厅统一部署，开展一次"打击人贩子，解救被拐卖妇女儿童"的集中统一行动，3 名人贩子落网，12 名被拐卖妇女和 3 名被拐卖儿童被解救，还为外地公安机关解救妇女 5 人、儿童 1 名，查出身份不明、有被拐卖嫌疑的人员 41 名。市"打拐"专项斗争办公室被省公安厅评为"打拐"专项斗争行动先进单位。

第二节　治安管理

一、特种行业管理

1988 年，市公安局发出《关于加强特种行业治安管理的通知》，规定旅馆业、旧货业、印铸刻字业、信托寄卖业、交易业等为特种行业，由公安机关实行特定治安行政管理。1984 年，全市有特种行业 2848 家，从业人数 7152 人。其中，旅馆旅店 374 家，废旧收购 377 家，印刷业 44 家，修理业 1930 家，刻字业 94 家，打字复印 14 家，典当拍卖业 15 家。

（一）旅馆业

公安机关对宾馆、招待所、旅社等采取严格旅馆业报、备审查制度和住宿登记验证制度，清理取缔无证经营的旅店，加强旅馆业治安管理信息建设，强化人防、物防、技防措施，严格责任倒查追究制度等措施；开展经常性清理整顿，查处旅馆业各种违法犯罪。

（二）旧货业

1993 年，为配合反盗窃斗争，市公安局统一部署，进行为期 70 天旧货业市场的清理整顿。全市取缔违法收购及无证经营站点 14 个，破获刑事案件 13 起，查处治安案件 45 起，处理各类违法犯罪人员 68 名，收缴非法收购生产性废旧金属 40 多吨，追回赃物价值 5 万余元。

(三)印铸刻字业

1993 年，市公安局开办现代印章厂，用先进的刻章技术取代传统的手工雕刻工艺，有效地遏制仿制和伪造印章的诈骗犯罪活动。2000 年，市公安局会同有关部门对 93 家印刷行业进行清理整顿，吊销证照 12 家，保留 81 家重新换发证件；发现非法印刷 18 起，收缴印刷品 97 本；破获刑事案件 2 起，查处治安案件 26 起，处罚违法犯罪人员 16 人。

二、公共秩序管理

(一)清理整治娱乐、服务场所

市公安机关不定期清理整顿公共娱乐服务场所，与文化、工商、卫生等部门组成专班，协同作战，发现、整改隐患，取缔违法经营，落实规章制度，健全治保组织，签订治安责任书，培训从业人员。2000 年 7—9 月，先后在市区组织 8 次统一行动，出动警力 6125 人次，车辆 812 台次，共清理歌舞娱乐、桑拿按摩、美容美发、电子电脑游戏室、录像放映室、综合娱乐场所、旅馆业等 1650 家，发现并整改隐患 129 起，取缔违法经营 1266 家(其中旅馆业 118 家)，拆除违规设施 2889 处，签订治安责任书 44 份，建立治安保卫组织 44 个，培训从业人员 132 人。破获刑事案件 8 起，查处治安案件 161 起，抓获违法犯罪人员 303 人。

(二)预防和妥善处置群体性事件

1992 年 6 月，双河乡因查处一批乱砍滥伐森林案件，发生一起盗窃分子自缢死亡事件，引发一些不法分子和不明真相的群众哄砸该乡派出所并冲击乡政府的"6·26"暴力事件。市委、市政府安排政法机关组织力量迅速予以制止和平息。1997 年 2 月 28 日，市东城鹿鹤转盘处发生的群体性闹事事件("2·28 事件")，经市委、市政府组织公安等部门力量制止和处理，至 3 月 1 日平息。

1998 年，市公安局制定《关于综合处置群体性事件的工作预案》，要求及时、果断、妥善处置每一起群体性事件；坚持"可散不可聚、可解不可结、可顺不可激、可冷不可热"的原则，快速反应，统一指挥，整体作战，因情施策，机智灵活，把问题和矛盾解决在基层、在内部、在初发阶段。

(三) 大型活动的安全保卫

1988—2000 年，开展大型活动安全保卫 28 场次。市公安局对每场(次)大型活动做到超前部署，精心组织，制定安全保卫工作预案，调配各警种协同作战。1993 年 6 月 14—16 日，首届中国湖北烈山炎帝神农节举办，公安部门投入民警、治安保卫队员、保卫干部 1200 余人，确保开(闭)幕式、彩排、厉山祭典等 7 场次大型活动顺利进行，保障近 30 万观众、演员及数千名宾客的人身安全。控制 36 名危及神农节安全的重点人物，预防 2 起预谋爆炸事件，现场抓获 4 名拦路抢劫犯罪分子，收容遣送乞讨等社会闲散人员 84 名，帮助寻找送还儿童 4 名，抢救被踩踏中暑的观众、演员、宾客等事件 96 起，为台胞追回遗失的照相机 1 部。

(四) 校园及周边治安秩序专项整治

1979—2000 年，对学校及周边治安秩序专项整治 44 场次，查处侵害师生人身财产安全的各类违法犯罪活动 7500 起，打掉校园周边的流氓团伙、黑恶势力 34 个，检查和清理校园及周边违规经营的出租房屋和网点电子游戏厅、录像厅、歌舞厅、麻将馆等娱乐场所 1925 处，完善校园及周边交通设施 2123 处，清理黑校车 324 辆，排查和清理校园安全隐患 426 处。

(五) 反扒窃

1994 年 3 月，恢复市公安局反扒队。反扒队在特定时间(节假日)、特定地点(火车站、汽车站、宾馆、商场等治安复杂场所)多次组织专门反扒行动。当年共抓获扒窃犯罪嫌疑人 82 人，破获扒窃案件 206 起，打掉扒窃团伙 25 个、129 人。1997 年 6 月 12 日，利用警犬将 3 名犯罪嫌疑人成功抓获，缴获赃款赃物 2000 余元。

三、危险物品管理

(一) 枪支弹药管理

1987 年，市公安局治安科对全市所有枪支进行验审，对公、检、法及内保单位的枪支进行登记造册，建档建卡，共办理持枪证件 230 件。1990 年，对市公安局内部枪支弹药进行清理检查，对不符合佩枪规定的人员和原配发专用枪支的离退休人员的 7 支手枪，动员全部交回。1991 年，市公安局发出《关于加强公安机关内部枪支管理的通知》，将各派出所和局机关所配发的枪支一律收起交治安科统一保管。

1989 年，外经委土特产进出口公司解放路商店被省公安、林业、商业部门确定为猎枪零售点。1993 年，下发《关于加强民用枪支管理的通知》，从严格审批手续、严格购买手续、实行年度审核制度三方面实行对民用枪支的管理。对民间持枪人核发《持枪证》并在证上加盖年度审核用章，对不相符的枪证一律收回。严禁在市区、集镇、居民点、风景游览区鸣枪和狩猎；猎枪猎弹不配发到人，不得超范围或借给他人使用。1995 年，开展收缴枪支弹药统一行动。其间，市委政法委统一部署，抽调各警种民警 67 人，组成 5 个工作专班；各乡、镇、办事处抽调 828 人组成 187 个行动专班投入收缴战斗。在动用 23 辆(次)宣传车，悬挂 18 条横幅，张贴 1500 余条标语，召开 291 场(次)宣传发动会议后，深入拉网式收缴，共收缴各类非法枪支 2163 支，子弹 314 发，捣毁制售枪支窝点 4 个，处罚违法人员 46 名。

(二)民用爆炸物品管理

1984 年 8 月，市公安局召开全市民用爆炸物品管理专业会议，传达贯彻全省民用爆炸物品管理会议精神，制定加强爆炸物品管理的措施和办法。参加会议的有生产易燃易爆物品的厂矿企业，市直各有关单位的负责人，各区镇分管政法工作的副书记及有关人员，共计 114 人，之后，共办理生产许可证 10 份，销售许可证 28 份，储存许可证 35 份，使用许可证 90 份。

(三)烟花爆竹安全管理

落实"积极预防、从严管理、服务生产、保障安全"方针，配合政府有关部门，对烟花爆竹生产企业、批发单位、储存仓库、经营摊点实行经常检查，对有关责任人严格倒查追究，对生产、储存、运输、经营等企业派治安民警进驻。1995 年 12 月，市政府在市区东起汉东路，西至㵐水河，南起白云湖，北至明珠路，禁止燃放烟花爆竹。市公安局制定《随州市公安局禁鞭工作实施案》，主要领导上阵，加大巡逻巡查密度，同时与城区公安 25 个下属机构签订禁鞭责任状，确保禁鞭一次性成功。

四、治安案件查处

1979—2000 年，共受理治安案件 58654 件。其中，扰乱秩序 788 件，寻衅滋事

4713 件，侮辱妇女 1990 件，阻碍公务 818 件，涉枪 76 件，涉爆 108 件，违规经营 72 件，殴打他人 9697 件，偷窃财物 16633 件，骗抢敲勒 2144 件，哄抢财物 614 件，故意损坏公私财物 1201 件，造卖票证 11 件，涉毒 43 件，封建迷信骗财 11 件，淫秽物品 137 件，卖淫嫖娼 1832 件，容留嫖娼 360 件，赌博 1495 件，伪造户口身份 271 件，其他 2111 件。查处 54767 件，查处率 93%（1980—1987 年为 67%，1988—2000 年为98%）。查处违法人员 72399 人，其中，警告 8129 人，罚款 56336 人，拘留 7844 人，其他处理 5630 人。

（一）扫黄

1991—1993 年，全市成立扫黄专班 55 个、2825 人（其中公安民警、专职治保人员345 人），先后 6 次开展扫黄行动，共查破案件 2121 起，涉案人员 7351 人。其中，嫖娼卖淫 266 起、615 人，拐卖妇女儿童 13 起、47 人，制作贩卖传播淫秽物品 19 起、95 人，利用封建迷信骗财害人 76 起、84 人。查获犯罪团伙 95 个，抓获团伙成员 678人，处罚违法犯罪人员 7351 人。其中，逮捕 24 人，劳教 22 人，行政拘留 620 人，罚款 6685 人。缴获淫秽录音录像带 178 盘、淫秽书刊 55 本、女人裸体图片 194 张。1998 年 7 月，现场抓获"靓一靓""大富豪""避风港"等 6 处美容美发厅内卖淫嫖娼人员，依法刑事拘留 3 人，行政拘留 8 人，罚款处理 18 人，并责令这些场所限期整改。

（二）禁毒

1991 年，安徽省临泉县农民樊某勾结何店镇何家台村村民杨某等 5 人种植罂粟800 平方米、12416 株。6 月，市公安局治安科调查取证后，将罂粟全部焚烧，依法处理樊某等 6 名犯罪嫌疑人。1996 年，市公安局开展查禁毒品专项重点整治，共查获吸毒人员 1 名，非法种植罂粟原植物案件 14 起、1494 株，制贩毒品案 1 起，查处违法犯罪人员 62 名，缴获海洛因 0.5 克、大麻籽 2500 克。1999 年 6 月，刑警大队成立缉毒中队。至 2000 年，缉毒中队先后在南郊、何店、洛阳、均川、三里岗、万和、殷店、草店、淮河等乡镇铲除种植的罂粟原植物 2 万余株，其中在淮河镇一次就铲除 3000 余株，在东城天后宫小区一住户的花盆里铲除 30 余株；查处吸毒人员 26 人，对其中 2人送异地强制戒毒。

（三）禁赌

1987 年 5 月，市政府印发《关于严厉禁止赌博活动的通告》，在全市开展禁赌活动。1991 年，根据市政府《关于在全市开展集中查禁赌博活动的通知》，统一部署，组织专班，从 2 月 5 日至 3 月 5 日开展查禁赌博专项行动，共查获赌博案件 98 起，处罚赌博人员 265 人。

1991 年至 1993 年 10 月，共查获赌博案 1749 起、6491 人。1998 年 7 月，查封取缔宏运美食娱乐城等两处利用苹果机、扛子宝聚众赌博的窝点。

第三节　查禁取缔非法宗教组织

1953 年后，被取缔的反动会道门组织残存会首，一有机会就进行复辟活动；同时，成立了一些新的反动会道门组织，其活动方式也有变化，如：打着宗教的旗号进行活动，以诱骗群众；拉拢共产党员、共青团员和基层干部入道，以扩大影响，寻求保护伞；发展青少年入道，以迷惑众人；搞教道联合，以拼凑复辟力量；还趁搞活经济之机，以经商为掩护，四处串联发展。对反动会道门的复辟活动，各级公安机关加强经常性的调查、侦查工作，一旦发现，及时侦破，依法处理。根据反动会道门复辟活动的起伏和暴露情况，在省公安厅的统一部署下，于 1958 年、1965 年、1976 年、1983 年、1985 年先后 5 次进行比较集中的打击，集中侦破案件，打击会首和骨干分子，并取缔瑶池门、西华堂等反动会道门 25 种。

一、取缔"呼喊派"

1979 年，原基督教"小群派"长老李常受把"呼喊派"非法活动重点转向中国内地，派遣亲信骨干多人到武汉与原"小群派"长老骆传葵、竺志一等人联络，骆、竺等人接受李常受的大批反动宣传品与录音磁带，进行反革命宣传煽惑活动，并派人到河南、河北、上海等 7 省市扩散这批反动宣传品。同时李还通过河南省鲁山县的"呼喊派"骨干与襄樊市原"小群派"骨干分子联络，在鄂西北一带发展"呼喊派"。

1981—1983 年，"呼喊派"蔓延到随县的殷店、天河口、淮河、小林、草店、高城、万店、厉山、尚市等 11 个公社、28 个管理区、62 个大队，共设聚会点 60 处。1983 年 10 月，县政府根据中共中央〔1983〕18 号文件精神，在殷店公社召开 8000 余人大会，取缔非法组织"呼喊派"，逮捕 7 名主要骨干，收审 14 名骨干，收缴罪证 390 余件，1100 多名一般信徒办理了具结悔过退教手续。

二、取缔"全范围教会"

1988 年 1 月开始，市政府先后召开 8 场大会，宣布对非法组织"全范围教会"公开取缔，受教育群众达 2 万人。公安机关对主要骨干成员刑事拘留 1 人、收审 1 人，分别对 98 名信徒举办法律学习班，办理具结悔过、退教手续。缴获非法书刊 110 余本，手抄本 1000 余本。

三、取缔"旷野窄门"

1994 年 5 月，市委、市政府召开各乡镇分管政法工作的副书记、派出所所长、法庭庭长会议，部署取缔非法组织"旷野窄门"，公开取缔非法组织"旷野窄门"在随州秘密建立的 2 个分会、6 个小会、22 个小分会、312 个非法聚会点、30 个秘密联络点。此次行动出动宣传车 120 多辆，悬挂横幅 100 余幅，张贴标语 2 万多条，召开群众大会 200 多场次。公安机关对 11 名骨干成员收容审查和 38 名骨干治安处罚。共抓获骨干成员 114 人，其中，收审 32 人、劳教 9 人、给予治安处罚 73 人，收缴油印机 2 台、书写工具 86 件、非法资料 229 种 2610 份等。1995 年 6 月，市公安机关组织第二阶段打击取缔集中统一行动，依法公开取缔非法组织"旷野窄门"设立的小会 1 个、小分会 11 个、小分会点 39 个，捣毁非法聚会点 151 个、秘密联络接待点 21 个。查处违法犯罪骨干 37 人，其中，劳教 2 人、治安处罚 35 人。缴获非法宣传资料 121 种 848 份，没收活动经费及以慈善为名诈骗各类物资现金折价 63.11 万元。

四、取缔"观音法门"

1996 年 6 月，取缔邪教组织"观音法门"在随州的组织体系，共取缔中心共修点 1 个、分支共修点 4 个；查获信徒 107 人，其中重要骨干 13 人，对其收审 3 人、监视居住 1 人、具结悔过 9 人。缴获非法图书杂志 512 本、录像带 135 盘、录音带 466 盘、活动资金 800 余元及大量物证、书证 2020 件。

五、取缔"华南教会"

1999 年 3 月，在三里岗镇杨家棚村抓获"华南福音使团"（又称"华南教会"）重要骨干 2 人，缴获华南教会反动刊物 40 余册。

六、取缔"法轮功"

1999 年，非法组织"法轮功"传入本地。是年 7 月 22 日，中华人民共和国民政部发布《关于取缔法轮大法研究会的决定》。当日上午，随州"法轮功"主要骨干煽动部分成员乘 3 辆中巴车往武汉串连到省政府讨说法。市公安局立即调集警力追至广水长岭路段，将 73 名"法轮功"骨干成员截获，逐人进行法制教育、训诫，留置（在一定时间内将被盘问人留置在公安机关，依法进行继续盘问的一种措施）11 名组织策划的骨干。在取缔"法轮功"行动中，收缴各种非法出版物、标语 6112 件，取缔 1 个辅导站、3 个片、32 个练功点，查处骨干 56 人、成员 869 人，举办 5 期、164 名骨干成员教育转化学习班。

第三章　精神文明建设对民间信仰的重塑

第一节　法制宣传教育

1981—1983 年，随县普及法律常识的内容为新颁布的《中华人民共和国宪法》《中华人民共和国婚姻法》《中华人民共和国刑法》《中华人民共和国刑事诉讼法》等法律。1983 年开展"法制宣传周"活动，宣传贯彻全国人大常委会《关于严惩严重危害社会治安的犯罪分子的决定》。1984 年 2 月，开展维护妇女、儿童合法权益法制宣传月活动，全市培训骨干 386 人次。其间，在初、高中学校开设法制课，进行法律基本知识教育。

"一五"普法　1985—1990 年为第一个五年普法期（简称"一五"普法）。1985 年 3 月，成立市普法领导小组，下设办公室（简称"普法办"）。市直机关和各区（镇）、乡、村成立领导机构，领导普法工作。市编印《常用法律常识读本》发至城乡居民每户 1 本，干部、职工人手 1 本。市普法办按计划辅导学习，各级领导带头学法、用法。全民普法学习活动形成热潮。1986 年，进行"两法一条例"（宪法、经济合同法、治安管理处罚条例）教育，全市应普及对象 98 万人，实际普及对象 82 万人，普及率 83.5%；参加考试率 14.1%，及格率 100%。1987 年，对乡以上国家行政干部进行"七法一通则"（刑法、婚姻法、继承法、民事诉讼法、刑事诉讼法、兵役法、森林法、民法通则）教育，对农民、城镇居民、企事业单位在职职工开展"三法一通则"（刑法、婚姻法、继承法、民法通则）教育。应普及对象 77 万人，实普及 56 万人，普及率 73%。其中，行政干部、职工、教师、学生普及率为 100%；居民、农民普及率分别为 69.22%、70.71%，达到中央规定的指标。1990 年，省、地、市三级组织对"一五"普法活动验收，随州市普法对象的普及率为 91%，考试及格率 100%。

"二五"普法　1991—1995 年为第二个五年普法期（简称"二五"普法）。1991 年，全市建立普法领导小组 72 个，选调普法人员 243 人，建立市法制培训中心，在市、乡镇（局）、村（厂矿）组织三级普法宣讲员 2549 人，编印普法教材 16.8 万册、知识问答及辅导资料 34.5 万份；培训骨干 1412 人，普及干部、职工和学生共 27.8 万人。1992

年，进行法制宣传授课 1256 场次，办法制宣传专栏 310 处，出刊 155 期，印发宣传资料 12850 份。当年有 104.9 万人受到普法宣传教育，占年计划普及对象的 98%。1993年，普及城镇居民和部分农民共 108.5 万人。1994 年，印发《新增专业法律法规选编》4000 册，在市直单位举办专业法骨干培训班 5 期、398 人。1995 年，考核验收"二五"普法的普及率为 94.9%。其中，行政干部的普及率 100%，职工普及率 100%，农民普及率 93%。"二五"普法工作经过省、地区验收，随州市普及率在 90%以上。

　　"三五"普法　1996—2000 年为第三个五年普法期（简称"三五"普法）。1996 年，市委、市政府制定"三五"普法规划，做出《关于开展依法治市工作的决定》；乡镇、市直单位分别制定规划。1997 年 3 月，市司法局出动宣传车，开展"三五"普法宣传月活动。刷写宣传标语 2000 条，发放宣传资料 3000 多份，接待法律咨询 1.5 万多人次。选送 14 名普法骨干到省培训，市委党校、市法制培训中心培训骨干 440 人，成立市"三五"普法讲师团。筹集资金 30 多万元，购买普法教材 5.09 万册分发给全市民众。12 月下旬，举办为期 5 天、来自各乡镇和市直各单位的 300 多人的普法宣讲员骨干培训班，学习"三五"普法的有关法律法规，提高宣讲能力。1998 年，市委中心学习小组举办市直副科级领导干部学法班，150 名在职领导干部参加《中华人民共和国行政处罚法》的学习。市普法办举办培训班 11 期，培训 556 人次，印制 1 万份普法宣传画送到乡村。全市各级各单位分别举办各种普法轮训班、学习班、骨干培训班。市司法局在开展电教普法的同时，开通"148"法律服务专线。1999 年 10—12 月，组织全市副局（科）级以上领导干部 240 人，培训学习新的《中华人民共和国合同法》。2000 年，完成"三五"普法和"九五"时期依法治市的各项任务，通过省级验收，考核成绩在全省名列前茅。

第二节　精神文明建设

　　随县始终坚持物质文明建设和精神文明建设一起抓。在调整国民经济、压缩基建规模的情况下，发展科教、文卫、体育事业，开展以"五讲四美"（"五讲"指讲文明、讲礼貌、讲卫生、讲秩序、讲道德）、"三热爱"（即热爱祖国、热爱社会主义、热爱党）为主题的精神文明活动。

　　1977 年秋，全国高等学校招生采取自愿报名，统一考试，废除了"文革"期间群众推荐的招生办法。全县青年、学生积极参加考试，有 534 人被各类大专院校录取。

自 1978 年开始，教育部门坚持"两条腿走路"的方针，大力普及初等教育，改革中等教育，调整学校布局，改善办学条件，努力提高教学质量。1979 年至 1982 年，全县农村社队集资 400 多万元，国家、厂矿、企事业单位集资 200 多万元，兴建学校 41 所，新扩建和维修中、小学校舍 5478 间；有从幼儿园到高中（师范）的各类新学校 1130 所，在校学生 25 万多人，适龄儿童入学率达到 96.9%。

1978 年 7 月 8 日，乘全国科学大会召开的东风，随县召开科技大会，学习中央领导同志在全国科学大会上的讲话。有 14 人在会上发言，进行 12 项技术表演，现场表彰 184 个先进集体和 80 名先进个人，50 项科研成果获奖，并给 32 名成绩优异的代表戴上大红花。会议号召，放手发动群众，迅速掀起全党动手、全民动员、大办科学的群众运动新高潮。

1978 年以后，随县恢复和建立了以试验、推广、应用为主的农业技术推广组织，80% 的大队、生产队建立了农科组和示范户。此外，先后引进专业技术人员 200 多人，各类新产品 200 多种，取得科研成果 20 多项，其中 3 项获得省、地科技成果奖。到 1982 年止，全县有 653 人晋升各种技术职称，其中中级 72 人，助理级 217 人，员级 364 人，还有 6000 多名农民技术员。

文化事业亦有所发展，到 1982 年，全县已有文化放映单位 136 个，比 1978 年增长 49.4%；有社办农村集镇文化中心 12 个，并架设了广播专线；有 24 个公社、镇兴建了影剧院、放映队、剧团、文化室、电视室等，一大批好作品、好剧目被刊载或搬上银幕、舞台。

医疗卫生工作经过普遍整顿，已建立了城乡医疗卫生网，医疗队伍不断加强，医疗技术有了新提高。计划生育也取得显著成绩，1982 年底仅机关干部而言，已有 3300 多对夫妇领取独生子女证，占总干部数的 79.2%；避孕总人数达 14300 多人，占应避孕干部总人数的 94.4%，全县人口出生率比 1979 年下降 7.37‰。

1981 年 3 月，随县开展了以"五讲""四美"为主题的文明建设活动月，迅速掀起了一个以"五讲""四美"为内容、以雷锋为榜样的精神文明教育热潮。文明礼貌月开展后取得明显成效，做好事、助人为乐的人多了，同违法乱纪现象作斗争的人多了，全心全意为人民服务的人多了，遵守《学生守则》的学生多了，劳动态度端正的人多了。县委决定每年 3 月作为文明礼貌活动月，突出抓好五项工作：一是环境卫生，解决一个"脏"字；二是整顿公共秩序，解决一个"乱"字；三是提高服务质量，解决一个"差"字；四是对职工和社员群众进行职业道德和爱国主义、社会主义、集体主义教育，制定"乡规民约";五是破旧俗、树新风,针对城乡大操大办婚事、丧事及买卖婚姻、迷信、赌博等现象给予有力抵制。

1983 年,市委、县委分别成立"五讲四美三热爱"活动委员会(简称"五四三"委员会)。随后,各地和各部门及大型企事业单位成立相应的领导小组。1986 年,市"五四三"委员会改设为市精神文明建设工作指导委员会(简称市"文明委"),主持制定全市精神文明建设规划、目标及管理办法,指导精神文明建设活动的开展。

1983 年后,市委、市政府坚持"两个文明"一起抓,"两个文明"任务一起下,"两个文明"成果一起要。市精神文明建设委员会每年根据建设规划和上级的要求,部署全市精神文明建设的任务。各级党委、政府及各部门把精神文明建设任务纳入重要的议事日程,制定工作目标、措施和责任制。全社会齐抓共管,围绕建设内容,开展各具特色、形式多样的活动。1982—1984 年,连续 3 年开展"文明礼貌月"活动。1986 年始,在全市范围内广泛、深入地开展文明单位、文明村户、文明行业、文明集镇和文明城市创建活动。1991 年,推广殷店等乡镇的经验,在全市农村开展争创"十好农户"活动,这一创举受到省委肯定并在全省推广。1994 年,制定《随州市创建省级文明城市实施方案》,把文明城市创建与中等城市建设有机结合,重力推进硬件和软件建设,并带动文明集镇创建。1996 年,市委制定并通过《随州市社会主义精神文明建设"九五"规划》,使文明创建活动走上经常化、制度化和规范化轨道。1999 年,随州被省委、省政府授予"全省文明城市"称号。

改革开放之初,县、市委先后发出《关于进一步加强思想政治工作的意见》文件,加强拨乱反正时期的思想政治工作。20 世纪 80 年代中后期,先后开展"四项基本原则"教育、形势教育;90 年代初,开展社会主义思想教育和党的基本路线教育。县、市委自始至终坚持开展先进典型宣传教育,着力宣传在新时期随州涌现的先进模范人物傅本发等先进事迹,促进全市人民树立社会主义新风尚。编辑摄制大量反映随州革命历史、建设成就的书刊、影视片;逐步凝聚人民群众建设随州的"随州精神"。

截至 1999 年,全市有全国精神文明建设工作先进单位 1 个,全国文明单位 1 个,全国文明集镇 1 个;省级最佳文明单位 3 个,省级文明单位 11 个;市级最佳文明单位 99 个、市级文明单位 187 个;有市级文明行业 5 个。

通过加强社会主义精神文明建设,全县出现环境卫生、社会风气、精神面貌、干部作风、生产热情等五大变化。

参 考 资 料

1. 广水县县志编纂委员会：《鄂北风云》(第一辑)，内部资料。

2. 《汉口民国日报》，1927 年 3 月 12 日。

3. 《湖北文史资料》第十八辑。

4. 广水县县志编纂委员会：《文史资料选辑》合订本第十四辑。

5. 广水县县志编纂委员会：《信阳文史资料》第二辑。

第八篇

宗教文化域

第一章　道　教

第一节　道教在随县的传播与发展

正统道教五斗米道创立于东汉顺帝汉安元年（142年），创教人张陵为沛国（今徐州）丰县人，曾修炼于蜀地青城山。后沿江东访道、采药，修炼于东南诸山，继而移河南嵩山，辗转再度入蜀。他认为"道"无所不在，无所不包，是一切事物的初始，故称其所创教派为"道教"。凡信教入其道者，只需纳米五斗，故又称"五斗米道"。又因张陵尊老子为太上老君，曾假"太上老君命"自为"天师"，故又称为"天师道"。

道教最初除崇奉神仙外，只信仰太上老君和天地水三官（主要为符咒所请之神）。

五斗米道在巴郡传播的时候，与巴郡巴人同族的鄂西地区的巴人由于特殊的族缘关系便先后信了五斗米道。随后，五斗米道发展到今巴东、建始、宜都、长阳、恩施、利川、咸丰，并扩展至均州、枣阳、随县等地。

两晋时期，随县地区五斗米道的活动已经十分活跃，至东晋建武元年（317年）道士葛洪相继编纂完成了《抱朴子》和《神仙传》两部重要道教著作。《抱朴子》一书把历来民间对自然天象星辰和动物龟蛇的玄武崇拜，引进了道教神仙行列。葛洪还抬高了"西王母"的出身，从而制造了元始天尊这尊天神，又把西王母列入女仙之宗。

南北朝时期，由于佛教的盛行，北朝时期将早期民间道教改造成为天师道，南朝又对天师道改革，把民间道教变成了适应封建统治阶级政治需要的官方道教。为适应封建统治的需要，陶弘景将道教中的诸多神仙按封建社会的等级进行排位，元始天尊便在统一的隋代成了道教最高尊神。

唐代是中国道教最兴盛的时期。唐王朝创建初期，不少道士为之大造神符之论，称"李唐是老君子孙"，更为李渊父子扫平群雄出谋划策，因而李唐皇帝们也自认为是"老君后裔"，特别推崇道教。道教抬高到了"本朝家教"的地位，因此唐代道教便全面兴盛起来。

随枣走廊地处唐帝国的腹地，是楚文化的发祥地和儒家文化的基地，当唐王朝历代皇帝在全国敕建宫观时，随枣走廊就占"近水楼台先得月"的地利，各级地方政权兴建以及私建的各种类型宫观无法统计，雷神殿、三清殿、祖师殿等道教宫观，往往规模宏大雄丽，雕梁画栋。

李唐皇帝使道教发展成为"国教"，还把道神"太上道君"升格为"灵宝天尊"，把"玉皇道君"升格为"玉皇大帝"，并让其总管三界、十方、四生、六道，使其成为宇宙的"总皇帝"。李唐皇帝还把原来的"奎星文章信仰"的魁星予以神化、鬼化并将其拉入道教行列，更将历来民间和官府所信仰的城隍神变成与政治相关联的普遍的道教信仰。于是，随县便相继兴建了不少供祀玉皇大帝的玉皇阁、玉皇顶，供祀灵宝天尊的灵宝观，供祀魁星的魁星阁(楼)或奎文阁，供祀城隍神的城隍庙。

唐代后期，传说不少道士勤苦修道，终于超脱凡尘进入道教追求的最高理想境界——"成真、成仙"。这就是后来"八仙"人物传说的章本。为了"成真、成仙"，唐代成为道教外丹术(炼丹的一种，与内丹相对)最为兴盛的历史时期。那时炼丹术士之众，流派之盛，外丹经诀之丰富，理论之繁荣与炼丹内容之繁复，都是前朝无法比拟的。很多炼丹实践在古代化学史上具有重要意义，即使在医学史上也具有一定的价值。

唐朝中期，仙城山出现一位道教高人——紫阳真人。他早年曾师从茅山四大宗师之一李含光，后拜当时道界天师司马承祯为师，一心悟道，终成一代宗师，一直隐居在仙城山修道。由于他道术高超，闻名全国，成为道教界的显赫人物，北至南阳，南及衡山的士子庶人、求仙学道者纷纷前来拜于门下，禀训门下者多达三千人，就连汉东郡守等官员一行乘着车马来拜访他，向他领教，遇到他闭目打坐，也要恭敬地站在一旁静静等候，不敢惊扰，其影响在当时堪称一流。

第二节 两宋时期道教在随县的发展

北宋是继唐代之后中国道教发展的又一个高峰时期，也是中国道教发展史上的转折期。

北宋诸帝王不同于唐代帝王之独尊老子以推崇道教，从太宗、真宗直至徽宗都是为了政治上的需要，利用道教"借梦造神"，大搞"君权神授"，"神化"自我、"神化"宋王朝，又欲通过道教方术，谋致长生，因而一再在全国掀起崇道狂热。随县也同全国一样，到处兴建、重建、改建诸如奉祀玉皇大帝的玉皇阁、玉皇庙、玉皇庵、玉皇殿，奉祀东岳大帝的泰山庙(万和)、东岳庙(殷店)、东岳观等，甚至诸多稍高的山峰上大多建有玉皇殿、庙、阁等，祭祀玉皇的山峰直接取名为"玉皇顶"，所以现在随北桐柏山还有许多座山峰都叫"玉皇顶"。

从宋真宗时代开始，对本是民间信仰，被葛洪拉入道教的武当主神"玄武之神"的信仰被拔高。真宗在大中祥符年间（1008—1016 年）为避"圣祖赵玄朗"的讳，改玄武名为真武，并尊真武为"镇天真武灵应佑圣帝君"。从此时起第一次出现了真武神人格化的图像，随县城西涢水之阳擂鼓墩脚下建起了真武庙，殷店岩子河在岩洞里也建起了真武殿。真宗时，又升唐建五龙祠为五龙灵应观，大建武当道场，从此开创了独具特色的武当道，兴盛于荆襄大地，随县自然不能避免。

真宗时代，道士们把民间信仰的"航海保护神"妈祖延入了道教，且随江湖河海航运业的兴起而发展，日渐显赫。许多沿海、内河口岸相继出现供祀妈祖的天妃宫、天后宫、妈祖宫、圣母观。湖北第一座奉祀妈祖的道观，即是真宗大中祥符年间在汉水上游重要口岸谷城兴建的圣母观。以后相继在长江流域各水系沿岸兴建天后宫、天妃宫、妈祖殿，以"奉祀妈祖，祈保河运平安"。时水运较为发达的涢水、溠水交汇处的随县城也修起了天后宫。

真宗于大中祥符元年（1008 年）任命安陆道教徒张君房为著作郎，重新主编道法，后有《云笈七签》留世。《云笈七签》记载，道教的最高三清尊神为：玉清元始天尊、上清灵宝天尊、太清道德天尊（太上老君），并把随北桐柏山列为天下仙人所居七十二福地之一的四十四福地。随北桐柏山水帘洞因此成为道教圣地，随西大洪山也建起了"三神庙"，至今有遗存。

徽宗封赐道教创始人张陵为"真君"，把武当山五龙观升为大五龙灵应观，并于宣和年间创建紫霄宫和宗海楼。因此，凡具规模宫观多称"紫霄宫""灵霄宫"，宫观内主殿均为"灵霄宝殿"。这时北方女真族正大肆侵宋，国内农民起义不断，宋王朝的统治已是风雨飘摇。钦宗不讲守备却寄望于武当真武，加封其为"佑圣助顺真武灵应真君"。但是真武也不能"佑圣""助顺"，终于招致汴京为金军攻占的恶果。钦宗和他退位的父亲徽宗连同宋代长期以来所珍藏的许多道藏刻板、道教文物一并被掳北去，随县诸多宫观亦毁于兵火。

南宋初期，由于爱国将领岳飞等人率军驻守湖北，阻止金军继续南侵；其子岳云驻守随县，从而使随县得到一个暂时相对稳定的局面。流行于苏皖民间的茅山上清派（天师道）的分支大茅派的许多道士为避乱而来湖北兴建宫观，并进入武当山开宗立派，从而促进了武当道教的兴旺。

第三节　元代道教诸派的融合

南宋以来，全真道已渐次进入淮水发源地随北桐柏山。

成吉思汗统军西征时，曾赐太虚观的全真道道首邱处机（号长春）"神仙"之号。此后，全真道的邱长春派（龙门派）便为蒙古贵族所推崇，全真教也因之得随蒙古的军事扩张，而发展成为其武功征伐的得力助手。

南宋理宗景定五年（1264 年），忽必烈继位称元世祖，进一步采取了自成吉思汗以来的以道护国的传统政策，继续重视、推崇流行于北方的新道教各派别全真道、太一教、真大道。元至元五年（1268 年），忽必烈遣兵相继攻陷襄阳、鄂州（今武昌）、九江、安庆、南宋京都临安（杭州），南宋政权三年后亦告终结。

忽必烈统一全国认为是得了真武大帝的"佑助"，因而极度推崇武当真武，对真武及其父母大赐封号。因全真道在湖北日渐兴盛，元世祖为了政治上的需要，先后任命正一玄教（兴盛于南方通山九宫山）大师张留孙及吴全节师徒，负责包括随县在内的荆襄地区的道教管理事宜，这样更利于加强全真、正一两大道派的联系和互相尊重借鉴，促进彼此间的融合，从而扫除了被称为新道教的全真教与旧道教的天师道两大道派之间的分歧对立，形成中国宗教独有的特征之一。

第四节　明清时期道教的民间化

明清时期，道教两大派活动在随县虽未停滞，却渐趋衰落，但道教多神崇拜、内丹炼养及立善积功等宗教观念进一步深入民间，与民间传统的宗教、迷信观念融合，束缚着比职业教徒更多的广大人民群众，深刻而广泛地影响着社会生活。

明代帝王对正一派道教的崇信，主要有：广设斋醮（包括念咒、驱魔降妖、上章祈祷、求福禳灾之类），笃信方术（包括看相、问卜、辟谷、炼气、合丹药、修房中术之类），任用道士。洪武元年（1368 年），朱元璋诏封天下城隍神，将全国各地城隍神按地盘大小一律"封爵进位"定庙制，湖北的随县、均州、南漳等州县相继兴建了五显庙、五圣庙、五通庙。

世宗嘉靖九年（1530 年）又勒令在全国各地修建独立的城隍庙，致使湖北县县皆有城隍庙，甚至有的村镇也建了城隍庙，有的地区既有府城隍，又有县城隍，府、州、县祭祀城隍神成了志书必记的一件大事。

永乐十年(1412 年)，襄阳城西的龟山兴建了"真武观"，以奉祀玄天真武大帝，建观的那座龟山便特称为"小武当"，这一场"真武热"也波及了随北桐柏山、黄陂木兰山、石首南岳山、麻城五脑山、长阳天柱山等地，皆相继建起了奉祀真武大帝的各类宫观，诸如真武观、真武庙、武当宫、真武堂、清真观等。

明清时期，关帝、城隍神、王灵官等较新的神，在民间最受崇祀，敕建、私建的庙宇遍于城镇乡里。文昌帝君则被视为掌管官禄功名之神，特受读书人崇奉，各地大建文昌阁、文峰塔。至于龙王、火神、山神、土地神、泰山神、送子娘娘等神庙，更是星罗棋布，遍于各村镇，其数量远远超过正规的寺观。人们把自己无力解决的现实问题，寄希望于神灵的佑助，从祈雨求晴、治病除瘟、消灾免祸，到生男育女、发财致富、功名寿考等，无不祈祷于神灵。

第五节　晚清至民国时期道教的商业化

明末清初之际，长期的战乱和清初皇室贵族的重佛抑道，多方限制正一道所行斋醮、祈禳等活动，使正一道渐次衰没。清代以后由于满族诸帝对道教不感兴趣，道教失去了明代封建统治者的那种支持，丧失了从前的经济、政治地位，从而迫使道教加快走向民间的世俗化(符、迷信)进程，道教成了民间道教而日益走向衰落。但这些民间宗教内容也多摄取佛、道、儒，往往神佛共奉，或于佛、道之间有所取舍，但多取于道教，于是各种民间宗教兴起。道教各派相互交流、互相借鉴的融合趋势，也使道教大大丧失了各自主体性，特别是在清代抑道、贬道和倡导民间信仰的社会政治条件下，道教信仰发生了深刻的变化，日渐没落的形势促使信徒们的信仰逐渐"转行"。

随县庙会很多，让人眼花缭乱：旧历正月初九日玉皇会，二月十九日、六月十九日观音会，三月三日祖师会，四月二十八日药王会，五月十三日关帝会，六月二十四日雷祖会，七月十八日娘娘会，七月二十三日财神会，九月初九日斗姆会。观音会则是道佛共同的。佛教还有四月初八、十二月初八如来会，七月十五日孟兰会，七月三十日地藏王会，十二月二十九日华严会等。由于长期以来，佛、道互相借鉴、融合，于是原本分属佛道两教的诸多庙会便都共同举行，但道教的庙会远多于佛教的庙会。庙会期间，到处是饮食店和四乡农民出卖各种土特品的摊档，俨然是一个市集；还有各种武术、杂技之类的民间文艺表演，又俨然是一个文娱广场——传统道教所尊奉的至尊尊神的"太上老君""三清""四御"已被逐渐冷落。

第二章 佛　教

第一节　佛教在随县的传播

佛教亦称释教，相传佛教的创立者是释迦牟尼。释迦牟尼的生卒年限大体与中国孔子同时。佛教传入中国，约在公元前一世纪。史载，西汉哀帝元寿元年（公元前2年），秦景宪在接见大月氏国（古代中亚细亚）王使时，曾亲自授其浮屠经，东汉时，汉明帝才开始信仰佛教。据说当时印度有两个和尚，以白马驮佛经来我国传教，被汉明帝安置在首都洛阳萨阳处住下，不久在萨阳修建第一座佛教寺庙，并以驮佛经白马为名叫"白马寺"。此后，我国又派和尚去印度求法取经，翻译经书，佛教得到发展。

据有关资料介绍，早在东汉时期，佛教就传入我省，佛教徒主要集中在武汉市、宜昌市、沙市及襄阳、孝感等地区。随县北有襄阳，南有孝感，居于襄阳和孝感之间，应当是东汉佛教传入地区之一。但随县佛教自东汉传入无考，有考证的是北周天和三年（568年），但存有异议。

尽管佛教传入的时间不明，但随县佛教的传入历史悠久，寺庙建筑既多且广，随着时代演变，寺观几经兴废，但各个历史时期的佛教都有发展。至民国时期，随县僧尼仍与全国互有来往，还建立了佛教的社会团体。

1933年11月，随县佛教会成立，会址设在随城下南关十方寺，普朗和尚为第一任会长。

十方寺，是全县佛教界的最高权力机构，具体领导全县各寺庙寺务，以及僧人学佛等事宜，一直到日寇入侵随城时为止。据1953年考查，随县解放时，有庙观266座，僧尼1252人。其中，方丈3人、法师3人、监院3人、林长2人、僧1157人、尼姑84人。

第二节　佛教礼仪

佛教认为有两个世界：一为"人世间"，一为"出世间"。人世间的一切都是痛苦和烦恼的，活着就是受苦，而出世间则是寂静、安乐的。因此，佛教宣扬人应力求达到"出世间"，永远超脱转生。所谓"涅槃"，就是消除任何欲望，脱离人世，断绝一切尘念。

唐代禅宗僧人怀海对禅寺规定了一整套戒律，即教规。不出家的男女居士要遵守五戒：不杀生、不偷盗、不邪淫、不妄语、不饮酒。

未正式受戒的出家人称沙弥，要遵守十戒：不杀生、不偷盗、不邪淫、不妄语、不饮酒、不涂饰、不歌舞视听、不坐高广大床、不非时食、不蓄金银财宝。正式受戒的僧人，有250条戒律，而正式受戒的尼姑有348条戒律。

佛教一般有4个节日：

佛诞，即释迦牟尼生日。汉族农历四月初八日。

佛涅槃日，即释迦牟尼死去的日子，为农历二月十五日。

佛成道日，即释迦牟尼在菩提树下悟道的日子，农历十二月初八日。

观音纪念日有3个：农历二月十九日为观诞；农历六月十九日为观音渡海；农历九月十九日为观音成道日。

第三章　伊斯兰教

第一节　伊斯兰教的传入

伊斯兰教为世界三大宗教之一，史家一般认为在唐高宗永徽二年(651年)8月，伊斯兰教最初传入我国。据史载：阿拉伯帝国第三任哈里发奥斯曼遣使来华，在长安谒见了唐高宗李治皇帝。此后伊斯兰教便从阿拉伯帝国经陆路、水路(东南沿海)来到中国。至于伊斯兰教何时传入随县，虽有北宋著名书画家伊斯兰教徒米芾从山西太原南迁襄阳的记载，但未见对伊斯兰教何时传入随县的准确记载。

晚清民国时期不断的灾荒、战乱，迫使各地破产失业的穆斯林随着大批破产失业的农民或其他工商业者逃亡来到鄂北随县，其中以河南穆斯林为最多。当时逃亡的人有句口头禅："宁愿向南走一千，不愿向北走一天。"理由是湖北为全国有名的鱼米之乡。这些穆斯林初到湖北多从事苦力以及小本买卖，随着人口的繁衍增加，仅在晚清时期就在湖北新建、复建25座伊斯兰教清真寺，其中随县有2座。

1938年，平、津、京、沪及冀、豫、苏、鲁、皖等省、市大批穆斯林汇聚武汉，并宣布成立"中国回民救国协会"，1939年冬，韦诚荣阿訇召集鄂西北地区10余县穆斯林代表在老河口清真寺聚会，将其更名为"中国回教救国协会湖北省分会"。韦诚荣任干事长，选出常务干事4人，下设总务、组训、文化、妇女4股，积极参加抗日救亡工作。中国回教救国协会总会派冯万才为常驻湖北分会干事，协助办理会务，并拨款200万元作为活动费用。时国民政府第五战区长官部亦拨款300万元作为补助。在省分会成立前后，随县、枣阳、襄阳等县都陆续成立支会。

第二节　伊斯兰教的寺院教育

清真寺的寺院教育，大抵分为经堂教育和教办学校两种形式。

经堂教育始于明代中叶，陕西咸阳经师胡登洲在兴学讲经中，最先以汉文儒学诠释伊斯兰经典，开中国伊斯兰教经堂教育之先河，后人尊胡登洲为"胡太师祖"。随后胡登洲三传弟子马诠，被任命为武昌辕门口清真寺(亦称山前清真寺)教长，承继师训在寺内设帐授徒。远方慕道而来求教者极众，影响遍及国内海外，使辕门口清真寺成为湖北省经堂教育的中心。此后湖北各寺兴学讲经风气大开。晚清之际，内忧外患，国有累卵之危，志士谋变法维新，于是改旧学为新学，废科举为学校，"挽大厦之将倾，不奴隶于他族"。当时，出任东亚清真教育总会会长的湖北补用道金鼎首起鼓吹改良宗教，普及教育，兴办学校。

由经堂教育转为寺办学校是一个随时势前进的新发展。旧的经学课程逐渐改变或局部废止，代之以新式外来经典，加授汉文课本，并逐渐增开国文、常识、算学等课程，变旧塾制为班级课时制。学生亦由每年几名、十几名增至几十名、上百名，已具有新学形态。

至 1941 年，樊城、老河口、随县、枣阳等县清真寺皆先后办起了清真小学，但其名称各自不同，或曰崇真，或曰进化，或曰崇德，或曰新华，或曰健生。这些兴办于山区的清真小学对当时推广回民教育，提高回族文化水平，并为支援抗战起到积极作用。

到 1949 年前，此种教办学堂已遍及各市、县的城乡，成为国民教育的组成部分。

第四章　基　督　教

第一节　基督教的传入

基督教，亦称耶稣教、福音教、新教，是从天主教内分裂出来的一种宗教。基督教传入中国是从 18 世纪初期开始的，有一百多年的历史。清嘉庆十二年（1807 年），传教士英国人马尔逊来我国广州传教，活动范围很小。清道光二十年（1840 年），英国发动侵华的鸦片战争，强迫签订了《中英南京条约》。英国水兵罗斯写信给英国循道公会差会，建议派人来华传教。清咸丰元年（1851 年），英差会派郭修礼（英国人华名）来华传教。清咸丰十一年（1861 年），第一个把基督教（新教）传入湖北武汉的是英国"伦教会"传教士杨格非（英国人华名）。清咸丰十一年（1861 年）初，郭修礼来汉，杨格非是基督教"公理宗"派的传教士，郭修礼是循道公会派的传教士，他们都是帝国主义用来侵略中国的工具。

清同治六年（1867 年），湖北教区第一届教区会议召开。清光绪十二年（1886 年），郭修礼派任修本（英国人华名）到鄂北布道，沿府河从安陆到随县、枣阳等地传教，先在唐县镇设堂。这年基督教传入随县。

清光绪二十年（1894 年），中华基督教循道公会湖北教区随县联区（又称随县本公会）任命任修本为联区长，联区办事处设于随县北门福音堂内。这时，随县已发展 10 处教堂：城关、万店、淅河、祝林、小林、万和、均川、城郊等。此后，青苔、太山庙等地又相继建立教堂，至 1947 年，随县联区下设 8 个分堂，即：淅河分堂、万家店分堂、均川分堂（包括安居的黄家坡在内）、厉山分堂、唐县镇分堂（包括青苔在内）、太山庙分堂（包括梁家塆在内）、祝林总分堂（包括小林店张家塆在内）、城关分堂。共建教堂 11 处：随县北门内、淅河街本街、万家店本街、均川本街、厉山下街、唐县镇本街、青苔本街、太山庙本街、梁家湾后岗上、祝林总本街、小林店本街，还有磙山赵家塆、塔儿塆两处聚会场所。教堂由县联区建造。传教牧师有 11 人，传教士 8 人，会佐 2 人（女），医师 2 人，执事 12 人，教徒 317 人（女 107 人）。

随县基督教在县境之内设中学一所(粹文中学)、小学 7 所、孤儿院 1 所、普爱医院 1 所。基督教的教义只在于圣经，故在教会学校设校牧专授圣经课，考试不及格者，不准升学。

第二节　随县基督教活动方式和礼仪

随县基督教活动方式和礼仪有以下几种：

祈祷会。祈祷会是信徒生活里不可缺少的，没有固定的形式，按各会的习惯，凡两三人在一起即可祈告。探望病人、婚丧、喜事都可祷告。

圣餐。每月一次，表示纪念耶稣为罪人受死，并用葡萄酒(宝血)为人洗罪。

洗礼。洗礼是牧师用手沾水点在受礼者额上，是入教者必须领受的第一件圣事。

节日。主要节日两个：圣诞节是纪念耶稣的诞生；复活节是纪念耶稣钉死在十字架上而受难。

1950 年 7 月，以吴耀宗为首的基督教爱国人士发表了《中国基督教在新中国建设中努力途径》宣言，号召中国基督教会割断与帝国主义差会的关系，扫清帝国主义影响，实现自治、自养、自传。随县基督教徒，实行教会联合礼拜，结束了差会带来的宗教林立的局面。

第五章 天 主 教

天主教，亦称罗马公教、加特力教，最初产生于巴勒斯坦地区，以后传到罗马帝国。公元11世纪时，罗马分东西两个教区：东方的称东方正教；西方的称罗马公教，即天主教。天主教是罗马公教在我国的名称。

第一节 天主教传入随县

天主教传入我国有较长的历史，早在唐贞观九年（635年），便传入我国西安、成都等地，称景教。后唐武帝下令禁止未得到发展。到清康熙皇帝时，颁发指令准许人民信仰天主教。因此，天主教在中国有了较大的发展。雍正二年（1724年），清政府下令禁止天主教的传布，并没收教产。

鸦片战争后，清朝统治阶级屈于帝国主义压力，在不平等条件下，清道光二十三年（1843年）取消教禁，传教士到我国各地设教区、建教堂、占田地、办学堂、设医院。

清康熙四十九年（1710年），天主教传入淅河。淅河教堂一直属意大利神甫管辖，是天主教传入随县之始。清道光年间，天主教湖广教区派传教士在随县万福店传教。清咸丰年间，天主教汉口总教区在安陆设监牧区（尚未完善的传教区）。此后，在淅河、万福、廖家寨、安居、厉山、城关设堂区，为其基层组织。城关堂区常驻司铎（神甫），主持本堂区一切教务。

天主教在湖北最活跃的年代是19世纪后半叶至20世纪初，随着中国半殖民地性质的深化，天主教的外籍修女也源源进入湖北，据1846年统计，随县天主教有14个堂口及教徒1900余人，其中：淅河220人、南山乡160人、大碑店4人、郑家畈190人、厉山45人、踏石桥420人、唐王店50人、敖家棚40人、刘家岗150人、南山涂川45人、安居166人、钱家沟205人、寨子沟35人、石门25人。

天主教一向重视教育传教。该教在湖北最早开办学校约在19世纪中叶，从那时起至新中国成立止，天主教在随县共开办小学2所、经言班9个。天主教还在随县开办医院、诊所和施药所 22 个，借济世救人以传教布道。

1911 年后，罗马教廷派刚恒毅主教（Celso Costotini）来中国任"宗座驻华代表"，他对湖北省的三个监牧区又作了一次划分，其中随县监牧区于 1937 年由汉口教区分出，主教府设在随县，辖随县、安陆、应山 3 县，主教为龚成德。之后其发展趋于缓慢，原因之一是五四运动反帝斗争的全面开展，帝国主义在中国的势力受到遏制；二是 20 世纪 20 年代后期西方资本主义世界发生经济危机，中国天主教所仰赖的西方经济援助减少，导致其活动大受影响。

1948 年随县天主教传教人员有：主教 1 人（外籍）；教士 1 人（中籍）、15 人（外籍）；修女 6 人（中籍）。随县解放时，全县有司铎 30 余人，其中：外籍 25 人，本地会长 10 人，教徒 4740 余人。

第二节　天主教在随县的发展

一、淅河堂区

淅河堂区建于清康熙四十九年（1710 年），距州城 20 余里。当时，淅河水陆交通便利，是天主教传入随县较早的堂区之一。虽清雍正年间曾实行过教禁，但淅河一带驻着意大利神甫，先后有意大利籍梅赠春等神甫住此，后属安陆监牧区（尚未完善的传教区）。1926 年淅河在反帝反封建斗争中，捣毁天主堂，撵走了神甫。1927 年意大利传教士徐伯波（华名）又来淅河太平村扩建堂区，修建一栋两层楼教堂，面积 500 平方米，建筑饭厅、宿舍、学校等 50 余间。设社会救济所、圣经堂、事务处等。1937 年，办了一所小学，学生 100 余名，教师 10 余名。同年，日寇侵占淅河，实行烧杀抢"三光"政策，扰得人民东逃西奔，他们举办难民所，收容难民 400 余名，发展新教徒 200 余名。1945 年，日本投降后，创办了淅河天主堂启元小学分部，入学者大多数是教徒子女，一部分为非教徒子女。淅河堂区在随县英家店、高城店、万家店、塔儿沟等地设公所。淅河堂区在淅河镇及附近乡村发展教徒约 600 名，在各公所发展教徒约 160 名。1947 年随县城解放时，英国爱尔兰神甫何道义（华名）返回本国。

二、万福店堂区

万福店位于随县城西北，距州城百华里，为随枣边缘之地，是随县较早的天主教堂区之一。清道光年间，湖广教区第一任代牧（非正式教区）意籍教士李之秀（华名）与德籍教士章文学（华名）在此传教，并建教堂和教士住宅。建有踏石桥公所，距万福店街教堂八华里，地处山岗间，后意籍司铎白德丰（华名）在此主管教务。1950 年初有教徒 50 余名，1960 年左右，河南省南阳市靳岗天主堂修道袁克瑞（女，圣名马利亚）迁此，迁来时年 48 岁，与外国教会有联系。

三、廖家寨堂区

清咸丰九年（1859 年），安陆监牧区英籍爱尔兰监牧龚成德（华名）来澴潭郑家畈发展教徒，建立教堂。1908 年前后，郑家畈南四华里的廖家寨大地主廖相如、张国传等人，用轿子将龚成德、梅赠春（华名，意籍传教士）等人抬到廖家寨，由当地廖、张二姓地主出资，梅赠春督修，建造了廖家寨天主堂。

廖家寨堂区先后住过英籍爱尔兰神甫龚成德和意大利籍神甫白德丰等 20 余人，住过中国神甫陈光祖等 5 人（包括在外传教 3 人）。天主堂可容千人。先后建有大小登台 4 个、唱经楼 1 座、修女经堂 1 个、育婴堂 1 个、圣言学校 1 个及训蒙学校、经音学校、教师住宅及孤儿院。庭院四周建有围屋 10 余间，做堂区粮库。先后发展教徒 3000 余人。有张正启、袁畴吾、廖治阶任会长，下设澴潭镇、大碑店、老家坡、朱家集等公所。

四、安居镇堂区

安居镇堂区距随县西 40 里，清咸丰十年（1860 年）意大利传教士（神甫）白理明（华名）来安居镇传教，于镇北 2 华里修建教堂 1 所，并修教士住宅和经言学校。教堂可容 300 人左右。1932 年后，教堂冷落。1950 年初，有在外传教的神甫 2 人，共有教徒 99 人。

五、厉山镇堂区

厉山镇位于州北 40 里。清光绪年间，爱尔兰传教士来厉山镇传教。由英国籍教士筹资于镇东 2 里修建天主堂。建有居室 3 间，余屋 4 间。教徒分布在本镇和本镇附近的乡村，有 500 余人。驻堂教士先后有意籍康卓立（华名）、英籍爱尔兰胡额易（华名）和王道本（中国人）等。民国时期，廖家寨堂区张神甫（廖家寨人）驻堂管理教务，会长为张仁山。

六、城关堂区

城关堂区建于清宣统三年(1911年),在此之前由淅河堂区管理,属于公所。宣统三年,意大利传教士梅赠春由廖家寨堂区来随城,在南关汉东楼巷北面建修天主教堂。建有圣堂和教士住宅。梅赠春病故后,意籍传教士白理明由安居来城关继任。1920年,增设婴德女子小学和医疗诊所。婴德女子小学招收女生两班,计100余名。4名女修士任教,医疗诊所设在天主堂附近平房内,有2名爱尔兰医生。1936年爱尔兰副主教柯林来城关堂区管理教务。他在原基地上修建主教公署,建筑兼有中西特色的绿色琉璃瓦楼房3层(现市城市规划管理局设计院驻此)。1940年,美国进步作家史沫特莱,在老河口第五战区长官司令部访问后,途经随县时,她通过美国驻武汉领事馆,动员随县天主堂的爱尔兰神甫捐献一批西药,送往大洪山我新四军第五师医院。1943年,爱尔兰教士狄六华(华名)接任教务至随县解放,有教徒139人。

第六章　会道门与"黄学会"

会道门，民间秘密结社组织，因多以会、道、门取名而简称会道门。随县历史上的会道门组织有 180 余年的历史，布满城乡，贻患后代。随县历史上的会道门组织来源复杂，门类繁多。按系统归属约有：一贯道、道德学社、西华堂、宗教哲学研究社、同善社、大仙堂、黄学会、大乘门、先天大道九种。

第一节　会道门组织

一贯道　一贯道是佛教的分支，起源山东济宁，初名东震堂。民国初年，山东路中一自称祖师弥勒佛下凡，开始在山东青州传道，取《论语》中"吾道一贯之"这句话的"一贯"两字，改名"一贯道"，后逐步推开。以孝悌忠信礼义廉耻、修身齐家、治国平天下为基本教义。

同善社　又名先觉祠，是全国分布较广的结社组织，分有最高级、高级、中级、下级和最下级等层次。随县（包括原洪山县）的同善社为下级和最下级之类。1920 年，汉口同善社派恩职卢仑（湖南人）来随布道。随县项观泉（项葆元）协助布道。起初，只有一些士绅、读书人和商人参加，后县府职员也参加，不到半年发展男女道众 60 余人。

道德学社　1916 年，军阀王士珍与军阀冯国璋、段祺瑞竞选大总统，王士珍在竞选之前，为笼络人心，扩充选票，指使门客段正元、杨祖泰创办道德学社，以北京为中心，在全国各地建立组织。同年，随县刘常午、刘璞善在汉口参加了道德学社，回随后，在城区、随南先后发展士绅、商人、乡保人员等人。1925 年在随县建立了道德学社，社址在随城小南门内。李金门（驻随军混成旅团长）任社长，许绍谦（随县知事）、刘常午、杨楚才任主办。同时建立了随县道德学社讲习所。

西华堂　又名三华堂。据传总堂设重庆市，达摩是三华堂的创始人。随县西华堂（三华堂）由河南桐柏县及本省枣阳县传入。1926 年，河南省桐柏县黄岗佛堂堂主引恩吴万昌，以三华堂名义在随县创办阳平畈九恩堂，发展会众 20 余人。1927 年，吴万昌与河南南阳唐河县新店堂主引恩戴昌明、枣阳县新集堂主天恩王应选，以西华堂名义，在随县万和罐子岭设佛堂，在随县厉山汪家畈设明德堂。

宗教哲学研究社　宗教哲学研究社是民国初年安徽省黄山一个姓萧名叫昌明的人组织起来的，是全国性的会道门组织，宗旨是："行善推己及人。"信奉"忠恕廉明德正义信忍公博孝仁慈觉节俭真礼和"。发展的主要对象是当时的党团军政人员及士绅、商人等。每堂设开导师、相生、治病师。一般会众称弟子。

大仙堂　据传清咸丰年间，随县柳林谢家店深山中，有座名"纯阳宫"庙，一些失意文人如赵天乐等人，自称三十六子汇集纯阳宫庙内，扶乩请仙，在沙盘中判文，编造事实，汇集成书，称纯阳宫。清光绪年间，随县淅河工商界集资办"仁善堂"，宣讲纯阳宫经书。1921年，随县城内黄启东（士绅）等人在玉皇宫设觉源坛。黄启东任堂主，谢勤生（随县人，后任日伪防卫军营长，国民党游击队长）、李泽清（随城人，后任国民党警长、情报组长）、罗德甫（随县柳林人，后任谍报组长）任乩生，发展罗立占（士绅）、张自清（商人）等30余人。

大乘门　大乘门，始传初祖达摩，传至明朝为罗八祖，始建大乘门组织。罗祖著五部七册祖经，用以维护封建统治，经当世皇朝批准，予以传播，从此大肆发展，遍及全国。清朝康熙的母亲高太后参加大乘门，并领导活动，后分余、卞、陈、王四支。清乾隆年间，陈慧（师爷）在应山县徐家店传道，在应山县发展陈支大乘门，后传入随县。清道光二十年（1840年），高升迁等人把大乘门佛堂设陈家畈楼子塆，并在随县淅河陈畈、辛家畈、魏家畈、刘家土城、八里畈等处，发展会众200余人。

先天大道　又名瑶池门、斋公教，是佛教的分支。据传是祖师达摩所传，后由达摩传至神光二祖、普巷三祖、曹洞四祖、黄梅五祖、慧能六祖、白鸟七祖、罗八祖、黄九祖、吴十祖、何十一祖、袁十二祖、徐杨十三祖，至今有1400余年的历史。字辈为：道运永昌明。道字辈称家长、十地。运称顶航，永称保恩，昌称引恩，明称证恩，天恩未上字辈。1945年，日寇投降后蒋介石组织三教合一（儒释道合并一教），中央成立理事会，白崇禧等人充任理事长。

第二节　黄　学　会

随县黄学会，又称大刀会、青学会、红枪会、绿学会。1925年至1931年，黄学会从应山县传至应随结合部的淅河地区，之后由淅河传至随南、洛阳。红枪会、黄学会的基本队伍是农民。

1938年，日寇侵占随县淅河，奸掳烧杀，日寇的暴行，激起了随县人民的极大愤慨。当时的红枪会、黄学会积极与抗日军队配合，全县黄学会、白学会、绿学会、天老学、黄学会合成一体，改为抗敌游击国术队，变成一种群众性的抗战力量。总队长凌压西（国民党189师师长）、副总队长萧均之组织国术队，抗击日军，给日军沉重的打击。

随县黄学会开始每堂设学东，极盛时期达278堂，遍及全县。在抗日战争时期为随县抗敌游击国术队，设总部，总部下设支队、大队、中队、分队，分队下设班。配中队长、训话员各1人；分队，配分队长；班设班长。抗日战争胜利后，又改称黄学会。

第七章　新民主主义思想对民间信仰的冲击

土地革命时期，许多道教宫观被废除并改建为学校、机关、军营，但仍有许多地区，特别是在农村，人们仍然信仰自己心目中的诸神，破除封建迷信成为革命宣传中的一项内容，在以后开展的土地革命斗争中，革命群众自发地拆毁、烧毁了一些跟反动派和地主武装相联系的佛道寺观，但也有一些佛、道徒同情并支持革命，这种状况随着革命形势的继续发展，引起了道教内部进步与守旧两种倾向的相互撞击。

第一节　民国时期的随县宗教

民国时期，随州地区除了传统的道教、佛教外，还有伊斯兰教、天主教、基督教等，不过信教人员在随州总人口中比重较小。这一时期，随州道教包括全真派和正一派两派，而以正一派人数居多。1949 年以前，本地有正一派道士 5900 余人，全真派659 人，庙观 331 座，其中著名庙观 35 座。根据部分明清时修的府志、州志、县志，随县当时较为著名的道教宫观有兴建于唐代的餐霞楼，神农观、青龙观、紫虚观、东岳观则兴建年代不详。佛教 1949 年在境内共有寺院 191 座，其中名刹 38 座，有僧尼930 人，其中方丈 3 人、法师 3 人、监院 3 人、比丘僧 692 人、比丘尼 229 人。

这一时期无论是道教还是佛教，在理论方面都没有表现出突出的创造力，其于宗教文化方面的成就表现在教会教育方面。

晚清时期，随县有伊斯兰教清真寺 2 座，至 1940 年，樊城、随县、枣阳等县清真寺皆先后办起了清真小学，但其名称各自不同，或曰崇真，或曰进化，或曰崇德，或曰新华，或曰健生。这些兴办于山区的清真小学对当时推广回民教育，提高回族文化水平，并为支援抗战起到积极作用。1940 年，随县回教救国协会支会总干事江吉堂在新城清真寺开办崇真小学，由于集资稍裕，对回民子弟及汉民贫苦人家子弟免收学费，学校办得红火。

1916 年，英国基督教循道会在县城福音堂辅仁学校加办初中班，初中部称辅仁中学。招收 3 个班，学制 4 年，开设国文、英文、数学、格致、历史、地理、体育、音乐、美术等课，强迫学生听圣经。1920 年，意大利神甫在城关南关天主堂办婴德女子小学，由 4 名女修士任教师，招收女生 2 班，学生有百余名（均为 16~18 岁），课程有国语、算术、常识等。每天下午上圣经课，学生自由参加。1934 年 2 月，英国循道会在辅仁中学旧址开办博文中学第二分部，次年改称粹文中学，学制 3 年。学生每学期交费 43 元。开设公民、国文、英文、算术、代数、几何、三角、卫生、植物、动物、化学、物理、历史、地理、劳作、美术、音乐、体育、童子军等课。学校鼎盛期间，男生部 6 个班，女生部 3 个班，男女分班上课，学生约 450 人。

至 1935 年，随县教会小学校达到 9 所，15 班，24 名教师，649 名学生，分设于城关、淅河、太山庙、厉山、万店、均川、安居各教堂。1943 年，㵐潭廖家寨天主堂利用怡仁小学校址，办圣心小学 1 所，5 班，学生 150 人，经费由廖艾记供给。1946 年仅存 2 所，8 个班，348 名学生，17 名教员。不仅基督文化在随地以教育的形式传播，伊斯兰教也是如此。1940 年前后，随北新城伊斯兰教创办私立崇真小学，系回民江吉堂设立，6 个班，学生 200 余名，有回族教师 8 名，汉族教师 2 名。学生一律免费，经费由江吉堂负担，陈国安（回族）任校长。除教回、汉文外，还教学生练武，培养学生能文善武。1946 年因校舍被洪水冲垮而停办。

佛教也不甘落后。1932 年，随城下南关十方寺方丈一心和尚在十方寺创办小学一所，取名"义务小学"。有 5 个年级 3 个班，学生 100 名左右，由守益、同体、一心三位和尚任教师。学佛经兼认字。收的是贫苦儿童，不要学费。

民国时期各种宗教在随办校目的是为了宣传其信仰，根本目的是抢夺信仰阵地。当然其不收学费，招收贫苦儿童入学，这在客观上也对随州人文化素质的提高起到一定作用。

第二节　随县人民的反教反帝运动

帝国主义列强从传教开始，逐步侵袭到各个领域，给随县人民带来了更大的灾难。天主教传入后，先是在草店、祝林店、㵐潭修建天主堂，后传及 10 多个集镇，并以廖家寨为大本营，设立小修院、孤儿院、育婴园、训蒙女校和圣经学校。随后，西方基督教中的新教也传入随县。洋牧师任修本（华名）到唐县镇修建福音堂，后扩散到 20 多个集镇，并在县城修建抚托室、粹文小学（后改为粹文中学）和简易药房（后改为普爱医院）。教会与官府相互勾结，采取种种手段残害百姓。

在传教的同时，外国殖民主义者也开始了对随县的经济掠夺，致使民族经济遭到破坏，大批农民和手工业者破产。处在水深火热之中的劳苦大众，渴望饱暖，渴望太平，渴望挣脱强加在他们身上的锁链。

在辛亥革命中，有一批革命志士参加武昌起义，在推翻清朝封建统治的斗争中发挥了重要作用，并将新民主主义思想传播至随县，从此以后，随县人民反帝、反官府、反军阀斗争的规模越来越大。

随北地区多是带迷信色彩的民间帮会首领出面号召，组织贫苦农民打击官府和劣绅。1917 年春，观止沟、宋湾、祝林店一带农民为抗缴军饷，由喻大炮和杨老幺领头，以"天下穷人是一家，铲除不平兴中华"为宗旨，组织起数百人的"黄绫会"。他们攻打了柯家寨等几个较大的土劣庄园，将没收的财物分给农民。

1923 年秋，祝林店一带天旱无收，张家新湾张大会组织"白绫会"，抗捐税，打土豪，开仓放粮，赈济灾民，袭击了祝林警察分局，活捉分局司仪王忠轩，并斩首示众。1924 年 10 月，合河农民王光升组织的"赤学会"（又称"铁板罩"）、解家河佃农解老四组织的"白学会"、祁阜壮等在青苔一带组织的"黄学会"，都提出了"抗租、抗捐、抗税"的口号，与团防局对抗。1925 年 3 月，随北各会首领于青苔东高家湾召开会议，成立联合总部，入会者达 1700 多人。5 月，合河警察所强迫百姓预缴三年的"团防捐"，规定每人 100 串，一个月交清，逾期者加倍。祁阜壮召集总部会议，商定联合行动，抵制苛捐杂税。他们先后袭击了万和店、解家河、沙河店、青苔镇团防局和合河警察所，吓得官府不敢下乡催款。

随西和随南的斗争由原湖北新军部分军官利用"红枪会"相联络后发起。辛亥革命的成果被袁世凯窃取后，原湖北新军混成协统领林翼支返乡，并组织保卫团，策划攻占随县城，争取全县自治。因计划泄露，林翼支逃往襄阳，后被杀害，所有保卫团被反动政府勒令解散。但是，大部分保卫团并未解散，而是更名为"红枪会"，继续开展斗争。1924 年 5 月，随西、枣南的"红枪会"成立联合总部，形成一股 2000 多人的势力。10 月，随西"红枪会"攻占大悲店团防总部，救出被关押的农民 40 余人。之后，又攻占劣绅黎缙珊分布在沈家畈、清河店、殷张山、圣龙山等地的庄园 11 座，财物全部没收。

在反抗军阀政府和豪绅地主的同时，随县人民同帝国主义及其买办的斗争也十分激烈。1920 年 4 月，鸡公山天主堂神甫勾结豫南军阀张显卿和随北劣绅朱万福，到随县境内强派"教堂捐"，激起当地农民的强烈不满。岩子河雇农朱云山，盐畈宗万顺于二妹山立起"打富济贫、为民除害"的义旗，拉起"绿林"队伍。不久，他们同活动在应山北部的义军合并，在随县和应山交界地区同外国教会和地方反动官府对抗。

1923 年 6 月 15 日，随应义军歼灭了应城潘家集矿警商团，活捉盛家滩天主堂教主梅万春(华名)，处决教会走狗郭万才等 4 人。湖北督署将此事上报五省联军总司令吴佩孚，为此，应山知事罗知霖吞金自裁，随县知事张显谟被撤职查办，而梅万春最终还是被义军处死。7 月，英亨盐业公司与县盐业分销局拦截城郊盐贩杨承钧等数十人，将其关押在淅河高德甫家后厅，并将他们的骡马、食盐全部没收。唐县镇保卫团上下闻讯十分气愤，遂聚集 200 多人冲进淅河镇，焚烧高家店铺"高万昌"的房屋，捣毁天主堂门窗、家具，将高德甫之子押作人质，直到退盐放人方才停手。1924 年初，英、美洋行与中方资本家合资修筑襄花公路，侵占厉山至唐县镇之间公路沿线的良田近千亩。厉山保安团出面阻止，提出不赔损失不准施工，迫使公路停工。

1927 年 3 月 18 日，随县土豪劣绅及地方土匪互相勾结，破坏工农革命运动，唆使一伙流氓地痞殴打工会首领陈恒谦，激起广大群众的公愤。随县总工会筹备处命令纠察队队长刘伯仁，率领纠察员和工会会员 300 余人，包围大南门外"英亨"石油公司随县分公司，抗议英帝国主义者破坏随县工农运动的罪行，勒令该公司停止营业，英国买办仓皇出逃。最后，总工会查封了"英亨"随县石油分公司，没收其库存煤油三万厅（每厅重 27 斤）。由周耀先、刘伯仁、陈恒谦等与县商联系，低价分配到各商号销售，将兑换的现款拿到武汉购手枪 12 支，武装工人纠察队。一部分现款上缴县党部，作为党部、工会、农会的活动经费。在此之前，驻淅河的教导总队组织淅河市工会会员、工人纠察队、农协、妇协等 400 余人，包围了英国设在淅河的天主教堂，砸毁门窗玻璃。查抄经书数百部，当场焚毁；驱逐神甫、牧师，没收天主教堂的一切财产，将钢琴等乐器抬到盐局供学校教学使用；天主堂作为工会、农会、区党部办公机关，将没收的葡萄酒等生活用品，到街上出售，作为工农运动的活动经费。

1927 年 3 月底，随县审判土豪劣绅委员会于福音堂成立，由县长张春山和县党部、县农协、县工会、司法公署等单位的负责人组成，与县农协合署办公。按照中共随县特支的决定，惩治土豪劣绅的斗争由县党部出面组织。4 月 4 日，县农协在城隍庙召开批斗土豪劣绅何文臣大会，有一二区农协会员、各区农协负责人及其他群众组织的代表数千人参加。李彩奇在会上传达了省农协的指示，号召全县各群众团体立即行动起来，掀起批斗土劣的高潮。

武昌农民运动讲习所开办后，县党部曾派周靖、朱春山、钱启清等一批积极分子去学习。同时，从本地区实际需要出发，举办短训班，提高基层农协干部的政治觉悟和军事素质。1927 年 3 月下旬，随县农民运动讲习所在县城城隍庙开学。讲习所以学习政治文件为主，内容有《湖南农民运动考察报告》《湖北省第一次农民代表大会决议》《湖北农民协会章程》《湖北省审判土豪劣绅委员会暂行条例》等，借以提高阶级觉悟，加深对农民运动的认识。其中一项重要内容就是驱逐外国传教士，禁止教会活动。这一时期，各区(镇)所有教堂被查封，一切财产被没收，外国神甫、牧师及家属限期撤走。革命组织还规定要革命就不准信教，坚持信教者取消参加农协和农军的资格。祝林区革委会将祝林店天主堂和福音堂的神职人员全部驱逐出境，教堂作为革委会办公机关；吴山镇革委会将教会学校改为国民小学。

参 考 资 料

1. 随州市地方志编纂委员会：《随州志》，中国城市经济社会出版社 1988 年版。

2. 随州市教育委员会：《随州教育志》(1996 年版)。

3. 湖北省地方志编纂委员会：《湖北省志·宗教》，湖北人民出版社 1997 年版。

4. 湖北省地方志编纂委员会：《湖北省志·司法》，湖北人民出版社 1997 年版。

5. 湖北省地方志编纂委员会：《湖北省志·政党社团》，湖北人民出版社 1997 年版。

6. 《黄陂县志》编纂委员会：《黄陂县志》，武汉出版社 1992 年版。

7. 随州市公安局：《随州公安志》(1990 年版)。

8. 季晓风：《中华民国史史料外编》，广西师范大学出版社 1997 年版。

9. 中共湖北省党史研究室：《1975 年的湖北整顿》，湖北人民出版社 2006 年版。

10. 武汉市档案局：《武汉市档案馆馆藏档案资料汇编》，武汉出版社 2013 年版。

11. 陈曦：《宋代随州大洪山的佛教变迁》，《湖南大学学报》2020 年第 2 期。

12. 陈晓枫等：《中国传统监察法制与司法文明》，武汉大学出版社 2019 年版。

13. 万绳楠：《魏晋南北朝史论稿》，安徽教育出版社 1983 年版。

14. 葛兆光：《中国思想史》，复旦大学出版社 2001 年版。

15. 王文虎：《随州文化史》，中国言实出版社 2017 年版。

16. (唐)魏徵等：《隋书》卷 31《地理志·下》。

17. 湖北省中国历史学会、中共随州市委宣传部：《中国历史文化名城随州》，湖北人民出版社 1996 年版。

第九篇

民俗文化域

第一章　生产生活习俗

第一节　农事习俗

一、求雨习俗

在随县民间，求雨的方式也是多种多样的。一些地方认为"雷公"是主管降雨的神，求雨就要去"雷公"庙；一些地方认为"龙王"是主管者，求雨就要去"龙王"庙。

（一）请龙王

求雨，又叫祈雨。在数千年的民间宗教里，人们认为降雨乃属于水神管辖，其中龙王就是最主要的水神。随县以产稻米为主，对雨水的依赖和需求要强于桐柏山以北的河南，而且位于南北气候分水岭地域的随县，经常会遇到干旱年份和无雨的季节，为了生存和生活，人们自然将烧香祷神看得很重要，以此方式祈求上天使威生云、生雨救民。

求雨，一般以村落或水域、家族为单位，相约成群，由村长、族长或请道人主持。塆子附近有龙王庙的选择去龙王庙，在前往"龙王"庙拜祭之前，村民首先要去"龙王庙"做一些清理以及拜祭的准备工作。在庙门前高搭祭坛，也可以去塆子附近最高的一座山，在山顶选一棵大树作为"龙树"祭天求雨。人们认为祭天求雨的山越高，离行雨的天龙越近，求雨就更加灵验。求雨者在龙王庙门前或龙树下摆设祭坛，在祭坛上铺垫稻草，摆上酒、茶、米、供馍、猪头，或整猪、整羊等祭品，点起香蜡，敬奉"天龙"；还需要选择一只全身纯白的活羊，一只活鸡，它们是祭祀者送给"龙王"的活礼。众人在祭奠之后当场杀鸡宰羊，以表示对"龙王"的敬重。

祭祀仪式开始，主持人要在参祭人员中选出一个身体强壮的小伙子，让他抹成大黑脸，装扮成"龙王爷"的模样。龙王爷腰间挎着一个盛满水的大葫芦攀到龙树上（若是龙王庙则上到祭坛上），在主持人念"求雨咒"时向下泼洒"雨水"。其他参祭人员都得跪在祭坛前默念祈雨。

主持人手摇冲天铃，身披法衣，头戴法帽，施展法事，边跳边念"求雨咒"：

> 五帝五龙，还有雷公。
> 请布恩泽，行云起风。
> 五湖四海，祈水拜宗。
> 神符命吾，听令遵从。
> 胆敢有违，雷火不容。
> 急急如律令！

念完一段经，上边的"龙王爷"就向地面人群洒些"雨水咒"。问下面求雨人，雨下得怎么样了？求雨众人答："雨水太少，还不够，养不了庄稼命，请龙王爷再下大一些。"于是主持人再念一段"求雨咒"：

> 太元天师雷火神，结阴聚阳在雷城。
> 吾祈风云登天庭，兴风作电起雨程。
> ……

二次"求雨咒"念毕，"龙王爷"再朝下多洒些"雨水"。再问如何？求雨众人答："雨下得太多，庄稼受涝，难有好收成。"主持人最后再念一段"求雨经"，"龙王爷"才均匀地洒下雨水。

祈雨祭祀完毕，大家开始吃祭餐，吃完祭餐，众人启程回家。在回家的路上，主持人手持法器在前边引路，年轻小伙子们则临时扎一乘轿子，把黑脸"龙王"抬回家。当求雨者返回村庄时，村民还事先在路边准备好水桶，将水桶里的水沿途浇泼在观看的村民身上，以表示求雨将会迎来真实的降雨。求雨不要怕走路，为表虔诚，有的主事人还要脱掉鞋，光着脚板走完所有路程，而且边走边唱、边喊，人们认为这样做了，就能把"真龙"接回家了，预示着风调雨顺，五谷丰登。

祈雨后如果数日仍不降雨，则把龙王神像抬到烈日下，让"龙王"也尝一尝久旱不雨、烈日暴晒之苦。同时人们又恐晒坏龙王神像，乃为其戴笠帽、披蓑衣，俗称"晒龙王"。如再不降雨，则要鸣锣通告大家"禁屠"，禁止下河捕捞或杀生，各家"净灶吃素"。然后，再由村民组成求雨队伍，以大旗为先导，鞭炮、锣鼓齐响，乐器吹奏随之，再次前往龙王庙请龙求雨。凡参加请龙队伍的人员，烈日晒头，不得戴草帽；脚穿草鞋或赤脚，表示虔诚，以感动"龙王"。在回来的路上，求雨队伍挥动斧钺、龙刀，称为"护龙"。如遇到戴草帽或持阳伞之人，都要被训斥。

求雨活动后如果三天内下雨都算"求雨"成功，中途如恰逢天降大雨，则被视为龙王显灵，求雨人无不欢欣若狂，争相谢恩庆祝。

（二）祈菩萨

随东北有些地方除了请龙王，也求观音、佛祖、娘娘、马王爷、孙大圣等。在天干无雨的时候，人们抬着菩萨像在村落、田间到处行走，这种"求雨"的方式还分"文求"和"武求"两种。

"文求"抬的是观音、佛祖、娘娘等性格温和的菩萨。菩萨坐在大轿上，前后排着礼仪队，众多信士手执香火、捧香炉跟着。沿途喊佛号，鞭炮齐鸣，鼓乐相随，每走一段路都要跪下烧香祷告一次。见到云团即停轿，赶紧烧纸钱，望天而拜，若遇阵雨，人也不躲避，站在雨地等雨大。

"武求"抬的是马王爷、龙王爷、孙大圣等性情刚烈的神。求雨者将神像固定在大轿上，由2至8个汉子抬着游山，因山离天最近。人们抬着神像边走边兜圈子，名曰"练马"。求雨目的地设在山顶之上，在此设香案，列供品，置"神台"，叫做"练坛"，目的是请神和菩萨在此"批字"。经过一番仪式，假托菩萨批字"准求"后，便抬着菩萨到附近的堰塘"请水"，按菩萨指示的方位钉个桃树桩，名曰"催龙"。若碰巧下雨，缓解了旱情，乡民便会秋后再集资酬谢神恩，为"谢雨"。

按地方习俗，这种求雨仪式不是所有人都能够参加，同时也不是所有人都必须参加，以老年男性村民居多。

（三）抬狗老爷

过去，在出现干旱的日月里，由妇女和小孩们组织的"抬狗老爷"求雨，也是随人乞神祀天求雨的古老习俗之一。

在随县的传说中，随县抬"狗老爷"求雨风俗，源于一个与炎帝神农有关的民间故事。

据说炎帝神农因误食断肠草，驾崩于湖南炎陵县。一向风调雨顺的凡间，随着炎帝的逝世而突遇大旱。那年，九九八十一天滴雨未落，禾苗枯死，堰塘干枯，牲畜饮水困难。万般无奈中人们想起了炎帝神农，都说炎帝是保佑五谷的农神，只要祈求炎帝神农氏就一定有办法。

要祈求炎帝的神灵，可怎样才能找得到他呢？这时曾跟随炎帝多年的赤松子想起了炎帝喂的那只狮子狗。这条狮子狗当年曾帮炎帝去天庭盗回了糯谷种，由于在天庭身沾仙气而长寿。赤松子想，狮子狗身有仙气，嗅觉灵敏，一定知道炎帝神灵在什么方向。

赤松子找到狮子狗时发现狗太老了，已行动困难。他立刻要大家用椅子、竹竿扎成滑竿样，让炎帝的老狮子狗坐在上面，几个青年后生，抬着狗在村里的东、西、南、北方位走动。老狗没有坐过轿子，自然要嚎叫，它朝哪个方位嚎叫时，大家立刻朝哪个方向烧香叩头，祈求炎帝。不一会，老天爷真的下了大雨，旱情解除了，禾苗牲畜悉数得救。此后，抬狗求雨便成为风俗习惯，并一代接一代流传下来。

二、农事号子

农事号子，是专指在农业生产、农事工程劳动中，如打夯、打硪、车水、打粮以及打桩、撬石、打锤等劳动中所唱用的劳动号子。其中有些号子音乐节奏与劳动节奏紧密结合，有较强的艺术性、实用性和知识性，为感染力很强的民歌。船工号子多在水运、打鱼、船务等水上劳动过程中唱用；作坊号子有盐工、木工、榨油、榨菜、打蓝(染料制作)等唱用的号子。

据说劳动中喊唱的习惯还是从炎帝神农那时传下来的。传说炎帝发明了种五谷，人们食物丰厚，不需要天天忙着捕捉鸟兽了。那天他对臣民们说，现在我们的主要任务是种田，我看大家在田里耕作时很吃力，要是有什么办法减轻一下劳累就好了。正在烈山学习耕耘的刑天说："我发现哼唱能减轻劳累，前几天，我和大家一起挖土，荒地中间有一块大石头，得把它推走，大家一起用力时不约而同地发出咳咳嗬嗬的喊声，大家这么一喊感觉轻快许多。"炎帝命刑天根据这些喊叫之声编造一曲扶犁之歌，让大家在劳动时哼唱。刑天遵命，很快依照喊号之声编出了两首曲子。人们干活时喊唱着果然劳累感减少许多。炎帝称那两首曲子叫《扶犁》和《丰年》。刑天当年依照喊号之声编出、炎帝命名的《扶犁》和《丰年》两首曲子要算随县劳动号子的先祖了。

(一)打硪号子

打硪同打夯一样，只是这种劳动工具的材料不同而已，硪是石头凿制的，也可用石磙代替；夯是木头凿制的，目的是将拉上堤坝或场地或道路的黏土夯实，以防渗水。"打硪歌"是流行于随县的农业工程号子，是群众在修堤、筑坝、修路、奠基等土建工程打硪时所唱的劳动号子。其歌曲高亢嘹亮，歌词一般都是根据劳动现场情况即兴编唱的，既有指挥劳动、呼喊齐心协作的作用，又能调节每个劳动者的情绪，同时还可以调动大家的积极性。这种号子的曲调灵活多变，曲调风格不尽相同，但都节拍规整，节奏鲜明，演唱形式均为一领众和式。

"硪"的制造十分简单，以四根木棒用铁丝紧紧卡在竖起的石磙上，八个打硪人各守一个杠头，随着号子喊起将石磙抬起，砸下。

打硪队八人一班，需要一个硪头，就是打硪组长。这活很要力气，还要有热情，有干劲，喊起号来齐心协力。

引号子自然非硪头莫属。硪头喊一声："大家伙准备了呀哇!"大家一起随着节奏吼一声"大家伙准备了呀哇!"，同时将石磙抬起，砸下；硪头再喊："一起把硪抬呀!"大家一起随呼"一起把硪抬呀!"，同时将石磙再抬起，再砸下；

> 哼呀！嘿哟！
> （众随）哼呀！嘿哟！
> 嘿哟！咳呀！
> （众随）嘿哟！咳呀！
> 打硪不打哑巴硪！
> 板着面孔不快活！
> 嘿哟！咳呀！……

就这样每喊一声，众随一声，石磙再抬起一下。八人组合井然有序，配合默契，歌声奔放粗犷，磅礴大气。号子词幽默风趣，可以开玩笑，也有喊花花词提精神的。打硪歌不但渲染劳动气氛，宣泄了人们的激情，也激发了劳动人民移山填海的豪迈斗志，具有鲜明的时代特色。

（二）屌草歌

屌草歌就是除水稻秧草时唱的民歌，也有称为水草歌的。在随县，农民在水田干活时自古就有唱歌的习惯。随县的主粮生产就是稻麦，水稻插秧后另一重要的生产环节就是除水草，"草除三遍稻壳薄"，还能减少水草对稻田养分的消耗。旧时没有除草剂，只得靠人工除草。工具有两种：一种是水草耙，一种是脚指头丫，都是在秧棵间来回运动，把水草扯起来。不同的是水草耙扯起来的草漂浮在水面自然死掉，脚丫扯起来的草再用脚指头按进泥土中，使水草窒息死掉。用脚丫子除草时人最轻松，站立在秧田里，屛草歌应运而生。歌词以四言八句、七言四句、五句子居多，内容包括生活、爱情，古今历史、天文地理无所不包。以歌声表达人们的生产、生活和爱情，酣畅淋漓，能起到提神、悦心、加劲的效果。歌词通俗、美妙，很具情趣，如：

> 清早起来把门开，一股凉风迎面来。头发吹得粉粉碎，好似郎哥找妹来。
> 吃了饭我软瘫瘫，四两棉花懒得担。隔山听见姐说话，怀抱石磙跑上山。
> 桐子开花下谷秧，四十九天移栽忙。谷儿怀胎还要水，姐儿怀胎需要郎，郎是姐儿的救命王。
> 吃了饭我朝外跑，大水打了龙王桥。打了桥头打桥尾，打断桥尾打桥腰，打断姻缘路一条。
> 姐叫郎来莫心焦，我拿银钱你修桥。修了桥头修桥尾，修好桥尾修桥腰，修起姻缘路一条。

过去在父母包办、男女不平等的婚姻制度下，出现过许多畸形婚姻，于是秧歌中就有反映封建习俗给妇女带来痛苦的内容，如："桃花谢罢麦儿黄，小男没有老婆长，搭起板凳亲个嘴，怨声媳妇你像娘，我几时能长你一样。"

关于秧歌，还有一个美妙的传说。过去，有一地主家的千金小姐，整天坐在绣楼之上寂寞无比，常听见远处田间传来一个男子的秧歌声，秧歌唱得激情高亢，优美缠绵，十分动听。天长日久，千金小姐为那秧歌男子得了相思病。父母对小姐的病百思不得其解，只得请来郎中，郎中弄清内情后，就请那秧歌男子到小姐面前唱上一曲。小姐终于得见那秧歌男子的真面目，原来是个又秃又麻的老者，她相思病从此痊愈。

随县的秧歌可一领众和、可独唱、可男女对唱、多人对唱、众人合唱，常是这边的音落，那边的音起，抑扬顿挫，低时委婉缠绵，高时清脆嘹亮，起伏感强烈，响在秀美的山川之间、田园之上，天环水绕，山回地应，花木动情。在众人参与的边干边歌中，劳动被艺术化了。

三、车水锣鼓

水车，人们将它视为水龙，每年启用水车时，一定要烧香祭拜。它是中国传统的先进木制农具，在农民靠天吃饭又没有抽水机的旧时代里，农作物抗旱非它莫属。只有水车能把堰塘、河溪、水库及干渠里的水提灌到农田。

水车分坐蹬车和手摇车，有两人车、四人车、六人车，还有八人车，一般是六人车。水位高，一般要用坐蹬车，需要四人以上，水位低，一般用手摇车，两人即可。车水抗旱，首先要将水车的部件搬运到水边，安装调试。然后需要四或六个壮劳力高坐水车之上，地面上需要一班人打锣鼓。打锣鼓的人与水车上的人相互换班，大家一起打锣鼓、唱车水歌，同时以脚踏动水轮两边分布的二十四个轮子。随着水车转动中"吱吱呀呀"的欢叫声，在车轮的带动下，车筒里涌出提上来的清水。

水车的计时方式是在车轮轴的末端设一个线轱辘，将一轱辘的线朝另一轱辘转，转完一轱辘为一线水，脚踏水轮的一班人就要下来与地面打锣鼓的人换班。打锣鼓唱歌主要是烘托气氛，号子能将车水人的情绪、精力、步伐协调一致，号子的节奏，就是劳动的节奏，歌锣的节奏快，人们的脚就快，那么车轮转得也就快，出水当然快。歌锣的节奏慢，一切则都慢。

车水的号子，有五句子和多句子，许多是数首相连而构成多段式句子。歌词多即兴创作，演唱形式为一领众和。其节奏自由，音调粗犷。如快速抢水，节奏更急促，歌声更激昂，响彻方圆几里，特别是晚上，回荡夜空，经久不息。领唱人落声时大家和声，先低后高，先慢后快，抑扬顿挫，婉转悠扬，随风飘扬，洒落田间：

> 新架水龙下江河，哎——
> 两边挂着鼓和锣，啊！
> 车干多少塘和坝，
> 累倒多少壮小伙！
> （领唱者唱罢四句要打一段锣鼓）
> 累倒了多少壮小伙哎——
> 腰酸腿痛无奈何！

四、其他

（一）开秧门

插秧是稻作的开始，在随县民间过去还有开秧门的习俗。一个村每年的第一天插秧称为开秧门，由于是全村第一，所以最受农家重视。开秧门一般是谷田在水库、堰塘头到口的人家，因为按照开到放水的规矩，是先上后下，先傍后冲，堰塘头到口在最上。如果堰塘头到口人家太穷，可以让贤给家底较殷实的人家开秧门。

开秧门时，主东家会请手脚利索的插秧手和挑秧工前来帮忙，不论田亩多少，人多人少，主家的答谢宴都特别丰盛，大家主要是图个热闹。在临下田前，要敲锣打鼓，类似出征前的祭旗，比较隆重。然后在秧田的上坎边，设神台点烛、烧香、化纸、燃放鞭炮，据说是敬"五谷神"炎帝。然后下田拔秧，并将第一把秧放在神台上供奉，祈求"五谷丰登"。在靠天吃饭的旧时代，"开秧门"是为了祈福，求上天风调雨顺。因此人们在插秧季节，为"五谷神"焚香上供，大户人家甚至还有杀猪宰羊的，再穷的人家也要用一块水豆腐当供品。

敬完"五谷神"后，请来的乡民一起扯秧、插秧。正式插秧开始了，插秧手们一字排开，使出看家本领进行比赛。大家都是向左看齐，如果站右边的插秧手栽得最快，落在了前面，关住了左面秧行里的人，就是将插得慢的栽秧手"关笼子"了。

开秧门时，农民颇多忌讳，如插第一行秧时不得开口，不互传秧把，不可把稻秧甩在别人身上等。插秧至田头有余秧全插在田岸，表示今年多粮。

大家有说有笑中插完秧，主家要接请帮忙的人到家中用饭。旧时此日的饮食较丰盛，家家户户都会事先做好开秧门的用餐准备。除了鸡鸭鱼肉，还要食团子、糕，寓家庭团圆、农事"步步高"之意。这一天家中要设三牲祭"田土地"。

有"开"就有一"关"，既然有"开秧门"礼仪，自然就少不了"关秧门"礼仪。全村每年插秧结束的最后一日、最后一块田的最后一株秧插下，称为关秧门。旧时是日必须安排在天黑前完成插秧，如人力来不及，须请工帮助，如摸黑关秧门则认为不吉。这一天，青年男女，都喜欢打泥巴仗，尤其是新婚夫妇，由要好的男女青年陪同，集体插秧，边插秧边打闹，互扔泥巴，身上泥巴最多的，就是最受欢迎的人。请伙计帮忙的农户，需要在关秧门之日办一桌酒菜，称吃"关秧门酒"。关秧门后，出嫁的女人就可以回娘家省亲了。民谚说："插好老秧，看望老娘。"

(二)观云识天气

过去农人是靠天吃饭的，出行、干农活、安排农事都得看天气的情况行事。那时候没有气象台，更没有发达的通信设施发布天气预报。人们天天看天色、年年看天色、代代看天色，就这样人人积累经验，代代相传，久而久之也自然熟能生巧了。别看天空的云就像魔术师，形状变来变去，可它们在老农的眼里，每变一种类型，就代表一种特定的天气，只要正确认识不同类型的云，便可以帮助种田人预测未来几天的天气情况了。这就叫"看云识天气"。为了便于传记，农民总结了很多看天的农谚、民谣，而且大多较准。

"天上钩钩云，地下雨淋淋"，"天有钩钩云，还等两天晴"。钩卷云出现，说明低压即将到来，是雨淋淋的先兆。但是，雨后或冬季出现的钩钩云，则会连续出现晴天或霜冻，所以冬季又有"钩钩云消散，晴天多干旱"，"冬钩云，晒起尘"之说。

"云往南、雨连连，云往西、雨滴滴，云往北、雨没得，云往东、一场空。"这里所指的云，是低压区里的低云。低压是自西向东的(实际上往往是自西南向东北移动)。云往西，说明该地区处于低压前部，本地将因低压移来而降雨；云往东，说明低压已经移过本地，本地处于低压后部，天气即将转晴，转晴之前常常要刮一阵风。

还有："山戴帽，大雨到。"山戴帽说明气压低，空中水汽多在山顶形成云层。如果云逐渐降低加厚，降雨的可能性大。

"早上乌云盖，无雨有风来。"是说早晨东南方向有黑云遮日，预示有雨。

老农说五月是一个下雨的月份，像初一、初五、头八(初八)、二八(十八)、三八(二十八)，这些日子都是下雨的日子。五月二十是龙相会，龙既然相会，自然要兴风走雨。二十四是分龙雨，龙相会了以后又该把龙分到各地去行雨。二十四这天如果没下雨，说明此地分了一条懒龙。虽是传说，但也很有道理，因为五月接近盛夏，各种庄稼特别是稻谷正是需要水的时候，有三天一小下、五天一大下之说。如果这些日子不下雨，那就要天干，于是就有"头八无雨二八休(栽不上秧心里急)，三八不下种绿豆"的农谚。

该下雨的节气如果都下了雨，那就意味着好年成，要是不下雨那就是旱年，庄稼歉收。

人们还总结出了许多看雾、看风预测天气的谚语：如"早晨满天雾，尽管洗衣裤"，"云吃雾下，雾吃云晴"，看到雾之后来了云，可能低气压要来临，是要下雨的兆头。反之，如云消雾起，表示低气压已过，晴朗天气即将来临。

"风三风三，一刮三天。"是说在春季如有北方强冷空气移来时，便要刮大风。大风过去，其后面还有小股冷空气断续移来，一般还要刮两三天。

"回头风，特别大。"风朝着一定方向前进时，如突然转变方向，说明有锋面过境，将有风暴来临。"伏里东风不下雨"，伏里的东风或东南风，系来自海上暖湿气流，但若无冷气流将它抬升，一般不能成云致雨。"久晴西风雨，久雨西风晴。"在天气久晴的情况下，虽有来自海洋的暖湿空气，如不经冷空气抬升，也不易降雨；若此时西北来冷空气，暖湿空气受抬升，便容易成云致雨。

人们在生产生活中还有很多气象谚语。如：月亮长毛，大雨涛涛；早晨放霞，等水烧茶；晚上放霞，干死蛤蟆；有雨四角亮，无雨顶上光。看太阳"下扎胡子雨连连，上扎胡子火烧天"；六月下连阴，遍地出黄金。谷物收获季节怕下雨，有：上怕初三雨，下怕十六阴。意思是上半月坏了初三（下雨），半个月不得干，下半月坏了十六，又是半月下雨；遇上连阴天还有"西出火烧云，还得三天晴"；又有"四""六"（初四、初六，十四、十六，二十四、二十六）不开天，开天晴一天；还有"初三没有初四灵，初四没有初六灵"；七晴八不晴，九里放光明；七下八不下，九里还是下；日头当顶现，三天不见面；六月六日晴，稻草白如银；六月六日阴，稻草烂成羹；"东杠日头西杠雨"（农民称彩虹叫出杠）。

（三）五谷尝新

"尝新"要算五谷从播种生产到收获入口大轮回中最后一道礼仪了。为祈求下季和来年风调雨顺，有个好收成，每当有一个新粮品种上锅，各家各户要举行给老天爷、老祖宗尝新活动。尝新也可称尝鲜。过去随县民间"尝新"习俗很普遍，即：用新粮做的第一锅饭，家人谁也不得先入口，必须将新米做的饭、新麦面蒸的馍摆在屋外墙头或其他高处，迎着蓝天，叫祭天，意思是让老天爷先尝鲜，同时还要供祀五谷大神炎帝和自己的祖先。讲究的人家还会把新麦面捏成五谷六畜、瓜果蔬菜等形状，然后用蔬菜汁染上颜色，作为祭祀老天供品，祈求五谷丰登、家人平安，然后才是家人吃尝新粮，喝酒庆贺。

过去，随县民间人们在举办新麦尝新活动时，还要特别祷告风婆婆。做法是，麦收以后，各家的主妇都要用新麦面蒸一个大馍馍，供在墙头上，并且迎风祷告："多亏风婆婆保佑，风调雨顺。如今丰收了，恭请风婆婆尝尝新面馍馍。"如逢轻风吹过，馍馍飘香，人们就以为是风婆婆光临，大吉大利，特别高兴。有的地方在麦收以后和秋收以后，用新麦、新谷所做的馍和饭供祖宗。随后，出嫁了的姑娘又把它作为礼物送到娘家，给父母尝新。年年如此，直到父母去世方止。

第二节　工 商 习 俗

一、九佬十八匠

涉及工商服务业行当，随州民间过去有九佬十八匠，其中九佬指的是：修脚佬、剃头佬、装烟佬、杀猪佬、劁猪佬、补锅佬、磨刀佬、渡船佬、摸鱼佬九个职业；而十八匠则指的是：金银铜铁锡，石木窑砌漆，油弹漆画雕，酒箍皮。

传说鲁班在确立十八匠后，又为自己的女婿女儿增补了篾匠和织布匠两个行当，故而就变成了二十匠。其实，各种各样的行当远不止这些，如：油面佬、打山（打猎）佬、吹鼓佬、配种佬，鞋匠、伞匠、"烟匠"（加工烟丝）、纸扎匠、糖匠等很多佬和匠都不在列。因为随着时代发展会增加和消失一些行当，所以时代地域不同名称也会有所不同，即使原定的九佬十八匠，在一定的时期和一些地方也不一定称佬或匠，如：吹鼓佬在许多地方叫"吹鼓手"，而杀猪、劁猪、补锅等在许多地方不称佬而称匠。

民间的九佬十八匠各有先师。九佬的先师为：修脚佬为清风明月，剃头佬为罗祖师，劁猪佬为华佗，补锅佬为老君，磨刀佬为连太祖，渡船佬为孙超，杀猪佬为桓侯帝，摸鱼佬为张晚，装烟佬为张勇。十八匠中，窑匠祖师蜡台菩萨，酒匠祖师杜康，皮匠祖师孙膑，商人祖师敬财神，木、砌匠的祖师为鲁班，金、银、铜、铁、补匠的祖师为李老君，锡匠罗万祖，瓦匠蒋太真人，石匠连太祖，漆匠黄龙真人，弹花匠、裁缝的祖师是轩辕氏，篾匠李光明，染匠国公真人，画匠杨武，箍匠邓氏夫人，打鼓说书、吹鼓手为蓝彩和。

按照人间的"九流"划分，九佬十八匠大多属于下九流："一流高台二流吹，三流马戏四流推，五流池子六搓背，七修八配九娼妓。"高台指唱戏的人，吹指吹鼓佬，推指剃头佬，修指修脚佬，配指牲畜配种佬。

二、拜师

从业哪一行当，在就业前都需要进行职业训练，在过去几乎行行都要先拜师，由师傅引领入道。拜师主要是学习本行业的基本技能。这种职业训练的方式一般有两种类型：一类是家传的，父子、爷孙之间将某项独门绝技直接家传；一类是普遍存在的拜他人为师学艺的形式，这种方式具有突出的社会性，同时伴随着一定的礼仪规范。

拜师不仅仅是学手艺，更重要的是学行规行道。每个行业都有敬祖的习惯，祖师是行业的保护神。拜师首先拜行业的祖师，表示对本行业的敬重和虔诚，同时也是祈求祖师爷"保佑"。拜祖师爷的时候一般要燃一对红烛，点三炷高香，隆重的仪式还会供奉三牲，简单一点的就是供奉茶点果品，然后由师傅引导徒弟向祖师像或者神位行三拜九叩的大礼。有的行业还会让学徒跪读誓词、祝词、祷词等。

拜了祖师再拜师傅。一般是师父师母坐上座，学徒行三叩首的大礼，然后学徒跪献红包和投师帖子。如果自己的师叔、师兄也在场的话，学徒要对师叔行叩首礼，对师兄三作揖。学徒献给师傅师母的红包实际上就是学费，用这样的方式来交学费也算是比较高雅的了。投师帖子也就是拜师契约，契约就是双方之间的合同。在契约里明文规定了双方的权利与义务，以及违约后的处罚规则。

接着师傅要对徒弟训教，训话的内容大致是让徒弟们懂得尊重祖师爷，尊重师傅，恪守师承，听从师训，遵守门规等。各行各业都有自己的门规，所谓的门规就是师门或者同行历代传承下来的规矩。这些门规主要涉及职业道德、人品修养、学艺规矩、生活守则方面以及行语、禁忌及拜师仪式、传授技艺方法。同时还要勉励徒弟们谨慎做人、专心学艺。

三、手艺人俗禁

手艺人七十二行，虽然各走各的路，但都是吃百家饭，都有很多相似的俗禁，也有多种多样的规矩。手艺人讲求手脚稳当（指无偷捞扒拿恶行）；言语诚实，态度良好，品行端正；不分门楼高低（穷富）；不挑嘴弄舌，惹是生非；要做到能尊重主家，取信于人。年初做"开张活"，进主家门要道一声"开张大发""恭喜发财"。主家敬食物、汤茶，匠人要先推谢，表示感谢后才能食之。年终最后一场活叫"辞岁活"，要求干净利落，努力让主家最满意，主家临行会送红纸包（内包工钱）以示谢意。

匠人的规矩各异，也有相同之处。相同的是，一般不在主家留宿，太远的，需要留宿的自带行李。下料讲究"短铁匠，长木工，不长不短是裁缝"；干活讲究认真、实干，多动手、动脑，少动嘴，有"一千个嘴把式，顶不上一个手把式"之说，还有"种菜老婆吃菜脚，做鞋老婆打赤脚"，"窑匠住草房，木匠没凳坐"，"不当家，不知柴米贵；不拿秤，怎知斤和两"之说。木匠打嫁箱、裁缝做嫁衣要讨"喜头"。木工早出晚归，斧头不离身，行走夹肋下，晚间用以防身或曰避"邪"。石匠晚归只带锤，砌匠晚归只带"五尺"，用意同前。

木匠一般将做棺材安排在新年第一场活，为"开财"，做床不离七（妻），桌子不离九（酒），箱子不离一（衣），是数的倍数、尾数均可。木匠做梯子"踏七不踏八，踏九不踏十"。木匠的工作凳自己不坐时不能让他人坐。平常干完活将斧头放在工作凳脚边，口朝凳里。挑工具用矮身篮子或以绳子串之，不用箱，不上锁。

理发匠挑担走乡，一头是用具箱，一头是烧热水的炉子，所以有"剃头挑子，一头热"之说，吃饭是到哪村在哪村派零饭餐，只用中餐，三碗菜即可，无须特别招待。唯年初剃"开张头"和为婴儿剃毛头才可有汤，并有"封子"（红包）。剃头规矩：下刀处男左女右；光头，上午从左，下午从右；和尚下刀于前，道士下刀于后。给新郎剃头要讲恭维话，给老人剃开张头亦取兆头，对生意人亦然。

裁缝做寿衣用丝、棉、麻布，不用皮毛料；衣扣不打连环扣，也不用硬质扣。

四、开店铺

从商以盈利为目的，生意人的一切行为虽然旨在一个"财"字，但生意之"意"在行规内被理解为"义"，意思为生意人也要"义"字当先，不赚不义之财。真正的生意人更讲究"生财有道"，因此从商者有许多行规和忌讳。

三百六十行各有各的禁忌，也都有其共同的特点。商埠只要一开市，就希望在钱上有个好兆头，因此凡是与经商主旨相违背的言语、行为都是禁忌。商人多敬财神，故首先忌讳亵渎神灵，如管利市财神叫关羽，管增福财神叫比干等均为犯忌。商人必须尊敬本行业的祖师爷，亦不得直呼其名讳。

所谓财神并非单指财神神龛、神像、神位，而是引申到各种象征财神化身的东西。例如店铺招幌、标记就是"招财进宝"的象征，在商人心目中最为神圣。每天挂幌子，必须说"请幌子"，忌讳说"挂"，忌讳挂不牢而坠地。香蜡铺卖财神像，包括其他神像，忌讳说买卖，必须说"请"，否则便视为对神不敬，营业必赔无疑。

商店中的度、量、衡用具，如升、斗、秤以及账桌上用的算盘，都忌讳随意玩弄，尤其忌讳反放算盘，说是经商只能往里算计，不能往外算计。

重大节日，如春节、祖师圣诞、祭财神之日，忌说不吉利的话，尤忌话语中带着与"赔"谐音的字眼。商店忌讳伙计坐卧或躺睡于账桌、货柜、钱柜上，说是会压了柜上的财，赚不到钱，甚至忌讳睡在待客的条凳上，说这会压了顾客——财神爷，明天登门的顾客要减少。

此外，店铺扫地时忌往店外洒扫，尤其是春节，不准扫地，不准往外倒脏水、垃圾，说这等于"倒财"；不得坐在店门或柜房的门槛上，怕拦堵了财神；忌冲着店门方向和当日财神方位小便；忌在店铺前打呵欠、伸懒腰等懈怠动作，据说那样会冲撞财神。

封建时代，店铺新开张、重开张一定要选在黄道吉日。新开张的第一天，每天早上开市的第一个人，忌讳第一位顾客是妇女，说是女人会冲了财运。忌讳名字不吉利的顾客第一个进门，如叫裴本、裴才、舒光，往往以这种现象占卜一天生意的好坏，这一天店铺如果刚一开门就来个进京赶考的举子，便认为是大吉大利，宁肯不收钱白送也要取个吉利。如果第一位是妇女，尤其是"尼姑"、孕妇、毛女(小女孩)便认为晦气。人走后，必以草纸点燃而熏之，熏罢扔于店外，以此破解。

门号也就是现在的招牌，过去商人很看重自己的门面，有"宁丢生意，莫丢门面"之说。老式店铺均为上栋下宇的木架屋、木板楼，活动式门板门窗。铺面或四开八扇，或六开十二扇。门檐较宽，下装半截"鼓皮"。看梁上雕绘"二龙戏珠""双凤朝阳""狮子滚球"诸式图案，以示兴旺吉祥。铺面小，进深窄，呈现古朴之状。楼房、宽门、阔堂及玻璃门、合金门兴于改革开放后。

老式门牌通常木制，少数石刻，或用琉璃瓦为之，皆由当地名人书写，黑底红字或金字。人从字面可知其规模和特点。联营商号称"同仁""同德""恒利""齐昌"；中等商号常标"复兴""益泰""永昌"；较小商号常标"某记""某家""某铺"或"某名"；一家几房经营的则标"大记""二记""三记"(如民国时黄州"陶生茂大记""陶生茂二记"即是)。若某家某行业出了名，则以某家某行业称(如厉山秦鹏九"秦恒隆"、秦观楼"秦荣记"、秦育之"秦福记")。如为杂货铺就冠以"京广""万宝"；如为药店就冠以"康复""春生""永宁"等。随县在民国时期城关有"童永裕""协泰洪""振华信""怡泰昌"及淅河"高万昌""费恒昌"等商号。厉山镇有黄(陂)孝(感)帮吴大兴、吴恒兴、李恒发、义顺公、周元记、许大兴，黄安帮谦泰恒、太永洪、茂太义、泰乐记、洪太合、恒元信，江西帮杨吉兴、聂同兴、张广顺、陈顺兴、凌楚卿等商号的分号。

五、店铺里的潜规则

旧时商店商品不标价，价在店员心中。店员看货源走俏情况随行就市，自行标价。

有"目下以眼为定，早晚市价不同"之说。某些资金雄厚的大商号虽也标"一言堂"（即不讨价还价），但那并非真实的。另外，还标暗价。暗价数目用谜语式字样代之。一般有两组汉字各分别代表"1、2、3、4、5、6、7、8、9、10"。若顾客问一只瓷碗的价格，二掌柜答"五角六分"，客还价"四角五分"。二掌柜倘不能做主，便暗示大掌柜，大掌柜即用暗码指示："顺（或大）卖。"那么这只碗乃用五角成交。也有"摸黑码子"，买卖方各伸出一只手，看似握手，实是砍价，一个指头代表1，两个指头代表2，以此类推。超出五时，大拇指代表五，大拇指加一指为6、大拇指加两指为7，以此类推。

老板、店员大都讲究行业道德，坐店掌柜，须经历三年学徒阶段，学习行规店纪、经营本领和接待顾客和网罗"乡脚"（主顾）的能耐，以及商品知识，即通常所说的"生意经"。坐在店堂内眼观六路、耳听八方，举止规规矩矩，穿着整整齐齐。顾客进门，或欠身、点头，笑脸相迎；或奉茶、装烟（水烟袋）、拂凳看座。交谈时和颜悦色，轻言细语，有问必答，绝无厌烦情绪。店员分工明确，概分两类：一类管事、管账、经手、水客（采购联络）；一类主师（大掌柜）、客师（二掌柜）、跑堂、打杂。他们各司其职，互不越位。薪水按职分等，老板决定大政，不管具体事务。

店中地位最低的是小伙计。干粗活，做杂事，侍奉老板，如果休班出店，需掏出荷包抖一抖，或脱下外衣在柜台上挞一挞，做个未带走钱物的"亮相"。犯了店里的规矩，轻则扣发薪水，重则开除店籍。开除方式大多选在年终，老板置酒一桌，让犯规人坐上席。食毕包个红包附上当年的薪水，老板一言不发，即避席而去。

店中还有以下规矩：柜台不能坐，门槛不能蹲，挑担不能横门前，条凳不能骑在门槛上，包裹忌压桌上的筷子筒，度量衡器忌人绊拉，其他器具只能平放，不可翻扑。言谈中忌讳"翻""倒""亏""蚀""摔""淹""烧""赔""输"等字眼。见"舌头"称"赚头"，见"老鼠"说"财喜"，见"牙齿"说"财条"，老板才高兴。

第二章 岁时节日

第一节 过 年 习 俗

一、过小年

按照随县乡村的风俗，过"小年"的时间是腊月二十三日，也有二十四过小年的。随北一带忌讳拖到二十五，因为随县民间有"官三、民四、王八兔子二十五"之说，但河道有船的随东南地带也有"官三、民四、船五"的传统。也就是说，官家的小年是腊月二十三，陆地上的百姓家是腊月二十四，而水上人家则是腊月二十五。人们每年都是从小年开始就跨入了"年"的门槛，拉开了过年的序幕，一直要过到正月十五才算基本上结束。

传统说法小年这一天是"灶王爷上天"之日，人们除了自家设宴营造喜庆气氛外，还有个重大活动就是"祭灶"。祭灶时要在灶王前摆设供品，供品主要是糖食，如麻糖、糕点等，祭灶的食物用甜食，主要有以下用意：一是这类食物一般不上灶，恭敬灶王的时候尽量少给他添麻烦。二来因为灶王爷即将上天报告玉帝本家人的善恶，糖类食品很甜，吃甜食以使灶王的"嘴甜"，甜嘴说好话。三是这类糖一般是糯米、大麦等谷物熬制而成，俗称"打巴糖"，既甜又粘，吃了糖灶王的嘴被糖粘住了，这样就不能在玉帝面前说自家坏话了。民间过去有"腊月二十三，灶君爷爷您上天，嘴里吃了甜糖饭，玉皇面前免开言，回到咱家过大年，有米有面有衣穿"的歌谣。

另外，祭灶供品中还要摆上几个鸡蛋，是给狐狸、黄鼠狼之类的零食。据说它们都是灶君的部下，不打点一下它们就会故意捣乱，致使家里不安。祭灶时除上香、供糖品外，还要有些精饲料，这是给灶神坐骑的贡品，据传，灶王爷的坐骑是狗，故有狗肉不能在锅灶上蒸煮之说。

二、祭先祖

春节祭祖是家庭祭祀活动最主要的内容之一。在辞旧迎新之际祭奠先辈，一来表示孝意，二来表达怀念之情，同时人们深信祖先神灵可以保佑子孙兴旺发达，故要祭拜怀念。

春节祭祀先祖，也是随县一项普遍的民俗活动。随县民间祭拜时间是在年夜饭之前，或除夕到来之前。更多的地方是家家户户把家谱、祖先像、牌位等供于家中上厅，安放供桌，点着香烛，摆好香炉、供品。祭祖的同时，有的乡镇也祭祀天神、土地神，还有的地方叩拜玉皇大帝、王母娘娘。供品有猪头、猪槽头肉、十个大馍馍、糕、饼、水果之类，家人依次跪拜，俗称"天地供"。在家里多由家长主祭，烧三炷香，叩拜后，祈求丰收，最后烧纸，俗称为先人"送钱粮"。现在虽然一般家庭没有家谱、牌位了，人们都会在先人的相片前排上供品，为了方便，有些人干脆就以水果、糕点代替。人们在春节期间祭祀祖先、叩拜神灵，其实就是给祖先和诸神拜年。

三、团年饭

农历腊月三十为除夕，这一天对华人来说是极为重要的。在随县民间，人们认为腊月三十"除夕"是真正辞旧迎新的一天。庄稼人认为新年是招财进宝、接纳福祥的日子。在正月初一这一天不能下塘淘洗，否则就是把"财都给洗跑了"，所以在旧年的最后一天里必须把新年从初一到初三需要淘洗的菜肴、食品、用具全都洗涤干净备在家里，把屋内外的环境卫生彻底打扫一遍，桌椅板凳锅碗瓢盆也要彻底清洗一遍。

在随县，腊月三十这一天不管天气是否寒冷，家家户户都要烧火炉，而且越大越好，讲究"三十的火，十五的灯"，火气就是运气，火越旺运越旺。再就是庄稼人总是盼望"三十满缸，来年满仓"，在腊月三十的下午还要把家里所有用来存水的水缸都挑得满满的，此外还有准备除夕夜晚餐、祭祖、张贴春联、年画等。

随县人习惯将吃"团年饭"叫吃"年饭""年夜饭"，是过大年最主要的一项仪式。大年夜，丰盛的年菜摆满一桌，阖家团聚，围坐桌旁，共吃团圆饭，心头的充实感真是难以言表。吃年夜饭是家家户户最热闹愉快的时候。庄稼人吃年饭是很有讲究的，随县人更有自己的特色，而且这些菜肴往往含有某种吉祥的意义。佳肴不仅要求丰盛好吃，而且要力求"丰富、吉祥"。此时人们既是享受满桌佳肴，也是享受那份快乐的气氛，桌上少不了大菜、冷盘、热炒、点心，再穷的家庭团年饭的餐桌上也不可少了四道菜：象征"年"的大肥肉，"肥"代表富有，有了它才叫做"过年"；象征"团团圆圆"的"丸子"，人们总是希望新的一年里一家人能够团团圆圆十全十美；象征"年年有余"的"烧全鱼"，庄稼人生活第一，一年到头就盼个家有富余；象征"平安吉祥"的"炒青菜"，庄稼人不奢望大富大贵，就盼个"清吉"，一家人平安就好。

"三鲜"是随县的特色菜：泡泡青，表示清清洁洁；黄豆芽叫"如意菜"；芹菜为"勤勤恳恳"。猪舌头，随县叫"赚头"，意味有"赚头"；另有一盘块鱼，可以吃（因全鱼过年时不能吃）；豆腐与"都富"谐音；还有一碗鸡腿、鸡爪，寓意是抓钱发财，明年招财进宝；年糕，其含义依次是年年高升；最后还要有一两样甜食，祝福往后的日子甜甜蜜蜜。

吃饺子是随县年夜饭的主食。饺子谐音"交子"，即岁交子时辞旧迎新之意，故大年夜的饺子意义重大。有"素馅饺子，肉馅饺子"，年夜吃饺子寓意团圆，表示吉利和辞旧迎新。饺子形如元宝，故有"招财进宝"之意；饺子内中有馅，寓意吉祥之物包进饺馅里，借以寄托对新年吉祥的祈望。为了增加喜庆气氛和乐趣，历代人们在除夕的饺子馅上想出许多花样。比如在饺子里包上钱，谁能吃到钱，第二年就会走好运发财；在饺子里放上糖，表示吃到者来年生活甜甜蜜蜜；还有的包点花生，用花生（又名长生果）祝愿人们健康长寿。在随北，大年初一的饺子也要在除夕三十晚上包出来。

吃年饭的时间在随县不是统一的。随中一带一般是四更造饭五更吃，吃完后天刚蒙蒙亮——它象征"早辞旧岁早迎新年""人勤春来早"之意。早吃年饭还有另外一层意义：一年的最后一天也是最忙的一天，非起早就难以完成。中午过年的也很多。随中一带也有因当年家里曾有亡人，特改在腊月二十八过年。随北一带多是晚上，他们叫年夜饭。吃年饭即使不会喝酒的，也多少喝一点，每个人都需要"红火"。

吃年饭也有一些忌讳，如：无论是大人还是小孩，都不许大声喧哗，更不许说那些不吉利的话；不能吃千张，因千张与"欠账"同音；桌上那一条完整的鱼只能看却不许吃，表示年年有余等。

四、守岁

守岁，就是在旧年的最后一天上半夜不睡觉，等到新旧年交接的 0 点，以迎接新一年的到来，人们常说的"迎新春"就是守岁这个时间点，所以"迎新春"得从守岁说起。守岁的风俗俗名叫"熬年"，随县民间也叫"守年更"。

为什么要"守年更"呢？探究守岁习惯的由来，还需要从在民间流传的一个有趣的故事说起，因守岁是除夕的延续，所以这个故事也与除夕的故事有一定的联系。相传，在远古的洪荒时代，有一种凶恶的怪兽，人们叫它"年"。每到大年三十晚上，年兽都要出来伤害人畜，毁坏田园，降灾于辛苦了一年的人们。人们为了躲避年兽，腊月三十晚上，天不黑就早早关紧大门，不敢睡觉，坐等天亮，为消磨时光，也为自己壮胆，他们就喝酒。等年初一早晨年兽不再出来，才敢出门。人们见面互相拱手作揖，祝贺道喜，庆幸没被年兽吃掉。这样过了好多年，没出什么事情，人们对年兽放松了警惕。就在有一年三十晚上，年兽突然窜到了一个村子里，一村子人几乎被年兽吃光了，只有一家挂红布帘、穿红衣的新婚小两口平安无事。还有几个童稚，因为在院里点了一堆竹子在玩耍，火光通红，竹子燃烧后"啪啪"地爆响，年兽转到此处，看见火光吓得掉头逃窜。人们由此知道了年兽怕红、怕光、怕响声。此后，每至年末岁首，村人就整晚不睡，并且家家户户都生起一堆火，家家户户贴红纸、穿红袍、挂红灯、敲锣打鼓、燃放爆竹，这样年兽就不敢再来了。后来人们称大年三十晚上不睡觉为"守岁"。

五、出天方

守夜至零时一刻，家家户户都要在大门口鸣炮祭祀，说是"出天方"，这是中国人千百年来形成的一个习惯。出天方，有的地方也称"开天方""出行"等。

为什么要出天方，经过考证发现说法不一。很多人相信的一个说法是：天在大地之外很远很远的地方。天是美好的，是神仙和佛祖居住的地方，谓之天堂。"方"在乡人的意思里是方位，是方向和目标。天地日月循环，乾坤轮转，生活在大地之上的人们在艰辛中度过了一年，人们都向往生活的美好，并把这种期盼寄托于天。辞旧岁迎新年，把新的一年作为始点，"出天方"自然就成为这种企盼和向往的寄托了。旧传天方的方位是由皇帝颁发的黄历中认定的，哪一年哪个方位是吉利方位，就朝哪个方位祭拜。

新年"出天方"，其目的主要是讨个全年诸事顺利，讨吉祥、避灾害。至于"怎样出天方"，随县的各个乡镇、各个族氏大同小异。在时间上，有的零时即开始，有的则待天将放亮时；在方式上，有的全族的人由家长召集起成年男性，先在各自家中烧香、放炮，再集中到公用堂屋烧香、放炮，然后众人走出大门，来到外面朝四面八方烧香、放炮；之后，再到社祠庙祭神。有的在男人们完成了这拨子后，成年女性也依次重复祭祖、祭神。

六、拜年

辛亥革命以后，我国开始使用公历，为了便于区分，特把公历 1 月 1 日叫做"元旦"，将农历正月初一叫做春节。

新年最重要的一件事，要算拜年了。年前有个忙过年，年后自然就有个忙拜年。在随县的民间，拜年活动一直持续到正月十六。

拜年也是有规矩的：一般情况下要先给塆子里年纪最大、辈分最长，并且德高望重的长者拜年；然后是晚辈先给长辈拜年，平辈人小的要先给大的拜年；姑娘女婿要先给娘家"岳父母"家和他们的亲戚拜年；所有亲戚姥姥舅舅家为重。亲戚长辈去自己家拜年叫"回拜年"。初一拜本家、拜邻居可以提礼物，也可以不提礼物，拜年的礼物回拜年时是一定要送回来的。去岳父母家、姥姥舅舅家拜年的礼物一般是两份以上，不言的意思是，回拜年送回一份，留下一份作为孝敬尊长。所有的亲戚中，给舅舅拜年是每年必不可少的，忘了给舅舅拜年是大逆不道，舅舅会理直气壮地不依不饶。

在正月初一到十五期间虽然也有许多其他活动，拜年依然是主要活动，随县民间流传的一个歌谣对此解释得比较具体。"大年初一，金鸡报晓，出罢天方拜长老。"这一天是晚辈给长辈拜年的日子，如果是小孩（12 岁内），长辈还会给压岁钱，压住邪祟。

七、元宵节

农历正月十五是传统的元宵节，又称上元节、灯节、小正月，也有地方称元夕节。正月为元月，古人称夜为"宵"，而十五日又是一年中第一个月圆之夜，所以称正月十五为元宵节。

正月十五吃元宵，这是中国由来已久的习俗，随县与全国大多数地方一样，而且至今仍然保持。元宵，随县也叫"汤圆""圆子""水圆"，煮、煎、蒸、炸皆可，寄托了人们对未来生活的美好愿望。元宵有多种做法，多以糯米制成，或实心，或带馅。馅有豆沙、白糖、山楂等，成分和风味各异，无论什么风味吃元宵代表的意义都相同，即代表着团团圆圆和和美美，日子越过越红火。家庭的和睦以及家人的团圆对于一个完整的家庭来说，是最重要的因素。因此，在元宵节一定要和家人一起吃上"汤圆"。

元宵主要的一大特点是"闹"，所以要耍龙灯、舞狮子、踩高跷、跑旱船、扭秧歌等，民间的"百戏"内容，使民间文艺活动达到另一个高潮。"龙"是中华的图腾，中华民族崇尚龙，把龙作为吉祥的象征。正月十五舞龙灯，载歌载舞的喜气氛围，流传于很多地方。舞狮，又称"狮子舞""狮灯""舞狮子"，多在年节和喜庆活动中表演。

"猜灯谜"随县又叫"打灯谜"，是元宵节的又一项活动。每逢元宵节，各个地方都打出灯谜，好事者把谜语写在纸条上，贴在五光十色的彩灯上供人猜，猜中有奖，奖品自然是一些大吉大利的小物件，如卡片、挂件等，内容都是希望今年能喜气洋洋、平平安安。

元宵节还要"送花灯"和祭门户。"送花灯"简称为"送灯"，其实质意义就是送孩儿灯。即在元宵节前，娘家送花灯给新嫁女儿家，或一般亲友送给新婚不育之家，以求添丁吉兆，因为"灯"与"丁"谐音，表示希望女儿婚后吉星高照、早生贵子。古代有"七祭"，又称"七祀"，祭门、户是其中的两种。祭祀的方法是，把杨树枝插在门户上方，在盛有豆粥的碗里插上一双筷子，或者直接将酒肉放在门前。这种习俗在随县已经消失了。

第二节　月中节习俗

一、二月二

二月二传说是龙抬头的日子，也是二月节。民间传统认为，龙是吉祥之物，主管云雨，而农历"二月二"这天是龙欲升天的日子，便有了"二月二，龙抬头"之说。"龙抬头"指的是经过冬眠，百虫开始苏醒。民间有"二月二，龙抬头，蝎子、蜈蚣都露头"之说。

二月二是龙节，在这一天，民间过去都要焚香设供祭祀龙神，人们常用灶灰在地面上画一条龙，俗称引钱龙。引龙有两个目的：一是请龙回来，兴云布雨，祈求农业丰收，五谷丰登。二是龙为百虫之神，龙来了，百虫就躲起来，人体健康、消除虫害，对农作物生长也是有益的。有的地方民间还用面粉制作寿桃、牲畜，蒸熟后插在竹竿上，晚上再插在田间，认为这是供百虫之神和祭祀祖先的食品，祈求祖先驱赶虫灾，也希望百虫之神不要危害庄稼。

民俗里，人们选择在这一天剃头。旧时随县民间有"二月二龙抬头，男人剃龙头"的说法。一般情况下，男人都是在春节前理的发，到了二月二已经一个多月，正是需要剃头理发的时候。二月二龙抬头，是吉祥如意的日子，时间一长，就形成了二月二剃头的习俗。民间普遍认为在这一天剃头，会使人鸿运当头、福星高照，因此，民谚说"二月二剃龙头，一年都有精神头"。

随县民间二月二在饮食上也有一定的讲究。这一天的饮食多以龙为名，吃春饼名曰"吃龙鳞"，吃面条则是"扶龙须"，吃米饭名曰"吃龙子"，吃馄饨名曰"吃龙眼"，而吃饺子名曰"吃龙耳"。这一切都是为了唤醒龙王，祈求龙王保佑一年风调雨顺，获得好收成。

在随县民间，妇女们在二月二这一天不能做针线活，因为苍龙在这一天要抬头观望天下，使用针会刺伤龙的眼睛。妇女起床前，先念"二月二，龙抬头，龙不抬头我抬头"。起床后还要打着灯笼照房梁，边照边念"二月二，照房梁，蝎子蜈蚣无处藏"。有的地方这一天妇女要停止洗衣服，怕伤了龙皮。

二、清明节

中国人对先人的祭祀是道德信仰，是表达情感的诗意之举，是发自个体情感的感恩与缅怀。

随县人清明祭祖扫墓是以清明节那天为准，有"前三天不为早，后三天不为迟"的说法，算起来一共是七天，时间上足够充裕。清明节家家户户都带上香蜡纸炮上坟朝祖，也有不少人备有酒菜到坟头祭奠和野餐。清明这一天随县还有在门上插杨柳枝的习俗。过去农村人比较封建，那时有儿孙的家忌讳已出嫁之女回娘家上坟祭祖，女儿如果想尽一下孝心，需要将祭品先拿到兄嫂家里，由兄嫂家里的人带着去上坟。人们的忌讳是：回娘家上坟就等于诅咒"娘家没有后人了"。如果真正没有儿子、孙子，姑娘回娘家上坟才可以。这一陋习直到改革开放后，在国家提倡"一孩制"计划生育政策后才被逐渐破除。尽管如此，还是有一些地方、一部分人至今仍然延续着这种习俗，娘家有兄弟，出嫁的姑娘尽量不上坟。

随着科学的发展和时代的进步，清明节文明祭祖的形式越来越多，也日益得到人们的赞同和认可。这些形式包括：默哀，在先人陵墓前严肃地鞠一个躬，静静地默哀，表达对先人的缅怀之情和思念之意，既简单又庄重，不失为清明祭祖的一种简便易行的形式；改用植树的方式寄托对故人的哀思，更显得自然、高雅；清明节正是踏青的好时光，中国古代是农耕社会，人与自然高度合一，即便如此，也会常有"久在樊笼里，复得返自然"之叹，所以踏春也是过清明节的一项重要内容，这种踏青也叫春游，古代叫探春、寻春。其涵义，就是脚踏青草，在郊野游玩，观赏春色。

清明节是杨柳发芽抽绿的时间，民间有折柳、戴柳、插柳的习俗。人们踏青时顺手折下几枝柳条，可拿在手中把玩，也可编成帽子戴在头上，也可带回家插在门楣、屋檐上。谚语有"清明不戴柳，红颜成皓首""清明不戴柳，死后变黄狗"的说法，说明清明折柳在旧时是很普遍的习俗。据说柳枝具有辟邪的功用，那么插柳戴柳不仅是时尚的装饰，而且有祈福辟邪之效了。清明插柳也可能跟过去寒食节以柳枝乞取新火的习俗有关。今天看来，随意折取柳枝是对树木的一种损害，是不宜提倡的。

三、端午节

端是"开端""开始"的意思。初五可以称为端午。今天端午节的众多活动大多与纪念我国伟大的文学家屈原有关。

在随县民间，端午节又叫端阳节，还分为大端阳与小端阳，小端阳是农历五月初五，大端阳为农历五月十五。过端午节主要是指五月初五的"小端阳"，较为隆重，庆祝活动也很丰富，过去从早晨天蒙蒙亮开始，一直持续到正午才结束。比较普遍的活动有以下几种形式：

（一）赛龙舟

随县自古山多水少，赛龙舟在民间不多见，随东南少数地方曾经举办过。据记载，赛龙舟其实早在战国时代就有了。在急鼓声中划刻成龙形的独木舟，做竞渡游戏，以娱神与乐人，是祭仪中半宗教性、半娱乐性的节目。后来，赛龙舟就成了纪念屈原的活动，如今国家也将此定位一项体育运动。

过去在赛龙舟前，还要举行"龙头祭"传统仪式。有屈子祠的地方将"龙头"抬入屈子祠内，由运动员给龙头"上红"（披红带）后，主祭人宣读祭文，并为龙头"开光"（即点眼睛）。然后，参加祭龙的全体人员三鞠躬，龙头即被抬去江河，奔向龙舟赛场。

（二）端午吃粽子、咸蛋

端午节吃粽子，这是中国人最为普遍的传统习俗之一，随县当然也不例外。粽子由来已久，花样繁多。一般是前一天把粽子包好，夜间煮熟，早晨食用。煮粽子的锅里一定要煮鸡蛋，有条件的还要再煮些鸭蛋、鹅蛋，吃过蘸糖的甜粽之后，要再吃蘸盐的鸡蛋"压顶"。据说吃五月端午粽锅里的煮鸡蛋夏天不生疮；把粽子锅里煮的鸭蛋、鹅蛋放在正午时阳光下晒一会再吃，整个夏天不头痛。

（三）佩香囊

这一习俗随县20世纪六七十年代民间还曾有流传。端午节要给小孩子穿绣花鞋和新衣服，并用五色绸缎和花线给小孩子做粽子形和其他小动物形状的香囊佩挂在小孩身上，谓之"摆端"。小孩佩香囊，香囊里填充有雄黄、艾叶、花椒、胡椒等香料，有避邪驱瘟之功效。

（四）插艾蒿

艾，又名家艾、艾蒿。它的茎、叶都含有挥发性芳香油。民谚说："清明插柳，端午插艾。"在端午节，人们把插艾作为重要内容之一，家家都以艾条插于门楣，悬于堂中。艾蒿所产生的奇特芳香，可驱蚊蝇、虫蚁，净化空气。

（五）饮雄黄酒

雄黄是一种中药材，中医药书籍说雄黄能治百虫毒、虫兽伤，故民间有"饮了雄黄酒，百病都远走""带雄黄进山不怕蛇"等俗言。

（六）吃煮大蒜

大蒜是一种中药，味辛甘，能杀毒灭菌，熟食能清肠胃毒素，疏通血脉。端阳节早晨，随县的习俗是煮食新蒜头，以疏通血脉，消毒灭菌。

四、六月六

农历六月初六，这一天据说是全年太阳最毒的一天。民谚云："六月六，家家晒红绿"，"红绿"就是指五颜六色的各样衣服。六月初六日这天，翻箱倒柜，拿出衣物、鞋帽、被褥晾晒。据说这一天"晒衣衣不蛀，曝书书不蠹"。一晒可以一年之内不生蛆，不返潮。

随县民间有"六月六，百索子摞上屋"之说。相传天上的牛郎星和织女星被银河分割在两岸，一年中只有"七月初七"这一天可以相会。但在他们中间横阻着一条银河，没有渡船怎么办？所以六月六这一天，天下的儿童都要将端午节戴在手上的"百索子"摞上屋顶，让喜鹊衔去，在银河上架起一座像彩虹一样美丽的桥，以便牛郎和织女相会。百索子是百家线编织的手环，随县习俗：婴儿出生后，会找左邻右舍讨要各种颜色的棉线、丝线，编织成裤带、手环，给婴儿用上后能驱邪免灾。此处"百家"是泛指。

相传这一天还是"小白龙"回家的日子。因为"小白龙"犯了天条，被龙王父亲囚禁在很远的一个小岛上，失去了行动自由。在随县流传的是囚禁在一口深井里，或在一个深潭里。唯有六月六这一天，龙王恩准其回家探母。"小白龙"因探母心切，一路上昼夜兼程，带来了惊雷闪电，狂风暴雨，所以这一天晒衣物要防下雨。

因为此季节正是农作物害虫繁衍的时期，有的地方习惯称"六月六"为"虫王节"。随北的农家这一天还盛行做曲（发酵的酵母），大家认为用这一天的曲做米酒会格外甜，做出的醋特别酸，味道特别醇美。

六月初六日，随县民间亦称"牛羊节"，农历六月六要给牲口洗浴。这天，需要向牲口身上泼水洗浴、降温。请工的东家要设宴招待一次放牛马羊的人和犁田、赶车的那些使用牲口的工人。民间还有谚语："六月六，猫儿狗儿同洗浴。"此时已到仲夏，骄阳高照，为了防止家畜生虮虱人们在此日为猫、狗洗浴，有的农家则把猫、狗驱往河中洗澡。猫、狗在这一天嬉水，与小儿同乐，因此民间也称此为猫、狗的生日。

五、七夕节

农历七月初七为"七夕节"，随县民间也有人称之为乞巧节或女儿节。这是中国最具浪漫色彩的一个传统节日，也是姑娘们最为重视的日子。之所以还被称为乞巧节，是因为民间传说天上的牛郎和织女会在这天天河里相会。女儿家在这个充满浪漫气息的晚上，准备香袋，挑选上好的瓜果，对着天空的朗朗明月，摆上时令瓜果，朝天祭拜，向女神乞巧。

据说织女是一个美丽聪明、心灵手巧的仙女，凡间的妇女便在这一天晚上朝拜她，乞求天上的女神能赋予她们聪慧的心灵和灵巧的双手，让自己的针织女红技法娴熟，同时也少不了向她乞求爱情美满，祈求保佑自己婚姻上的真情与巧配。

当然世间也有无数有情男在这个晚上彻夜情思。过去婚姻对于女性来说是决定一生幸福与否的终身大事，所以，世间无数的有情男女都会在这个晚上，夜静时刻，对着星空祈祷自己的姻缘美满。

在每年的织女与牛郎在鹊桥相会之时，正值夏秋之夜，晴朗的天空繁星闪耀，一道白茫茫的银河横贯南北，在河的东西两岸，各有一颗闪亮的星星，隔河相望，遥遥相对，那就是牵牛星和织女星。随县民间有人将此事说得神乎其神，传言七月七日夜晚抬头可以看到牛郎织女的银河相会。如果在花椒树下就能看见牛郎织女的真身，或在瓜果架下可偷听到两人在天上相会时的脉脉情话。这一天一般要下几滴雨，人们说那是有情人久别重逢和依依惜别的悲泪。

随县民间过去有七月七去河里沐发的习俗，都说这天王母娘娘会向河里洒圣水，导致爱美的姑娘们天不亮就到河里去洗头发。因为是织女教会了人们织五彩绫罗，故女人们有向织女乞巧的习俗，具体做法是七月七夜对着月亮穿针，如穿得快，便乞到巧了。至今还有好多农历七月生的女孩取名巧珍、巧云、巧英、巧巧的。民间还有用脸盆接露水的习俗，传说七夕节时的露水是牛郎织女相会时的眼泪，如抹在眼上和手上，可使人眼明手巧。

六、七月半

农历七月十五，是随县民间俗称的鬼节。每年的这一天，人们都要为死去的亲人烧纸钱和祭祀。相传农历七月是"鬼月"，七月初一是"鬼门关"大开的日子，从七月初一鬼门关开启起，到三十日鬼门关关闭的日子里，阴间的无主孤魂都会跑到阳间，徘徊于任何人迹可到的地方找东西吃。所以人们纷纷在七月里以诵经作法等事举行普度以超度孤魂，恐防它们祸害社区，又或祈求鬼魂帮助治病和保佑家宅平安。

在过去的乡村，七月十五鬼节宜做的事情有：一是准备必要祭品，祭奠先人，因此天不便去坟场，故多在街边、十字路口以火灰在地上打个圈，对着亲人所在的方向留有一豁口，将买来的许多食物、祭品，如衣物、纸钱、香表冥钱和金元宝等，放于圈内焚烧。因为鬼魂平日被困住，不能四处流连，直到农历七月才可到阳间，所以后人要烧冥钱、金元宝给鬼魂使用，并且要预备一些人类最基本的食物供他们享用，让鬼魂有钱使之余也可饱肚。在主场地的旁边另烧一小份纸钱，供孤魂野鬼收用，避免他们抢夺被祭奠的先人们的钱财。二是要穿黄衣神光照耀，鬼节期间避免撞鬼，这段时间要尽量减少穿鲜红色的衣服，应多穿代表神光的黄色衣服，由于传闻人的肩膀及后脑有三盏"灯"，代表阳气，所以在鬼节期间，不要被人拍肩膀及后脑，以免将"灯"拍熄，招惹鬼魂。三是戴水晶玛瑙玉器挡煞辟邪。

随中一带还有"放焰口"习俗，从七月初一开始就要放焰口，放焰口是搭台设坛，像戏台一样，设有法案，法案上摆有供品，还要打鼓、钹、拜忏。请专门做法事的和尚与道人在台上主持烧香礼拜，诵《盂兰盆经》《心经》《大悲咒》《往生咒》等超度亡灵，祈福免灾。诵经声加上鼓乐声，十分热闹。放焰口一般是公众活动，地方组织可向各商家收一些钱，也有私人放的，由功德主把放焰口的人请到自己家门口放。

七月十五也是稻谷的节日，种田人要给稻谷过时节。稻谷生长在泥水里，民间有"大旱不过七月半"之说。一般农户多是在七月半到田边烧香磕头，为稻谷过生日，祈求上天赐雨，保佑当年有一个好收成。

七、中秋节

农历八月十五是我国传统的中秋佳节。中秋时节，天气转凉未寒，天高气爽，月朗中天，为圆月最美时令。

围绕着中秋节的圆月主题，自古以来形成了丰富多彩的节庆活动。随县民间既有与全国各地普遍相同的风俗习惯，又受地域、环境、物产影响，也有富有地域特色的吃月饼、赏月、赏桂花、猜灯谜等多种习俗。

吃月饼。中秋吃月饼，和端午吃粽子、元宵节吃汤圆一样，是我国民间的传统习俗，随县民间有个很广泛的传说为：元末朱洪武的人利用月饼来传递信息，号召各个村八月十五一起动手杀鞑子，从而拉开了反元序幕。这说明当时月饼已经走入寻常百姓家，是中秋佳节的必备食品。到了近代，有了专门制作月饼的作坊，月饼的制作更加精细，馅料考究，有豆沙的、果仁的、肉馅的。月饼也是中秋时节朋友间用来联络感情的重要礼物。月饼作为吉祥、团圆的象征，寄托着人们的美好愿望，吃月饼和送月饼的习俗至今仍然盛行。

赏月。秋高气爽，全年唯中秋的圆月最亮最美。在随县民间，中秋的晚饭一般都是等月亮出来后，在屋外的月光下摆放桌椅，于露天设案。每当中秋玉盘一般月亮缓缓升起，人们将月饼、石榴、枣子等瓜果供于桌案上。拜月后，合家团聚，围桌而坐，一边品尝美酒佳肴，一边窥探明月的奥妙，叙谈亲情佳事，温馨、和谐，情趣无限。儿童们更喜欢听嫦娥、玉兔、吴刚砍树的故事，后来演变为探索星空的奥秘。

赏桂花、饮桂花酒、玩花灯。随县也是桂花产地之一，人们经常在中秋时吃月饼赏桂花，食用桂花制作的各种食品，以糕点、糖果最为多见。中秋之夜，仰望着月中丹桂，闻着阵阵桂香，喝一杯桂花蜜酒，是节日一种美的享受。中秋没有像元宵节那样的大型灯会，过去随县玩灯主要只是在家庭、儿童之间进行。有的人将点着的灯放入水中，据说放水灯是为了驱邪，可以保佑小孩一年不溺水。中秋的花灯、彩灯有各种样式的，如：芝麻灯、蛋壳灯、稻草灯、鱼鳞灯、谷壳灯、瓜子灯及鸟兽花树灯等。

中秋节也有放天灯的习俗，"天灯"也叫"孔明灯"。恋人们买来孔明灯，点燃蜡烛，许下愿望，放升灯笼。家人们除了吃月饼、赏月、赏桂、拜月之外，八月十五这一天恰好是稻子成熟的时刻，过去各家都拜土地神，从时令上说，中秋是"秋收节"，春播夏种的谷物到了秋天就该收获了，自古人们便在这个季节饮酒舞蹈，喜气洋洋地庆祝丰收。

八、重阳节

农历九月初九为中国传统的重阳节。因此日两"九"相重，又称为"重九"。

重阳节活动很多，一大活动是登高。重阳节又叫"登高节"，所以这一天最主要的节日活动之一是登高。金秋九月，秋高气爽，这个季节登高望远可达到心旷神怡、健身祛病的目的。登高所到之处，没有统一的规定，一般是登高山、登高塔。

另一大活动是赏菊。其实登高与赏菊是一起进行的，随县一带山地多，野菊花漫山遍野，是菊花的故乡，为人们登山赏菊提供了先决条件。菊花，又叫黄花，属菊科，我国自古培种菊花就很普遍，山野更广。菊是长寿之花，又为文人们赞美为凌霜不屈的象征，所以人们爱它、赞它，故城市常举办大型的菊展。菊展自然多在重阳举行，因为菊与重阳关系太深了。因此，重阳节又称菊花节，而菊花又称九花。

由于重阳节为秋节，节后草木开始凋零，所以有人称重阳节的野游活动为"辞青"，与三月春游"踏青"之说相对应。

随县还有饮菊花酒、喝菊花茶的习惯。菊花是我国名花，也是长寿名花。在"霜降之时，唯此草盛茂"，由于菊的独特品性，菊成为生命力的象征。早在屈原笔下，就有"夕餐秋菊之落英"之句，说的就是服食菊花瓣。菊花酒，在过去被看做重阳必饮、祛灾祈福的"吉祥饮品"。

与登高相联系的有吃重阳糕的风俗。重阳节的饮食之风，除前所述的饮菊花酒、菊花茶，吃菊花食品之外，还有吃糕。糕与高谐音，吃糕是为了取吉祥之意。

九、十月一

在随县民间，十月初一与七月半一样，被称为"鬼节"，又称"祭祖节""寒衣节"。我国自古以来就有收新粮时祭祀祖宗之习俗，以示孝敬、不忘本。古人在十月初一用新收的谷物祭祀祖先。这一天的主要活动是祭祀祖先，有在路边祭，也有去坟墓的。十月初一，大约是冬天的第一天，人们担心在冥间的祖先缺衣少穿，因此，祭祀时除了食物、香烛、纸钱等一般供物外，还有冥衣。在祭祀时，人们把冥衣焚化给祖先，叫做"送寒衣"。

如果到墓地去，首先要清理墓碑和附近的灰尘、杂草及不洁之物，然后选好地方画个大圈，摆上供品、点上香烛，焚烧纸钱、寒衣，边烧边祷告，叙说一些家里的喜事与好事，让先人在那边安享太平。烧完寒衣后，鞠躬，静默，给先人致哀，灭掉香火，一起回家，烧的时间别忘记在圈的外面也要适当地烧上一点，送给附近的孤魂野鬼一些钱，以求他们能和自己的先人和平相处。

一般农家到了农历十月，麦子基本上都种完了，农田的所有活也都忙完了，重阳过后也没有什么节日了，正是农闲时。过去地主家的雇工都要回家。那时有"长工短工，十月一下工"之说。十月一之后，已出嫁之女都要回娘家小住。

十、腊八节

"腊八"在随县也称腊月节。随县的人们在这一天要喝"腊八粥"。

现在在随县民间，腊八粥的配料是依各人口味而定的，一般有大米、花生、红枣、绿豆、莲子等，其他辅料还可以选桂圆、山药、百合、枸杞子、薏米、小米、红豆等，将多种五谷杂粮放进一锅煮成粥，全家团聚一起食用。祭祀祖先也是其中一项内容。"腊八粥"可以合家团聚一起食用，也可以馈赠亲朋好友。

传说古时候一夫妻俩很懒，一年四季吃喝玩乐，父母去世后夫妻俩很快就把粮食吃完了。这年到了腊月初八，家里实在没有什么可吃的了，怎么办呢？丈夫找了一把小扫帚，媳妇拿来一个小簸箕，到以前盛粮食的大箱底、小仓缝里扫呀扫的，总算从板缝里扫来几把黄米粒，又从仓底里寻出一把红豆来，就这样，杂粮五谷各凑几把，将所有谷物放到锅里一齐煮起来。煮好后，夫妻俩吃起了这五谷杂粮凑合起来的粥，后悔不该在此前没有节约粮食、勤俭持家。这个故事为腊八粥注入了"传统教育"的内涵，为了吸取懒惰、浪费的教训，过去在吃腊八粥时，上辈人一般都是一边吃粥，一边将此故事讲给儿女听，教育他们千万要勤劳节俭。

吃腊八粥的意义，除了有上述许多意义外，还有温暖、圆满、和谐、吉祥、健康、合作、营养、淡泊、方便、感恩、结缘等意义。

第三章　家长里短

第一节　住宅风水

古人说："宅者，人之本，人者，以宅为家，居若安，即家代昌威。"所以，建屋盖房是家庭大事，在千百年来修建过程中形成了许多风俗习惯。这些风俗习惯在隋唐五代时期表现得相当充分，并具有自身的特点。

随县也一样。风水学上，房屋讲究后有靠山，远要见山。所以选择住宅地屋后有山为吉，背后是山洼为凶。倘若房屋建在斜坡之上，最好先平整基地后再下基。因为斜坡上的房屋居家易漏财。房屋位于急冲而下的斜坡、沟底，煞气太急太冲不吉，从风水角度论，地势平坦的房屋较为平稳。

屋的前方叫做"前朱雀"，又叫做"明堂"。很多风水师都会以窗前见水为明堂位，因为明堂水可使财运加强，前方有明堂为吉，如果前方有绿茵、平地、水池更是大吉大利。

住宅不能建在路、河的剪刀口上。如果路、河交叉而来，一上一下，形成如剪刀之势，位于剪刀口上的住宅其煞难挡。同时还要忌"箭煞"。屋后有河、路或尖角物状冲射住宅为"暗箭"。屋前有河、路或尖角物状冲射为"明箭"，如尖锐的墙角，屋脊，铁、木、石头等。背后遭箭冲，比正面箭冲危害更大，居于其中，常遭人暗算，对后代亦十分不利。古人撰《宅经》不主张建大宅，而主张"计口营造"，规模适度，不是越大越好，并且劝世人"不衰莫移"。提倡较为节俭的建筑风尚，反对奢靡、过分宽敞的建筑。

时代在前进，人类对自然界的认识也在不断深化，不需要拘泥于这些旧俗。

第二节　杀　年　猪

人们为过好年，早在一个多月前就开始筹备了，最重要的一项准备工作就是杀年猪。

在随县民间，杀年猪有许多讲究。杀年猪的时间大多选在冬月底腊月初的某个日子，这个时间天气寒冷，腌制的腊肉、香肠不易变质，离过年时间也较近。特别是小寒和大寒之间，更是杀过年猪的高潮期。这段时间气温最低，农家俗语称：大寒小寒，杀猪过年。

杀年猪首先是请屠户，随县民间叫杀猪匠，约定好时间，谈好报酬，屠户就会挑着一个椭圆形的大腰盆和一个装用具的篮子准时来到主人家。主人提前烧好几大锅开水，首先要请三到四个青壮年帮忙抓猪，俗称"扯猪腿"，也有称"扯猪尾巴"。接着是准备血盆，为了让猪血吃起来更加鲜嫩，先在血盆里加少量的水，放适量的盐，以及生姜、葱花等蘸料，然后将杀猪的放血条（长形状的条刀）横担在接血盆上，再在腰盆上放一扇门板。

几个青壮年一起进猪圈，七手八脚将肥猪拽出来，摁倒在腰盆上的门板上。猪头要对着房门，这叫红水朝家里流。此时主家人要亲自将准备好的血盆端来，摆放在猪头前方的猪颈下方，用来接猪血，这叫"递刀"，因为杀猪毕竟是害命的，杀猪匠怕害命太多担当不起罪责，主人"递刀"罪责就不是他的了。杀猪匠从颈脖部一刀猛刺入猪心肺，白刀子进，红刀子喷出。如果血随刀喷射而出，叫"满堂红"，为大吉，主人高兴。

接着，杀猪匠用铁杖，通遍猪的全身，再用嘴使劲吹气，边吹边用木棒在猪身上抽打，待猪身渐渐胀大，再将其放进圆形的木腰盆，用滚烫的开水烫猪毛，杀猪匠用刨子刨、浮石砸（浮石是在火山口捡拾的岩浆表层固体，有很多气泡孔，质量轻而坚硬，适合褪毛）。不一会儿，一头大肥猪就被刨得干干净净、光秃秃白里透着红。讲究一点的人家，待杀猪匠割下猪头后会要求沿猪颈部再割一块圆形肉，叫"下项圈"，再将猪头和猪尾巴放在一起敬神，

主人家便要烧三炷香，燃放一挂鞭炮，祭祀土地神，以求来年猪长得更肥，也有人说是打发那些孤魂野鬼，不要来骚扰杀猪。这项仪式现在基本上消失了。

然后是沿着猪背用刀割开一道很深的缝隙，叫"开边"，开边后用铁钩子将猪身倒挂起来，人们称作"吊边"，再开膛，清理猪内脏，把猪分割成两半边。用秤"吊边"，吊一边就知道另一边重量。最后，杀猪匠按照主人的要求，将"吊边"后的猪身分割成或大或小的肉块。

在杀猪匠动刀前，主人或杀猪匠会让小孩子尽量回避，不让他们看到杀猪血腥的场面，以免孩子受到惊吓，晚上做噩梦。

杀完猪以后，接下来便是邀请扯猪腿的、亲戚、邻居和杀猪匠一起喝"猪血汤"，又叫"血花汤"。对于乡下人来说，一年到头能杀一头年猪是件大事，同时也是件高兴的事，这象征着当年的丰收，象征着能过一个好年。说是喝猪血汤，实际上就是邀请周边的亲朋邻居来家里吃顿饭。菜的主要内容是猪肉，有炒猪肝、炒瘦肉片、红烧肉等，饭是米饭。当然，还有鸡鸭鱼什么的。因餐桌上必定有新鲜猪血这道菜，所以把这顿饭称为"喝猪血汤"。

"喝猪血汤"既为联络感情，也是表示庆贺之意，由此可见乡间民风之淳朴。

第三节　乔　　迁

新房子落成，或购得新房，搬迁入户也叫"新屋进伙"，或"落新屋"，是件喜庆之事。亲友一般要前往恭贺乔迁之喜，主家要摆酒请客，随县土话也叫"暖锅底"。关于"乔迁之喜"的说法来历，可追本溯源到我国流传至今最早的诗歌总集《诗经》。《诗经·小雅·伐木》云："伐木丁丁，鸟鸣嘤嘤，出自幽谷，迁于乔木。"原意是"鸟儿飞离深谷，迁到高大的树木上去"。因此，"乔迁之喜"，大有"鸟择良木而栖，人择吉地而居"的意味。乔迁既然是喜事，自然也免不了一些宜忌，久而久之就形成了许多乔迁习俗。

按照老的习俗，乔迁一定要择良辰吉日，先得在新居门上贴好红对联，门头上挂红布大花，大门顶挂一条大红布，称之为"门红"，还要挂大红灯笼，叫张灯结彩。堂厅的四角上香拜祭，俗称拜四方神，然后在厅堂的中央拜祭一次。入住前需要将原家里的米桶装半桶米，并放上红包，买10个新碗、10个盘子、10个汤匙、10个味碟、10双筷子，还适当买一些具有象征意义的食物如：红萝卜、青菜、大蒜、汤圆、红枣、豆腐、红豆、油、盐、酱、红糖等，这些东西所代表的含义总之是吉祥、如意、健康、发财等，以便将吉祥带到新家。

搬家出旧屋时，要烧一炉旺火带到新屋，称之为"旺种"，不能叫"火种"，因为"火"与"祸"同音。也叫走时带火，来时入火。随南称作"过烟火"，意思是告诉列祖列宗在天之灵，某家要迁新居了，请祖先们跟随烟火气到新家，继续享受祭祀。所有家具神柜为大，最先搬神柜进新居，入门时要鸣放鞭炮。说法是放炮可以驱走恶鬼，保佑新宅安宁。这种说法虽然有些迷信成分，不过鸣放鞭炮求吉利，希望新日子红红火火，这种追求也无可厚非。在乔迁新居时放鞭炮、烧香，不只是为了祈福，还为了安慰土地公公。因为新家占了土地公公的"地盘"，所以就在房间的每个角落烧香，让他老人家享受香火供奉。由此可见，乔迁新居无论是燃放爆竹还是焚香供奉，都与民间根深蒂固的传统神鬼观念不无关联。

先将神柜在堂屋正上方安位，在神柜上安奉祖先神位，主人焚香供奉，再将带来的火炉拿到新灶屋升火，最少要燃起一把火，就算新屋烧火冒烟了。其他的物品依照风水和生活需要摆设。进新门时，主人双手打开门，一边踏进屋一边说吉利的话："双脚踏进来，富贵带进来"，以及"华堂吉庆！玉室生辉！房房富贵！世代昌辉！财丁兴旺！人才辈出！"等一类的祝词。

入住当天大家要心平气和，切不可生气，骂人，还要讲吉利的话，做吉利的事。

在随县民间，出嫁的姑娘与兄弟、公婆分家单过，娘家亲戚要上门看望，也叫"暖锅底"或"添仓"，礼物多是带一袋谷物，叫"布袋头"，或一定数量的钱。

第四节　人际交往

人际交往泛指人们在社会交往活动过程中形成的应共同遵守的行为规范和准则。具体表现为礼节、礼貌、仪式、仪表等。

一、宾客礼

在随州民间，一般情况下自己一家人在家吃饭不讲究太多礼仪，有"家无常礼"之说。请客待客，外出做客，必须有一些讲究。待客，家里要先整理房间，整饰衣着，备齐用品，提前等候。做客者赴宴要准时，赴宴前应修整仪容以及装束，力求整洁大方。主人迎客要出门，出迎远近根据客人尊贵程度。见面热情迎接，叫"稀客"。若有他人在场，应予相互介绍。进屋先让座敬烟。上茶时茶不要倒太满，以七八分满为宜，应以右手端茶，从客人的右方奉上，茶杯应放在客人右手的前方。当宾主边谈边饮时，要及时续茶，体现对宾客的敬重。

入席前先请客人按长、尊顺序洗手。宴席排位时，客人要听从主人安排。关于座次，在随中、随南地区把座位分为上座和下座，下座在背对门一方，上座在脸对门一方。随北则是从上到下，左大右小依次排列。上座通常坐长者或贵宾，下座为身份、地位较低者，自己、本家坐在左右两边座的位子。入座时，客人要从椅子左边进入，坐姿要端正，不要长时间低头，餐桌与身体保持一定距离。入座后不要立即动筷子，得等主人打招呼，方可开始进食。动筷先请客人、长者。如果主人为你夹菜，要说谢谢。吃东西时要文雅，闭嘴，细嚼，慢咽。不要发出声音或呕嘴、掏牙。剔牙时用另一只手把嘴巴遮住。嘴内有食物时，切勿讲话。当主人起身敬酒时，应暂停进餐，注意倾听。碰杯时，主人和主宾先碰。人多时可同时举杯示意，不一定碰杯。如果要给客人或长辈夹菜，最好用公用筷子，或将自己的筷子倒个头，也可以把离客人或长辈远的菜肴转送到他们跟前。如果同桌有领导、老人、客人的话，每当上来一个新菜时，都要请他们先动筷子。

"客走主人安"，没有要事不要长时间逗留。客人起身告辞时，要向主人表示"多谢""打扰"之感谢和歉意。出门后，回身主动伸手与主人握别，说"请留步"。待主人留步后，走几步，再回首挥手致意"再见"。

客人告辞时，主人要挽留，送客一定要起身送出门，相送远近要根据客人尊贵程度。一般都要送到大门外，道别后应挥手致意，目送客人远去。

二、宴席礼

随县民间的年节客宴也有许多规矩和讲究。

一般情况下，来了多年不见的贵客，新女婿新年第一次上门要隆重招待，要先排一桌糖果、糕点、水果、瓜子之类的干盘，然后才上筵席，筵席要做"四大头"，或八大扣碗。便饭只讲究方便实惠，不讲场面气氛，一般只适合没有外姓亲戚的本家人，或舅舅招待外甥。

过去民间都是四方桌，摆放桌子不能将桌子的板缝直对上首的神柜方向。上首方的左边为首席，这是尊、贵、长、老等主要客人坐的位置，上首右边为次席，坐此位置为陪客，多是次于主客、本家有一定地位和头面的人。其次按照客人的地位与身份，右边上首为三席、左边上首为四席，右边下首为五席、左边下首为六席，背对着门的下方(也就是上席的对面)是七、八席。

随南一带讲究上下席，他们习惯将上边的一方和背对着门的下方(也就是上席的对面)让给客人坐。随县城关镇一带过去招待较尊贵的客人时采用"合席"，所谓"合席"即此席置于客堂中间，只坐六人，开饭前喝茶时，主客和陪客分别坐下席的左右，上席空着，待八盘四暖锅上齐后，知客即请贵客移步就位，这样坐在下席的两个客人站起来，右边的客人从左边走八步，到陪客的位置，左边的主客从右边走八步，到主客的位置，双方的步子不能太大也不能太小，不能快也不能慢，否则让人笑话。

本家和亲戚中坐首席的名次是，母亲娘家的爷爷奶奶、外公外婆，舅舅、舅妈和姨父姨妈从大到小。有了岳父母后，岳父母虽然与舅舅是平辈，但岳父母的一些亲戚是新亲，要放在舅舅同辈之先，上一辈也一样。如果是舅舅一家与岳父一家同一筵席，而且都是该坐首席的人，选其中一个最长者坐首席就算代表了，如果有一个外姓客，那个外客必然是首席或二席，本姓家族人除外。座席中，只要有一个外姓亲戚本姓都属于主人家，是为客人服务的主人，那么无论年纪有多大，辈分有多长，都得让外姓客人坐首席。

席面上上菜是很有讲究的，一般主菜(大肉、鸡、鱼等)放在上首，红薯、鸡蛋不能摆在主客面前，以免"拄红薯"(方言为：给人难堪)和"吃了滚蛋"。客人坐定后，首先上的是餐具(汤匙、筷子)。下席坐的陪客可先把餐具放在自己的面前，等菜上到了一定数量，主客发话："大家随便""不必太拘礼"，陪客才可动用。宴席上一般不会首先上汤，上了一多半菜后才可上汤，还有人讲究先鱼后鸡子，叫龙头凤尾，中间如果客人需要离席休息、上厕所等，需要洗手洗脸再入席。

敬酒要有序，敬酒前一定要看好被敬酒的人，按尊贵顺序，分清主次。一般情况下敬酒应以年龄大小、职位高低、宾主身份，基本也就是席位上的座次为序。有时候遇到不熟悉的人坐在一席，如果首席上是自己的本家、兄弟或在一起较多的好友，可以先敬陌生的客人，要先打听一下身份或是留意别人如何称呼。这一点心中要有数，避免出现尴尬或伤感情的局面。如果在场有更高身份或年长的人，则不应只对自己喜好的人毕恭毕敬，必须先给尊者长者敬酒，不然会使大家都很难为情。

劝酒也一样，"烟劝熟人，酒劝外人"，同桌如果有外姓亲戚，本姓可以不相互敬酒、劝酒，对于外姓亲戚是一定要敬酒的，而且本姓人会联合起来劝外姓客人喝酒，直至劝醉方休。

做客的人在席间，不可歪坐斜靠，或将腿脚伸到桌凳上，筷子要对准自己的心窝摆放，杯碗都要摆放整齐，尽量不要将饭菜漏掉在桌上，尽量不要与人贴耳小声私语，给别人一种神秘感，让人产生就你俩好的嫉妒心理，影响喝酒的氛围。

三、行走礼

"行如风"就是用风行水上来形容轻快自然的步态。正确的走姿是：轻而稳，胸要挺，头要抬，肩放松，两眼平视，面带微笑，自然摆臂。基本要求是轻盈、快捷，不能拖泥带水。注意：两人以上的人在公众场合行走，切忌勾肩搭背。走路、进门都要靠一边走，忌讳占中，显得没礼貌，切记"让人路自己才有路走"。走路不能过快过慢，忽快忽慢，不要大甩双臂、左摇右摆，给人以轻浮、不稳重的感觉。向他人问路时，宜主动到距对方适当的距离内，根据对方年龄、性别等特征恰当地予以尊称，先对打扰对方表示歉意，然后清晰简明地问路径。得到答复后，表示谢意。如对方不清楚或不确定，也应表示谢意。

站立时，应"站如松"，做到身体与地面垂直，重心放在两个前脚掌上，挺胸、收腹、抬头、双肩放松。双腿不能叉开过大。不然的话，甚是不雅，双脚不能随意乱动。不能表现出自由散漫之态。

坐姿：入座时要轻柔和缓，起坐要端庄稳重，坐姿应该腰背挺直，肩放松。女性应两膝并拢；男性膝部可分开一些，但不要过大。双手自然放在膝盖或椅子扶手上，不可猛起猛坐。

四、交谈礼

言谈作为一门艺术，也是个人礼仪的一个重要组成部分。交谈时态度要诚恳、亲切；声音大小要适宜，语调要平和沉稳，尊重他人。用语要敬，多用表示尊敬和礼貌的词语，如"请""谢谢""对不起"。初次见面为"久仰"，很久不见为"久违"，请人批评为"指教"，麻烦别人称"打扰"，求给方便为"借光"，托人办事为"拜托"。要努力养成使用敬语的习惯。

五、见面礼

过去拱手礼多于握手礼，拱手多是左手在上，右手在下，两手握成拱手，举平下巴向对方行礼。与他人握手时，注视对方，微笑致意，不可戴帽子和手套与人握手。握手也讲究一定的顺序：一般讲究"尊者决定"，晚辈、未婚者、职位低者方可伸出手去呼应。若一个人要与许多人握手，顺序是先长辈后晚辈，先上级后下级。

鞠躬礼，意即弯身行礼，是对他人敬佩的一种礼节方式。鞠躬前双眼礼貌地注视对方，以表尊重的诚意。鞠躬时必须立正、脱帽，嘴里不能吃任何东西。

致意礼，是一种不出声的问候礼节，常用于相识的人在社交场合打招呼。在社交场合里，人们往往采用招手致意、欠身致意、脱帽致意等形式来表达友善之意。

第四章 民间禁忌

第一节 过年的禁忌

大年三十，女主人要把来不及做完的针线活，像衣服鞋袜之类，要在三十晚上12点前赶紧完工，一来家人过年要穿；二来因为初一到初三不准动剪子和针，三十晚上要把这些用具收起来。过年还有一件要紧的事，就是叮嘱家人特别是小孩子千万不要说鬼、死、背时、折本之类不吉利的话。说到折本的"折"，随县人非常忌讳，舌头叫赚头，姓佘说姓赚，因折、舌、佘同音。若是小孩无意间说"完了""去了""没有了"或"鬼""死"等不吉利之话，大人赶忙训斥"胡说""掌嘴"！然后再以"童言无忌"化解。什么话都尽量朝吉祥处说，比喻喝酒或喝茶喝够了，一定要说"喝有了"，千万不能说我"不喝了"或"喝够了"，因为随县话"喝"与"活"同音。水烧开时不能说"滚了，开了"，要说"发了"。过年吉祥和祝福最重要。

过年除了贴对联和门神外，还要写好多竖写的四字签子，贴在堂屋的墙上，如人口清吉、百无禁忌、老少平安、万事如意等；贴在外面的有：出方大利，出门大发；院子里有：满院春光；厨房的是：烟火长春，小心灯火；鸡笼上是：鸡鸭成群，六畜兴旺。切记过年不仅仅是家人，鸡狗和所有动植物都有年。

大年三十，禁忌去贴了对联的人家讨债。按照习俗，贴了对联和门神，在来年初一出天方之前，外人是不能进门的。旧时候很多外出躲债的穷人，到三十中午回家早早贴上春联和门神，等到债主赶来要债，发现门上已经贴了对联和门神，也只有等来年了。

乡间拜年还有个规矩，一定要在上午拜年，除了特殊情况外（如路远路上耽误了），下午去拜年是很不礼貌的。随县的老规矩就是，只要没有过十五（元宵节）都可以拜年，即"冇过十五都是年"。随南山区居住分散，可以从早到晚拜年。现在交通便利，车辆增多，可以节省很多在路上的时间了。

第二节　婚俗的禁忌

一、出嫁时间的禁忌

出嫁的时间要尽量避开这三个月份：三月、六月和七月。传统习俗认为在农历六月完婚的新娘又称"半月妻"，因为六月是整年的一半，六月新娘即等于半个新娘，相当于有前无后，夫妇婚后容易离异。

倘若家中突然有直系亲属辞世，那么该年均不宜办喜事也不宜婚姻登记，否则是"生入死出"冲犯。另外农历的三月和七月是鬼魂多出没的日子。对长辈来说，以上这几个特殊月份完婚兆头都不太好，所以要尽量避开。

二、新娘出家的规矩

新郎到新娘家中迎娶新娘，新娘离家时应喜极而泣，且哭得越快，越大声越好，这叫留下"水头"旺女家，有越哭越发之意。

喜饼是喜气的象征，分发喜饼的习俗意在分享新婚的喜悦，并将新婚喜讯由喜饼传达给每一位亲友。在过大礼时，男方送来的喜饼新娘切记不可吃，因为这意味着把自己的喜气吃了，是应该注意忌讳的。

新娘子结婚当天所穿的所有礼服、婚纱、鞋子等都应是全新的，且礼服避免有口袋，因口袋多会带走娘家财运，所以最好选择无口袋的。

新娘手中捧的花忌选生花，生花容易枯萎，婚事讳之。如若要选，最好选择连招花和石榴。连招花其状意喻闺女出嫁，石榴意喻多子多孙。

三、上香的禁忌

很多传统家庭在嫁女之时都会在祖先或神灵供桌前告祭上香，女方除了要供奉礼饼，还要注意上香时，尽量不要将香头插歪，假如歪了，也不要将香拔出、再插一次，因为二次上香有再婚的意思，对于初婚的新人来说是不吉利的。

四、迎亲与进门的禁忌

如若在迎亲途中遇上另一队迎娶车队，这情况叫"喜冲喜"，会抵消彼此的福分，所以必须互放鞭炮，或由双方媒人交换事先预备好的花朵来化解。如若在迎亲途中遇上出殡的棺材，人们要喊几声"遇财""碰财"，亡人为大，可让他们先行，但不能发喜糖、喜烟给他们。

当新娘步入男家时，孕妇和守孝之人要尽量回避，以防相冲。新娘进男方家门时，如有门槛，要跨过去，还要小心不要踩到新郎的鞋子。

五、房里的禁忌

安新床后到新婚前夜，洞房不能空，一般是两个牵娘子与未成年的小孩一同压新床，否则犯了睡空床的禁忌。

安新床时要把床置放正位，不要与桌子衣橱或任何物件的尖角相对。新床也需放置一些吉利好兆头的物品在床上，例如百合、红枣、莲子，意喻百年好合，早生贵子等。

六、新人忌说"再见"

婚礼结束亲友离去时，新人与亲友都不可以说"再见"，因为"再见"二字有分手与离别的含义。所以新人在送宾客时，应该以点头示意，或挥手送别即可。新婚的四个月内也禁止参加任何的婚丧喜庆。

七、新娘忌串门

新娘子蜜月里不许到亲友家串门的禁忌是自古流传下来的。因为一般人对蜜月里的新娘都有一种忌讳心理，这种不祥一直持续到一月之后方能消除，所以新娘在蜜月里不可串门。尤其是一些有老人在的亲友家，应该格外注意不要在蜜月期去拜访。

第三节　日常生活中的其他讲究

灶房禁忌　厨房内的灶门最好不要朝北，炉灶门的火不能照着水缸，为水火不容。若炉灶摆放位置与水缸或水龙头呈曲尺型（L型），则可避免水火冲射，亦符合风水之道。忌在厨房内洗涤衣服，洗衣机和洗过的衣服不可放在厨房。厨房视为灶君之所在，十分神圣，灶君会很不高兴。

房子忌讳　自家的房子"宁可给人停丧，不能给人成双"。外人或来走动的亲朋，夫妻俩、情人是绝对不能让他们睡在一个床上的。人们认为男女房事是肮脏的，若夫妻睡在别人家的一个屋里，这家的主人就要遭灾。还有，逢年过节敬祖宗或第二天要到庙里去烧香，头天晚上夫妻俩也不能过性生活，否则，会视作不洁。

财不外露　过去的人忌讳夸富，一般人家有多少钱财是不能让人知道的。外人如果说谁家在哪里发了财，有多少多少钱，如同挖祖坟、骂祖宗一样让人恼怒。旧社会世道不安宁，有钱财如果让人知道，就会招人嫉妒，被贼人惦记，引来土匪抢劫。

另外，旧时乡间还有其他一些讲究，如：房子不能借给别人夫妻同宿和生孩子；家里来客不要往外走，一定要陪着客人；上了年纪的人走亲戚不要住宿，太远尽量不要去；穿着丧服不能进出别人的房子；端午节这天，新嫁出去的女儿要回娘家过节；夫妻吵架，劝合不劝离；夫妻床上不能放三个枕头；不要在别人家里吵架，更不要在别人家里哭；女人不要在长辈面前穿得太暴露；长辈说话，当晚辈的不要插嘴；打狗要看主人；寿不送钟，丧不后补；嫁出去的女儿，坐月子不能在娘家坐；不要在客人面前扫地；白事不请自来，红事不请不去；招待客人，不能摆 3 道菜；茶七饭八酒十分，茶满欺客，酒满敬客；不能大新年去别人家借东西，尤其不能借钱；出嫁的女儿不能在娘家过年；探望病人和老人，不要下午去；公公不能和儿媳妇开玩笑，不能进儿媳妇的房间；大伯不能跟兄弟媳妇开玩笑，不能进弟媳妇的房间；吃饭时，不能用筷子敲碗；男人不能在寡妇门前逗留，容易被人误会；小辈起名要避开长辈名字中的字；吃饭时，不能把筷子插到饭上；不能冲坟或在寺庙撒尿；大年初一不能扫地，不能倒垃圾；参加葬礼，别穿一身红衣服；女人在月经期内，不要参加别人家的婚礼和葬礼；不能在家院子里种桑树、松柏；屁股不能坐在枕头上；屋和院子里进了蛇，不要伤害其性命；上公共厕所的时候，如果发现没有写男女，就在门口咳嗽几声，没有人回答，再进去；房檐上的燕子窝不能捅破；白事不能发红包；吃饭的时候不要叹气、不要伸懒腰；过年的时候不要向别人借火。这些民俗禁忌，有的有道理，有的只是一种演绎或估计，没有科学依据，只是流传至今而已。

第五章　生岁婚葬习俗

第一节　生 岁 习 俗

人生的典礼是生命里程的一个个驿站，对于成长中的生命来说，生命礼典带来的是新鲜、希望和兴奋。而对于成熟的生命个体而言，生命礼典则如同冬日暖阳，和瑞，温暖，也如同茫茫雨夜里，疲惫路人的歇脚驿站。到了当代，社会将生命礼仪进一步异化了，很多仪式表达的传统意义正在被彻底颠覆，而逐渐演变成为积累财富、涵养人脉、编织社会网络的工具，这是值得反思的地方。

一、诞生

小孩一出生，先用洗净的旧布块把小孩包起来。最好选用先辈人上衣的后衣襟，热时用单，冷时用棉。若事先为小孩准备胎衣，也最好用旧布做衣服、寻别人家的旧衣服，都说这样小孩好养活、长命。其实科学道理是旧衣服软和、光滑，不会伤到婴儿柔嫩的皮肤。然后再把婴儿的小乳房挤一挤，否则乳头凹陷会造成女孩将来发痒、胀痛；男孩会长成凹乳样子，也会发生胀痛。有的还把脐血加黄酒让产妇喝下去以便催乳。产妇头两天一般不宜吃肉类，为了加强产妇的营养且便于消化吸收，荷包鸡蛋、红糖、面籽、面条是主要饮食。用黑山楂熬黄酒喝，可以减轻产后子宫收缩时的疼痛。三天一定要为产妇炖黄老母鸡，如果 3~5 天产妇的奶水还不能下来或很少，家人就要在老母鸡汤里加蜂糖，猪蹄炖穿山甲等，目的是催奶。

从小孩出生到"满月"这期间，生小孩人家的钱、粮、物件均不外借和外出。凡来看望小孩者，须先在客厅歇息后，才可到产房去看小孩母子。据说是来者行路劳累，应先歇息一下。其实主要是怕来者带有风，因坐月子的人最怕"张风"落病，不利于小孩母子的健康。为了避免"踩奶"（回奶），来月经的女人或孕妇一个月内是绝对不能进产房的，最好不让身有异味的人进入产房，尤其是花椒气味极易"踩奶"。一个月内产妇是绝对不能迈进别人家门槛的。过去医疗卫生条件有限，坐月子期间产房的门窗紧闭，产妇衣着整齐，甚至裤脚还要用带子扎紧。有的产妇甚至一个月不出产房。

二、三朝礼

三朝礼是孩子出生三日之后举行的礼仪。通常情况下，人们会在澡盆里放入喜蛋、金银首饰等物品以求吉利。洗婴儿用的水也很有讲究，通常多是用艾叶熬水，加入一些中草药。给小孩洗澡时，也有亲友拿银钱、喜果之类的东西，往洗澡盆里搁，叫作"添盆"。洗婆根据亲友所投物品不同，口念不同的吉祥话：若搁枣儿、花生，就说"早立子儿，早子花生"；若搁莲子，就说连生贵子。

洗完后，有的还用葱在孩子身上拍打三下，取聪（葱）明伶俐之意。为了避免婴儿生疮疖，还要用喜蛋滚摩婴儿的头顶。

三、百日礼

过百日的习俗至少在宋代已经流行。俗语道"一个月红孩儿，两个月毛孩儿，三个月看孩儿"，说明婴儿长到三个多月时更惹人喜爱。宋人孟元老《东京梦华录·育子》载："生子百日置会，谓之百晬，至来岁生日，谓之周晬。""晬"为视，百晬，即"百日看孩儿"之时，指庆贺婴儿满百日、周岁而举行的礼仪宴会。

孩子一百天要送娘娘。为孩子祀祖、送娘娘，是希望孩子健康成长，以及将来有美好前程，大富大贵，这些都离不开娘娘和祖宗保佑。据说孩子12岁以内全靠三位娘娘保佑，一位是送子娘娘，一位是护子娘娘，一位是偷子娘娘。所以娘娘殿一般都敬奉着三位娘娘，中间一位正襟而坐，右边一位怀抱小孩，左边一位手撑头面打瞌睡。去娘娘殿烧香许愿，就是感谢送子娘娘为本家送子，祈祷护子娘娘保佑孩子成长，许愿偷子娘娘永远打瞌睡。

小儿如体弱多病，或家长怕孩子将来不长寿，百日时要用百分银铸锁套在颈部。这百分银还要聚百家钱来置办，名"百家锁"。富户可通过大宴宾朋，接受众人贺礼，来获得百家之钱；而一般人家只能在邻里挨户乞讨钱粮，表示给孩子吃"百家饭"，或到每家乞讨一根线，绉佩于项上，曰"百家线"。民间认为孩子吃了百家饭或佩戴了百家线可以长命百岁。父母期望孩子健康成长，认为这需要托大家的福，托大家的福就要吃百家饭、穿百家衣，又称"百岁衣"。

四、周岁

这一天的小寿星穿戴打扮非常漂亮，头戴老虎帽，脚穿老虎鞋（属鸡、属羊和姓杨的孩子忌穿戴老虎头鞋帽），特别是"周岁鞋"制作精美，寓意深长，绣老虎头寓意老虎厉害，可以辟邪，也有绣"葱"和"菱"形图案的，其意是祈愿孩子日后聪明，会算（蒜）和玲（菱）珑乖巧。孩子身穿新衣服，从里到外，从头到脚都是崭新的，这套行头多是外婆送的。前来祝贺的亲戚朋友们抢着抱小寿星，小寿星这一天从早到晚手不沾土，脚不沾地，无论何时何地都有亲戚朋友们抱在怀里。其意思是宝宝长大后跳出农门，财源滚滚，天天有人侍从。

周岁这一天首先要为孩子送娘娘。送了娘娘就该到八仙桌上去"抓周"了。八仙桌上摆着书、笔、算盘、印章、秤、尺、剪刀、玩具等，任小孩自由抓取，以此预测小孩日后的前途、性格、志向和兴趣。普通人家的"抓周"活动是事先准备一个特大的米筛，里面放着许多件物品，有书、印章、文房四宝、算盘、秤、钱币、食品（多为熟鸡蛋、水果、糖果）、玩具、弓箭、放牛的鞭子等。如果是女孩，则放些剪刀、尺、针线、玩具、脂粉钗环、食品之类。后来不管男孩女孩，抓周时想放什么都行。接着让宝宝坐在米筛中央，让宝宝任意抓取，以此预测宝宝将来会选择的行业与命运。

五、十二岁

在中国人的纪年法里，十二年为一个轮回，人的属相也是十二个，一个人从生下来那天起到十二岁，整整过了十二年，十二个属相一个轮回，就等于画了一生的第一个圆。圆，是因果，是圆满。

孩子到了12岁，要举行圆锁仪式，亦称开锁，是家长用一种喜庆的隆重仪式，将孩子的十二岁生日演绎成人生的一个重要过程。仪式其实很简单，就是摘掉百日时或出生时佩戴的长命锁。

要说"开锁"，先得补充一下"挂锁"。其实"挂锁"并不一定必须在孩子百日，第一次挂锁子的时间也可以在孩子出生后的第一个农历六月初一。所谓的"锁子"，其实是用红绳拴住的两枚铜钱。如果决定孩子这一天挂锁，最好要给孩子认个干妈，干妈大多都选灶王奶奶，以求她能保佑孩子。

开锁主持人一般由被开锁人的舅舅担任，舅舅的谐音是"救救"，意思是希望舅舅可以救孩子的命，让其脱离苦海，从此可以健康成长。主持人用钥匙打开事先挂在孩子锁在脖子上的锁链，项上应该还有十二层红布围裹的标记，一年一层，主持人边开锁边口里念着："长大了，开窍了，一定有出息"等吉祥语词。

六、做寿

寿诞礼是每当生日时举行的人生礼仪，人的一生要重复好多次，故又根据年龄和性别的不同而有所差异。寿诞礼是专一为 50 岁以上老人举行的庆祝生日仪式，俗称"做寿""做生日"，一般指十年一次的大生日。孩子 12 岁以内每年的生日，由上辈人、外公外婆或舅父舅母送米粉和衣物鞋帽以示庆贺。中、青年生日，一般都不请客庆贺。俗谚"不三不四"，讲的就是二十、三十、四十不庆寿，逢这样的年庚，吃饭时只将酒菜搞丰盛一些，或吃碗长寿面而已，现在已经简单到买个生日蛋糕，点上一定数量的小蜡烛，生日者一口吹灭，一家人聚一起吃顿饭就行了。

做寿必须具备一定条件，遵循一些规定，不能随便乱做。关于做寿需要的条件，第一个条件是年满 50 岁以上，50 岁以下者不能做寿；第二个条件是要有儿或者有孙，一般是由儿、孙辈为长辈做寿，不能自己为自己做寿；第三个条件是父母已经去世，无论什么人只要父母有一个健在，哪怕自己到了 60 岁，也不能做寿，即所谓"尊亲在，不敢言老"。

寿典一般是逢十的诞生日举行，且对整十的寿辰有特定的称谓：100 岁称上寿，80 岁称中寿，60 岁称下寿。做寿男女有别。所谓男做"上"，民间算寿岁认虚岁，寿男就是做虚岁，"做九不做十"，如 50 岁的寿庆在 49 岁的生日做，60 岁的寿庆在 59 岁的生日做，以此类推。女的则恰恰相反，要做"满"不做虚，只有满了 50 岁、60 岁，才能做，即所谓"男不做十，女不做九"。

第二节　婚嫁习俗

人生的礼仪如同生命历程中赋予诗意的结点，从表面上看，礼仪有无数约束人的清规戒律，它承接了上一段生命历程，又开启了新的人生里程。神圣的生命礼仪几乎贯穿了人的整个生命过程。这个过程从一个新生命的诞生开始，至生命的逝去还没有结束，中间经过了成长、成年、婚姻、亡故等诸多环节。

一、说媒

随县在 1949 年以前有多种婚嫁形式，男女双方不相识，到适婚年龄便会有媒人上门说亲，然后由父母决定，这是最普遍的一种形式。男大当婚，女大当嫁。结婚可是人生的第一件大事，对青年男女来说，更是决定一生命运的事情。从提亲到迎娶须"六礼之周，好合二姓之好"。六礼即：纳采(备礼求婚)，问名(问女方姓名、生属)，纳吉(占凶吉、合八字)，纳征(送聘礼)，请期(商定婚期)，迎亲。

媒人说媒多了自然形成"专业"媒人，这种女人乡间叫媒婆，媒婆说媒是要明确报酬的，也可以托付亲戚、朋友、邻居等充当"业余"媒人，也可以是有一定身份、地位的男人说媒、保媒，叫"月老"。请媒人要选"全福"之人，所谓"全福"就是夫妻双全，有儿女的人。请媒人要尽量请人缘好、身份重，能说会道也很重要，所以才有"选亲不如择媒"之说，这是关系到亲事成功与否的关键。

通过媒人或多方了解，如果男女双方的家人都能对上眼，就要查年庚、合"八字"，看"命相"合不合。要合"八字"，需要先将男女双方的"生辰八字"相互告知对方，这就有了"过帖"的习俗。"过帖"又名传庚、传帖。过帖就是两家把孩子出生的年、月、日、时辰的干支八个字传给对方，请阴阳先生或算命先生，看八字是否相合，再决定能否定亲。

"八字"合婚除属相外，还涉及五行。五行指金、木、水、火、土五种物质，五行之间有相生相克的关系，即木生火，火生土，土生金，金生水，水生木；水克火，火克金，金克木，木克土，土克水。古人认为，每一个人的命运都与五行有关，或是木命，或是金命，可以根据"生辰八字"推算出来。合婚时的男女命相，宜相生，忌相克。

二、订婚

双方愿意，八字相合，接着又要请媒人过去，征得对方家同意后，便决定什么时候男方设法见一下女方，也就是女方来男方上门相亲。相亲是在媒人介绍的基础上，男女双方通过走访会面，互相更进一步审视人品、察看家况的重要一步骤。随县民间俗称"看家"。古时这一习俗并不多见，男女之间的彼此了解主要依靠媒妁之言。若男方欲想对女方进一步探个究竟，往往采用"偷看"方式。偷看多由父母、尊长出面，或趁女子外出之机，悄悄跟踪窥视；或隐瞒真实身份，以讨水喝、借用具或借口买猪、买牛等，前往女方家中暗暗观察，旁敲侧击。那时候一般人都忌讳自己的女儿被对方看到，如果男方偷看被发觉，女方认为很失体面，婚事可能产生麻烦。

男方上门相亲后，如果双方感觉都满意，女方一定要到男家上门。这一步也算是订婚，因为上过门，亲事就算定下了。过去上门女子自己本人不能去，只由尊长出面。

新中国成立后破除"四旧"，提倡移风易俗，女子才能跟着长辈去婆家上门，并渐渐成为主角。女子上门一定选吉日的上午，主要是察看男方的家庭情况，如家庭成员、环境、房屋、摆设等，也可以进一步了解男子的相貌、才能、人品、性格等。男家要设宴款待来宾并赠予礼品。无论成否，吃了午饭都要走，不可留宿。临走时，男方会拿出很丰厚的礼品作为订婚礼。20 世纪 80 年代后，人们对物质条件的要求越来越高，主要是注重男方的能力及经济水平，礼品也更讲究一些，多是女孩的衣服、用具、食品、金钱等。礼品的数量一定是双的，如：衣服两套、鞋两双、酒两瓶、银元两块（或人民币两百）等。女方如果愿意，就接下礼品，此门亲事就算定下了。

订婚后男方要向女方送礼，女方也要为男方做一些事情，最少是结婚前女方要给未来的丈夫做一双鞋。这双鞋别人不能帮忙，一针一线都不能动，叫一心一意，否则以后会不吉利。

三、娶亲

男女两家在婚期定了以后，要提前半个月左右向所有的亲戚朋友下帖子。特别是男方，因为是大喜事，必须要恭请所有亲朋，尤其是父辈和新郎的舅、姑、姨、外公等重要亲戚，必须上门送喜帖，否则别人不但不来参加婚礼，而且事后还会找上门来，轻者会说"小看他送不起礼""人穷攀不上你家高门""不想认我穷亲戚了"一些牢骚话，重者还会为此打骂上门，反目成仇的都有。

娶媳妇为大喜事，随县民间办结婚喜事都需要三天的三次宴席，婚期前一天中午为请人席；新姑娘到的当天中午为正期正席，这一天最最隆重，当然要大摆筵席；洞房花烛的第二天早晨还有个拜茶席。这三天中有待客、送礼、搬嫁妆、接新娘等许多工作，需要大量的人力，本家，亲戚、邻居、朋友，或请，或主动上门来帮忙。帮忙的人由于正期那天忙于婚礼和招待客人，没有机会坐酒席，需要预先一步，这就有了请人席，有的地方也叫"上马饭"。

请人席这一天要贴好对联、安放家具、整理被褥、铺床等。请人席在结婚正期的头一天中午举行。这一天最大的任务是煮肉、切菜、准备三天的筵席原料，同时还要准备待客的桌椅、茶杯、酒杯、碗碟之类。

请人首先要请知客和记账先生，知客是整个娶亲活动的主角儿，要替主人安排婚礼程序和客人的席位，张罗一切事务。记账先生负责收礼并记账。

请的人中要有两个牵引新娘子的妇女，俗称"牵娘子"，应请两个年轻点的女子，要求婚姻美满、儿女双全。"牵娘子"不能是怀孕者，有重孝在身、有过二次婚姻、丧夫的女人万万不可。

请人席的当天下午，也是新郎新娘洞房花烛夜前一天下午，有个婚礼程序：请人铺床。铺床实为布置新房，因以铺床为重，故叫做"铺婚床"。随州乡间多半是请迎接新娘的牵娘子给新郎新娘铺床。此举，意在家族亲人为新婚夫妇创建、设计一个美满、平安、幸福的做爱环境。

铺床有很多讲究：床板上首先铺上稻草。一来随县是稻米产区，稻草甚多；二来稻草柔软保暖，可与现在的弹簧床垫媲美；三是稻草预示五谷丰登，还有稻草牵连性强，寓意夫妻相牵、代代相牵。铺稻草时要在床头床尾和四个床角放一些萝卜、南瓜、苹果等瓜果类，预示早有结果，多子多福。放红筷子，意喻快生贵子。稻草铺好后开始朝稻草上撒枣子、花生、糖果，意寓早生子，每撒一把枣子花生还要喊一些吉利话、祝福词，叫"喊彩"。

辞家宴是女方家的出嫁酒席，时间是在男方"请人席"（上马饭）的那天晚饭。女方的晚宴要招待媒人、女方亲友、为新娘开脸的人，还有男家来送礼物的人。席面大概与男方的差不多。所谓"酒过三巡，菜过五味"，到上第六碗圆子的时候，出嫁的准新娘就要给端菜的人、厨子包红包，乡间叫"封子"，厨子的是大封子，端菜的是小封子，送完封子后，准新娘就要提前下席回房。旧时候当准新娘前几天不敢大胆吃喝，一是怕晕轿，再就是怕路上解手不方便。

随县民间婚嫁中的迎娶，就是新郎这一边派人去迎接新娘，时间是正期当天的一大早。男方家一边安排媒人带上中人、新郎、挑礼物的人以及抬嫁妆的"喜杠"等，与车或花轿一起，放鞭炮、吹喇叭，一起去娶亲，一定要赶在太阳出山之前到女家；如果路远，可先一天到女方家，或附近找旅店住一晚。

过去有"抬头嫁姑娘，低头娶媳妇"之说，去女方娶亲要将早已准备好的过家礼物带上，如对子鹅、对子鱼、两个羊胯子、两大块猪肉、糕点之类和新姑娘上花轿时穿的云肩吊子（类似凤冠霞帔），有的还要抬礼盒。也有路远的，经过协商把礼物折合成钱送过来的。同时还要包封子（红包），封子有大（钱多的）有小（钱少的），什么时候、什么地方怎么给都事先安排好，多备无忧。

去的人数一般为 5、7、11、15 单数，以便娶回新娘时为 6、8 或 12、16 双数等吉利数字。到达女方家门时先点燃一挂鞭炮，女方听到鞭炮声立马将大门闩上，将来娶亲的男方人士堵在门外。需要新郎喊妈、叫爹才开门，这样就算正式改口了，同时还要拿红包打发堵门人，表现得好了，门才能开。

娶亲时，女方的亲戚、邻居会撵着给来娶亲的人们脸上抹红，新郎官除外。抹红表示欢喜的同时，也有给男方一点"颜色"的意思，告诉来人不要小瞧了娘家人，不得亏待了自己的姑娘。抹红的人越多，红抹得越多，气氛越热闹，越说明新娘家村子里的人缘好，越说明村里的人喜欢、欢迎新客人。如果没有人或抹红的人少，就说这家人缘差，人情淡，不但家里人脸上无光，而且新娘也感觉无颜面，无意思。

四、婚礼

花轿到了，拦完车马以后，由牵娘子扶着新娘从铺的红地毯上走进门，据说新姑娘没进门以前脚不能踩地。不铺地毯的话得由新郎将新娘背或抱进洞房。新郎官抱着新娘朝洞房走时，两个牵娘子会在他的脚前一个接一个铺换麻袋，边铺嘴里边唱："背新娘踏麻袋，一代接一代。"无论天气热冷，洞房里应该放有一个大火盆，进门后新郎官将新娘子放在火边，叫"跑火""红红火火"。

洞房里是红烛高照。新娘一到新房，立刻就会有一小孩端来一盆洗脸水，意思是洗去娘家的风尘，从此成为夫家的人了。新娘洗脸后要给小孩一个小红包。同时也会有小孩送茶水来，新娘同样要给小孩一个小红包。

接着是在牵娘子的主持下新郎新娘喝交杯酒，也可以以茶代酒叫交杯茶。新人同坐一条凳，牵娘子端来两杯茶，新郎新娘各接一杯挽着胳膊，就是新郎新娘从对方的胳膊穿过来端杯子喝茶。先喝一小半，再由牵娘子将两杯茶合倒在一个杯子里，然后再分成两半，新郎新娘再各接一个茶杯，还是挽着胳膊将分来的半杯茶水一饮而尽。这就是喝交杯酒，叫合卺之礼。喝交杯茶、交杯酒都是两人两杯相互交换着你喝一口，我喝一口，意思是相互关心，相互爱护等，还象征吉祥如意，顺心顺意，一帆风顺。

接着是拜堂，知客喊一拜天地！新郎新娘面对家里的神柜跪下磕三个头，意寓拜祖宗，再转身面朝门外跪下磕三个头意寓拜皇天；知客喊二拜高堂！新郎新娘面对父母跪下磕三个头，知客喊夫妻对拜！新郎新娘向左向右转，相互面对面跪下。随县的风俗是，夫妻对拜的时候，谁鞠躬鞠得越深，说明谁爱对方爱得越深。一鞠躬，谢谢你选择了我。再鞠躬，白头偕老。三鞠躬，永结同心。

在随县乡间，男女结婚，按照风俗要喝"闹房酒"，以表达喜庆气氛，这是千百年的老传统。人们说："人越闹越旺，家越闹越发财。"所以，在乡里举行婚礼，喝"闹房酒"是必走的一道重要程序。一般情况下，新郎、新娘第一次结婚（也叫娃娃夫妻）一定要走这道程序，若一方"有婚史"则不需要。随南未出嫁的女孩称青头姑娘(戴着青色的头巾)，已婚的女性称为白头姑娘(戴着白色的头巾)。

"闹房酒"时间是在娶回新娘的当天晚上。吃过晚饭后，主家会再备一桌酒席，这桌酒席用两张方桌并起来放到堂屋里，必是十道菜，十个人坐，意思为"十全十美"，也叫"吃十全"。新娘由牵新娘子陪同坐在堂屋里的上席上，这是新娘一生第一次在自己家里坐上席。

十道菜讲究的是：枣子、花生不可少，然后是头碗鸡子二碗鱼，三碗跟着腊肉皮……

十个人也是有讲究的，一般都是男方的老表、姐夫及平辈的亲戚朋友。新郎、新娘坐主席，其他八个男人必须是没有离过婚，没有丧过偶，而且都有小孩。另外还有两个牵引新娘的"牵娘子"站在新娘两旁为她保驾护航。当"牵娘子"必须是没有离过婚、丧过偶的女人，有儿女的女人。其他人无论辈分和社会角色，都可以在四周助阵，闹气氛，也叫哄热闹，因为"三天无大小"。

拜客席在随县有的地方称为"拜堂饭""拜茶席"，新娘要拜见公婆和所有的亲戚。此俗与《随州志》所载"质明，妇庙见，拜舅姑……其次遍拜诸族党"之俗相差无二，皆为先成亲、后拜堂。拜堂饭之后亲朋一般都散去，婚礼至此方结束。

翌日晨起，在昨晚喝闹房酒的桌子上再摆些花生、瓜子、糕点、果品之类，大家坐在桌子周围。由于此时只喝茶，不吃饭喝酒，所以也叫拜茶席。拜客是有讲究的：先拜外族的亲戚，再拜长辈，之后拜平辈，晚辈可以不拜。

第三节　白　喜　事

每一个人生都是历经跋涉艰辛的生命个体，由起步时对生命的憧憬转化为深切感悟，再回望走过之路，心中无不充满着回味与感慨。无论是如风的少年还是老成的中年，或者是安详的长者，生命典礼都会给人心底增加一份温和的滋养和温情的抚慰。

一、寿终正寝

(一)烧落气纸

丧葬文化既有与众相同的一面，也有地方特色。在随县民间，人们认为人的生、婚、死是三大喜事，生、婚为红喜事，死为白喜事，所以才有"红白喜事"之说。

过去，人们都对五殿阎君、鬼魂、生死簿之说坚信不疑，认为人死是阎王爷在生死簿上把名字勾了，叫催命鬼来把魂拿走了。所以大多数人认为：人死只是肉体死了，灵魂依然与活人一样，因此才有"阴阳隔张纸"之说，也因此随县民间说亲人亡故习惯回避"死"字，称之为"走了""回去了"，或说"阎王老子叫去了""享福去了"。

人在久病医治不愈即将撒手人寰（夭折者例外）之时，家人都要把最亲的人和儿孙叫到身边，日夜相守，以便聆听亲人遗训和为亲人送终。据说人在临死时身边如果没有人送终，下辈子就一定是个孤人。如果有准备，时间又来得及，亲属要为他穿戴好内外新衣。否则，就是"光着身子走了"，亲属会感到十分遗憾和内疚。在病人咽气前，要在病人房中、院落、大门点燃"佛灯"，意为亡魂一时进入阴间，双目不能适应黑暗，点着冥灯可以让亡魂顺利走上黄泉之路。

亡人在弥留之际，也就是咽下最后一口气前，家人要在堂屋的地面铺上稻草，为其设灵床。男的靠左边墙，女的靠右墙，稻草上放好被子后，再把人从床上移到堂屋的灵床上，头朝向门外，守护他度过生命的最后时刻，这叫做"挺丧"。断气以后，要用被单将尸体盖住，再以布或火纸将亡人的脸遮盖。一般人家堂屋的神柜上方为家神的位置，要用簸箕之类的器物将家神遮住。有的地方家里人还要在死者的嘴里放上一枚铜钱，这叫做"含口钱"。然后烧一把纸，放一挂鞭，这就叫"烧落气纸"。

（二）入殓

沐浴后下一步该是入殓，入殓有"小殓"和"大殓"之分。小敛是指为死者穿衣服，也叫穿寿衣，大殓则是下葬。

入殓时，丧家要把家里的鸡狗之类的动物看好。因为民间以为猫或其他动物靠近尸体，会引发诈尸。尸体会跳起来，死死抱住活人或其他什么东西不放。这些传说，实属迷信，无非是要利用这一禁忌，提醒孝眷谨慎看守尸体、灵柩，精心尽孝，不得轻待死去的人。

亡人的寿衣和被子忌讳用缎子，因为"缎子"谐音"断子"。寿衣又忌讳用皮毛制作。兽皮，虽然是难得的贵物，但是对于已经死去的人没有益处，留下来对生者倒还可以有用。还有一种说法是，用兽皮做寿衣的话，死者来世会转生为兽类的。另外一种说法是从"全尸"考虑的，说是恐怕人尸与兽革混杂一处而不能辨别。寿衣还忌讳用带"洋"字的布料，寿衣是给去世的人穿的，带洋字的布料会使寿衣带有"阳"的意思，对于在阴间的死者不吉。

"小殓"之后该"大殓"了。"大殓"是指亡人入棺，"归大屋"，也叫进财(材)。归了大屋就意味着死者与世隔绝，与亲人最后一别，所以举行大殓仪式比较隆重。

二、搭望乡台

亡人入殓后，孝家需要在屋门口的树干上以孝布捆扎包裹着黄表纸的包包，名曰"搭望乡台"。为什么要"搭望乡台"？古人说人到阴间需要走十三站，走出了黄泉路便上了第三站——望乡台。

老话说，魂到望乡台，远望家乡回不来。据说望乡台是一个高高的石台，亡灵唯在台上才可回头瞻望，台上书有"望乡台"三个赤红大字。亡灵走到了望乡台，几乎就没有还魂的可能了。没有经历过生离死别的人，是永远不明白这种撕心裂肺的痛苦的，劝君多一些宽容，善待家人、朋友。

到亡人第三天的"三朝"时，需要将为他搭的纸"望乡台"烧掉，这就是烧望乡台。

三、开土(也称破土)

下葬墓穴必不可少，首先要挖棺材穴，乡间叫做"打井"。打井是由"大班子"完成，"大班子"就是抬灵柩的人，也叫抬重人。打井准备就绪后，需要祭祀开土方可动工。孝子烧香点烛行开土礼。有的地方还要请地仙，画个太岁，开山的时候要避开太岁的方向，不然就是"太岁头上动土"，丧家就会遭受祸害。开土的时候要在做墓穴的地方前后打两个杨桩，然后让孝子在打木桩的范围内用挖锄先挖三锄。

接着大班子就过来打井，打好之后再把太岁的画像烧掉，点一把火纸沿墓穴烧一周叫燎墓。在墓穴的底部放一双亡人生前穿过的旧鞋。

四、停丧

(一)坐夜

出殡的前一天中午就要开始款待孝客与帮忙的人，这天晚上众亲属要为亡者守夜，随县叫"坐夜"，重要亲人都应该守在灵堂。

过去这天晚上还要请和尚、道士。和尚念经、改过、超度，祝愿亡人早升天界。道士开五方大路，据说不开路死者的灵魂就会留在家里，开五方大路以求四通八达，让死者的灵魂无论从哪个方向都能顺利到达阴间。请和尚道士要根据家庭的经济条件，富裕人家请的多，场面大，贫苦人家请的少，场面小。

有名望的士绅和家庭还要请礼仪先生写读祭文。相当于现在的致悼词，同时还有过奈何桥，唱挽歌、孝歌及其他一些礼仪活动。

守灵晚上过奈何桥古时候也叫牵桥、过桥、过奈何桥。据古书记载："奈河"是地狱中的河名，其水皆血，腥秽不可近。因河上有桥，供新来的亡魂走过，故名"奈河桥"。桥险窄光滑，有日游神、夜游神日夜把守。桥下血河里虫蛇满布，波涛翻滚，腥风扑面。民间传说：人死后灵魂进入阴间时都要过奈何桥，善者有神佛护佑顺利过桥，恶者被打入血河受罪。所以人们为了让自己的亲人能顺利走过奈何桥，就有了这个"过桥"的仪式。随县旧时端公、道士、和尚要为女性亡人诵唱"血湖经"，以便亡人能顺利过桥，因为女性在生前操持厨房时动刀杀生、切割各类肉食等，犯有"杀生罪行"。此举至今仍有流行。

（二）孝歌

在随县这一带的民间，亡人过世，特别是坐夜的晚上要唱孝歌。乡间的人们认为人的生、婚、死是三大喜事，死对于去的人是归天享福去了，属喜，要热热闹闹，而对于生者是生离死别，属悲，要悲哭哀号。怎样才能把悲和喜融为一体？聪明的艺人发明了孝歌——用悲调唱苦戏，述儿女情长。

孝歌班一般是三至五人组成，每人拿一件鼓、锣、钹、小锣等响器。来亡者之家首先是开歌锣，也可以说是为亡人开路。夜深人静时，所有孝子孝孙们都随唱者一起来村外，在路口点上纸，燃上炮，宣布歌锣开始。这时唱者开始叫点子，喊唱一声打一下锣鼓，边喊唱往回走两步，这就叫开歌锣（开路）。

唱者边唱边打边三步一停，五步一顿，随着他说唱的节奏走，后边是亡者的子女，亦步态凝重，神情肃穆。紧随其后的，往往长子居其前，手拄着哭丧棒，三步一叩，五步一跪，围着棺木转，徐徐绕行，每转到灵位时在化纸盆里添两张纸钱磕一个头。

请罢诸神，进入孝门，孝歌要哀悼亡者，劝慰孝家节哀。在锣鼓烘托着的歌声中，死亡被艺术化了，成了庆典。

五、出殡

（一）封梓口

从死者咽气到出殡，一般都要停放 2~3 天，称"排三"。富家为闹排场或等待远离家乡的儿女，停灵待殡有排五、排七者。

坐夜到拂晓，众人简单吃点早饭准备出殡。出殡之日亲友都要赶到。首先要举行盖棺封钉仪式，乡人称封梓口。封梓口也有很多仪式：抬重的大班子要把棺材盖抬下来，拿掉蒙脸纸，让亲人们最后看一眼死者的遗容，亲人们要大声哀哭，眼泪还不能滴进棺材，还要将死者的一些衣服和生前他所心爱之物放到棺材里，注意，衣服的扣子都要拆下来，还要扯下一件衣服的后衣襟，叫"留后"。棺内还要用弹过的棉花将棺材里的空间塞满。因弹过的棉花发起的堆头大，预示"发财"。

尸体、殉葬物安置妥当，等亲人看罢最后一眼，然后就盖上棺材盖，接着要钉棺盖。民间称为"镇钉"。镇钉一般要用三个很大的铁钉，最好是三个抓钉，男的左边钉两个，右边钉一个；女人反过来右边钉两个，左边钉一个。俗称"子孙钉"，据说这样能够使后代子孙兴旺发达。有的地方还讲究用儿媳的头发缠绕棺钉，头发随钉钉入棺盖，这叫作"挽钉"，以示前人牵后人，后继有人，代代相连不断代。封棺钉的锤响时，孝子趴在棺材下喊"爸（妈）躲钉呀""不要怕"。其他亲人也会以各自的称呼跟着喊。

封了梓口该起灵出殡了，准备出殡时，先要在门口的路上放两条板凳，事先需要四个人两人一组扯开两匹白布或床单，将门两边的门框遮掩。搬开供桌，将供品收在一个箩筐里，由专人负责随灵柩带到坟地，等安葬完毕再供奉在坟前。灵前烧纸的火盆叫"老盆"，由长孝子抱出门摔碎，叫"摔盆"，无儿者可由过继人、上门女婿或最亲的侄子摔盆。"摔盆"与"打幡"是传人的标志，必须由法定继承人完成，也有兄弟姐妹多的，怕引起矛盾，将"老盆"带到坟地烧纸祭奠时使用。

（二）下葬

民间的习俗认为，人死后的灵魂随时可能从坟墓里跑出来，跟着活人回家。所以灵柩抬到墓地，所有的人都加快脚步，与抬灵柩的人一起绕墓坑三周，告知亡灵到新家了，再将灵柩停在墓坑前。然后大班子的人要用绳子丈量棺木长度和宽度，再以同样的方式丈量一下墓坑的长度和宽度，如果墓坑不足以容下棺木，现场要扩大墓坑，即使不需要扩大，也要再挖几下，叫做洗墓坑。最后在前端和尾端各留两堆横线状的碎土，叫作筑灰匣，以便棺木落土后抽掉绳索。

此时参与送葬的道士念念有词，通知土地爷此地已由亡人购买，焚烧买地的手续，也有刻在砖石上放入墓穴的。然后杀一只大公鸡，将鸡血滴在墓穴中，驱除穴中各种秽物。

接下来的环节就是下葬了。这是死者停留在世间的最后一刻，一般都非常郑重其事。

灵柩落到墓坑之后，在棺首放上一个装着大米的瓦罐，以一块烙馍封口，叫做"葬事罐"。接着大班子要用最快的速度封土，直至看不见棺木才可以稍息一下，这叫掩棺。此时送葬的亲友们就可以原路返回了。

（三）复三

出殡后的第三天凌晨，家人和亲戚还要到坟上复山。孝子孝女穿孝服，到墓前烧纸祭奠，给坟墓培土，俗称"复三"，也有"复山"说。复山时要带上挖土装土的用具，要备办火纸、鞭炮、香蜡，要将死者生前的一些衣物带到坟前焚烧，还要备办酒、菜、供馍等，祭奠死者后，这些食物再由大家分享。有老人说过去复山一定要在夜里鸡子叫以前到坟上去，鸡子叫了就看不到死者的灵魂了。到了墓地先在坟顶上点一根蜡烛，复山的人就要藏起来，据说这时死者的灵魂就会出现。

六、祭奠

烧七　丧事办完后接着就是烧七，随县民间也叫"烧期"。从人死之日算起，每七天为一个"七"，每七天为一个祭日，称为"头七""二七""三七""四七""五七""六七""末七"，共计49天。民间传说人有三魂七魄，死后七天去一魄，七满魄尽；一年去一魂，三年魂尽。所以要过"七期"、过周年和三周年。

过五期　人死到阴间，一共要过七重阎罗殿，到第五重阎罗殿时是"五七"共三十五天。这一天是大期，叫"过五殿"，就是人们常说的"烧五期"，也有人叫"做五期"或"犯五七"。"五期"以后的大期就是烧百日，祭周年，三周年。至于后来的五周年祭、十周年祭亦是新时期兴起的新做法。

烧百日　旧俗称人死后要烧七日、烧百日、烧周年，是因为一般七日、百日、周年阴间的鬼魂都是在各个殿堂受审核的时候。据说满百日时，亡人已经到了供养阁，既然供养，就需要钱物，所以需要设供，烧更多的纸钱，大事祭奠。孝子烧的纸钱、烧的衣物、上的供品亡人都存储在供养阁，类似阴间的邮局或物资中转站，专门负责将孝子烧来的供养品传递给他的亲人。

新香　新香是随县民间特有的风俗。家里有老人去世，需要烧新香，是"亡人为大"观念的延伸。烧新香时间在第二年的正月初一，烧新香时无论长辈、晚辈早晨起来不要去其他人家，都要先来孝家给亡人拜年。来时要带香蜡纸炮，在贴着白对联的孝门前烧纸放炮，也有的直接到亡人坟前祭奠，然后直接回到孝家接受招待。如果孝家有特殊情况在五期、百日已经出了灵，过年没有贴白对联，就不要烧新香。

烧周年　人死后满一周年，称为"头周年"，这天也称"忌日"。祭奠仪式较"烧七"和"百日"要宏大一些，孝子要穿白戴孝，先在家祭奠，再到坟上烧纸，俗称"烧周年"。古代称为"小祥"。第二个周年叫"大祥"，也要去坟地致祭。

按照随县民间过去的传统，在人死后的一年时，不但要办较大的祭祀活动，还需要再给死者做一次道场。

三年满　三年内孝子和女眷要穿孝服，父母死为重孝，子女穿孝三年，祖父母死后，穿灰色衣服一年。孝期内不能穿艳丽的衣服，不得婚娶，春节丧主家门上只贴绿纸或黄纸对联，字用白色颜料书写，忌用红纸。每遇岁节，要到灵前或坟上祭奠，每季新粮成熟，也要先收回一些做成熟食，供在灵前，让父母的亡魂"尝新"。三年孝满时，叫"三年满"，说明死者在阴间的一切事情完满结束，从此，以上的规矩、戒律都可减免了，死者的子女也可以脱去孝服，改换平常衣着了。所以三周年为行释服礼，俗称"除服"，也有的地方叫"脱服"或"除孝"。

随南在三年内还有一项经常性的重要仪式——"叫饭"，即每顿就餐时为亡人盛一碗米饭，一双筷子，夹一些菜肴，请亡人用餐。然后把筷子插在饭菜中间，几分钟后家人方可用餐。这也是"亡人为大""视死如生"观念的延伸，也是餐饮礼仪中为何不能把筷子直插碗中的原因。

三周年的祭祀活动称为"除灵"，亲友齐聚，将供奉在家里的灵位、灵屋等供物和包袱(包着纸钱的纸包，正面写有收件人、寄件人的姓名，有规定的格式)送到墓地焚化。意味亡灵的完整仪式结束，一切回归正常。随着现代社会生活节奏的加快，现在也有一年就除灵的。

第六章　随县花鼓戏

随州花鼓戏早期为府河花鼓（它是西路花鼓和北路花鼓的综合体），也叫地花鼓、花鼓子、花鼓戏等，1956 年成立专业剧团，定名为随县花鼓戏。1984 年撤销随县建制，统称随州，故改名为随州花鼓戏，是随州特有的戏曲剧种，据传已有 170 余年的历史。其演唱声腔分为"蛮调""奋调""梁山调""彩调"四大曲牌，主要流传在随州和周边的钟祥、京山、枣阳、襄樊、应山及河南省桐柏县、信阳等地。它具有浓郁的地方色彩和独特的艺术风格，是各路花鼓戏中一个较为别致的流派，已作为地方剧种编入《中国戏曲曲艺辞典》，并列入《中国文艺年鉴》。

根据老艺人口头传说，最初的花鼓戏是一些民间艺人身背一个圆形小鼓，边打、边舞、边唱民间小调，走村串乡，作为乞讨谋生的手段，群众称之为"打花鼓的"。从单人打鼓卖唱，到一人打鼓一人敲锣，二人轮流演唱，给人们唱些"还愿"戏，名曰"打锣鼓"，逐步发展到三五人，或七八人的大阵势。逢年过节，这些艺人们踩着高跷，划着旱船，在旷地或稻场演唱一些带故事情节的小戏，一人歌唱，众人帮腔，也有用锣鼓伴奏接腔的，人们叫它"地花鼓"。后来，经艺人们长期实践和不断努力，其才逐渐走上舞台，即所谓"上门板"（用门板搭起的简易舞台）、"搭高台"。根据早期班社及艺人师承关系推算，随州花鼓戏的形成，当不晚于清朝道光年间（1840 年左右）。

大约 1830 年，花鼓戏就已经有四大声腔调式和表演形式。由于随州花鼓戏艺人经常与汉剧、河南梆子、越调等剧种艺人搭班唱戏，随州花鼓戏广泛吸收了多种声腔和演唱方法，并通过艺人的不断加工创新，在长期演唱生涯中不断兼容、加工和改进，使南北迥然不同的演唱艺术风格归统于随州花鼓戏的声腔之中，又结合随州地方的发声和演唱特点，形成了现有的花鼓戏剧种。

清末至民国初，随州花鼓戏已逐渐兴盛。据花鼓艺人李福元、杜洪山提供的资料，1852 年左右，随北天河口举办"火神庙会"，不好请戏班唱戏，头人便筹钱购置了一批服饰衣箱，组织一些艺人成立花鼓戏班。因火神爷名叫严训，故名"严训班"。那时所演出的剧目，已经有了所谓"四""四蛮""四调"（艺人们称之为老"十二个半本"）的剧目（每"半本"为一台戏）。可见随州花鼓戏在"严训班"时代，已趋成熟。

从此随州花鼓戏逐渐兴盛，相继出现了四大门班(又名顺风班)，具体是：淅河的彭马、罗银戏班，高城的杜永义(人称杜矮子)、余篾匠戏班等，并涌现出彭马、罗银、杜永义、杜洪山、李福元等一批较有影响的职业艺人。

随州花鼓戏表演艺术取材于当地生活元素，擅长表演一些唱、做生活小戏，无"皇帝"出场是随州花鼓戏剧目的独特之处，如确属剧情需要，也只是在幕后搭腔。演出剧目从一人演唱的独角戏，小旦、小丑两人小戏，小旦、小生、小丑三人小戏，逐渐发展到六根台柱，即：小生、小旦、小丑、二旦、青衣、老生六个行当。

曾经的花旦、青衣代表艺人罗银，嗓音好，表演真实感人，表情动人、在扮演《打裁缝》女主角鞭打裁缝时，做功到位，"脚站得稳、眼瞅得准、鞭打得响，身上又不疼"(被打者)。当时流传有两句顺口溜："看了罗银戏，回家不怄气。"聂太金在《血汗衫》剧中扮演陈氏，在表演一口把碗咬破时，碗破嘴却丝毫未损，感情真挚，技艺高超。李福元15岁拜师学艺，半年后登台演出。17岁时，在河南省桐柏县八里畈和王庄等地演出，观众把戏院围墙挤倒了，因而一举成名。在唱腔方面他总结出20个字的演唱经验：音准板稳，唱清吐明，快慢起煞，低声托起，高声远应。

稍后的花鼓戏班为"太平班"。大约在清光绪年间，河南泌阳有"呔二黄"班子到随北一带演出。演至塔塆时，由于"扫台子"(迷信中的祭戏楼)没扫好，戏班上的人死亡过半，剩余十来人流落天河口，与花鼓戏班"滚台"(即同台演出)，合为随州花鼓。

1935年前后是随州花鼓戏发展的鼎盛时期。以集镇为演出据点，有天河口的雷大袍子，解河的贺老三，万河的苏二条，唐县镇的陈忠山，安居的钱老幺、刘光福，河源店的王大发、陈尚泽，淅河的向承启，塔儿塆的周德升，老店的李少清，万店的杨开发，高城的余篾匠、杜永义等20多个职业或半职业花鼓戏班。至1938年，随县18个镇都有花鼓戏班，全境有近30个职业和半职业的花鼓戏班，演唱艺人达300人。

1939年，日寇侵犯，随州沦陷，各戏班相继解散，活动逐渐衰落。后由塔塆的刘树亭、高城的余篾匠组织流散艺人成立"双合班"，由于国难当头，时演时停。1942年，由詹少银、陈忠山、陈兴友、杨少山、刘云山、李福元、聂太金、李青山、张凤春(女)、刘凤梅(女)等组成戏班，取名"双凤班"(因张凤春、刘凤梅在戏班演戏得名)，为国民党112师365团俱乐部吸收，并随该部经由唐县镇、枣阳、襄阳双沟至襄樊演出。后日军进攻襄樊，戏班经宜城、钟祥，至洪山茅茨畈、漂潭回随州，前后历时近三年。不久，该班与应山的姚相木楚剧班搭班演出，取名"双合班"，合伙达一年之久，楚剧班的"夏胡琴"(夏光银)并为随州花鼓拉琴，随州花鼓戏始有弦乐伴奏。

1945 年元月，"双合班"在应山界河演出时，被新四军第五师接收，组成随军文工团，有 40 余人，隶属应北大队，编入十五旅，以唱花鼓戏为主。半年后，十五旅北上，艺人们由于家属拖累，被遣散回家。1946 年，由周德升、刘云山组成"双合民众"，在县城土地堂售票演出。

1947 年春，国民党随县保安大队第五中队队长谢邦杰组织流散艺人 30 多人，成立"同心剧团"（后改为"社会剧社"），在县城土地堂售票演出，有时也到县内和外县流动演出。是年冬随县解放，剧团解散。

1949 年后，当时的随县成立专业剧团 1 个、业余剧团 4 个，演出剧目有 200 多部，常演剧目有 100 多部，其中《打裁缝》《雪梅观画》《血汗衫》等在随州地区及相邻县市颇具影响。1956 年春，随县花鼓剧团成立，花鼓戏被正式命名为随县花鼓戏，随县人民委员会有关领导到场祝贺并赠言："多演戏，演好戏，把戏演好。"

随州花鼓戏的流行地区主要在随州境内。其影响北达桐柏、信阳、唐河、泌阳、新野，西至枣阳、襄阳、宜城，南到京山、钟祥、安陆，东至应山及皖南等地。由于随州地方语言独特，历史上除一些艺人曾与外地艺人搭班演出外，境外均未成立过随州花鼓戏班。

第七章　民 间 艺 术

第一节　随州其他流行剧种

随州地处鄂豫交界，历来为南北文化荟萃之地。随州戏剧活动的特点是南北兼收、诸戏并存。南边的楚剧、汉剧在随州拥有广大观众，北边的曲剧、越调、豫剧在随州也有广泛市场。随州戏剧活动之历史沿革，均无文献资料可考，只能从历代文人题咏、游记、现存碑文及老艺人口碑资料中略见端倪。本地除随州花鼓戏外，还有其他流行剧种。

一、汉剧

汉剧是湖北省较古老的剧种，也是随州群众喜爱的剧种之一，据一些汉剧艺人和老观众提供的资料，汉剧在随州的活动有近两百年的历史。大约在清乾隆末年，府河一些"二黄"（即汉剧）戏班，经常在随州、京山、钟祥一带活动，群众称之为"唱二黄的"。德安府的汉剧班"府贵林"是随州地区的常客。由于受外来汉剧班的影响，随州民间相继组织起不少专业、半专业和自乐班，最有名的是清光绪年间的"大随园""小随园""裴隆盛""李日三"等四大汉剧班。

"大随园"，属州府官办。箱主据称是洛阳店的罗胖子（约生于1830年，职业开杂货铺）、毛斌儒（医生）。该班规模较大，共80余人，"十大行当"齐全，每个行当有三至四个角。文武场七八人，设有专职检场和水杂，专职"管箱"三人（大衣箱专管蟒靠、二衣箱专管盔甲、坤箱专管头面饰物）。该班以州府为后台，可在随州各地演出。

"小随园"，是随州城关一名叫张华甫的人组织的（一说由"大随园"分化而成，罗胖子领"大随园"，毛斌儒领"小随园"），开始是从外地请来几名汉剧艺人在城关"会文"茶园清唱，以后又组织了一批随州艺人成立戏班，取名"小随园"。这个班子仅活动在城关和附近几个集镇。后来因班里的几个艺人被别人挖走而垮台（一说因箱主毛斌儒年老而解散）。

　　"裴隆盛"：班址在随(州)西茅茨畈，箱主裴隆盛是当铺老板。由于裴隆盛家道富裕，戏班行头阔绰，派头很大。

　　"李日三"：班址太山庙敖家棚，班主李日三为武举人出身。该班行头气派，演员武功底厚。其中李日三和两名保镖(绰号"半斤""八两")武艺超群，有一年，敖家棚天主堂的外国神父为非作歹，李将神父狠揍一顿，并砸了天主堂。洋人到省府告发，随州知州将李逮捕入狱，准备送省治罪。后因怕在解省途中被李日三手下人马劫走，便将他暗杀了。此成为清末随州"教案"之一。

　　以上四大汉剧班在随州经常对台唱戏，明争暗斗，汉剧在随州一度兴盛。随着辛亥革命(1911年)爆发，四大汉剧班子都相继消失。

　　1934年，在一批艺人鼓动下，由当时随县中心学校校长王定邦出面，帮助周耀先、陈道三组织"随县汉剧院"，在城关售票演出，时间不长即告解体。

　　1945年，新四军第五师曾召集30多名青少年组成随军文工团(又名"娃娃剧团")，既唱汉戏又唱京剧和楚戏。1946年秋，五师突围，剧团掉队，以民众班名义经襄阳至老河口一家私人剧院演出。后转回随县澴潭，在胡秀清家找到我党地下联络员耿纯升。由于无衣箱，只能在澴潭镇茶馆卖唱。后经党组织安排，由庞尚勋出面收钱置箱，卖票或包场演出。一场《十三妹》，轰动整个澴潭。后到狮岗、石家冲、老官庙、河源店、净明铺等地演出。1947年夏，剧团从淅河经马坪迁到武昌青山。解放军南下时，剧团人员有的归队，有的投奔武汉光明剧团。

　　此外，安居、厉山、万店、淅河、高城等地，先后出现过一些专业和自乐(围鼓)汉剧班，其中最有名的是清道光年间安居的"同庆""长庆"等汉剧班。安居被称为"汉戏窝子"，居民既会唱戏又懂得品戏。一次"府贵林"在安居演出时，减了情节和道具，观众向舞台上甩稻草。班主不得不出场检讨，并自觉罚戏一本。抗日战争初期，以丁兰亭为首，组织起一个30多人的自乐班，每天到老官庙茶馆里清唱(不收钱)。有时被人接去唱"堂戏"。假如东家做寿，他们就唱《郭子仪拜寿》《文王访贤》等吉祥戏，若做丧事则唱《刘备哭灵》《白帝城托孤》等悲戏，做喜事就唱《刘备招亲》《天开榜》等喜戏。东家只招待戏班酒饭，不出演出费。这个自乐班能唱一百多出汉剧传统剧目。1945年冬，艺人邓金山、陶金文、潘月楼夫妇等30多名艺人组成汉剧专业班，到随州各地售票演出，1948年该班解散。一部分艺人去江汉独立旅文工团，另一部分到随县城关组织"随县人民汉剧院"，由县民众教育馆领导，艺人有潘金文、陶月楼、钟学朗、徐元凯、梁保勤、杜洪山、朱洪燕、黄明华等。1949年夏，因收入不佳散伙。是年秋，由杨奇奎、何永汉为领班，吸收原人民汉剧院一批演员和青年 40 多人，于国庆节组成新团参与演出。

1949 年后，安居、均川、溳潭、城关镇相继建立业余汉剧团。安居汉剧团多次参加地、县举办的业余剧团会演，1957 年在襄阳地区会演中，夺得奖旗。

1963 年后，汉剧活动在随州消失。

二、曲剧

曲剧（俗称"高台曲"）为河南剧种，一度在随州广为流行。清朝末年，曲剧进入随北淮河、小林等靠近河南一带。民国以后逐步南移，到抗日战争时期，几乎遍布随州，戏班主要是河南省的一些民众班及国民党部队所带的高台曲剧团。1945 年至 1947 年，河南民众高台曲戏班大量涌入随北随中一带，为曲剧在随州盛行的时期，对随州人民影响最大。一般群众都会几个调门，哼几出戏，形成"吃罢晚饭没啥事，商商量量哼曲子"的局面。不少地方自动组织起戏班，请河南艺人当师傅教戏，进行演出活动。1948 年 5 月，由河南艺人刘小东、谢世敏、王长根、撖延昌、蔡文祥等七人组成"七人班"，在随县城关土地堂进行演出。那时行头很少，只有一把弦子、两条裙子和三件长布衫，只能演出《蔡鸣凤辞店》《花亭会》《断桥》等传统小戏。十月，箱主涂继州带领一个河南民众班来随，有李万林、高治平、张富生、谢金柱、阎友和等 20 余人，与"七人班"合并，成立"秘营剧社"，衣箱有所增加。演出剧目大都是些活词连台戏，演员按剧情内容临时编唱，走路有《路歌》，表籍贯有《家乡歌》，朝拜升堂有《朝廷歌》《堂口歌》，以及《街歌》《古人歌》《出房歌》《修行歌》《绣楼歌》，随唱随编。

1951 年，张金成、涂继州在"秘营剧社"的基础上，重新组织了 30 多人的班子。时值"抗美援朝"，为了宣传和平，取名"宣和剧团"。张金成任团长，涂继州当箱主，以城关土地堂为基地售票演出，有时也流动演出，活动达五年之久。

1955 年 5 月，原随县文化馆派出干部到该团任辅导员，进行整顿，制定规章制度，改"按底分账"为固定工资，并将"随县宣和剧团"易名为"随县曲剧工作团"，成为随县第一个自负盈亏性质的专业艺术团体。

三、豫剧

豫剧为河南省地方剧种。抗日战争时期，只有少数民众班到随北一带演出，影响有限。新中国成立之初，随北红石、团山等乡先后办起业余豫剧团，仅限当地演出。

随着该剧种的迅速发展，各专业艺术团体频繁来随州演出，影响逐步扩大。特别是《花木兰》《穆桂英挂帅》《朝阳沟》等优秀豫剧剧目搬上银幕后，豫剧才真正被随州人民所认识和接受。

第二节　民 间 音 乐

民间音乐，分民间声乐、器乐两类。它是通过演唱、演奏为听众所感受而产生艺术效果的艺术形式。

随州民歌是随州境内流传最广、最富特色的民间声乐艺术。其特点是形制短小，内容丰富，曲调优美，演唱灵活，具有特殊的地方色彩和浓郁的生活气息。随南大洪山区系革命根据地，革命民歌较多。随中城镇多，人口集中，爱唱灯歌、小调。

随州民歌按歌词内容，可划分为两大类：一是传统民歌，二是革命民歌。

传统民歌以歌曲内容、形式以及歌者的特定环境、地点而区分为十来种，如：山歌、田歌、灯歌、风俗歌、儿歌、小调、生活音调等。其中有些种类又分若干细目。

山歌　是劳动人民在山岗上打柴、放牧、采茶、从事农活时唱的歌。随州农村以放牛山歌较多。题材有唱山名、地名、花名、人名的。曲调多悠扬婉转，节奏和速度较为自由。演唱形式有独唱、对唱、齐唱三种。过去，随北山区的放牛娃，上山放牛、打柴时，常常腰缠用麻和布条编制的"响鞭"，以响鞭声和"啊火"声，互相邀歌、对歌，甚为有趣。

田歌　包括栽秧歌、薅草歌、车水歌等，是农民在田间、地头栽秧、薅草和车水时唱的。车水歌皆有锣鼓伴奏。薅草歌（又名水草歌）的调门有高腔、平腔、满天响、三调弯、二声半、哼南音、送文书、潼关调、喇叭调等，其内容有咏人咏物、唱古道今、报数算账、猜谜盘歌等。歌中多有"喏""哟"等衬词，显得格外风趣、诙谐，生动活泼。目前，由于提水工具的机械化、电器化程度不断提高，木制水车渐灭，车水歌已较少见。

灯歌　又叫"彩调"，是春节时配合民间舞蹈采莲船等演唱的一种民歌。这种民歌曲调欢快，情绪喜悦；唱词多七言四句为一段，也有七言三句、七言两句半或两句上下翻为一段的。其内容多为恭贺吉庆、祝福道喜之意，有锣鼓、弦乐伴奏。有的在唱词中，添加各种花样的衬词衬字，乡土气息特别浓厚，为广大群众所喜闻乐见。

风俗歌　多是宗教职业者或民间艺人在特定的环境中，参加民间的"红""白"喜事所唱的民歌。如红喜事唱的有闹房歌《十观》，白喜事唱的有孝歌《一进孝房把头抬》《劝世文》等。

小调 又叫小曲，是人们（多为农村妇女）在工余之暇、田间小憩或夏夜乘凉、冬天炉边，款款低唱用以消遣的民歌。其曲调优美委婉动听，流传甚广，本地以随中平畈和集镇较为多见。小调歌词，有单一故事情节的小段如《孟姜女哭长城》《卖杂货》《女儿回娘家》等，更多的是以时令和日常用具、用品如"四季""十二月""十二时辰""五更""十把扇娃""十杯酒""十绣"等手法，反映爱情、婚姻和生活情趣的多段体。其语言生动、形象、幽默、顺口，便于记忆，但有些淫词滥调应当剔除。

第三节 民 间 舞 蹈

民间舞蹈，随州俗称"玩意儿"，泛指民间文艺。它产生于人民群众的劳动和斗争生活，同本地区的民族、人民生活、历史、风俗及自然条件密切相关，是广大群众喜闻乐见的文艺形式之一。清同治《随州志·风俗》载："上元（即正月十五）前三日，剪纸为灯，缀以五彩，或架彩横棚于衢，而垂灯其下，或藏诗谜以试推测，或聚族为龙灯……自十三夜十四夜为试灯，十五夜为正灯，檀板度曲，箫鼓相答，火树互角，卜夜为欢，至十九日方止。"可见随州历史上春节灯会民间歌舞活动之盛况。

近年欢度新春佳节，城乡均组织一定规模的文艺庆（调）演或文艺游行。有一首诗云："腰鼓咚咚来开道，唢呐阵阵冲云霄，高跷步步攀高峰，彩船飘飘传捷报，雄狮声声祝丰收，龙灯条条迎春到，舞蹈翩翩抒豪情，赞歌曲曲颂党好"，记录了节日文艺游行的盛况。文艺活动所及之处，鞭炮连天，热闹非常，以反映当代人民群众的精神风貌为主，艺术表演水平有高有低。

随州境内流传的民间舞蹈有 20 余种，如采莲船、旱车、狮子、龙灯、高跷、平台、腰鼓、秧歌、采茶舞、蚌壳精、拉犟驴、老背少等。这些民间舞蹈，多在传统的年、节或喜庆之日在平地表演，让人们直观。随着文化设施、设备的日益现代化，有些"民舞"经过艺术加工，搬上舞台和电视，供广大观众欣赏。

一、采莲船

采莲船，本名彩帘船，又称旱船。其外形是用篾扎纸糊的小船，中间是四根彩柱支撑的彩亭，四角挂彩帘、绣球，配上松柏翠枝、五色花卉。船身两旁，绘出清波碧浪：船的两端，扎上龙头、龙尾。也有的将船扎成鱼形，绘成鲤鱼形状，寓意"鲤鱼跳龙门。"

其传统玩法为：最早由一男子化装成长者持篙撑船。后来为革新舞蹈形式，增加艺术效果，演变为年轻男子坐船，年轻女子划船。也有女子划船或女子坐船、男子划船的。在坐船、划船舞蹈动作中，皆有锣鼓伴奏，其套路计有"拦四门""超四门""跳水""摄十字""半边月"，跑花船的套路计有"五子飞""九子满天飞""天下太平""十三把椅子""七把凳子""摇斗筐""钓金龟""陷沙窝"。以日常用具如靠椅、方凳、斗筐、碗、硬币为道具，以表演者的婀娜多姿、高超演技而取悦于观众。"钓金龟"和"陷沙窝"等表演形式，则寓有劳动人民不畏艰险、勇于战胜困难之意。

二、旱车

随州民间流行的旱车，多用彩布围遮一个竹扎的"独轮车"。坐车的是一个年轻妇女，身着彩衣、彩裙，手执花伞，做一双假脚露在裙子外边，像是坐车的姿势。推车的是一位年轻小伙子，肩背彩带，前后左右行走。民间常以"夫妻观灯""回娘家"等内容，表现夫妻二人在路上观景、过桥、过沟、上坡、下坡的舞蹈动作，反映他们真挚的爱情和欢快的情绪。另有一彩旦，手摇蒲扇，在一对男女间打闹取笑，增加活泼、幽默的趣味。

三、玩狮子

本名"狮舞"或"舞狮"，本地称"玩狮子"。传说狮子是吉祥之物，节日玩狮子可以避邪。民间狮子头多用纸盔彩绘而成。一般由两人扮演，前者双手握狮子头舞动，后者俯身，两手扶前者腰间，身披用兽皮及白麻等装饰的狮子皮，扮演狮身，二人合成一个大狮子，称"太狮"；由一人头戴狮头面具，身披假狮皮，扮成小狮子的，称"少狮"。逗引狮子的叫"狮子郎"，本地多用大头面具扮成大头和尚充"狮子郎"，演有《大头和尚戏柳翠》等剧目。

传统狮舞玩法，名目众多，技巧惊险。除一般的"摆头搔痒""跳四门""踩八卦""白鹤探水""金鸡独立""凤凰展翅"等动作外，还有最考本事的"滚跳卧""滚口钉""滚绳子""滚绣球""过险滩""上梯子""百凳跳马""玩桌子"等玩法。如"玩桌子"，有的叠三，有的叠五，狮子爬到桌顶上，"玩四角""拜八方"，最后一个筋斗落地，精彩结束。

此外，民间尚有请狮子"吞小孩"的习俗，虽带有封建迷信的色彩，但其演技仍有可取的地方。

四、踩高跷

据传随州高跷是由地花鼓发展而来的，因地花鼓在平地上表演，围观者不易看清，表演者扎上木腿，登高表演。表演人数不限，花样甚多，后来加上锣鼓和唱腔，扮演戏剧人物，唱折子戏。有的在高跷上"玩狮子""拉犟驴""叠罗汉"，表演"凤凰展翅""毒蛇出洞""苏秦背剑"和"朝天一炷香"等杂技节目。

五、蚌壳精

本名"蚌鹤精"，由"鹬蚌相争，渔人得利"的典故而来，人物有老渔翁、蚌壳、白鹤。

渔翁，白胡子老汉，头戴翻草帽，身穿翻皮袄，腰系板带，身背笆篓，手拿一张烂鱼网。

蚌壳，由年轻姑娘扮演。其粉面朱唇，服饰妖艳，身背转壳，一张一合，翩翩起舞。蚌壳系用软蔑彩纸扎糊，长约一米三，宽约70厘米。

白鹤，由年轻小伙扮演，全身穿白，篾扎纸糊的白鹤长颈、长嘴绑于脑后，行走时不时点头。

渔翁、白鹤在欢快的锣声中出场。继而渔翁打鱼，白鹤探水。渔翁捉白鹤，白鹤飞去。渔翁用网网白鹤，一网下去，网住蚌壳。待渔翁下水捉住蚌壳时，白鹤又吃笆篓里的鱼，渔翁抓住白鹤一条腿。白鹤慌乱挣扎扑入水中，头被蚌壳夹住。渔翁乘势捉住白鹤和蚌壳，胜利而归。

六、玩龙灯

玩龙灯，又名"龙舞"。"龙"在我国神话传说中，是吉祥雄伟的象征。"龙舞"流传历史悠久。随州民间龙灯，有"火龙"和"彩龙"两种，火龙用竹篾分别扎成龙头、龙身和龙尾，表面糊皮纸，用彩色绘成龙的形象；连头、尾在内，约十数节，多为单数。节与节之间，用彩布缝成筒形相连，每节中点燃蜡烛。近年亦有安装干电池灯泡取代蜡烛。表演时，每节各有一人执木杠举起，在手举"宝珠"（火球）领头人的逗引下，龙头口吐黄烟，伴随着洪亮的吼声和锣鼓声，各节随之翻卷起舞，场面威武壮观。彩龙形象和火龙大体相同，每节用彩布相连，节中不点蜡烛，多在白天玩耍，舞姿更欢腾。

七、板凳龙

板凳龙，是与龙灯相配合的一种小型娱乐形式。一般是在龙灯前面开路、打场。其数成双，两个、四个或八个。其制作方法：在一条双人板凳上，扎成一条小彩龙，有头、有身、有尾，小而玲珑。由三人表演：一人在前，两人在后，龙口里点燃蜡烛，表演时左右翻滚，欢快热烈，颇见功夫。

八、拉犟驴

犟驴同旱车、旱船一样，篾扎纸糊，形式精巧、逼真，活像一头小毛驴。骑驴人是一位新媳妇，驴的前、后身系在新媳妇的腰身前后，上以彩裙掩盖着。缰绳一拉，驴的头颈可以上下、左右晃动。拉驴人是一位小伙子，手执彩色马鞭，腰系彩带，洋洋自得，与新媳妇互逗取乐。

拉犟驴的表演特点在于驴子犟，它在上山、下坡、过河、跳沟时，常使拉驴人为难。偶尔鞭子挥动，驴子乱蹦乱跳。骑驴人能逼真地表演出犟驴的各种犟态，惹人发笑。

九、跑竹马

跑竹马，又名"竹马子""竹马灯"。扎法与犟驴同，外表画成马形。有的在马身前后，内燃蜡烛，名为"竹马灯"；马颈下系铃铛一串，跑起来"叮当"作响，十分悦耳。马腹周围围上绸布，遮住表演者腿脚。有的表演者脚系响板，跑跳时发出马蹄响声。

竹马灯的表演角色多为戏剧人物，如武生骑马，演关云长《千里走单骑》；花旦骑马，演《昭君出塞》《千里送京娘》等。这种形式多与其他舞蹈一起演出，以庄重、热烈、活泼、健康取胜。

十、独龙杠

该表演相传清康熙年间，由江南传入本地。说是江苏镇江府有一个名叫安三太的恶棍，无理欺压百姓，被出来私访的巡按抓获惩治，以平民愤。人们为庆贺此事，编演了这出节目，流传民间。

其表演方法：两人抬着一根杉木杆子，上面骑着一个赃官，模样滑稽可笑。在赃官前面用篾片系着一个便壶，随着杉杆的闪动，赃官的乌纱帽翅上下摆动，便壶便不时摆动到他的面前。此表演反映出劳动人民对封建统治者的憎恨和嘲弄。

第四节　民 间 曲 艺

曲艺，是各种说唱艺术的总称，是带有表演动作的说白和演唱艺术。其表演手法与民间音乐、方言关系密切。它通常一至三人上演，具有"一人多角"的特点。随州民间曲艺，过去多是那些以乞讨为生的民间艺人行艺时演唱，且多为外地艺人所传授，土著品种不多。抗战前，随州城人周华甫在"矩园"（今广场南部）开"会文"茶社，请来四位扬州的女琵琶艺人演唱"扬州清曲"和"扬州弹词"，又请河南的民间艺人演唱"河南坠子"。1949 年后，除各地茶社常有民间艺人演唱曲艺外，广大业余或专业的文艺演员则在舞台或其他公共娱乐场所演出。通过文艺交流，先后传入本地的曲艺品种计有：随州大鼓、义阳大鼓、湖北大鼓、京韵大鼓、广济渔鼓、广西渔鼓、随州道情、湖北道情、河南坠子、山东柳琴、山东快书、对口词、评词、相声、快板、莲花落、打锣鼓、讲善书、拉洋片、双簧等。具有随州特点的民间曲艺品种有：

一、随州大鼓

随州大鼓，最初叫"犁音儿"，后叫"鼓儿词"，俗谓"打鼓说书"。传说"犁音儿"起源于明代以前，系农民劳动之余，取两块断犁铧尖，边敲边唱。内容是唱歌谣、戏文和说小段故事，大多为现编现唱，名曰"随口来"。演唱时，为想词造句，多用哼腔拖板，而犁铧敲击声音叮当不断，故名。大约明代中叶，义阳大鼓和河南的"鼓儿哼"传入随州，"犁音儿"在演唱时，去掉犁铧尖，改用扁鼓和云板，又受评词的影响，加入"惊堂木"为道具，定型为"随州大鼓"。随州大鼓的演唱特点有三：一是"一道腔"，在曲调上没有多样的曲牌；演唱时，可根据故事情节的需要，用音调和口技来表达喜、怒、哀、乐的感情；二是用随州方言口语演唱，声腔起伏不太大，较外地鼓书低沉；三是多为七字或三、四字句法的唱词，在节奏上是一字一板，紧打慢唱，很少变化。

随州大鼓在随州城区、厉山、唐县镇、淅河、均川、安居、新街、澴潭等地较为流行。

二、义阳大鼓

据诸史料记载，"义阳"为三国魏、晋、南朝宋、隋等朝代的郡、国、县名，其治所先后在今湖北枣阳东南、河南新野南、河南信阳市境内。清《随州志》亦载，晋时随县属义阳郡，随地"境北有义阳县"。

义阳大鼓的唱词为上下两句，分成四个乐句哼唱；前两个半句之后，带有"也也也哟、哎嗯噢"等衬字。演唱道具为扁鼓、云板，一板一眼，节奏紧促。过去，演唱义阳大鼓，多为豪绅门第邀请，演唱者穿戴讲究，书场布置阔气。现在，会唱义阳大鼓的艺人不多，只有新城的徐元秀等人。

三、随州道情

道情，又叫"渔鼓""竹琴"，源于唐代《九真》《承天》等道曲，以道教故事为题材，宣扬出世思想。南宋时，道情开始用渔鼓筒和简板为伴唱乐器。

随州称"道情"为"拍道情""拍渔鼓""耍南条"。据民间艺人传说：道情原为江湖众艺之首，地位很高，富豪子弟用它为取乐的"玩意儿"，后来则成为生计无门之人的"靠门坎"，用以乞讨糊口的工具。有一首"顺口溜"说道："道情本是兴棵竹，生在深山那里头，日里不怕君子借，夜晚不怕小人偷，二百铜钱买在手，八百银子也不丢，吃喝穿用在里头。没得吃的找它要，没得穿的找它求；遇到光棍吃饱饭，遇到宰相住高楼，五湖四海交朋友。"随州道情的特点是以唱为主，以说为辅，也有只唱不说的。以"四二"拍为主，一般只有五度音阶，起伏不大。现各地歌舞演出，常有单人或双人的道情、渔鼓表演。民间演唱道情的艺人已不多见。

四、打锣鼓

此种形式，流行于随南洛阳、何店、柳林、三里岗等地，多为民间小儿过生、老人祝寿或"还愿"时所用。唱腔简单、组词严谨，一般为七言，少数十言。乐器以锣鼓为主，分对唱、三人唱或五人唱。唱一句打一遍锣鼓，自始至终一道腔，一个韵脚唱到头。锣鼓手举止文雅，被尊称为锣鼓先生。演唱内容为谈天说地、古今故事等。

参 考 资 料

1. 李旭斌：《随县民间礼仪》，武汉出版社 2017 年版。

2. 雷文洁主编：《文化随州》，湖北人民出版社 2008 年版。

第十篇

国政文化域

第一章　春秋战国时期"一地四国"的政治格局

　　西周早期，周人在南方大力开拓，南土疆域从南襄盆地扩展至汉东地区，随州地区成为周人在南方最重要的基地，封有(噩)鄂、唐、随(曾)、厉等重要诸侯，其势力延伸至随州以南的孝感和黄陂鲁台山，直抵长江北岸。随州以南的广大地区分布着楚蛮族群，大洪山南麓尚一片荒凉，汉江下游地区则是湖沼地带。昭王南征时经南阳盆地、随枣走廊至随州地区，以(噩)鄂、随(曾)、唐、厉为战略物资供应基地，其征伐对象为汉东地区尚未臣服于周的楚蛮族群，意图恢复商代以盘龙城为据点控制长江中游地区的政治地理格局，与江南铜矿区建立直接联系，保障铜锡资源的稳定供给。

　　在今天随州版图范围内，除了位于今随州城区的随国(曾国)外，还有位于随县的唐国(国都在今随县唐县镇)、厉国(国都在今随县殷店镇)、鄂国(国都在今随县安居镇)，且这4个国家立国较早，至少是周初时期首批分封的诸侯国，且都是侯爵以上的品级，相对比较强大，而随县是随(曾)、厉、鄂、唐四国珠联之域。

第一节　汉阳诸姬之首：随国

　　自牧野之战后，周武王姬发消灭商朝，建立了周朝。西周初期，周武王镇守辽阔的疆土，控制殷商后裔，把兄弟叔侄和立有战功的功臣分封到各地担任诸侯。到西周中期，随着南方族群的崛起，周昭王、周穆王战略方向开始向南方转移，把一些姬姓兄弟叔侄从山西、陕西移封到淮水上游和汉水中游地带，建立起随、唐、蔡、应、息等数十封国，组成一个庞大的姬姓封国势力，史称"汉阳诸姬"。这些姬姓诸侯国之间互为掎角之势，其目的之一就是压制荆楚、吴越一带的诸侯国，从而安定周王朝的南方疆域。

　　2013年，随州叶家山墓地出土了一件青铜方座簋，其上铸有"犺作烈考南公宝尊彝"铭文，表明是曾国国君"犺"为亡父"南公"作器。"南"是犺的氏族称号，即"南宫"的简称，因此"南公"来自南宫家族，而南宫家族为姬姓则是已知的。

　　2014年，春秋晚期曾侯與墓资料整理公布，该墓的编钟铭文中有"伯适上庸，左右文武，达殷之命，抚定天下。王遣命南公，营宅汭土，君庇淮夷，临有江夏"的内容。"伯适"即南宫适，他曾经辅佐周文王和周武王平定天下，周王命令南公在"江夏"附近建立国家。曾侯與编钟铭文中的"伯适"证明了南公簋铭文中的"南公"就是南宫适，曾国国君是南宫适的后裔。南公簋与曾侯與编钟平息了西周早期曾国的族姓争论，证明了东周曾国与西周曾国是同一国家。学界普遍认为南宫氏的始祖南宫适，辅佐文王、武王灭纣，成王之时受封于南土江汉地区。与齐、鲁等国分封情况相同，南公也是长子就封，为第一代姬姓的曾侯。

自商代晚期以后，曾国一直在汉水中游一带，叶家山墓地的发掘，证实西周早期时，曾国确在随州东淅河镇的叶家山附近。另据调查，在叶家山以南一千米处，有一处面积达 30 万平方米的庙台子聚落群遗址，经局部勘探发现有城墙遗痕，可能是西周早期曾国国都所在地。

20 世纪 30 年代以来，出土的曾国铜器遍布河南新野及湖北谷城、枣阳、随县、随州、京山等地，最有名的是"曾侯乙编钟"。作为汉阳诸姬的老大，随国从西周初立国以来，替周王打理南疆，监视江淮异族的一举一动，其功能显著，位尊权高。《竹书纪年》及西周中期铜器"安州六器"铭文记述了昭王南征荆楚曾路过唐国、厉国、随国，得到三国的军事援助，随国在西周时期为周王室征服江淮、巩固南疆发挥过巨大作用。

楚武王在位时，曾对随国发动大规模进攻，但并没有取得胜利，之后楚国又多次袭扰随国，随国和楚国订立盟约。《左传·桓公八年》记载，公元前 672 年，楚文王之子楚堵敖继位不久，想将自己的弟弟熊恽杀死。熊恽逃到随国，联合随国的兵马杀死楚堵敖，夺得国君之位，是为楚成王。自楚成王以后，楚国与随国修好结盟。

公元前 506 年，柏举之战爆发，楚国的郢都被吴国大军攻占。楚国君主楚昭王逃入随国。随国保护楚昭王，并帮助楚昭王复国，随楚关系达到空前和谐。"曾侯乙编钟"最下层的一个镈钟，就是曾侯乙死后楚国赠送的大礼。根据编钟铭文得知，公元前 433 年，楚惠王听说曾侯乙去世，命人铸造了一件镈钟送给随国，按年代推算，当年保护楚昭王的就是曾侯乙的父亲，在曾侯乙去世后，为了报答当年救父之恩，楚惠王遣使送来镈钟，表达自己的感谢之情。随国人收到镈钟后，将镈钟编在了这套编钟里，随着曾侯乙一起下葬。可见随国也非常重视与楚国之间的关系。

《水经注》《古文观止》《春秋地理考实》等文献认为随国是被楚国所灭，当随国的恩惠渐渐被楚国忘却，统一的趋势渐渐逼近，随国的覆灭也是大势所趋。但目前所见史料及考古发现均没有随国被楚国灭国的相关证据。

考古铭文上最后一次出现随国，是 1939 年安徽省寿县"曾姬无恤壶"的出土。该壶的铭文为："唯王二十又六年，声桓之夫人曾姬无卹，虎宅兹漾陵蒿间之无匹。用做宗彝尊壶。后嗣用之，戴在王室。""声桓之夫人"表示曾姬是楚声桓王的夫人，楚声桓王在文献上又称楚声王。《史记·楚世家》中，在楚声王之后，唯一在位超过 26 年的，只有他的孙子楚宣王。铭文上的文字翻译成白话文就是：楚宣王二十六年（前 344 年），楚声王的夫人过世了，我们给她挑了漾陵最好的墓地，又给她做了一对青铜壶，让她的后代祭祀使用，希望他们能好好拥戴楚王室。这个曾姬很明显是曾国的公主，说明公元前 344 年，楚、曾两国还在联姻。

第二节　厉山氏所建古国：厉国

厉国是随州境内在夏商周时期存在的国家之一。厉国是炎帝后裔姜姓所建的国家。这种说法起源较早，一般认为，在魏晋时期就已经出现。"厉"也作"赖"。一般都认为，"烈""厉""赖"在古代同音而通用，故"厉国"又称"赖国"。

西晋人皇甫谧所编撰的《帝王世纪》认为，湖北随州一带的厉（赖）国与炎帝神农氏有关："神农氏起于烈山，谓烈山氏，今随赖乡是也。"唐代李泰编纂的《括地志》记载："厉山，在随州随县北百里，山东有石穴。昔神农生于厉乡，所谓列山氏也。春秋时为厉国。"《汉书·地理志》云："炎帝裔为厉国。"清同治版《随州志》记载："炎帝姜姓。姜姓之支国有十三，曰列曰赖。"清朝人顾栋高撰写的《春秋大事表》，进一步指出厉国是炎帝本国，姜姓，侯爵。

厉国的重要活动，在典籍和铭文中并不多见。据西周初年的铜器"太保玉戈"铭文考证，厉国至迟在商代末年已经立国，西周初年已成为周的诸侯国。"太保玉戈"有铭文 2 行 27 字："六月丙寅，王在丰，令太保省南国，帅汉，出殷南，令厉侯辟用，□走百人。"铭文记载太保受周王之令，出行视察南土诸国，到达汉水流域，召集当地诸侯朝见周王，并与厉侯发生交往，征用厉侯的役供等，这则资料清楚地点明"厉"之地望在"汉水"，而一个"令"表明"厉"对"周"的从属关系。"太保"即召公奭，"王"为成王，历史学家，古文字学家陈梦家、李学勤均认为《左传》与《汉书·地理志》所载古厉国位于随州以北地带。

宋代出土于安州安陆郡的西周早期青铜器——"安州六器"之一的中觯铭文："王大省公族于庚，振旅，王赐中马自□（厉）侯四口……"记载周王"南巡"时于庚地检阅公族，并将厉侯所献的马转赐给大臣。按李学勤的意见，庚即唐，指古唐国；□，李先生释为厉，即古厉国。

《春秋》记载："襄王十七年正月，楚人伐徐，七月齐师曹师伐厉，以救徐。厉实神农之所起也。"从其使用"厉实神农之所起也"一语来看，这个"厉"是指随州境内的"厉"。《左传·桓公十三年》记载："楚子使赖人追之。"一个"使"字，表明进入春秋之后，"厉"已沦为楚国的附庸。

以上表述说明，在随县一带的厉国是一个姜姓国家，先祖是炎帝。厉国地望在今天的随县厉山、殷店一带。文物普查显示：殷店镇东郊 8 里的厉家店，有商周混杂的城郭、房基和砖瓦、器皿碎片，被确认为商周时期祭祀遗址。这里或许是厉国的都城。

厉国虽然是小国，但在文化史上，却有重要的研究价值。它并非汉阳诸姬，而是与炎帝神农氏有血缘关系的国家，从炎帝神农氏又称烈山氏这一情况来看，厉国这一支炎帝神农氏后裔曾经是十分强大的，它强大到天下归烈山，故有"烈山氏之有天下也，其子曰农，能植百谷"之说。

据记载，武王征讨四方时，灭 99 国，征服 652 国，厉也是被征的对象。这表明，在武王之前，即在商时代，厉就是一个侯国。它最终被武王所征服，并为周所分封。

春秋初期，厉国已沦为楚国的附庸，应该是楚国最早的一批附属国。楚国北上争霸时，厉国曾作为风水宝地被楚国拿来作会盟之用。清华简《系年》记载："楚庄王立十又四年……王会诸侯于厉，郑成公自厉逃归，庄王遂加郑乱。"楚庄王即位后，继续北上争霸，晋国为了维持晋文公的霸业，与楚国形成对峙，而隔在中间的宋、郑、陈等国成了晋楚两国的争夺对象。公元前 607 年，楚国与晋国在北林(今河南新郑境内)发生大战，楚国得胜，取得了郑国的附属权。《系年》记载，公元前 599 年，楚庄王召集诸侯在厉国会盟。这里提到的会盟地点即随州境内的厉国。

厉国何时亡国不可考，不过随着野心勃勃的楚国将脚步逐渐伸向中原，身在楚国腹地的厉国或许早在楚文化的长期浸淫中不知不觉被同化融合，成为楚国的一分子。厉国国亡后，有厉氏，后为厉姓，成为厉姓的来源。

第三节　国君反叛导致灭国：噩(鄂)国

安居羊子山噩侯墓出土后，自古随县境内有随、厉、唐三国的定论被否定了，境内多出一个侯国，它就是古噩(鄂)国。

噩(鄂)国早在殷商时期是非常强盛的。据《史记·殷本纪》记载,"(纣)以西伯昌、九侯、鄂侯为三公。九侯有好女,入之纣,九侯女不憙淫,纣怒,杀之而醢九侯。鄂侯争之强,辨之疾,并脯鄂侯。"文王、九侯、噩侯是商纣王时期的三公。九侯之女被献于纣王后惹怒了纣王,九侯因此遭受醢刑(剁成肉酱)。噩侯向纣王进谏,却被纣王"脯"(做成肉干)。文王知道这件事后发出叹息,被纣王囚于羑里城。再后来,就有了武王伐纣等人们更为熟知的故事。

这则记载是史书里关于噩(鄂)国最早的记载,也是最后一条记载。说明早在殷商时期噩(鄂)侯就与西伯昌、九侯一样强大,是纣王忌惮防备的对象。之后很长时间,噩国消失在了历史文献中。

直到北宋末年,赵明诚《金石录》发现"安州六器"中一件名为"中甗"的青铜器铭文中,噩(鄂)国的身影再次闪现。

据铭文记载,昭王南征时,所到之处有随(曾)、噩(鄂)、唐、厉、夔、虎方等国和地域。当时的学者在青铜器铭文中再次发现了"噩"字,很吃惊,他们识别出金文中的"噩"字,指的就是古书中的"鄂"国。不过,金文记载的内容显示噩侯驭方因为叛乱被周王所灭。因此,宋人一方面欣喜于证明了噩国在周代依然存在,一方面仍困惑于驭方之后噩国是否完全灭亡。这一困惑,直到现代考古学兴起之后才得以解开。

1940年,陕西省扶风县任家村出土了一件禹鼎,其铭文记载了一位名为驭方的噩侯,率南淮夷、东夷反周,引起周王震怒,下令讨伐噩国,"勿遗寿幼",要求噩人无论老少全部斩尽杀绝。关于禹鼎的年代,今学界认为在西周中晚期之交。

有趣的是,20世纪面世的另一件传世青铜器中,记载了噩侯驭方曾与周王共同宴飨并行射击之乐,噩侯纳献而周王行赏,噩侯还专门做鼎铭记此事,颂扬周王。从友到敌,不过一瞬。

2007年,随县安居羊子山相继发现大批噩侯墓葬,出土了大量噩(鄂)国青铜器,由此也说明西周早期鄂国都城在今随州安居一带。2012年,河南南阳夏饷铺发现一处墓葬群,包括四代噩(鄂)侯夫妇墓葬,经发掘考证,当为西周晚期至春秋早期的噩(鄂)国贵族墓地。

原来,那道"勿遗寿幼"的伐噩(鄂)诏令,并没有真正灭噩(鄂),其族人并没有被斩尽杀绝,而是被周人迁到了今南阳夏饷铺一带,紧邻周王朝,这似乎已经成了周人的一种传统,就像周灭商后将殷商遗民迁往周都一样,以确保他们时时刻刻处在周人的监视之下。

南阳夏饷铺鄂国墓地的发现，串联起西周晚期鄂侯驭方被灭之后的鄂国历史，也为解释后来噩（鄂）国的发展提供了考古依据。

从文献中提到的商代噩（鄂）国、金文中发现的西周噩（鄂）国兴衰与姓氏线索，以及羊子山和夏饷铺的考古发现，我们便能大致梳理出噩（鄂）国的自身发展史：商代末年，在纣王杀害了位列三公的噩（鄂）侯之后，噩（鄂）国并未灭亡，而是仍得以延续。西周早期，噩（鄂）国与曾国并立汉东；某一代的噩（鄂）侯还应该有伯、仲、叔、季等兄弟几人；此时的噩（鄂）国青铜器纹样奇特、造型精美、工艺高超、独树一帜。西周中晚期，噩（鄂）国与周王室联姻，辉煌一时；但在西周晚期，噩（鄂）侯驭方时期却联合东夷、南淮夷叛周，招致诛灭；西周晚期至春秋早期，噩（鄂）国转移到了今南阳一带，曾有四代噩侯夫妇在此下葬。

在后来的历史发展中，噩（鄂）被周王迁往南阳盆地，又一度成为楚国的领地，楚式微后，又被迁往今天的湖北鄂州，汉代延续此名而设鄂县。三国时，孙权改鄂县为武昌，开启了这一战争要地的崭新历史。

噩（鄂）国亡了，与噩（鄂）国相邻的随（曾）国肯定是这场战争的最大受益者，这也是西周中期曾国国力日益强盛的原因。

第四节 因骕骦宝马而亡国：唐国

在铭文与典籍中，有关唐国的记载同厉国的记载一样少，涉及的唐侯只有唐惠侯和唐成公。《国语·郑语》云："当成周者，南有荆蛮、申、吕、应、邓、陈、蔡、随、唐。"这是唐国在文献上的最早记载，表明它是忠于周室的汉阳诸姬之一。《世本·氏姓篇》记载："唐，姬姓之国。"

唐国原在山西临汾盆地，东夷之乱平定后，成王首封叔虞到殷商唐国故地，其子后迁晋水改为晋国，在此期间，很有可能一支唐叔虞后裔被周王册封到了南疆，即为后来的春秋唐国，也是西周唐国的延续。唐国作为"汉阳诸姬"重要成员，与众多姬姓诸侯国替周王监视南方异姓诸侯及戍守南土。

唐国地望，一般认为在今随州市西北八九十里的唐县镇一带。《括地志》记载："上唐乡故城，在随州枣阳县东南百五十里，古之唐国地。"《左传·宣公十二年》杜预注："唐国，义阳安昌县东南有上唐乡。"《水经注·沔水篇》释"安昌县"："县故蔡阳之白水乡也。汉元帝……分白水、上唐二乡为春陵县。"《后汉书》："蔡阳县，故城在今随州枣阳县西南。"唐国与随（曾）国比邻，西周时期，昭王数度南征，唐国也是周王行军途中重要中转站和物资输出地之一。

20 世纪初，位于汉江上游的湖北郧县五峰乡肖家河出土了一座春秋中期唐国古墓，发掘出鼎、盘、盏、钲、匜五件青铜器，其中三件有"唐子中濒倪"的铭文，被认定为唐国贵族墓葬。那么身处随县一带的唐国贵族墓为何会跑到远在千里之外的郧县去呢？郧县五峰乡春秋早期属于麇国地盘，有说法认为楚庄王刚继位时曾蛰伏三年，这三年当中楚国毫无作为，又适逢楚国闹饥荒，此时长期受楚国压制的庸国想借这个机会反扑，教唆群蛮作乱，然后率领百濮部落攻打楚国，麇国也揭竿而起，楚国一时陷入危境。后来楚国与秦国、巴国达成联盟，一举消灭了庸国和麇国。也许这个时候楚国为了笼络唐国将原来麇国的一块地盘划给了唐国，唐人才有机会在古麇国故地留下足迹。

东周以来，随着楚国的崛起及随国的衰弱，"汉阳诸姬"的势力江河日下，为了孤立汉江地区的姬姓诸侯，楚国通过联姻、利诱、恐吓等手段恩威并重离间打压，通过武力迅速北上。至春秋中期，楚国已控制整个汉江地区。晋楚争霸期间，唐国参与了春秋重要战役邲之战。据《左传·宣公十二年》载，公元前 597 年，唐惠侯出兵跟随楚将潘党抗击晋军，由于晋将士善于指挥，楚唐联军并没有占到便宜。之后唐国近 90 年不见踪影，直到春秋晚期，为了争取江淮流域的控制权，吴楚争霸拉开帷幕，唐国也得以再次登上历史舞台。

《左传·定公三年》载："唐成公如楚，有两骕骦马，子常欲之，弗与，亦三年止之。"讲的是公元前 510 年，唐成公携着两匹骕骦宝马来到楚国，准备进献给楚王。骕骦宝马是唐国稀有宝马，"骕骦"乃雁名，其羽如练之白，高首而长颈，故以为名，乃天下稀有之马。楚国令尹子常听说后，登门索要骕骦宝马，唐成公不给，子常借机向楚王进言，诬陷唐国有反叛之心，楚王扣留了唐成公，被关了三年之久。

唐国义士华宝灌醉唐成公的随从，将骕骦宝马偷出献给子常，唐成公才得以放出回国。因为这个原因，唐国和楚国从此结仇。

当时，吴楚争霸进入白热化，吴王阖闾正准备主动出击，但介于粮草供给问题，不敢深入楚国腹地。这时，唐、蔡两国为了报楚王囚禁之仇，他们与吴王取得联系，表示愿意充当吴军的后勤。

《左传·定公四年》载："蔡侯、吴子、唐侯伐楚。"公元前 506 年，吴、蔡、唐结成联盟，进攻楚国。联军驻扎在汉水边上与楚军形成对峙，楚将子常急于求功再加上轻敌渡过汉水主动出战，结果大败，楚军溃散。之后吴、楚又决战于柏举，经过五次大战，吴军连战连胜，一直打到郢都，楚昭王仓皇出逃，楚人不战自溃。唐成公终于借吴王之手报了楚国三年囚禁之仇，然而这也给唐国带来了灭顶之灾。一年后，楚国借得秦国的军事援助打退吴军，国力很快恢复。楚昭王返回郢都后，第一件大事便是讨伐唐国和蔡国，蔡国因为靠近吴国而幸免于难，唐国就没有那么幸运了，楚军联合秦军出兵攻打唐国，包围唐朝都城，唐国因寡不敌众被楚国所灭，唐成公和华宝战死唐都以北 10 千米的山下，后人为纪念他们，称此地为"唐王店"，对面的山称为华宝山。

在汉阳诸姬中，唐国的爵位可能与随国一样，是侯。《左传》记载为"唐成公"，不称"唐侯"而称"公"，其爵位比侯国还高。

现随县唐县镇境内有关唐国历史的遗迹甚多，如唐王店（殿）、骗骦亭、骗骦桥、骗骦坡、华宝山等，同时在唐王店周围的遗址中出土了春秋战国时期等时代的陶器、青铜器、瓷器及房基、砖瓦，其中李家湾遗址面积达 15 万平方米，从而佐证了唐王店及其四周早在西周即为人口集中的城邑。

第二章　兵家必争之地的治理

随州区位特殊，自枣阳至厉山有99条岗，形成囊括之势，易入难出，又介于荆豫二州，地处交通枢纽，北唐、南鄂、东黄、西郧诸国中，随州居于"中络"地位，且地势险要、峰峦险峻，为汉东要塞，顾炎武在《天下郡国利病书》卷72、卷73《湖广一》《湖广二》中写道："惟诸关鸟道仅通，往来楚北，要塞莫重于此"，"自古用武之地也"，"其山溪四周，关隘旁列，几于羊肠鸟道之险，泂用武者所必资也"。周朝以随控制南土，汉朝为南北用兵要地；隋朝即兴于此，唐朝为控扼南方特在随地设都督府；金、元南下均以取得此地为利；宋失中原，筹划抗金、抗元大业时，"议战守者，未尝不切切于随州"。明清时期，随州依然是南北交通之咽喉，驿道之中枢，军事之要冲，经济文化沟通之经络，历代统治者为之瞩目，为区位之要区。随州治理文化源远流长，因炎帝神农、季梁、杨坚的伟大创举，随州也是古代治理智慧的集成地。

第一节　"炎黄联盟"："大一统"思想的初步实践

生于烈山(今随县厉山镇)的人文始祖炎帝神农，是原始社会的部落领袖，距今近6000年，炎帝神农植五谷，创农耕，制耒耜，实现了人类从采集狩猎到原始农业的伟大转变。

神农氏管理部落、治理天下有方，人们"耕而食，织而衣，无有相害之心"。神农氏带领先民实现了人类从游牧到定居、从渔猎到田耕、从蒙昧到文明的历史转变。

炎帝和黄帝都为神农之后。《国语·晋语》说："昔少典氏娶于有蟜氏，生黄帝、炎帝。黄帝以姬水成，炎帝以姜水成。"炎帝和黄帝都生活在黄河流域，但略有区别，炎帝居于黄河以南，位于黄河流域的西部，其势力最南可达到现在的汉江流域，最东则到了现在河南南阳地区。黄帝基本上居于黄河以北，位于黄河流域的东部，即现在河北、山东、山西、河南北部一带。在今陕西与河南交界处，居住着以蚩尤为首的九黎族部落(有说独苗族)。黄帝、炎帝、蚩尤为各自部落的首领，凭借各自的本事，使部落得到很好的发展。

黄帝喜好动物，驯兽术乃他的看家本领，豺狼虎豹都为他所用。为此，他还专门发明了车与轮子，以便驾驭。

炎帝不擅战争，但他懂治理、擅农事。他尝百草，分辨各种植物属性，发现了"粟"这种可食用的农作物。为了方便种植，炎帝还发明了农具耒耜。当别的部落在为温饱而流血牺牲时，炎帝所在的部落已经能够自给自足。

蚩尤好战，全身铜皮铁骨，战无不胜，蚩尤部落主要依靠掠夺其他部落的资源维持本部落生存，经常因此与其他部落爆发战争。有一次炎帝部落与蚩尤部落爆发战争，蚩尤战胜了炎帝。为了维持部落间的公平和秩序，炎帝请求与黄帝联合收服蚩尤部落。炎、黄两个部落合并后，对蚩尤部落的安全造成了威胁，涿鹿之战中蚩尤战败被杀，蚩尤部落纳入炎黄二帝的管辖范围。由于炎黄二帝威名远播，其余部落也纷纷归降，华夏统一。

以血缘为基础的原始部落逐渐被跨地域的部落联盟所取代，建立了有不同生产、生活方式的部族联合的"大一统"政权，自此"四海一家，协和万邦"。

炎、黄二帝共创了"大一统"的社会历史，从此揭开了中华五千年文明的大幕。

自秦汉以后，中国大部分政权的初创者、领导者都以统一天下为己任。"大一统"成为历代封建中央王朝和少数民族地方政权的统治者累世不变的立国思想。中国人如此强烈的"大一统"思想就来源于"炎黄联盟"的思想和行动，炎黄联合、华夏统一是炎帝"大一统"思想的最初实践。

肇始于炎帝的"大一统"思想对国家的统一和稳定一直发挥着深远而积极的影响，后来发展成儒家"大一统"思想，以统一为纲，确立有序的社会制度以达到治平天下的目标，成为几千年来中国历史发展的主流。

第二节　南宫适："礼乐并重"的治国理念

如果说炎帝神农氏以"农"的精神点燃了曾随地区文明的第一把火，而真正将这片土地以国家的形式屹立于汉东大地的，却是南宫适。根据系列考古发现，南宫适为随国始封之君。

南宫适(生卒年不详)，又称南宫子。南宫适身历文王、武王、成王三世，是周族的重要谋臣，参与了拯救姬昌(即周文王)的行动。作为周族的大将，他曾率领周族大军进攻商朝的周边小国，俘虏了邘国和黎国国君。文王死后，南宫适继续辅佐武王，成就伐商大业。武王伐商成功后，南宫适受命将商王搜刮囤积在鹿台的财宝和粮食分发给穷苦百姓，并且将商王的祭祀重器九鼎和其他国家的珍宝玉器迁到了周朝国都。《左传·昭公二十四年》记载武王称自己有"乱（治）臣十人，同心同德。虽有周亲，不如仁人"，南宫适是武王所称的十个重要大臣之一。

南宫适还是成王的辅国重臣之一。《后汉书·班彪列传》记载："昔成王之为孺子，出则周公、召公、太史佚，入则大颠、闳夭、南宫适、散宜生，左右前后，礼无违者，故成王一日即位，天下旷然太平。"

南宫适是周族创业时期的重要谋臣和大将，为周朝的开国元勋，受到几代周天子的重用，周天子把最信任的重臣分封到随国，是西周王朝经营南方大策略的重要部分，除了"克逑淮夷"监视江夏蛮夷外，还有更为重要的任务，就是保障"金道锡行"（青铜运输通道）的畅通。

随国靠近长江中下游铜锡产地，"随枣走廊"是向北方输送铜锡资源的重要通道，随国承担着保护、控制、运输、管理南方铜、锡资源的职责。这条通道通过涢水、长江将鄂东南大冶、江西瑞昌和安徽铜陵等地的铜矿资源沿江而上，通过"随枣走廊"再北上运至周王朝。

在南宫家族的治理下，特别是帮助周天子平息鄂侯驭方和淮夷之乱后，随国成为汉淮一带真正的霸主。他们以随州为中心，将国土扩张到今湖北、山东以及河南等地，一时间随国成为西周王朝在南方的"支柱"国。

作为周王朝的嫡系诸侯国，随国很好地传承了"周礼"文化。"礼乐兴邦，淫乐亡国"，为了天下长治久安，周公制定周礼，开创礼乐教育，至今仍是人类最优秀的教育方法之一。随国奉行周王朝治国理念，实行"礼乐并重"，将"礼乐"文化内化于心、外化于行，体现了以德治国的理念，也是中国古代圣贤所认为的治理国家最理想、最有效的方式。随国内修国政，外结睦邻，绵延近八百年，就是"礼乐并重"治理国家的成功案例，打造了礼乐治国的典范。

礼与乐作为随国的主要治国手段，不仅是中华民族宝贵的文化遗产，而且对当今社会制度文明和精神文明建设具有相当重要的参考价值，有利于和谐社会的构建，并且礼乐治国的模式对于我们今天构建和谐社会仍具有现实意义。

第三节　季梁：国家治理先驱

春秋时期，天下诸侯开始僭越周礼，春秋五霸挟天子而令诸侯，礼崩乐坏，社会动荡不安，强国兼并弱国，相侵相伐，干戈不息。

与随国为邻的楚国实力日益强大，对随国这个来自北方贵族统治的国家，既具有敬畏之心，又怀有侵伐之意。而在这个特殊时刻，随国大夫季梁以一己之力，让楚国闻风丧胆，不敢冒犯，足见一个人的治国思想对一个国家的影响之大。

楚武王是一位很有野心的人物，为了加强对南方的控制，多次带领大军进攻江汉诸姬，也多次在南方主持会盟，主要目的就是要宣誓楚国人在南方的霸权。可是天下诸侯，皆为天子分封，随国根本不愿意认同楚国，不愿意参加楚国主持的联盟大会。楚武王对此非常不满，带领大军进攻随国。就算是楚武王这样的霸主之君，也不能灭亡随国，只是与随国签订结盟协议后退兵。在楚武王的下溠之战中，楚武王虽然以压倒性的优势逼迫随国，但随国依然举全国之力抵御楚国。在这一场战役中，楚武王虽占尽优势，却因路途劳顿，生了重病死于军中，随国免去了灭国之祸。

随楚几场战役随国不灭的根源，在于季梁。《左传·桓公六年》记载了季梁与随君关于民神关系的一段对话。针对随君重神轻民的思想，季梁提出了"夫民，神之主也。是以圣王先成民而后致力于神"。这里"民为神主"的思想，是季梁哲学思想的精髓。民主宰神的思想，是对中国进入奴隶社会以来，占统治地位的天命神权思想的大胆否定，是对西周以来出现的怨天尤人思想的重大发展，为无神论思想起了推波助澜的作用，在中国哲学史和无神论发展史上具有十分重要的地位。

季梁对随楚关系格局影响重大，辅佐随君期间，提出"修政而亲兄弟之国"的政治主张，以及"避实击虚"的军事策略，使随国成为"汉东大国"。

"亲兄弟之国"的外交方针，是季梁政治思想的一个重要方面。所谓"兄弟之国"，指汉水以东、江淮之间的众多诸侯国。这些国家，或为姬姓，或为异姓，它们生存于晋、楚两个大国之间，一方面朝秦暮楚，另一方面又互相攻伐。季梁正是在客观地分析了这一现实的基础上，才提出了"亲兄弟之国"的外交政策。

季梁不仅是一位著名的政治家和思想家，更是一位杰出的军事家。透过事物某些现象，分析事物的实质，"避实击虚"的军事策略，是季梁军事思想中的闪光之处。季梁正是透过楚人"求成"的现象和"羸师"的假相，看出了楚人侵略的实质。因此，当随君将要依狂妄自大的少师之意追击楚军时，他出面制止，并戳穿楚人的阴谋。他说："天方授楚，楚之羸，其诱我也，君何急焉？"季梁的这一军事思想，被后来大军事家孙武加以总结和发挥，成为著名的战争指导原则。季梁军事思想的难能可贵之处，还在于已经朦胧地意识到政治是决定战争胜负的重要因素。

季梁在辅助随君治理随国期间，励精图治，内修国政，外结睦邻，政绩显赫，楚国名臣知随国有季梁在，不敢大举攻随。《国语》言："汉东之国，随为大。"随国成为汉东大国，季梁功不可没。

第四节　杨坚：开创科举制度先河

随州是隋文帝杨坚的龙潜之地，是隋王朝的"实验田"。杨坚的父亲杨忠为北周立下赫赫战功，被北周王朝封为"随国公"。杨坚 22 岁即赴随州，任随州刺史，"龙潜"随州思考治世良方，将随州治理得路不拾遗，夜不闭户，沃野千里，百姓安乐。后杨坚袭父亲杨忠"随国公"爵位，581 年，杨坚篡位称帝后立国号为"隋"，足见随州对其影响深刻。

公元 589 年，隋灭南陈，结束了自西晋末年以来持续 270 多年的南北分裂对峙的形势。杨坚实现天下一统，不仅得益于他的韬晦与用人之术，更在于他在政治、经济等制度方面进行了一系列的改革。

制定了《开皇律》。隋文帝杨坚除了在政治、经济领域进行一系列的改革和调整外，特别加强法制建设，制定了历史上著名的《开皇律》，上承汉律的源流，下开唐律的先河，在中国法制史上占有重要地位。

创立科举制。魏晋以来，官员选拔采用九品中正制，官员大多从各地高门权贵的子弟中选拔。许多出身低微但有真才实学的人，却不能到中央和地方担任高官。为改变这种弊端，隋文帝开始用科举考试来选举人才，按考试成绩选拔人才。科举制度正式诞生，从隋代至清末延续了 1300 多年。科举制度打破了豪门世族对政治权力的垄断，国家机构的组成向着尽可能大的社会面开放。通过文化考试，提升了整个社会崇尚文化的气氛。尽管现代对科举的批评很多，但在古代却是一种非常先进的制度。

实行"五省六部制"。隋文帝废除九品中正制，改为五省六部制，是唐代三省六部制的蓝图。其重要意义是由国家掌管中央政令和政策的制定、审核与贯彻执行。各部之间相互牵制，又互为补充，分工明确，行政效率大为提高。

《剑桥中国隋唐史》评价道："隋朝创造了一个中央集权帝国的结构，在长期政治分裂的各地区发展了共同的文化意识。人们在研究其后的伟大的帝国的结构和生活的任何方面时，不能不在各个方面看到隋朝的成就。"

杨坚开创的隋朝尽管只有 37 年，但对后世中国产生了巨大深远的影响。隋朝的军队拖延阻止了周围异族的强大与崛起，为盛唐的到来打下了坚实的基础。杨坚建立隋朝后，创立五省六部制、科举制，知人善任，大胆起用人才；在吏治上，严惩贪赃枉法，大力推行廉政；在经济上，一再轻徭薄赋，倡导节俭爱民，其治理思想肇始于随州。

宋末史学家马端临在《文献通考》中说："古今国计之富者莫如隋。"杨坚是我国历史上最有作为的帝王之一，也是被世界史学家誉为"世界上最伟大帝王"之一。

第三章　随地的县郡州之变

从秦汉至今二千多年间，随州建置虽然变迁频繁，但大部分时期或设郡、州，或置专署，成为江汉、鄂北的政治、经济、军事、文化中心。秦汉一统，随地由春秋时代的"汉东大国"而改为随县，隶属南阳郡。西晋时期为随县，属于义阳郡，后升级为郡。南北朝改设随阳郡，后又改为随郡、北随郡；北周设汉东、义阳二郡。西魏随升为州，辖郡、县。隋仍设州，后废州设汉东郡。唐改郡为随州。宋、元仍为随州。明朝为随州，属德安府，清朝统一天下，仍属德安府。民国后为郡为州千余年的随地，重回县建置。随地地处长江流域和黄淮流域的接合部，又属南北要冲地，长期处于南北对立政权的争夺之中，隶属身份时南时北，行政区划一再变更，由县而为郡、为州又为县。

第一节　"县"升级为"郡"与司马孚的关系

西晋时期随地由县"升级"为"郡"，与西晋开国皇帝晋武帝司马炎有关。

三国时代，随县曾一度属于关羽镇守荆州时的地盘。关羽"大意失荆州"之后，随地为曹魏获取。公元220年，魏文帝曹丕称帝，或许是出于对南方吴国的战略考量，他从南阳郡中分出新野、穰、邓、蔡阳、随等12县设立义阳郡。不久又废义阳郡，随县隶属于南阳郡。263年，魏灭蜀之后，三国鼎立变成了南北对峙，南北交接地带的火药味更为浓厚。265年，司马炎获取帝位，是为晋武帝。司马炎称帝之后，又分南阳郡东部12县置义阳郡，随县仍在其中。

司马炎即帝位后，大封司马氏宗室子弟为王，诸王可置军士，自行选用文武官员，收取封国租税，希望他们互相维系，共同拱卫中央。据《晋书·宗室司马孚传》载，这"诸王"中，就有"以义阳国一县追封为随县王"的司马整，司马整早逝，即以其子司马迈继承"随县王"的爵位。公元279年，晋武帝司马炎派大军伐吴，东吴灭亡，结束了三国鼎立的局面。288年(太康九年)，天下一统的晋武帝司马炎又提高了"随县王"司马迈的待遇，"以义阳之平林益迈为随郡王"，即将随、平林(治所在今随州城东北百余里处）二县从义阳郡分出，置随郡，从而随县升级为随郡，"随县王"升级为"随郡王"。

司马炎对司马整司马迈父子的格外施恩，其实是得荫于其祖上的功德。

司马整的祖父司马孚，是司马炎祖父司马懿之弟，在三国曹魏及西晋时都是重臣，司马家族受到曹魏朝廷的重用，家族里的人本该一生效忠朝廷，可是与其他几位兄弟不同的是，司马孚自始至终只尊崇曹魏皇帝，从无二心。公元260年，曹髦被杀害，朝中的文武百官都不敢去处理后事，唯有司马孚枕尸于股，哭之恸。

就算司马炎当上了西晋的皇帝，司马孚还是表示，自己只对曹魏忠诚。司马炎知道司马孚的心思没有处置他，也因为司马孚是自己的叔祖父。

到了公元272年，司马孚已经93岁了，死前留下了一封遗书，上面写道："有魏贞士河内温县司马孚，字叔达，不伊不周，不夷不惠，立身行道，终始若一，当以素棺单椁，敛以时服。"这句话中的魏贞士是司马孚对自己的称呼，用以表达自己对曹魏的忠心。对于这么一个"不识时务"的人，司马炎仍尊崇有加，"封为安平王，邑四万户。进拜太宰、持节、都督中外诸军事"，并"以司马孚明德属尊，当宣化树教，为群后作则"，将司马孚作为一个道德标杆，教化诸王大臣，将司马孚对魏之忠，转化为群臣对晋的忠诚服从。在司马孚去世16年之后，晋武帝司马炎仍施恩于其曾孙，将司马迈由"随县王"升格为"随郡王"，可见司马炎对司马孚的尊崇有加是发自内心，也显示出司马炎作为西晋开国之君的胸襟气度。

第二节　"羊车望幸""八王之乱"与"随郡"

正是因为晋武帝胸襟大度，知人善任，并采取了一系列经济措施以发展生产，太康年间出现了一片繁荣景象，史称"太康之治"。但好景不长，天下太平了，司马炎也骄奢淫逸起来。史称司马炎"多内宠，平吴后，复纳吴王孙皓宫人数千，自此掖庭殆将万人，而并宠者甚众，帝莫知所适，常乘羊车，恣其所之，致使宴寝。"这便是"羊车望幸"的故事。

上行而下效，官员荒淫腐化，奢侈浪费，风气日渐败坏。皇亲国戚公卿贵族巧取豪夺，贿赂公行。在这种背景下，捷足先登的司马氏诸王，势力也日益加强。本来是为了吸取曹魏皇室衰微终至灭亡的教训，而大封皇族为藩王，不料正是这些司马氏诸王野心膨胀，而终于酿成"八王之乱"。

公元 290 年，逐渐怠惰政事、奢侈腐化的司马炎，患病而逝，年仅 55 岁。太子司马衷继位，是为晋惠帝。291 年，由皇后贾南风与楚王司马玮合谋杀死顾命大臣杨骏开始，诸王为争夺中央政权，一一粉墨登场，不断相互厮杀，前后历时 16 年，成为我国历史上空前的大内讧，成为西晋迅速灭亡的重要因素。16 年中，参战诸王多相继败亡，人民生灵涂炭，社会经济严重破坏，西晋力量消耗殆尽。

公元 317 年，西晋灭亡。东晋仍置随郡，随郡成为南方阵营的一员。据《水经注》载，经西晋末丧乱，人口流徙，作为随郡属县的平林县，这时已从今随州东北迁至西南随县柳林镇古城一带，晋穆帝永和五年（349 年），于此修筑新城，作为平林县治所。

而作为东晋的北方前沿，随郡随时成为南北相争的战场。《晋书·桓石民传》载，晋孝武帝太元七年（382 年），随郡太守夏侯澄率军与振武将军桓石民，打败前秦来犯之军于漳口（今湖北安陆市境）。

南朝宋时（420—479 年），随郡下辖随、永阳（治所在今安陆市北境）、阙西（今随县唐县镇）、西平林四县，阙西、西平林均为宋末新置。478 年，宋一度改随郡称为随阳郡，随县亦改称随阳县。南朝齐时仍称随郡，下辖随、永阳、阙西、安化四县。

鉴于随郡的重要战略位置，南朝宋、齐时代皇帝多次将子弟封于随郡：宋文帝改封第六子广陵王刘诞为"随郡王"，宋顺帝改封弟南阳王为"随郡王"，齐武帝封第八子萧子隆为"随郡王"。

第三节　"随郡"领八县的历史地位

隋朝时期随地由"随郡"而为"随州"，这与隋朝开国皇帝杨坚之父杨忠颇有一段渊源。

据《周书·杨忠传》《北史·隋本纪上》等记载，南朝梁发生内乱，当时建都长安（今陕西西安）的西魏发现了向南发展的大好时机，于是任命大将杨忠都督汉江流域 15 州诸军事，伺机进取。杨忠兵抵随郡，率部奋勇攻下池城，生擒随郡太守桓和。于是，"所过城戍，望风请服"，南朝梁之安陆、竟陵（今钟祥境）守将均望风请降，时为西魏大统十六年（550 年）。

杨忠攻下随郡，成为西魏向南拓展的关键一役。随郡至此又由属"南"而变为属"北"。

西魏控制随郡后，将其行政建制升格为州，今随州地区便从西晋以来郡级行政机构上升到中央"直辖"的州一级地方行政机构"随州"。北周代西魏而立，公元 559 年，北周明帝考虑到杨忠在夺取随州时所建立的功勋和随州战略地位的重要，封杨忠为随国公，食邑一万户，另在竟陵县食邑一千户，随后又相继任命杨忠为御正中大夫、大司空。

建德六年(577 年)，杨坚随周武帝灭北齐，此后两年之内，周武帝和周宣帝相继去世，继位的周静帝年方 8 岁，身边出现权力真空，杨坚凭借军事贵族的家世和皇太后之父的外戚身份，以辅政为名，行夺权之实，胁迫年幼的静帝诏赠其曾祖杨烈、祖杨桢为随公，接着又胁迫静帝进其爵为"随王"，以随等 10 郡为随国，策划了代周的实际步骤。次年，即改朝换代，确立更新王朝国号。从这个意义上看，随州是杨坚建国滥觞之地。

隋朝建立之初，即着手改革地方行政制度，按照"存要去闲，并小为大"的原则，把北朝的州、郡、县三级改为州、县二级，炀帝大业三年(607 年)又改州为郡。随州改置为汉东郡，领随、土山、安贵、顺义、光化、平林、上明、唐城等 8 县。然而，隋王朝国祚短促，汉东郡在隋的地位和发展尚未充分显现出来。

第四节　由隋至唐屈居"下州"

唐之代隋，不同于以往温文尔雅、三辞而后受的政变式"禅让"，而是群雄并起、攻城略地，战争激烈。正如唐太宗在其《劳邓州刺史陈君宾诏》里所称："隋末乱离，毒被海内，率土百姓，零落殆尽，州里萧条，十不存一。"

据《隋书·地理志》《唐书·地理志》等记载，在隋炀帝大业年间，随州有户数 47193 户。而唐代贞观年间随州辖境大体相当于隋代汉东郡，但户数仅为隋的 5.2%，损户近 95%，可见隋末战乱是如何残酷，至唐"贞观之治"的时候，随州人口仍然稀少。

随州此时不得不屈居"下州"。唐朝前期，州有辅、雄、望、紧、上、中、下七等。当时全国共有 327 州，其中有上州(包括辅、雄、望、紧州)109 个；中州有 29 个；下州有 189 个，随州名列其中。

随州人口的锐减，也证明了隋唐之际，在此地战争的惨烈程度。随州作为南北要冲的战略位置，屡屡成为兵家必争之地，而老百姓自然是非亡即逃，走为上计。唐朝建立初年，各地尚存若干割据势力，其中王世充盘踞洛阳，自立为帝，国号郑，以洛阳为中心，西与李唐政权对峙，南控襄阳、随州，与占据江陵的萧铣政权相邻。王世充以魏王王弘烈镇襄阳，徐毅为随州（即隋汉东郡）总管，成为抗拒李唐的重要势力。

唐武德三年（620年），唐军攻克襄阳樊城，随州总管徐毅见大势已去，遂"举州降"。徐毅降唐后仍为随州刺史，但很快，唐朝便以高祖李渊之妹同安公主夫婿王裕管辖随州，直接将随、荆、襄等战略要地之州，掌控在皇亲国戚手中。、

第五节　李惠登带随重返"上州"

唐代诗人刘长卿任随州刺史，将自己取名为"刘随州"，以诗文给随州扬名，但使随州重返"上州"之列的，还是其继任者李惠登。李惠登本是李希烈的属将，在李希烈反叛之后，"授惠登兵二千，镇隋州。贞元初，举州归顺，授隋州刺史、兼御史中丞"（清同治八年版《随州志》，下同）。

随州在"遭李忠臣、希烈奸残之后，野旷无人"。李惠登在这种历史背景下登上了舞台，在唐德宗贞元初年即"举州归顺"，唐王朝授李惠登为随州刺史、兼御史中丞。"惠登朴素不知学，居官无拔萃，率心为政，皆与理顺。利人者因行之，病人者因去之"，李惠登不同于刘长卿，没有多少文化，但他全心为地方、为百姓服务，有利的就做，有害的就除，于是"二十年间，田畴辟，户口加。诸州奏吏入其境，无不歌谣其能"。其上级将他的政绩向朝廷报告，朝廷又给他"加御史大夫，升其州为上。寻加检校国子祭酒。及卒，加赠洪州都督"。

"升其州为上"，说明随州在李惠登20年的治理下，由"野旷无人"而休养生息，人口增长与经济发展都达到了当时"上州"的标准，而朝廷给予李惠登"御史大夫""检校国子祭酒""洪州都督"的荣誉称号，不仅是提高他个人的"级别待遇"，更是对"良吏"这一群体的褒奖与鼓励。

第四章　古代的能臣名吏

随州历史上有大量值得挖掘和研究的人文历史资源，他们是留给随州人民的精神财富和丰富的文化遗存。他们的事迹及展现出来的学识品质、眼光格局，值得我们认真汲取并弘扬。

第一节　西周时期：南宫适

南宫适，又称南宫子，姬姓。商周交替时的重要人物，西周著名贤者、重臣，曾（随）国的始封之君。

《周书·君奭》提到文王谋臣，有虢叔、闳夭、散宜生、泰颠、南宫适五人。武王时，虢叔已死，只剩四人，《尚书大传》称为"文王四友"。文王死后，南宫适继续辅佐武王，成就了伐商大业。武王灭纣后，周王将南宫适封于随国，前往封地建国的是其长子南宫狁。

第二节　春秋时期：曾侯乙

曾侯乙（约前475—约前433），春秋时期曾国（随国）的国君，姬姓，始祖南宫适。公元前433年左右去世（年龄约为42~45岁）。

曾侯乙墓里出土的文物创下了很多的历史之最和世界之最，堪称一场文物界的吉尼斯。如：世界上最早的28星宿图、世界上最庞大的青铜乐器——曾侯乙编钟、代表中国古代青铜铸造的最高水平的酒器尊盘、中国古代最早的冰箱铜鉴缶等。曾侯乙墓是反映春秋战国时期历史最重要的发现，被公认为20世纪世界最重要的考古发现之一。曾侯乙墓出土的以曾侯乙编钟为代表的大量文物以其在文化艺术和科学技术上的辉煌成就而震惊世界，改写音乐西来的历史，是中国迄今发现数量最多、保存最好、音律最全、气势最宏伟的一套编钟，代表了中国先秦礼乐文明与青铜器铸造技术的最高成就，在考古学、历史学、音乐学、科技史学等多个领域产生了巨大的影响，曾侯乙本人也被人誉为"伟大的音乐家"。

第三节 春秋时期：季梁

季梁，又称季氏梁、季仕梁，政治家、军事家、思想家。春秋初期随国大夫，我国南方第一位文化名人，开儒家学说先河的重要学者。李白誉其为"神农之后，随之大贤"。

季梁对随楚关系格局影响重大，辅佐随侯期间，提出"夫民，神之主也"的唯物主义思想、"修政而亲兄弟之国"的政治主张以及"避实击虚"的军事策略，使随国成为"汉东大国"，被称为"荆蛮"的楚国虽"三次征伐"，皆"结盟而还"。

正是由于季梁外交政策的效应，在各类典籍中，很少见到随国与周围一带兄弟国家干戈相加的记载。相反，与随相邻诸国的一些青铜器在随境内相继出土。这些文物，当多为酬赠之品。这说明季梁的政治思想已在随人心目中产生了较为深远的影响，也说明自季梁以后的历代随侯基本上沿用了"亲兄弟之国"的外交政策。随国之所以成为汉阳诸姬中国祚最长的国家，是历代随君奉行季梁政治思想的结果。

第四节 西汉末年：陈牧、廖湛

陈牧(？—公元 25 年)、廖湛(？—公元 26 年)，柳林古城畈人。西汉末绿林农民起义领袖。西汉末年，王莽称帝，政治腐败，各地农民纷纷起义。公元 17 年，新市(今京山县)人王匡、王凤叔侄率众在大洪山起义，称"新市兵"。

公元 22 年，陈牧与廖湛率千余人在平林(今古城畈)响应，称"平林兵"。"新市兵"攻打随州时，"平林兵"与"新市兵"汇合，称"绿林军"。

"绿林军"攻打枣阳时，春陵(今枣阳吴店)豪强刘玄、刘秀(均为枣阳人)率"春陵兵"加入"平林兵"。

公元前 23 年，起义军拥刘玄为汉帝，年号"更始"，改起义军为"汉军"，封王匡为比阳王，王凤为宜城王，陈牧为阴平王，廖湛为穰王。"绿林军"和山东的"赤眉军"推翻王莽统治后，陈牧遭刘玄疑忌被杀。陈牧遇害后，王匡、廖湛率兵归"赤眉军"。建武二年(公元 26 年)，廖湛率"赤眉军"18 万人攻打刘玄所封汉中王刘嘉，失败遇难。

第五节　东汉时期：周章

周章(？—107年)，字次叔(一说"次升")，南阳郡随县人。东汉大臣。随州汉代人物唯一得以在"正史"中列传的人。

东汉中期，朝廷出现了严重的外戚与宦官政治斗争。周章早年在南阳郡任功曹，当时外戚大将军窦宪得势，封冠军侯。周章跟随南阳太守巡行到窦宪处时，太守想去谒见窦宪，周章进谏反对，太守不听，登车欲行，周章拔出佩刀，砍断缰绳，使太守无法上路。后来窦宪被诛，公卿以下与其有来往者都失官解职，南阳太守由此幸免于难，周章遂受到太守重用，举孝廉，历任中郎将、光禄勋、太常，均为九卿之官。

永初元年(107年)冬，当时邓太后以平原王刘胜有痼疾，立养子为殇帝。殇帝死，群臣拟拥刘胜为帝，邓太后恐为后患，又立刘祜为帝。周章以众心不附为由，策划秘密关闭宫门，杀邓氏兄弟及秉政宦官郑众、蔡伦(即发明造纸的蔡伦，南阳人)等人，劫尚书，废太后，拥刘胜为帝。后事情泄露，被免职后自杀，死后家无余财。其事迹见《后汉书》卷12《周章传》。

第六节　南北朝时期：宗悫

宗悫(？—465年)，字元干，南阳涅阳(今河南省邓州市)人，东晋书画家宗炳之侄，南朝宋名将。

宗悫出生于西晋末年，少年时代专爱舞枪弄棒。14岁时，一个人打得十几个强盗四散奔逃。叔父宗炳问他将来有什么志向，他回答道："愿乘长风破万里浪。"此话就是成语"乘风破浪"的最早出处。

宗悫早年效力于江夏王刘义恭，后以振武将军之职随征林邑国，升任随郡太守，又参与平定雍州蛮乱。宋文帝遇弑后，拥立武陵王刘骏为帝，随其讨平元凶刘劭，升任左卫将军，封洮阳县侯。后历镇广州、豫州等地，先后平定南郡王刘义宣、竟陵王刘诞的叛乱，官至安西将军、雍州刺史。

永光元年(465年)，宗悫在雍州病逝，朝廷追赠征西将军，谥号为肃。

据清同治版《随州志》记载，宗悫墓在随州城玉波门宗家岭。乾隆十三年(1748年)，居民在玉波门内宗家岭锄地，"得断碑"，断碑是石质的，仅存一"悫"字。知州王云翔确认为"宋征西将军宗悫墓"的墓碑，因而重新立碑于墓前。此后，数任知州曾重立宗悫墓碑。

1957 年新中国文物普查，发现随州小十字街木器社集材场（后改为家具厂）院里面有一大土冢，高 2.8 米，直径 15 米，南有拜台；土冢前有石碑，碑刻为："宋征西将军宗悫之墓，大清光绪二十五年，岁次己亥夏月，知随州事陈树屏立。"

如今，宗悫墓、宗悫碑已无踪影。玉波门附近一街巷命名为"宗悫巷"。

第七节　南宋时期：孟珙、李庭芝、边居谊

孟珙（1195—1246 年），字璞玉，号无庵居士。随州出生，原籍绛州（今山西新绛）。南宋中后期军事家，民族英雄，左武卫将军孟宗政第四子。早年随父于枣阳抗金，在孟宗政死后接管忠顺军，累官京枢密都承旨、京西湖北路安抚制置使，四川宣抚使兼知夔州，后进封汉东郡开国公。淳祐六年（1246 年），孟珙病逝，年五十二。后特赠太师、吉国公，谥号"忠襄"。

孟珙虽为武将，但注重文教事业，于战乱之际兴建公安书院、南阳书院，又精研《易经》，颇通佛学。著有《警心易赞》《无庵法语》等，今已佚失。《全宋诗》《全宋文》辑录有其诗文。

李庭芝（1219—1276 年），随州人，字详甫。祖籍河南开封，南宋末抗元将领。淳祐元年（1241 年）中进士，宝祐年间，知真州，累迁两淮安抚制置大使兼知扬州。后益王派遣使者以太子少保、左丞相的职务召回朝廷，随从姜才一起转战泰州。

德祐二年（1276 年），突围失败，被抓殉难。时年 57 岁。扬州人将他们安葬在广储门外，并建"双忠祠"奉祀。《宋史》卷 421 有其传。

边居谊（？—1274 年），随州人。南宋末抗元将领。初为李庭芝部属，屡立战功，升任都统制（统帅诸军的将领）。蒙古军逼襄阳，边居谊坚持抗守。

咸淳十年（1274 年），以京湖制置帐前都统职务，奉命镇守新城（今沙洋县李市镇），他散家财以鼓士气。降元宋将吕文焕于城下劝降，边居谊施计射中其右肩，率部 3000 人死战，因寡不敌众拔剑自刎；未死，又赴火自焚，其妻华氏、盖氏从之，部下皆为国殉难。为纪念边居谊，后人在新城建有居谊庙。《宋史》卷 450 有其传。

第八节 元朝末期：明玉珍

明玉珍(1329—1366年)，原名瑞，字玉珍，湖广随州随县(今湖北省随县)人，元末义军领袖。

至正十一年(1351年)，元末农民战争爆发，明玉珍集乡兵千余人屯青山，结栅自固。至正十三年冬(一说为至正十二年)，参加徐寿辉领导的西系天完红巾军，任元帅。至正二十年夏，陈友谅杀徐寿辉自立为帝，明玉珍不服，不与相通，自称陇蜀王。之后，受刘桢等人拥立称帝，国号大夏，定都重庆。

至正二十六年春，明玉珍病故，庙号太祖，享年38岁。同年9月，葬于重庆江北区宝盖山陵。子明升继位，年仅十岁，母彭氏同听政，改元开熙。

第九节 明朝初期：陈寿

陈寿(？—1411)，随县三里岗镇常安店村陈家冲人。国子生出身，官至工部左侍郎。

洪武年间，陈寿由国子监生被授予户部主事。永乐元年(1403)，升为员外郎。后出任山东参政，所到之处他都以爱民为务。因夏原吉的推荐，他被召为工部左侍郎。皇太子在南京监国时，陈寿每天都陈述兵民困敝的情况，找机会为太子建言。太子采纳了他的意见，称其为"侍郎第一人。"

九年(1411)，因汉王朱高煦的诬陷，陈寿被投进监狱，因为贫穷，早晚饮食都不能保证。官属中有人送给他食物，他拒而不受，结果竟死于狱中。过了一年，入葬时他容貌仍如生前一样。仁宗即位后，赠给他工部尚书一职，谥号敏肃，授予他的儿子陈王常为中书舍人，后来也做到工部侍郎。《明史》卷38有其传。

第十节 明朝中期：李中

李中(1478—1542年)，明代官员，字子庸，世称平谷先生。祖籍江西吉水，迁居随州。《明史》卷203有其传。

正德二年(1507年)湖广乡试第一名，九年(1514年)成进士。内阁首辅杨一清曾经召其为朝廷效力，李中却辞而不受。后因情难却遂授任工部主事。不久却因抗疏忤旨被谪为广东通衢丞。

正德十二年（1517 年），江西南部以及江西、福建、广东交界的山区爆发民变。山民依靠山地据洞筑寨，自建军队，方圆近千里。地方官员无可奈何，遂上奏明廷。兵部举荐时任右金都御史的王守仁（汉族，幼名云，字伯安，别号阳明。浙江绍兴府余姚人）巡抚江西，镇压民变。这位明代著名的思想家、文学家、哲学家和军事家入赣后请李中做参军，李中办事干练深得阳明先生赞许，又擢广东金事，再迁广西提学副使。

在任广西提学副使时，李中以身为教，把品德优秀好学上进的学生聚在五经书院，每五日为这些学子亲自登堂讲学。后又三迁广东右布政使。因与广东总督及巡抚御史政见不一，不愿同流合污，开罪于这些上级，被降为四川右参政。

正德十八年（1523 年）擢右金都御史，巡抚山东，进副都御史，总督南京粮储。

1542 年病卒于南京，终年 64 岁。死后嘉靖皇帝谥号"庄介"。

李中为官清廉，家里贫穷，曾因罢官回归故里随州，有一次家里来了客人，想留客吃饭，却无米下锅。米借到了，却又无柴火，就用洗澡用的浴器烧火做饭，还没做好太阳就落山了，客人没有等到吃饭就告辞而去。

第十一节　明朝晚期：何宗彦

何宗彦（1559—1624 年），字君美，一字若善，号昆柱，官至吏部尚书兼东阁大学士。17 岁时随父何思泉由金溪（今江西省辖地）定居随州。何宗彦代理礼部尚书六年，为官清廉，治事井井有条，遇事能以大局为重，多次直言进谏，在廷臣中声望日高。

何宗彦虽一生辅佐过 3 位皇帝，但他却淡于求名，拙于求利。天启三年（1623 年），晋少保兼太子太保、户部尚书；少傅兼太子太傅、太子太师、吏部尚书，建极殿大学士。

天启四年正月卒于任上，赠太傅，谥"文毅"。死后，奉旨建祠，以示纪念。

何宗彦死后葬回随州，他的墓在广水市马坪镇，现在原迹已毁。据清同治版《随州志》记载："明太傅建极殿大学士何宗彦墓在州东五十里马坪港，其地已入应山，天启中副使李佺台题准孙振崇入应山县为守茔生员。"据说随州市博物馆家属院内保存有清代"明太傅何公故里"石碑。

第十二节 清朝：戴曜堂

戴曜堂（？—1861年），号文庵，人称"戴九""九爷"。万和新城人。戴家世代勤苦持家，经营有方，至道光年间田产、商家遍布鄂、豫两省。学书不成，遂绝意进取，捐赀募勇，交纳豪侠。

咸丰三年（1853年），太平军占据武昌，戴曜堂修葺田王古寨，广储积缮甲兵，训练乡勇数千名与太平军抗衡。捻军往来，不敢经过其地，由是名闻豫楚。

咸丰十一年（1862年），农历二月二十三日，太平军将领范立川率部攻随城，三月初一，随州知州严澍寿、戴曜堂率乡勇数百人及清军与太平军对阵被斩。戴曜堂死后，官绅题请入祀昭忠祠，世袭云骑尉。其庄园戴家仓屋被以后各方军队多次利用。

第十三节 民国时期：何成濬

何成濬（1882—1961），字雪竹，湖北随州人，中华民国陆军二级上将，湖北省长，人称小孟尝和湖北大家长，被誉为天才的说客和杂牌军的领袖。早年追随黄兴，黄兴去世后随孙中山和蒋介石，在北伐和中原大战中活跃一时。因西安事变棋错一步而受到冷遇。抗战开始后却被任命为执法总监。抗日战争胜利后任湖北省议长。1961年病逝，生平著有《八十回忆》。

第五章　辛亥革命中随州人的主力军作用

　　1911 年，是中国农历辛亥年。这一年发生的辛亥革命推翻了清朝政府，结束了在中国延续几千年的君主专制制度，成为里程碑式的历史事件。随州许多仁人志士投身革命洪流，成为革命前沿的斗士，并在其中发挥了重要的作用。

　　《随州革命斗争大事记 1842—1949》(中共随州市委党史资料征编委员会编)记载："湖北新军于武汉三镇举行起义。随州籍同志参加者达二百余人，且赵承武、王家驹、万维发、吴广友、方孝慈、王鹏程等二十余名同志，在战斗中阵亡。"第 15 页说："1913 年 3 月袁世凯派总统府顾问覃师范至鄂与黎元洪磋商裁军问题，并召开裁军会议，将湖北八镇缩编成三镇加两协。决定把所有编余官兵由主管单位资遣回籍。随县参加湖北新军的官兵廖相如、严山谦、万汝若、刘旸若、沈经武、刘泽南等 150 余人，由第三镇裁回随县。"

　　2019 年版《中国共产党随州历史》第 1 卷第 4 页说："1911 年，辛亥革命掀起了近代中国社会反帝反封建的浪潮，300 多名随州籍的革命志士参加了武昌起义，三里岗的许学源、安居店的林翼支等原湖北新军的中下级军官，在武昌起义中出谋划策，冲锋陷阵。武昌起义时，林翼支被推举为前敌指挥，在推翻清朝封建统治的斗争中发挥了重要作用。"

　　随县籍辛亥志士在辛亥革命中发挥出的重要作用是显而易见的。有运筹帷幄的如吴醒汉，有前线指挥的如林翼支等，有冲锋陷阵的如赵承武、彭纪麟等，有暗中相助的如何成濬等，有后勤保障的如许学源等，有宣传鼓动的如周泽春、谢石钦等，有技术工人如陈康田等，有兄弟挚友同赴疆场的如方孝慈、方孝纯等，有随州策应的如吴少伯等。每个人都有一篇惊心动魄的故事，现简要介绍几位代表人物：

　　吴醒汉　字厚斋，厚载，亦名季陪、基培，原籍湖北黄陂，随县高城人。1883 年(清光绪癸未年)出生于湖北黄陂东乡解家田(今武汉市黄陂区王家河街栖凤村)，后因贫困自幼随父母流落到随县高城镇。吴醒汉后来投笔从戎，进入湖北第八镇三十标一营当正兵，后在湖北陆军特别小学堂和将校讲习所参谋班毕业。毕业后充本营排长。1906 年加入同盟会和共进会，先后与蔡济民参与组织将校研究团、振武学社，积极动员新军。首义前夕，吴醒汉被推为辛亥武昌首义革命军司令部的 21 名主要成员之一，武昌起义时任第一路指挥官，率伏猛攻湖广总督衙门。徐达明、蔡济民、吴醒汉、王文锦有辛亥首义"四大金刚"之称。

何成濬　名季刚，亦说季哲，派名光镛，字雪竹，亦字雪舟。厉山镇何家畈人。1904 年 3 月，何成濬得官费赴日留学，入东京振武学校。翌年，由黄兴介绍加入同盟会。1907 年考入陆军士官学校第五期步兵科。辛亥武昌起义爆发的第二天，陆军大臣荫昌率军南下镇压革命，何成濬被任为一等参谋，率领第一镇第一标及第六镇第二十四标先行，屯驻湖北祁家湾。湖广总督瑞澂令其自阳逻渡江进攻武昌，何为暗助起义军，以受荫昌节制为由拒绝；后又因私释被清军逮捕的农民，引起荫昌对他的怀疑。不久，袁世凯取代荫昌，何成濬返北京。旋离京到沪投奔黄兴，被派往南京进行建立临时政府的筹备工作。中华民国临时政府成立后，何先后随黄兴出任陆军部副官长、南京留守府总务厅长及汉粤川铁路督办驻北京代表。1913 年 3 月，宋教仁被刺事件发生后，何离京到沪，帮助黄兴做"二次革命"的发动工作，并任江苏讨袁军总司令部总参议。"二次革命"失败后，何随孙中山、黄兴流亡日本。后回国受蒋介石重用，屡建奇功。

林翼支　号增辉，安居镇人。1884 年生，湖北省随州市人，革命党人，1901 年中秀才。1903 年考入武昌普通中学堂，后升入保定陆军士官子弟速成学堂。毕业后回鄂，任湖北新军第二十一混成协四十二标二营管带，驻扎汉口。

1911 年加入文学社。武昌起义后，参加光复汉口之役，任临时总指挥。10 月 18 日，因给养不济、孤军无援，所部被清军击溃，乃放弃职守，只身至汉川，辗转回家乡，颇受舆论责难。

1917 年护法军兴，以筹办地方保卫团为名，发展武装，与襄郧镇守使黎天才共谋荆襄独立。

1923 年成立安居保卫团，自任团董，以反对地方军阀，维护地方治安。

1924 年 3 月被诱杀于随县西门外。

方孝慈　民主革命烈士。字忠黄。唐王店人。早年曾应童子试。19 岁赴武昌投入右旗丙营新军当兵，后进入将弁讲习所学习，不久转陆军特别小学堂仁字斋学习，参加反清团体"日知会"。1908 年和徐建国(鄂州人)等人到新疆伊犁教练新军，秘密进行革命宣传。1911 年 10 月，策动伊犁驻军东征响应武昌起义，之后在沙泉子战役中阵亡。

方孝纯　革命党人。字克光、汉农。唐王店人。清末在武昌湖北新军当兵时组织"集贤学社"宣传革命。武昌起义时任新军九标一营督队官，参加汉口、汉阳反清军斗争。"二次革命"时参加反袁战争。后曾任孙中山大元帅府副官、团长、县长等职。抗日战争时加入汪精卫政权，在汉口任警官教练所、警察局、警士教练所教官。

赵承武　又名仲山，随县人。1904年投军。第四十二标第二营充无线电学兵，加入文学社任营代表。1911年10月10日武昌起义爆发，当时他用刺刀击破子弹箱，取无烟药放信号弹。他对大家宣称："今天为雪同胞公仇，并非一时冲动，希望同心协力，完成革命。"标统和管带见状逃走，他推排长林翼支为统带。10月18日，清军前来镇压，他首先迎战，自任前锋，在刘家庙与敌接触，敌一弹射中左肋，他忍痛冲入敌阵，杀数人而死。第二天找到他的遗体，身受七处伤，两耳被割。

彭纪麟　字雪青，随县柳林人。毕业于湖北陆军讲武堂。1907年入湖北新军第三十标第三营当兵，次年升副任，1910年升正目。经王宪章介绍加入文学社，任队代表，积极联络同志。1911年10月10日，第八工程营发难后，首先率队赶往楚望台，配备弹药，欢迎南湖炮队同志拖炮入城。10月15日，部队扩编，任第四标第三营督队官。1913年退伍，拟赴赣未成，随即回家乡随县，参与反袁斗争。1917年被王占元杀害。

第六章　省长张体学驻村搞社教

湖北省老省长张体学是一位恤民、爱民、为民的领导干部，曾被毛主席称赞为"党员干部的一杆旗"。老百姓亲切称他为"布衣省长"。

随州人民铭记张体学，怀念张体学，并非仅仅因为他是"咱们的老省长"，而更重要的是"大四清"运动时，张体学省长和随州人民在一起。

"大四清"运动是自1962年至"文化大革命"初期全国开展的社会主义教育运动的最后阶段和重要组成部分，原襄阳地区只有襄阳县和随县作为试点县开展了这场运动。

随县的"大四清"运动全面开展是从1966年2月9日开始的。在此之前，作为省委第二书记、省长的张体学带领省委工作队800余人于1965年9月初进驻随县洪山区办试点，他本人在朱集公社安全大队蹲点，以点带面，指导全洪山区乃至全省的"大四清"运动开展。

"大四清"是指清政治、清经济、清组织、清思想，清理的对象是各级各类全体领导干部。运动由上级党委派出工作队直接领导，不由当地党组织负责。

当时，襄阳地区组成了社教总团，总人数1万余人，由地委书记亲任团长，下设15个分团，分赴随县15个区(镇)领导开展运动。洪山区、三里岗区、城关镇和县直单位由张体学带领的省委社教分团负责。工作队一方面通过办干部学习班，与干部个别谈话等措施，促使干部本人交代自己的问题。另一方面广泛收集群众的意见，鼓励群众"有冤伸冤、有仇报仇"，实行"背靠背"检举揭发干部的违法违纪问题。

对于这场重大而复杂的政治运动，张体学作为中共湖北省委、省政府主要领导高度重视，亲自蹲点。在蹲点和试点中，他以丰富的革命斗争经验，高超的政治智慧和坚定的实事求是精神摸索经验，指导运动，为使运动向着健康方向发展起到了极其重要的作用。

他坚持党的群众路线和实事求是原则，紧密结合当地实际贯彻执行党的方针政策，创造了一系列鲜活的经验，为全县"大四清"运动开展提供了示范样板。

同时，他高度重视生产建设。他说："运动一定要落到生产建设上去，要把生产搞好，把基本建设搞好，不能进去时破破烂烂，出来时还是破破烂烂，否则，群众就不会拥护和欢迎我们，我们也对不起当地的老百姓。"

他第一次到安全大队，一下车就看到社员在土稻场上打谷。他说，土稻场打谷，沙子多，损耗大，雨后不容易干，要建水泥稻场。于是，他马上派人联系水泥、沙石，很快给安全大队建起一个50年不落后的有足球场那么大的一个水泥操场。

安全大队地处山区，冷浸田多，产量不高，他在这里大力推行渠网化建设，在每块田的周围开挖一条固定的明渠，将积水排出，使土壤得到改善，粮食产量显著提高。

"四清"运动前，安全大队的水井很少，老百姓大都饮用人畜共用的堰塘水，生疮害病的人很多，特别是害沙眼病的人多。张体学发动全大队群众普遍打水井，实现了湾湾有水井，不吃堰塘水。建烟囱灶也是张体学给当地群众带去的新事物。此前，群众的厨房都是无烟囱灶，难烧着，浪费柴，还把房子熏得漆黑不堪。他发动群众家家户户打烟囱灶，使群众大大减少了烟熏之苦。为了方便群众生产、生活，张体学从武汉运来了打米机、磨面机、榨油机、电影放映机、农用汽车、拖拉机、手扶拖拉机、插秧机，还从琵琶嘴水库工地架设电线解决了安全大队的照明问题。

对于整个洪山区的建设，张体学办了两件丰碑性的大事。

一是主持修建了琵琶嘴大型水库。1965年9月，他一来到洪山区就亲临琵琶嘴勘察，并派省水利厅工程三团边设计、边施工，1967年10月完成大坝一期工程，1970年5月竣工。该库后来成为洪山区和随县极其重要的灌溉、防洪、饮水、旅游设施。

二是指导洪山区建起了云雾山万亩茶场，打造了当时全县最大的茶叶生产基地，为当地办起了一座绿色银行。直到现在，该茶场仍在发挥重要作用。张体学在洪山抓"五化"（渠网化、水利化、路网化、机械化、绿化）"五有"（牛有栏、猪有圈、户户有厕所、家家有烟囱、湾湾有水井），带动了"四清"运动中的生产建设。

张体学在随县期间，还批准了一大批水利工程项目，如新建天河口水库、吴山水库、万和花鹿沟水库、新城水库、洪山鲍集王家台水库。这些水库新建，使随县水利建设又实现了新的飞跃。

张体学省长在随县期间，用行动打开了通往外面新世界的大门，从此随县的经济被带动起来了，百姓的生活也发生翻天覆地的改变。直到现在，随州人民都还牢牢记着这位为百姓办实事的老省长。

第七章　改革开放后的政治体制改革和干部队伍建设

第一节　大部制改革的先锋实验

2000 年 8 月，随州升格为地级市，中央和省明确要求：不增加人员编制。地级随州市在原县级市行政编制一个不增的基础上，组建市、区两级政府，囿于当时财力有限，特殊情况下，走出了一条打造精干高效，行政成本较低的随州"大部制"探索之路。

其做法首先是简政放权，着力从体制机制上推进简政放权，加快转变政府职能，合并职能部门、精简工作人员、控制行政成本，"瘦身"成效显著，被誉为"多牌同挂"的随州模式。

职能相同或相近的机构被合并，严控机构数量。市文体局、新闻出版局、文物局合为一家；文联、社科联、作协在宣传部挂牌；市档案局与档案馆、党史办、地方志编纂办四块牌子，一套班子；市委政法委与社会治安综合治理办公室、维稳办、法学会牌子挂在一起，职能职责捆在一起；市政府办与政府研究室、金融办"三合一"；外事、侨务、旅游合署组建外事侨务旅游局；商务局与贸促会合署；市委党校与行政学院、社会主义学院三块牌子、一套班子。其他诸如机关工委设在组织部，红十字会设在卫生局，政研室设在市委办等。市直有 16 个党政群机关加挂了 24 块牌子。

内设科室压缩设置。不搞上下对口，压缩设置机关科室，部门内设科室一般不超过 10 个，管理二级单位较多的大部门科室不超过 15 个，绝大多数单位工会和机关党委(党组)不配专职干部。

事业单位归并设置。部门管理的事业单位，实行归并设置。市社会保险局，实行基本养老、基本医疗、失业保险、工伤保险、生育保险"五保合一"，只核事业编制 29个，另核定"以钱养事"辅助岗位 8 个。其他市州负责上述业务的机构 3~4 个，人员100~200 多个。市农业局下设种子管理局，加挂了药监站、植检站、生环站的牌子，只核定 6 个编制；市农业技术推广中心，加挂了农业科学研究所、蔬菜办、食用菌技术推广中心、土肥站、植保站的牌子，也只定编 7 个。15 个市直事业单位加挂了 27 块牌子。

转变职能提能增效。随州编制总量少，为完成跨越赶超目标，始终坚持向深化改革要编制、向科学管理要编制、向提高效率要编制，打造高效率低成本政府。推进政企分开、政资分开、政事分开、政府与市场中介组织分开。深化行政审批制度改革，对部门职责进行梳理、整合。同时精简管理层级，减少中间环节，提高工作效率。推行大科室制和干部 AB 角制，实行一人多岗，一人多职，不养懒人、闲人、庸人，切实发挥现有人员积极性、主动性和创造性。

随州市实施"大科室制"改革以来，成效显著，主要体现在以下几个方面：

一是行政运行上扩大了透明度。结合开展流程再创，重新设计业务工作流程，对管人、管钱、管审批、管执法等工作，分项目制定工作流程图，大力推进党务政务事务公开，利用网站、公开栏、阳光台等方式，公开办事流程、规范办事程序、主动接受监督，让权力在阳光下运行，构建了决策科学、公开透明、执行坚决、监督有力的权力运行体系，促进了依法行政和公开行政的深入。

二是行政效率上增添了加速度。构建"一科领衔、分头办理、联席会审、集中报批"机制，提高了审批效率，降低了行政风险。一科领衔，即行政审批科集中受理审批事项；分头办理，即科室拟办事项按照制定的工作流程，由相关科室或人员分环节进行办理；联席会审，即牵头科室组织各科负责人对办件的质量、效率、廉洁性进行评估、审查、监督；集中报批，即办件流程运行完毕后，由牵头负责人集中将办件报送相关领导批准，方可完成办件程序。通过推行"大科室制"，规划审批时限从 20 个工作日压缩至 10 个工作日，实现翻倍提速。

三是服务质量上提高了满意度。改革前，不少部门一个科室两个人甚至只有一个人，同时因科室之间的"壁垒"造成办事环节增多、流程不优、办事难，"中层梗阻"问题突出，群众反映强烈。改革后，打破了单位内部科室之间的分割，机关干部一人多岗、一专多能，采取公开承诺、严格管理、严格考核、加强监督等措施，由"求我办事"变成"为你服务"，"坐等服务"变成"上门服务"，使部门服务实现了由量到质的跨越。

第二节　常东昌点燃"联产承包"星星之火

上古时期，炎帝神农心系苍生，开创了中华民族五千多年的农耕文明。新中国成立以来，随州人将炎帝精神汇聚成推动经济高质量发展和品质随州建设的磅礴力量。湖北家庭联产承包的首块"试验田"就是在随州诞生的。时任随县县委书记的常东昌，顶着巨大的压力和风险鼓励包产户，点燃了家庭联产承包的星星之火。

常东昌　男，中共党员，1929 年出生，2003 年 5 月去世，曾任随县县委书记。

1978 年 11 月 24 日晚，安徽省凤阳县凤梨公社小岗村 18 位农民秘密签下"生死状"，实行分田到户，拉开了中国农村改革的大幕。

1979 年冬，随州市淅河镇长岭公社挑水村，也产生了一个"包产到户"的创举。挑水村村民方青善主动提出承包挑水河边的 3 亩荒地，得到公社领导的同意和时任随县县委书记常东昌的同意。这块荒地，被历史定格成为湖北实行联产承包责任制的第一块试验田。

方青善当时是生产队副队长，做事认真负责，有上进心。方青善提出想承包的想法后，生产队也想照顾方青善，把河边这块荒地承包给他。在当时的环境下，没有政策，谁都不敢私自承包土地。后来，驻队的公社党委副书记姜世元向时任长岭公社党委书记的李克申请示后，得到李克申的同意，生产队偷偷把土地承包给了他。李克申要求做通生产队其他村民的工作，不要对外声张。

1980 年春耕时节，方青善和队里签订了 3 年合同，3 亩包产田每年按合同交粮食、记工分，超产部分归他自己。这样，方青善白天到生产队出工，晚上侍弄这块承包地。当年 7 月 25 日，县委书记常东昌到长岭公社检查工作，李克申汇报了此事，常东昌到地里看了后连说："搞得好、搞得好，这是一个好典型。这些荒山荒坡，应该多承包给老百姓，交一点公粮增加集体收入，老百姓的日子也好过一点。"他鼓励方青善大胆解放思想，将田长期承包下去。

当晚，随常东昌同行的县委办公室干部吴江宗，写了一篇新闻稿《随县县委书记走访鼓励包产户》。7 月 30 日，《湖北日报》头版头条刊发此稿，并配发题为《关键是要解放思想》的编后，引起广泛讨论、争议。

当年秋收，方青善的 3 亩承包地收入达 785 元，除按合同上交外，自家收入达 445元。这相当于过去他家一年的收入。常东昌再次走访方家表示祝贺。随后，《湖北日报》又在二版刊登消息《包产户方青善超产增收传喜讯　随县县委书记常东昌再次走访表示祝贺》。挑水村的这一大胆尝试，迈出了湖北联产承包的第一步。1981 年，家庭联产承包责任制开始在湖北呈燎原之势。1982 年 1 月，中共中央、国务院发出关于农村经济政策的第一个"一号文件"，肯定了"双包"（包产到户、包干到户）制。这种自下而上的创新做法，得到了自上而下的制度确认，并延续至今。

2018 年，常东昌获授"致敬四十年、奋进新时代"随州典型代表人物称号，颁奖词如是说：小岗村、挑水村，中国农村土地承包的一对孪生兄弟，始于惊诧，兴于改革。方青善求生求变，常东昌处变不惊。变的是春风过处冰雪消融，不变的是对民生的焦虑与牵挂，不变的是共产党人的担当与大爱。

第三节　重回县制："新中国最年轻的县"

自唐朝改郡为随州后，宋、元时期仍为随州，元朝时为德安府所属的随州，辖随县、应山两县。明朝时随县被撤销，仅存随州，清朝也是如此，是没有辖县的州。民国初，在废府州存县中，随州变成了随县。

从明朝洪武九年（1376 年）随县被撤销，到民国初随县又出现，这段时间长达 536 年。

1979 年，以随县的城关镇和它的近郊设立县级随州市，这时为县级随州市和随县共同存在的时期。

1983 年 8 月 19 日随县被撤销，其行政区域并入县级随州市，意味着原随县整体变成了县级随州市。随县又一次在我国的版图上消失。

从 1914 年废随州设随县，到 1983 年，随县存在约 70 年。

1994 年我国开始兴起省直管县或者市（县级），县级随州市也借此"东风"成为我国最初的第一批省直管市。

2000 年，省直管县级随州市被撤销，而成为地级随州市，县级随州市行政区域设为曾都区。此外，原属孝感市代管的广水市改由随州市代管。从此，面积和版图在历史上一直相对比较固定的随国、随县、随州的管辖范围得到了扩大。

2009 年，国务院批准随州市重新设立随县，即在原随州市曾都区（市政府所在地）区划范围内，划出部分乡镇成立随县，曾都区继续保留；随州市管辖随县、曾都区，代管广水市。

此时距 1983 年的随县消失，时长 26 年，距历史上第一次出现随县时隔 2500 多年，其被称为中国"最古老的县""共和国最年轻的县""湖北版图面积最大的县"。

新随县面积为 5673 平方千米，其政府驻地也离开了原来随县的治所，而设置在厉山镇，这也相当于把历史上的随县中的一部分取名为"随县"，治所也与原随县不同，可以说是一个全新的"随县"。

第四节　随县砥砺筑梦奋楫扬帆

2009年，随县获国务院批准重新设立，即在原曾都区区划范围内，划出部分乡镇成立随县，曾都区继续保留。"消失"了20多年的随县，再次回到历史舞台。

新的随县行政中心驻地为厉山镇，新随县版图面积名列全省第一，比全省版图面积占第二名的房县多了433平方千米。全县辖有厉山、高城、殷店、草店、小林、淮河、万和、尚市、唐县镇、吴山、新街、安居、澴潭、洪山、长岗、三里岗、柳林、均川、万福店等18个镇（场），1个经济开发区，394个村（居）委会，总人口88.72万。

建县之初，随县没有县城、没有开发区、没有办公场地，缺经费、缺干部、缺技术，机关办公靠租民房，运转靠干部个人垫钱，休息靠睡沙发、趴办公桌，县域经济考核全省倒数第二，29项考核指标中有12项在全省摆尾，人均地方一般预算收入只有54元。面对窘境，全体拓荒者迎难而上，怀着"快些、更快些"的想法，开始了"五加二""白加黑"和"局长当科长用、一人当两人用"的艰苦创业。在逆水行舟的征程中，凝聚形成了"解放思想、实干兴县、艰苦创业、迎难而上"的随县精神，成为支撑随县跨越赶超的不竭动力。

十年来，在经济持续快速发展的同时，全县教育、文化、卫生、民生等各项社会事业也取得了长足发展和进步，人民生活水平大幅提高，生活质量持续改善，脱贫攻坚有力推进。

截至2022年，随县GDP 297.87亿元。获得"全国粮食生产先进县""全国电子商务进农村综合示范县""全国农村三产融合发展示范县""全省县域经济发展进位先进县""全省党建工作先进单位""全省'三农'发展先进县""湖北省平安县""省级绿色生态示范县""湖北省旅游强县""湖北省全域旅游示范区"等众多荣誉。

参 考 资 料

1.（清）文龄等修、史策先纂：《随州志》，同治八年刻本。

2. 随州市地方志编纂委员会：《随州志》，中国城市经济社会出版社1988年版。

3. 王文虎：《曾随文化探源》，中国言实出版社2015年版。

后　记

　　《中国县域文化史·湖北·随县卷》的编纂工作于 2022 年 4 月正式启动。作为中国县域文化史编纂委员会确定的在全国率先试点的县市之一，随县采取的是政府项目模式，即整个编纂工作由政府主导。在随县县委、县人大、县政府、县政协四大家的坚强领导和县直有关部门的大力支持下，由随县政协副主席宋云牵头，县政协文史委主任周忠兴和随州地域文化专家蒋天径具体组织实施，随县于 4 月 26 日成立了《中国县域文化史·湖北·随县卷》撰写组，宋云任主修，何相安、李之莺、周忠兴任副主修，有 10 多位随州市和随县的知名方域专家参与其中。5 月 31 日，蒋天径先生拟定出随县卷纂修提纲。中国县域文化史总主修傅广典先生看后说："看了你们的提纲，我很高兴。《中国县域文化史》纂修计划，首先在汉江流域施行，随县是汉江流域随枣文明区系的文化大县，西周时期的汉东大国，曾随文化是汉江文化既特殊又极具代表性的部分，曾国大量的铭文青铜器，是中华五千多年文明史演进的实证。《随县卷》将是县域特色鲜明、文化底蕴厚重的卷本。"

　　6 月初，随县召开了编委会全体会议，进行提纲讲解和篇章分工。蒋天径先生在会上讲："我们要立一个大目标：理清随县文脉。"为此，他要求大家必须扩大读书面，古人的、今人的、权威的、平庸的，凡是能找得到的书都读。像一个侦探，不放过任何与随县有关的蛛丝马迹，又像一个单相思的痴情汉，哪怕能窥一眼心仪人的背影，也可傻傻地、静静地蹲守几日几夜。编委会还专门为撰稿人员购买了多种版本的《中国文化史》书籍，以达到"拓宽视野，启迪思维"之目的，又组织大家到市县档案馆、图书馆等地查阅档案、收集资料。当然，最重要也是最现实的，还是要读好山野村坳里的无字真经。靠着腿勤、嘴勤、手勤，大家的背囊里装满了亲自采集得来的红色基因文化、绿色生态文化、橙色乡趣文化，乃至灰色民俗文化。副主修李之莺女士曾深有感触地说道："如果不是实地采访，光收集资料，是冷的，没有温度和情感。只有现场交流，才能看到火花。"

　　大家最终从田野回到了书斋。从 2022 年 9 月至 2023 年 3 月，经历了半年的时间，初稿基本完成。编委会实行"三审制"。一审为作者结对互审，互审于 2023 年 5 月完成；二审由副主修何相安、李之莺各负责全书一半的审阅工作，二审于 8 月上旬完成；

三审由主修宋云先生和蒋天径担任，这一工作于 9 月底完成；最后由总主修傅广典先生审核把关。应该说，本书还是基本厘清了随县文脉，信息量非常充足，各个时期、各个领域的历史事件和重大事变都收录其中，其全面性、概括性前所未有。

中国一直有"盛世修史，明时修志"的传统。"以史为鉴，可知兴替"，在中华民族发展的历史长河里，随地进入人类文明较早，上古为随氏族，商周时为随侯国，战国末，楚灭随建县，其后随或为郡，或为州，或为县，变更频仍。随县以其"淮河之源、炎帝故里、编钟之乡、蕙兰之乡、香菇之乡、专汽之都"等多张靓丽名片，成为文化高地、鄂北重镇。完全可以说，随县的历史，就是百万年人类史、一万年文化史、五千年文明史的具体生动呈现。本书内容以叙述为主，辅之以必要的科学分析，客观真实地记载了随县人民的历史贡献和文明成果。一些突出的成果和贡献，让我们这些纂修者都震惊不已。

本书共分十篇，分别由蒋天径、何相安、贺卫东、邱雪梅、李之莺、李旭斌、吕雄辉、苏功秉等同志执笔并经过多轮修改。他们在繁忙的工作中挤出宝贵时间，为本书的问世倾注了不少心血。同时在创作中引用了诸多的史料以及他人的论著、文章、成果等，在此也向这些默默为随县文史研究做出贡献的各界人士一并表示感谢！

在本卷正式付梓之际，编委会要特别感谢各个方面的大力支持：一是随县县委、县人大、县政府、县政协领导以及相关部门负责同志给予的政治把关、财力支持和精神鼓励，尤其是县委常委、常务副县长刘海同志和县政协副主席宋云同志自始至终对本书的编辑出版给予了高度关注和支持；二是感谢受访的各个单位、各界人士给予的支持和配合，让编著者获得相关资料；三是感谢傅广典先生在创意策划、提纲拟定、撰写指导以及书稿审核全过程中的辛勤付出；四是感谢文化学术界朋友们的无私奉献，尤其是远在上海带孙子的随县档案馆退休干部程卫国先生，搜罗了连大图书馆都难以找到的古籍，一本又一本地发过来，让人看了脑洞大开。这一切都让我们感动。也正是因为有他们的辛勤付出和倾力相助，才使得《中国县域文化史·湖北·随县卷》顺利编纂面世。

编写随县文化史，这在随县历史上还是第一次。由于缺乏经验，加之资料不全，更因编辑水平有限，能力不够，缺点错误难免，敬请读者批评指正，以便再版时修正完善。

《中国县域文化史·湖北·随县卷》编委会

2023 年 9 月 26 日

随县文化大事记

旧石器时代

1957 年 6 月在随县两水沟，考古发现一件打制石器，材质为石英岩。专家鉴定确认为旧石器时代物品，是湖北地区，也是长江流域首次发现。反映古随这个时期的典籍有《世本》，曰："女娲作簧；随作笙，随作竽。"宋衷注："随，女娲氏之臣。"随之名，源于此。

新石器时代

考古发现新石器时期遗址 56 处，典型遗址有金鸡岭遗址、冷皮垭遗址、西花园遗址。反映此时期的典籍《世本》载："神农生于厉乡，所谓厉山氏也，春秋时为厉国。"

夏、商、周时期

夏朝，随地为三苗活动区域，考古上与石家河文化相当。

殷商时期，随枣乃至整个江汉地区称"南土"，随为殷人南征要道。

西周初年，封同姓 40 人建国，随爵为侯。考古发现同期有一曾国与随地望一致，学术界结论为"曾随合一"。典型文物为"曾侯乙编钟"，改写了世界音乐史，被称为"世界第八大奇迹"。

随，信史最早见于《左传·桓公六年》（公元前 706 年）："汉东之国随为大。"中国古代的思想家、军事家、外交家季梁亦在此时提出"民为神主"的政治理念。

春秋时期，此区域分属随（曾）、鄂、唐、厉（赖）四国。

战国末，楚并域内诸国，置随县。

秦

秦王政二十四年(前 223 年)，秦灭楚，随县隶属南阳郡。

汉

汉朝，随县仍隶属南阳郡。

两汉时期，班固《汉书·食货志》、皇甫谧《帝王世纪》、盛弘之《荆州记》、宗懔《荆楚岁时记》、郦道元《水经注》都肯定炎帝神农与随县厉山的关系。

地皇三年(22 年)，绿林起义爆发，随县平林(古城畈)人陈牧、廖湛起兵响应。成语"绿林好汉"源于此。

东汉科学家张衡在县城东郊筑台读书。

魏、晋、南北朝

魏晋南北朝时期，随或为郡，或为县，变动频繁。

南朝刘宋名将宗悫，年少便胸怀大志，一日，其叔父宗炳问其志向，答曰："愿乘长风破万里浪。"成语"乘风破浪"源于此。后宗悫屡建战功封随郡太守，死后被朝廷赠为征西将军，建孝武庙。其陵墓在随州玉波门内，宗悫巷至今仍存。

北周大象二年(580 年)，随国公杨坚为随王，建国，领 20 郡。

隋

开皇元年(581 年)，随州改为隋州，隶属汉东郡。开皇三年(583 年)，汉东郡撤销，隋州领隋县、溠西县，大业三年(607 年)复置汉东郡，隋州属之。

唐

开元十五年(727 年)，李白乔居广水寿山，拜随县仙城山紫阳真人为师学道。留有诗文多篇。

建中元年(780年)，大历"十才子"之一、中唐著名诗人刘长卿任随州刺史，著有《刘随州集》11卷。

宋

大中祥符三年(1010年)，四岁的欧阳修因丧父投靠在随州任判官的叔父欧阳晔，天圣元年(1023年)应举随州试。"荻画学书"成语即出于欧阳修幼年在随州勤学苦读的故事。

元丰五年(1082年)，沈括在知延州任上，因"议筑永乐城，敌至却应对失当"，贬为均州团练副使，随州安置，寓居法云禅寺，始撰《梦溪笔谈》。

绍兴四年(1134年)，岳飞部将牛皋复随州，歼灭5000伪齐军，活捉太守王嵩，押送襄阳处斩。

山西新绛县人孟林，随岳飞来随州定居，生子孟宗政，孟宗政生四子璟、珙、瑛、璋，都在抗金、元战斗中屡建战功，孟珙最为足智多谋。金兵最终被赶出中原，全得力于孟珙之英勇抗战。后封吉国公。

元

至正十一年(1351年)，明玉珍集里中千余人于现光山、青林山筑寨起义，捕杀随州、安陆(今钟祥县)、应山县官吏乡绅。后加入徐寿辉红巾军，率部入川。在重庆建立大夏国。

明

弘治初(1488年)，四川涪江人李充嗣任随州知州，筑陂塘，修水利，垦荒地，均赋役，设巡检，捕盗贼，使随州"污莱辟，户口盈"。尤注重文治，乡里建小学，四乡设义仓，驿道植林木，公园建亭楼。治随数年，政平讼理。离任8年后，随州还为其立"李公去思碑"以示纪念。

嘉靖十一年(1532年)，浙江鄞县人范钦中进士，选任随州知州。在任期间，凡文书讼牒，悉数亲自撰写。节省里甲开支，减少劳役，勿扰百姓。选址建神农庙，亲撰《神农洞天碑记》，复建季梁祠。收藏各种类典籍文物。后弃官回乡，以治学藏书为乐。其天一阁为中国四大藏书楼之一。

清

康熙六年(1667年)，刘霦纂修《随州志》四卷刻板付印，书今藏北京图书馆。

乾隆五十五年(1790年)，张璔纂修《随州志》十八卷又首一卷刻板付印，书藏北京图书馆。

咸丰四年(1854年)三月十八日，太平军由应山进入随州，攻破州城，后转安陆府(今钟祥县)。四月，太平军返随，攻占双河、茅茨畈、朱家集、溠潭后离去。次年四月十四日，太平军殿右三十检点陈玉成部由德安府(今安陆县)攻襄阳，途经随州时与清西安将军扎拉芬战于小浙河。次日，又战于五里铺。清军溃败，扎拉芬毙命。五月九日，太平军攻随州城，失利后撤离。1861年至1867年，太平军、捻军又四次攻占随州城。

咸丰五年(1855年)七月，涢阳乡落湖里赵家台(今长岗店)人赵邦璧率饥民起义，建国名"后宋"，攻随州、京山县、枣阳县和襄阳、安陆(今钟祥县)、德安(今安陆县)等府。次年十一月二十八日，清兵围攻大洪山，赵邦璧阵亡，义军余部突围至鄂西山区。

同治八年(1869年)，文龄、史策先等修纂《随州志》32卷又首一卷刻板付印。书藏随州图书馆。

光绪十二年(1886年)，英国人任修本(华名)来随州"施药布道"，西医西药始传随州。

光绪三十年(1904年)，乡绅朱海谦在安居店香云寺(今安居镇粮管所处)创办随州初等小学堂；英牧师李春华(华名)夫妇在县城福音堂设立简易药房。

宣统三年(1911年)八月十九日，辛亥革命爆发，参加武昌起义的随县籍新军士兵有300多人，起草起义文告和制作旗帜者，乃随州人谢石钦。进入民国中央军政府领导层有：军政府秘书长彭巨川，将校团团长方维，军参二部总稽查谢石钦，首届国会副议长张伯烈，中华民国法院院长周泽春等10余人。

民国时期

1912年2月14日，随州归属湖北军政府。随州改为随县，州署改称县知事公署。

1916年，基督教随县联区于县城福音堂创办辅仁中学。

1919年5月，全国大中城市工商学界相继罢工、罢市、罢课，声援北京学生反对"巴黎和约"和要求废除"二十一条"的爱国行动。6月24日，县城高等小学、初等小学等校师生举行游行示威。7月下旬，在北京、武汉读书的随县籍大学生张绍书、杨重熙、刘文渊、黄晓孟、刘万秩、傅秋芳等暑假回乡，在县城创办石印16开四版的《觉剑》刊物，宣传新文化运动，报道反帝反封建主义的爱国运动和俄国"十月革命"。每周1期，印数5000份。9月，县依《县自治法》设立自治机构，处理教育、交通、水利、土木、劝业、公共营业、卫生、慈善及遵照其他法律属于县自治范围内的事项，随县议会为议事机关，随县参事会为执行机关。

1920年2月初，革命团体"仁社"成员阮芳皋和张绍书等《觉剑》编辑人员在县城成立随县新文化运动协会，张绍书任会长，宣传反帝国主义、反封建主义思想，介绍新文化。11月，县劝学所在县城举办"随县国文教师培训班"，全县塾师40余人参加培训，改"五经""四书"为"国文"，改"八股文"为"白话文"。

1921年3月，张绍书、阮芳皋、阎赓洲等将3本石印《共产党宣言》由武汉带回县城传阅。8月，《新青年》《新声》《星期评论》《每周评论》《中国少年》等报刊由就读于武昌高等师范学堂随籍学生带回随县，在初、高等小学师生中传阅。

1922年秋，随县乙种农业学校建立。

1924年1月，廖家寨廖鸿轩、厉山镇康仪丞组织董事会，修筑襄（阳）花（园）公路。

1925年5月，襄花公路南段通车。7月7日，中共党员阮芳皋在县城开办"随县启明化学工业社"和"勉工印务馆"，秘密翻印《马列主义初论》《社会发展简史》《新三民主义》《建国大纲》等书籍。9日，中国共产党随县小组在"启明化学工业社"秘密建立，有党员6人，张绍书任组长。9月28日，中国共产党随县支部委员会在县城成立，李彩奇任支部书记，辖厉山、城关两个小组，党员14人。

7月，随县初级中学在县城创办。

1927年1月10日，随县妇女协会筹备处在县两级女子小学成立，阮凤文等为筹备员。12 日，随县学生联合会在县初级中学成立，郑湘兰为主席。随县儿童团在城隍庙成立，郑子秋为团长。2 月 28 日，随县工人纠察队组成，队员 50 余人，刘伯仁任队长。随县总工会筹备处在城西关土地堂召开大会，举行反英罢工。随县工农联合俱乐部在县城西关建立。7 月 16 日，立"第十四区第二、七、八、九乡农民自卫军击匪阵亡烈士纪念碑"，铭刻牺牲的 46 位自卫军战士姓名。22 日，"随县恢复教育委员会"成立，开办小学教师讲习所，恢复县立初级中学 1 所，完全小学 3 所，初级小学 10 所。

蒋介石背叛国民革命后进行"清党"，8 月 18 日随县政府查封群团组织，通缉中共随县县委、国民党随县党部、总工会、农协会、妇协会、学联会、商协会等负责人，杀害省农协特派员敖鱼美、县农协委员长王兆先、厉山区农协主席赵良儒等，逮捕县总工会执行委员彭蠡。

1928 年 1 月，工农革命军鄂北总队随县独立大队扩编为独立支队，辖有直属、吴山、青苔、祝林等 4 个大队，5000 余人，1000 余支枪。李子宾任支队长，李彩奇为党代表。随县武装斗争总指挥部成立，李彩奇、李子宾分任正、副总指挥。8 月 17 日，中共随县委员会书记李彩奇、县委秘书长王兰如因叛徒出卖，在吴山北黄家塆被团防武装杀害。

1931 年 1 月，工农革命军鄂北总队十五大队改编为中国工农红军第九军二十六师七十八团，进入大洪山区坚持游击战争。8 月中旬，工农红军第三军九师一部与工农红军第九军二十六师挺进大洪山。

1932 年 9 月，中国工农红军第三军军长贺龙率主力部队挺进大洪山区。10 月中旬，中国工农红军第四方面军总指挥徐向前率部进入随南。

1934 年初，湖北省政府主席何成濬倡办列山中学和县立图书馆，由共产党员杨重熙任校长。11 月 18 日，工农红军第二十五军奉令改为中国抗日联军第二先遣队，由四望山经随北入河南省，北上抗日。随县第一座发电厂(小型)在烈山中学(今市一中)兴办。

1935 年 5 月，随县第一届运动会在县公共体育场举行。

1936 年 9 月，湖北省银行随县办事处建立；湖北省第三行政督察区第一届运动会在随县公共体育场举行。

1938 年 11 月初，中共豫南特区委员会派娄光琦来长岗店与鄂三区专员石毓灵谈判，达成建立抗日联合政权协议，经第五战区司令长官李宗仁批准执行。17 日，第五战区豫鄂边区抗敌工作委员会在长岗店南岳庙建立(后迁均川杨氏祠)。石毓灵任主任委员，李范一任政治指导部主任，共产党员陶铸为特别顾问。

1939 年 1 月 11 日，中共中央中原局以李先念为新四军豫鄂边独立游击大队大队长，到信(阳)应(山)随(县)开辟抗日民主根据地。28 日，李先念以豫鄂挺进支队司令的名义到长岗店会晤鄂三区专员石毓灵，协商抗日游击部队开往鄂中合作抗日等事宜。

5 月 7 日，日军攻陷随县城。6 月，日军水口真雄部在随北刘家河被国民党军十三军二十九师歼灭。

1940 年 6 月 19 日，豫鄂挺进纵队司令部及所属机关进驻随南九口堰。

1941 年 2 月 18 日，中共中央军委命令豫鄂挺进纵队改编为新四军第五师。4 月 5 日，李先念在九口堰通电就任新四军第五师师长兼政治委员。9 月中共鄂豫边区委负责人陈少敏在随南县开展兴修"千塘百坝"的水利运动。

1945 年 2 月，中共信随县委、县政府在祝林塔坡寨成立，郭纶任书记兼县长。3 月，驻淅河日军联队长鹿田台太郎率队进犯安居镇，在萧家店寨被农民朱老三用手榴弹炸死。4 月，中共随南县委、县政府在洛阳戴家河恢复，并成立随南游击总指挥部。鲁明健任县委书记，张时超任县长，齐勇任指挥长。4 月 13 日，新四军第五师攻克洛阳店，活捉国民党顽军别动军少将支队长刘玉明，白兆山根据地收复。

8 月 15 日，日本宣布无条件投降。9 月 8 日，汪伪随县政府停止办公，成立善后委员会，与国民党随县政府接洽接管事宜。13 日，国民党军五十九军进城接防，日军缴械，县城光复。县境日军集中淅河，撤往武汉。

16 日，新四军组建豫鄂皖军区，下辖三个军区：江汉军区在洛阳店九间屋成立，贺炳炎任司令员，郑绍文任政委；河南军区在草店石家塆成立，韩东山任司令员，刘子久任政委；鄂东军区，张体学任司令员，夏洪钧为代政委。11 月下旬，中共中央中原局第二次会议在洛阳九间屋召开，李先念、王震、陈少敏、戴季英等参加会议。会议决定主力部队向鄂东集中，实行战略转移。

1946 年 10 月 22 日，中国人民解放军江汉支队与坚持随北斗争的鄂豫边游击支队会师，编为江汉支队，李人林任司令员。

1947 年 5 月 15 日，湖北省第三行政督察区第三届运动会在随县公共体育场举行。

12 月中旬，桐柏军区部队、江汉军区部队分别解放随北、随南大片地区。19 日，中共江汉区委员会、江汉行政公署、江汉军区机关由三里岗尚店移驻双河周家大塆。

1948 年 1 月 7 日，江汉军区独立旅三个团和江汉一分区独立团第一次解放随县城；

6月4日，江汉独立旅第二次解放随县城；12月17日，解放军军民在成功粉碎国民党军队第五次"扫荡"后，第三次解放随县城。

1949年1月21日，中共江汉一地委改为中共洪山地委。3月20日，中原解放区江汉行政公署发布文告，中国人民银行发行的人民币在中原区与中州票混合使用。5月，湖北省人民政府决定随北、随南县合并为随县，归孝感地委（专署）领导；撤销洪山地委（专署），洪山县归襄阳地委（专署）领导。5月16日，随县人民政府成立，李必烈、杨朴分任县长、副县长，同时成立中共随县委员会，韩国治任书记。

中华人民共和国时期

1949年10月1日，中华人民共和国成立，随县城举行3万余人的庆祝大会。冬，中共随县县委在两水沟开展土地制度改革试点工作。本年，中央粮食仓库随县分库建成。

1949年至1950年，县成立剿匪总指挥部，先后肃清随北刘顺卿、随南王子君等顽匪。

1949年6月，为全面实行土地制度改革，7—9月，县分期训练834名土改工作队员，分赴农村开展土地改革工作。1952年春土改复查，4月颁发土地证，土地制度改革胜利结束。10月至1952年8月，全县开展镇压反革命分子运动。

1949年11月始，开展抗美援朝的宣传教育运动。1951年4月和10月，前后计有2240名青年踊跃报名参加中国人民志愿军。6月22日，中国保卫世界和平反对美帝国主义侵略委员会随县分会成立，组织各界人民群众捐款24.7亿元（旧人民币），购飞机1架，大炮1门，支援抗美援朝、保家卫国战争。

1952年1月，全县展开反对贪污、反对浪费、反对官僚主义斗争。工商、税收、合作、银行、粮食等单位查出一批贪污分子。随后在"三反"基础上对党员进行登记、审查和处理。此次整党到1954年春基本结束。4月30日，随县防疫委员会成立，领导开展爱国卫生运动，反对侵朝美国军队的细菌战。6月12日，随县划属襄阳专署。

1953年11月，随县对粮食和其他主要农产品实行统购统销，禁止粮食自由买卖，123家粮行停业。12月，随县两水沟乡试办第一个农业生产合作社。冬，开展过渡时期总路线宣传教育。本年，全县天花绝迹。

1954年7月，随县、洪山县遭特大水灾。全月雨量达598毫米。沿河地带被洪水洗劫一空，西从安居、东至淅河、北起两水沟，一片汪洋。城关镇水淹 6 小时。两县被淹集镇有：茅茨畈、唐县镇、㵐潭镇、安居镇、城关镇、淅河镇、塔儿湾、两水沟、刘家河等。两县受灾 58976 户，304774 人；被淹农田 39 万亩；淹死 419 人，重伤 391 人；冲走牲畜 753 头，冲毁房屋 29173 间，冲毁堰塘 3586 口，拦水坝 151 条；粮食直接损失 303 万斤，减产 6895 万斤；总损失折款 1486 万元。

1955 年 5 月，全县有 1263 个手工业户组织起来，成立手工业生产合作社，占总户数的 97.8%。同月，洪山县撤销，所辖㵐潭、药山、茅茨畈、长岗店、双河、郧阳等区划归随县。

1956 年 2 月，县推广两水乡红森农业生产合作社转为高级农业生产合作社的经验。3 月，贯彻全面整顿巩固农业生产合作社精神，推行包工包产。9 月，全县入社 159275 户，占总农户的 88%。12 月，全县基本完成了对资本主义的工商业改造，在 5037 个私营工商户中，有 4964 户分别实行公私合营、联营、代销经营、合作商店等经营形式。

1957 年 1 月上旬，本县第一座大型水库黑屋湾水库开工，至次年 4 月 24 日枢纽工程竣工。5 月，本县开展了以反对官僚主义、宗派主义和主观主义为内容的整风运动。之后社会各界以"大鸣大放"形式帮助党组织整风。次年 1 月开始了反右派斗争，至夏季运动结束，全县共划右派分子 741 人。1978 年 7 月，县委对原划右派分子进行复查，予以改正、安置。10 月 23 日，《湖北日报》刊发《随县战胜四十多年来未有的干旱》消息，粮食比上年增产 7.6%，棉花增产 115%。本年，县成立计划生育领导小组。

1958 年 5 月 22 日，全国水利水电会议在随县召开。8 月，中共中央委员、团中央书记胡耀邦莅随视察；《随县报》创刊；县成立"钢铁会战指挥部"，组织 10 余万劳力，以洪山张家泉、草店二道河为基地"大办钢铁"；10 月，全县实现人民公社化，成立了东风等 13 个人民公社。在全民炼钢和人民公社化运动中，以高指标、瞎指挥、浮夸风和共产风为主要标志的"左"倾严重泛滥，县提出粮食总产 27 亿斤；两水公社共青大队"放卫星"，亩产稻谷 20 万斤；农村大办公共食堂，吃饭不要钱，按月发工资。9 月，㵐潭、先觉庙、封江口、桃园河、陡坡潭、店子河等 6 座水库动工，500 处中、小型水库也同时上马，以上计动员民工 20 万人。本年，实现以县为中心的农村电话通信网；兴建随县火车站。

1959 年 9 月 19 日至 1960 年底，根据中共八届八中全会精神，全县开展了"反右倾"斗争，错误地打击了一批干部。1961 年至 1962 年 10 月，对以上人员予以甄别平反。秋，县召开五级干部会议，检查"一平二调三收款"问题。随后层层成立清理委员会，对社队之间的土地、机械、耕牛、粮食、农具，家具等进行清理、兑现。县、社、队三级计兑现471万元。

1959年冬至1960年春，粮食供应严重不足，出现浮肿、干瘦病流行和人口的非正常死亡现象。12月，中央新闻纪录制片厂在随县拍摄以治水为主要内容的大型纪录片《旭日东升》，次年2月拍摄完成；《随县报》被评为湖北省红旗县报。

1960年2月20日，县火力发电厂在县城北萧家塘动工兴建。3月11日，中华人民共和国副主席董必武莅随视察。5月18—19日，随县有2806名青年移居新疆，支援边疆建设。8月15日，三颗陨石降落府河境内，其中降落石堰冲的一颗重数百斤。

1961年6月下旬至1962年9月，全县精简国家职工5007人，压缩城镇人口8973人，减少商品粮户籍10580人，

1962年7月，随县香菇、黑木耳、蜂蜜、百合、白果、黑白瓜子、乌龟、甲鱼、黄鳝等土特产为省出口产品。

1963年4月30日，县成立"五反"运动领导小组，在国家机关、厂矿企业事业单位开展"反盗窃、反对投机倒把、反对铺张浪费、反对分散主义、反对官僚主义"运动，至1964年9结束。

1964年春，开展"小'四清'"（清政治、清经济、清组织、清思想）运动。

1965年春，中共湖北省委社会主义教育工作团随县分团进驻洪山区、三里岗区开展"大'四清'"。9月25日，县成立"四清"运动委员会。5月22日，王岗农用飞机场建成。本年，全县改划为14个区，2个县辖镇，5个区辖镇，113个人民公社，107个生产大队，6709个生产队。

1966年2月，"大'四清'"全面展开。9月，运动收尾，错误地处理了一批干部。5月16日，全国开始"文化大革命"。8月，学校建立"红卫兵"组织。随后，群众代表和"红卫兵"代表赴北京接受毛泽东主席检阅。全县开始大动乱。

1967年3月16日，随县驻军、群众组织、领导干部代表组成的"抓革命促生产第一线指挥部"成立。随县自来水厂建立（1975年9月改称自来水公司）。

1968年1月22日，由军队代表、领导干部代表、群众组织代表组成的"随县革命委员会"成立。

1969年4月，农村推行合作医疗，参加合作医疗人数占应参加人数的94.6%。

1970年2月，全县开展以打击反革命破坏活动，反对贪污盗窃、投机倒把和铺张

浪费为内容的"一打三反"运动。7月，本县最长的公路桥梁——涢水大桥建成。本年，随县火葬场建成，始有火葬。

1975年3月，县交通局李育金随国家援埃技术组赴埃塞俄比亚支援公路建设。此后相继有农业、卫生等技术人员支援非洲国家建设。本年，撤区并社。全县划为28个人民公社，2个县辖镇，6个社辖镇，911个生产大队，5534个生产队，2个国营农场。

1976年1月8日，全县人民沉痛哀悼周恩来总理逝世。9月9日，毛泽东主席逝世，各地群众连日举行吊唁活动。10月23日，县召开3万人大会，热烈庆祝粉碎江青、张春桥、姚文元、王洪文"四人帮"的历史性胜利。

1978年3月至6月，发掘曾侯乙墓，出土编钟等文物7000余件，铭文等万余字。本年，首次出口重晶石块3445吨。

1979年11月16日，国务院〔1979〕269号文件批准建立随州市（县级）。次年7月1日县、市分设建制。

1980年2月21日，"随县人民革命斗争史调查编写领导小组"成立，并筹备编纂《随县志》。6月，县插秧机厂全国统型机动插秧机单机质量合格率达99.7%，被评为全国同行业第一名。7月下旬，开展地名普查，1981年3月转入编纂《随县地名志》。

1981年5月，随县被评为全国水利管理五个先进县（桃源、玉林、黄县、东莞、随县）之一。8月，县成立人口普查领导小组。普查标准时间为1982年7月1日零时。全县有236361户，其中家庭户为234727户，集体户1634户；总人口为1109935人，其中男性569468人，占51.31%；女性540467人，占48.69%。12月，随县《学科学》报创刊（1984年并入《随州报》）。

1982年1月，澴潭、淅河升为县辖镇。9月，县首次举行"乡村医生"考试，颁发了955人的"乡村医生证书"。12月30日，随县首次农业自然资源调查和农业区划工作基本完成，编写出12个专业区划报告和全县综合农业区划报告，计60余万字。

1983年8月19日，国务院〔1983〕164函决定随县并入随州市，为省辖县级市，襄樊市代管。《随州市地名志》《随县地名志》先后印刷发行，两书共收录23000余条地名，有140余万字。

1984年9月，设区建乡工作完成。全市设10个区、7个镇、4个城区办事处和1个国营农场，计22个区级单位；下设91个乡、21个区辖镇、30个街道委员会，计142个乡级单位；各乡（镇）、街道下设985个村民委员会，49个居民委员会，计1034

个村级单位。10月，国家主席李先念为九口堰革命陈列馆题字："国民革命军陆军新编第四军第五师司令部政治部旧址"，手迹藏市档案馆。12月，湖北省随州市擂鼓墩出土文物暨越王勾践剑展览在香港中国文物展览馆开幕。该展览是经国务院批准，向港、澳、台同胞宣传祖国灿烂历史文化而举办的。

1985年5月30日，花鼓戏剧团新编历史故事剧《大鹏歌》参加省戏剧调演，获演出奖、演员奖2块金牌；文学剧本创作奖、导演奖、舞美奖3块银牌，还获得服装头饰2个特嘉奖。《大鹏歌》通过艺术再现了2500多年前楚庄王振兴楚国的故事。

1986年4月15日下午6时52分，大堰坡上空突然出现一注喷气式白烟，接着闪现一道火光。大约2分钟后，天空响起一阵雷鸣般声音，随后又出现流星式火光。火光消失后，空中纷纷降下陨石，散落在25平方千米的地域。陨石密集区有6平方千米，分布在大堰坡挑水村等3个行政村。陨石最大的110斤，最小的4.7斤。陨石表面呈乌黑色，内呈银灰色，硬度坚、重度强，呈几何体，具有科学研究价值。已由市文物部门将最大的陨石收藏。

1988年，随州市委、市政府决定修复炎帝故里风景名胜区。

1994年11月4日湖北省人民政府"鄂政发〔1994〕152号文件"通知：随州市由省直管。

2000年6月25日，国务院批准撤销省直辖县级随州市，设立地级随州市，新成立的随州市辖曾都区，代管广水市；设立曾都区，以原县级随州市的行政区域为曾都区的行政区域。

2005年4月，中共随州市委、随州市人民政府批准成立大洪山风景名胜区党工委、管委会。

2009年5月，随县获国务院批准重新设立，即在现随州市曾都区（市政府所在地）区划范围内，划出19个乡镇成立随县，县城驻厉山镇。

2009年5月20日，由湖北省人民政府主办，湖北省文化厅、湖北省旅游局和随州市人民政府承办的"首届世界华人炎帝故里寻根节"在炎帝神农故里风景名胜区举行。开幕式由中央电视台水均益、敬一丹主持，海内外各地嘉宾及观众2万余人参加庆典。

按语：《随卷论坛》作为一片史学飞地，专发对县域文化史纂修具有学科价值和指导意义的文章，亦发表与文化史研究相关的学术文章。本卷专发蒋天径先生史学文章《"随"名渊源考》，借文章的副标题表述，这是一个地域文化研究者的跨世纪追寻。文章充分利用语言学、文献学和考古学的资料，以对文字的形与义的考证，探究随县2900多年的文化演进，其研究方法和学术精神，对于中国县域文化史的纂修，有积极的参照意义。

"随"名渊源考
——一个地域文化研究者的跨世纪追寻

蒋天径

"随县"这个地名，于我，始终是个谜。打上中学时代起，我就在问，"随"到底是名词，还是动词、介词、形容词？所有回答都让我更迷惑，因而追问得更多、更细、更迫切。

出版于1988年的《随州志》，对"随"的来历提出了两种推测：一说是因境内有随山、随水而得名。引用的典籍是《水经注》《荆州记》，都是南北朝时候的资料，这未免离"随"起源太远。另一说是周武王封国时，取永随王室之义而得名。这一说纯属推测，无任何根据。我带着疑问去找前辈、《随州志》主编胡立志先生，他笑而不答，反而又提出了两种新推测：一是周朝八士之一的季随，有可能始封于此而得名；二是随名源于随氏族。他倾向于第二说，但根据也不充分。最后他要求我："回去用心找根据，找到了就马上告诉我。"于是，我被他引导到一条不归路，开始了漫长的看不到结果的追寻之旅。

2003年我出版了第一本随州地域文化专著《天下随时》。我的研究方法很拙劣，寻找最早的"随"的文字符号。居群经之首的《易经·系辞传》讲，伏羲始作八卦，神农继之，将八卦发展成《连山易》，其演绎的六十四卦中便有"䷐（随）"卦，这是"随"的最早书写符号。然而"䷐（随）"的符号意义又是什么呢？"随，刚来而下柔，动而说

(悦)。随，大，亨，贞，无咎，而天下随时。随时之义大矣哉!"南怀瑾先生在解释这段象辞时说:"随卦的重心，在于教人明白顺时而动的道理，但更需要明白顺时而止的作用。……知动而动，知止而止，动便得元、亨、利、贞而无咎的妙用，止便得大、亨、贞而无咎的晏息。"①其核心要义就是"天下随时"。所以我的书就取名为《天下随时》。很快，我的研究成果便得到运用。2006年11月，北京慧士德咨询中心应随州市委市政府之请，为擂鼓墩与神农故里旅游开发提供创意策划时提出:"要把握一个根本，即'随卦'所体现的随州的风水文脉。"我感到很欣慰。

"䷐(随)"出自炎帝神农时代，这只是一种推测，那么有没有"活体遗存"可以佐证这种推测的正确性呢? 这就是我第二本书《古随文化之活体遗存考》的内容。我的方法仍然很笨拙，深入到乡村、坊间，找老人、学人、会"唠白(健谈)的人"在一起聊，淘到了许多干货，找到了"不绝于口的穴居文化语汇""弥久犹新的民歌民间故事"和"世代相传的'随时'人文精神"等，我把这些大量存活的古随文化碎片黏合到一起，于2014年4月出版，在随州也赢得一些好评。然而期间发生了很大变故，考古界接二连三地发掘出西周早期至中、晚期的叶家山、义地岗、枣树林等曾国墓群，与早年发掘的战国时期曾侯乙墓，形成了一个完整的曾国世系表。这是随州人及史学界所始料未及的。因为在西周至战国的几百年间，史书和典籍记载的却只有随，现在从地下突然冒出了一个与随地望一致的曾，这该作怎样的历史表述? 后来从一两件文物的铭文上发现了随，学界便口径一致地说:"曾随合一。"我们姑且承认这个命题百分之百成立，但"曾随之谜"就完全破译了吗? 且不说史书鲜明地告知世人:"汉东之国随为大"，证明随在汉东的老大地位不可撼动。而拥有"世界奇迹"的编钟之国曾，为什么猥琐得暗自躲入地下几千年而不见天日? 再说即使"曾随合一"成立，它们合于何年何月? 是曾合于随，还是随合于曾? 挑明了说，在这块地盘上，到底是曾为土著，还是随为土著? 我的第三本书《阜道·伏羲》就是回答这个问题的。2022年12月此书完成并出版。

《天下随时》《古随文化之活体遗存考》《阜道·伏羲》这三本书相继出版，时间基本上相隔十年。每十年才跨出一步，可见我这个随州地域文化研究者的攀爬路径有多艰难。

艰难是事实，但"随""曾"谁是土著、谁是外来者，或者说"随"之渊源搞清楚了没? 否则，所有的心血都是白费力。

一、随兕是随氏族的图腾

其实，要证明曾、随谁是土著，最好的办法是寻找他们的图腾崇拜。

---

① 南怀瑾、徐芹庭:《白话易经》，岳麓书社1988年版，第124~125页。

从目前的考古资料看，曾人的图腾崇拜物我们尚未发现，但随人的图腾崇拜从典籍到民间都反映得十分清晰：那就是神圣不可侵犯的随兕。

有好几部典籍记载了随兕的故事，如屈原的《招魂》《战国策·楚策》《史记》等。讲得最具体、最富有故事情节性的是《吕氏春秋·至忠》，说的是楚庄哀王在云梦打猎，射中了随兕，申公子培抢在楚王的前面把它夺过来了。时间不到三个月，子培生疾而死。不久，楚国与晋国在两棠作战，大胜回国，并奖赏有功之臣。申公子培的弟弟，也请求奖赏，他说："人家有功是在战场上，我的哥哥有功是在狩猎中。"王问："此话怎讲？"子培的弟弟说："我的哥哥曾经读过一本古书，上面讲：杀随兕的人活不过三个月。我的哥哥怕给大王带来不吉利，争着抢过来为己有，因而替王服罪而身死。"于是楚庄哀王令人从书库里遍翻所有古籍，找到了那本书，查看果然有此说法，于是重重奖赏了子培之弟。①

这个故事离早期的图腾崇拜已相隔数百年甚或数千年，楚书库古籍里所记载的这个禁忌也一定不是楚人的禁忌。道理很简单，东北虎一定在东北，华南虎也一定在华南，随兕肯定是在随地了。若在楚境那就应该叫楚兕，那么楚王、楚人都应知晓"杀'楚兕'者不出三月亡"的巫训，根本用不着"王令人发平府而视之"。申公子培亦非楚人，因申姓为炎帝裔，与随人同为一脉，《路史·国名纪甲》讲得很清楚："随侯，炎裔。"胡立志先生在他的《随史钩沉》中讲："兕并非单指远古动物本身，而是指'随氏族'先民所崇拜的'兕'图腾，故在古文献中'兕'的前边冠以'随'，称'随兕'，并成为'随氏族'至高无上的崇拜物和代表氏族、邦国的号。"②

那么随兕是一种什么动物呢？《尔雅》曰："兕似牛。"注云："一角，青色，重千斤。"③据古生物学家讲，兕是古代犀牛一类的兽。清同治版《随州志·祥异》载："清顺治三年，犀见于大洪山北。"证明犀（随兕）在随绝迹时间并不长。然而犀是生长在热带森林里的动物，这个物种能在北温带存活几千年，也可谓神奇。其实也不足为奇，

---

① 陆玖译注：《吕氏春秋》，中华书局 2011 年版，第 314 页。原文为：荆庄哀王猎于云梦，射随兕，中之。申公子培劫王而夺之。王曰："何其暴而不敬也？"命吏诛之。左右大夫皆进谏曰："子培，贤者也，又为王百倍之臣，此必有故，愿察之也。"不出三月，子培疾而死。荆兴师，战于两棠，大胜晋，归而赏有功者。申公子培之弟进请赏于吏曰："人之有功也于军旅，臣兄之有功也于车下。"王曰："何谓也？"对曰："臣之兄犯暴不敬之名，触死亡之罪于王之侧，其愚心将以忠于君王之身，而持千岁之寿也。臣之兄尝读故记曰：'杀随兕者，不出三月。'是以臣之兄惊惧而争之，故伏其罪而死。"王令人发平府而视之，于故记果有，乃厚赏之。申公子培，其忠也可谓穆行矣。

② 胡立志：《随史钩沉》，随州市新闻出版局 ESLTZ-2002009，第 3 页。

③ 徐中舒：《汉语大字典》，四川辞书出版社、湖北辞书出版社 1986 年版，第 270 页。

只要人与自然和谐相处,万物便都有了自己的活动空间。在大洪山东麓有一片中国独一无二的千年古银杏群落,它能存活的根本原因是什么?是人与自然的和睦相处!

在随州民间文化表演活动中,最受群众欢迎的是自古传承至今的"三独":"独角兽""独龙杠""独人轿"。独角兽表演是,一条黑布袋罩住头、臂,两臂向上伸直,两手并于头顶,形成像兕一样的角(独角),再在裸露的肚皮上画出兽头,以双乳为眼,以肚脐为嘴,中间胃部画鼻,胡须是脐下腰间围的蓑衣或麻裙。舞台上,蹦蹦跳跳的独角兽与一帮小娃子嬉戏玩闹,表现的是一种人与动物和谐相处的关系。这与楚庄哀王射杀随兕的故事形成鲜明对比。特殊的地域文化背景造就了特殊的艺术表演形式,这实质上仍是随兕图腾的文化基因在起作用,只是在我们的意识里缺乏自觉而未曾感觉到。

所以,土著的"土"气,是不会轻易消退的,随人的随兕崇拜已化为精神基因存储在世代随人的生命中和民间艺术中。

二、"随"之内涵

图腾是一种符号,文字也是一种符号。文字产生之初的"䷐(随)",其符号的内涵是什么呢?䷐的卦辞是:"元、亨、利、贞,无咎。"①意思是随,具有根元的、亨通的、利益的、贞正的德性,做任何事都是没有灾咎的。此卦为大吉。

然而"䷐"这个符号,一出现就表现为"形而上"的抽象概念吗?倘若不是,其"形而下"本真又是什么呢?再者,"䷐"发展为"随",其字"形"又经过了怎样的演化过程,发"声"又出现了哪些变化呢?可以说,在现今的学术和技术层面上,此问题仍然解决不了。然而解决不了,但不能不探讨,尽可能向"本真"靠拢,是我们这些搞文化研究工作的人必须去做的事情。从各种字典中,我们查出随(隋,古代随、隋互通)有三个读音:(1)duò,《广韵》:"徒果切,上果定。又他果切。歌部。"同墮。②(2)tuǒ,通橢,橢圆形。(3)suí,《广韵》:旬为切,平支邪。歌部。周代的诸侯国。

依这些读音,我们从各种字典和论文里查出了随的十几个义项,这里不一一详细引用,只重点解读一下随(suí)之义。

义项一:撕肉祭祀 《说文》:"隋,裂肉也。"撕肉祭尸。郑玄注:周礼作隋,隋与挼读同。③《汉字源流字典》讲,隋(随)是会意字,与祽同源。在甲骨文中写作𥇥。该字典注:"是一人双手揪碎祭品弃置于示(神主)前进行祭奠之状。小点表示揪下的

---

① 南怀瑾、徐芹庭:《白话易经》,岳麓书社1988年版,第119页。
② 徐中舒:《汉语大字典》,四川辞书出版社、湖北辞书出版社1989年版,第4142页。
③ 段玉裁:《说文解字注》,中州古籍出版社2006年版,第172页。

碎屑。如今农村致祭仍然如此。省去人形和一只手，再加上祭肉，就发展为祷字。用以表示祭奠。"①查禂，《说文》曰："古文祡，从隋省。"祡，即焚柴祭天，也是一种很严肃的祭祀活动。不过，学界对🈁的解读不一致，《汉语大字典》就认为🈁是"祝"字。祝也是"祭主赞词者"，② 即祭祀时主持祭祀的司仪人。无论从哪种角度看，隋都是祭祀的一种礼仪形式，这可能是随(隋)的初义。

　　义项二：**祭尸面具**　这里的"随"是个名词。《周礼·春官宗伯·守祧》曰："掌守先王先公之庙祧，其遗衣服藏焉。若将祭祀，则各以其服授尸。其庙则有司修除之，其祧则守祧黝垩之。既祭，则藏其隋，与其服。"③这里的"隋"是什么？面具！一种祭祀用的金制、铜制或布制面具。庞永臣先生在其《三星堆青铜人面像之我见》中说："面具是根据活动需要为扮演角色形象而设计制造的，这在殷墟甲骨文中称为魌，文字造形同直立的人头戴面具。作为祭祀仪式中关键角色的'祭尸'，其面具不同于普通面具，应有专称并列于祀典。根据《周礼·守祧》之职，先王先祖之隋与服是共用于祭尸的。隋在服之前，可证隋比服更重要。隋，从耳从左从肉，左在肉之上，耳在其侧。据此义解，从耳，由于祭尸需要饮食，祭尸面具应便于取戴，戴时应系于双耳部位。从左，祭尸出门左，入门左，席于左，执爵于左。从肉，祭尸的一切活动听命于小祝，形似受祭者，实同肉尸，故名之曰祭尸。因此，'隋'应是祭尸面具的专称。隋者，随也，有所凭依也。在庙依神，在祭依尸。以此解释古礼中'隋'的本义便合乎情理了。"④这段话再明白不过了。不过，隋的偏旁阝，古作"阜"，似不作"耳"解。我们平时所谓"左抱耳"、"右抱耳"、"耳东陈"，那是现代人的说法。然而这不影响庞先生的判断："隋"的本义是"祭尸"用的面具，一种威仪的祭器，用后要收藏起来，以备下次祭祀再用。

　　义项三：**脚趾**　我们前面说过，䷐(随)作为文字符号，最早出现于《易》，所以我们不得不反复提及《易》。《易·艮》："艮其腓，不拯其随。其心不快。"⑤艮，止也。腓，腿小肚。随，脚趾。意思是说，止于腿小肚，就拯救不了脚趾，所以心中不快。

　　"随"，之所以在各种汉语字典、词典里，其意义出现很大的差异，根本原因就是此字太古老，义项太多太复杂，本义又被遮掩得太久太深，让人几乎难以逮住实质，

---

①　谷衍奎：《汉字源流字典》，华夏出版社 2003 年版，第 668 页。
②　徐中舒：《汉语大字典》，四川辞书出版社、湖北辞书出版社 1989 年版，第 2393 页。
③　徐正英、常佩雨：《周礼》，中华书局 2014 年版，第 465~466 页。
④　庞永臣：《三星堆青铜人面像之我见》，《文史杂志》1997 年第 6 期。
⑤　南怀瑾、徐芹庭：《白话易经》，岳麓书社 1988 年版，第 300 页。

于是才惹出太多的疑问和麻烦。

三、"随"之"本元"

上述诸多随之义项，无论怎么看，也没能逮住随之"元"义。"元"在《易经》里的哲学意蕴很深。乾卦的象辞说："大哉乾元，万物资始。""随"卦的第一德性就是"元"，是代表某种本元的物象。

其实古人在典籍中早已为我们指明："随"是一个人名，并且是一位人类创世之祖的人名。因而我们必须还他一个公正的名分，一个应有的历史地位和尊重。

讨论"人类创世之祖"这个大问题，必须有考古资料作证明，否则就是一个完全虚构的神话故事。1957 年 6 月，湖北省文管会一文物调查组，来随州考查时，在离市区约 5 公里的山地一条小路旁采集到一件打制石器，材质为石英岩。1960 年 5 月，经史前考古学、古生物学家、北京猿人头盖骨的第一个发现者裴文中先生鉴定，确认为旧石器时代物品，这是湖北地区也是长江流域的首次发现。① 这就证明至少在 1 万年以前，随州就有人类活动。尔后又连续发现新石器时代文化遗址 50 余处，出土文物 3000 余件，尤其是淅河镇西花园遗址、三里岗镇冷皮垭遗址、洛阳镇金鸡岭遗址，文化堆积层厚实，都证明了有一支远古人类在此生息劳作。

这一切，都为创世之祖"随"的活动找到了可靠依据。

然而有典籍支持吗？

当然有！

随为女娲之臣 先秦典籍《世本·作篇》载："女娲作簧；随作笙，随作竽。"②宋衷（又名忠，字仲子）注："随，女娲氏之臣。"③由此可知，随，也是中华创世始祖之一。此后的典籍基本上都采信了这种注释。那么，宋衷注释的权威性在哪里？我们至少可以找到两点理由：一是宋衷为东汉末大儒，④ 与郑玄齐名，是荆州学派的创建者之一，此学派追求简约、自然、真实的思想风尚，注经时，既注重典藏，亦考察民间，治学态度极其严谨。当年，刘表据荆州，司马徽、诸葛亮、徐庶、王粲、王肃、尹默等，都聚集在荆州学派门下，仅以诸葛亮的《隆中对》为例，就足以看出此学派的求知

---

① 王善才：《湖北随县发现旧石器》，《考古》1961 年第 7 期。

② 《世本八种·秦嘉谟辑补本》，中华书局 2008 年版，第 358 页。

③ 《世本八种·张澍稡集补注本》，中华书局 2008 年版，第 7 页。

④ （东晋）常璩：《华阳国志》卷十上《先贤士女总赞论·二》："后世大儒张衡、崔子玉、宋仲子、王子雍皆为注解。"

态度和行事风格。二是宋衷的故乡在章陵，即现今的枣阳市东南，与随州地界紧密相连。当年宋衷深入家乡民间，自然能获得有关随祖的传说故事。

随为女娲之臣，从地理位置上看，也是成立的。《康熙字典》载："女娲山，在郧阳竹山县西，相传炼石补天处。王象之诗'女娲山下少人行，涧谷云深一鸟鸣'。"①纯阳真人吕洞宾也留有诗句："女娲山高与天齐，四顾群山座座低；隔断往来南飞雁，只留日月走东西。"女娲生活在鄂西北竹山县，与随州相距不远，凭借汉江交通的便利，两人来往交流也是不成问题的。

再从民俗学角度观察，也有很多佐证。在随州民间传说中，女娲"抟土造人"的故事几乎娃子大人都会讲，而且以提问开头：为么事人洗澡，每次身上总能搓出脏东西（汗垢）来？因为人都是泥巴变的，是女娲老祖宗用泥巴捏出来的，所以我们都是女娲的娃子！

"娃"，这个词在随州非同一般，人们几乎在所有的名词后面都可缀上它。如在用具方面：盆娃、碟娃、桶娃、瓢娃……在穿戴方面：鞋娃、帽娃、裤娃、带娃……在动物方面：猪娃、狗娃、猫娃、兔娃……在植物方面：树娃、竹娃、菟娃、豆娃……生活在大洪山一带的长岗、三里岗人，语言更加精彩，一句"白菜娃子，萝卜娃子，炒一大盆娃子"，成了他们一种标志性的语言特色，总被外地人学舌。

"娃"在随州之所以如此盛行，说明作为女娲之臣的随，在协助女娲"化生万物"活动中，一定起到了不可磨灭的贡献。

随为生育之神　创世之祖女娲，其天职就是"抟土造人""化生万物"。随辅佐女娲，也做着相同的工作。"随作笙，随作竽"，就是为了助推人类和万物的生育与繁衍。《释名·释乐器》："笙，生也。竹之贯匏，象物贯地而生也。以匏为之，故曰匏也。"②古代同音、谐音互训的例子比比皆是，"随作竽"，"竽"就有"育"之意；"竹之贯匏"，其"匏"或许也有"胞"之意呢！

随，实质上是一位与女娲同样伟大的创世之神！

秘密就藏在"女娲作簧，随作笙，随作竽"这句经典话语中。

我们知道，笙即生，竽即育。如此意会，那么"女娲作簧"，则是"簧即黄"了？不错，确实是"簧即黄"！但绝非意会。黄，从已有的字典中是无法查清它的本义的。《说文》："黄，地之色也。"③这说法不错，如西北的黄土高原，全是一片黄。但"黄"

---

① 冯涛主编：《康熙字典》，九州出版社 1998 年版，第 217 页。
② （清）陈立撰、吴则虞点校：《白虎通疏证》，中华书局 1994 年版，第 123 页。
③ 段玉裁：《说文解字注》，中州古籍出版社 2006 年版，第 4596 页。

这个符号，所代表的原始义并不是颜色，如同"赤橙黄绿青蓝紫"一样，原始义都不是颜色，而是指一个十分具体的物。譬如橙，所指就是一种水果，后来，但凡与果橙相一致的颜色就统归入此类。那么黄代表的是一种什么物呢？这问题就像哲学上的第一难题：世界上是"先有鸡，还是先有蛋"一样搅筋。然而思想上搅筋，行为上我们却可以把蛋煮熟，再掰开一看，里面白是"白"，黄是"黄"。这里的"黄"，十分清楚地告诉我们，它就是孕育世界的一个核心，有如"蛋黄"一样。人也如此，甲骨文㯭，其形不就是一个人怀着大肚子吗？神话中"简狄吞燕卵而生契"，那燕卵中就有"黄"。

妇幼皆知，传说中的华夏创世之祖为伏羲、女娲。而随，尽管也算创世之神，但只不过是女娲之臣，神格显然比他们低。事实真是这样吗？

四、"随"即伏羲

语音学中有一组对立概念：快读‖缓言，汉代注家的"譬况字音"则称为急言‖徐言，是针对发声气道宽窄、语速快慢而出现音节变化的一种现象。颜之推《颜氏家训·音辞》："古语与今殊别，其间轻重清浊，犹未可晓。加以内言、外言，急言、徐言、读若之类，益使人疑。"①举个现代的例子："甭"，缓言就是"不用"；反之，"不用"快读就是"甭"。又如"孬"，缓言就是"不好"；反之，"不好"快读就是"孬"。讲话的语境不同，吐词的缓急也不同，所表达的感情色彩也不同。

"古语与今殊别"，不只是快与缓、急与徐的问题，这只是考虑了发音气道的宽窄，还有一个更重要的即语言人类学家所讲的："人类语言的存在是一个与人类生息同步的过程。"因而也经过了一种从简单到复杂、从低级到高级、从单音节词到双音节词的发展过程。

不知大家注意到没有，中国古人的名字多为单字，如尧、舜、禹、启、汤，这当然是为了呼叫的方便，但更重要的是古人语言发展不成熟，词汇相对较少的原因。语言的发展规律是，越古老，词汇越少，少到只有"呼"与"应"、"问"与"答"的境况。而且这种呼应、问答，简单得就只有一两个字。这一两个字，不是名词，就是动词，不存在任何副词、修饰词。

如此说，为什么创世之初的三皇女娲、伏羲、神农却是双音词？

这是一个谜！我们先从炎帝神农故里"厉"入手，一步步来揭秘！我们知道，炎帝神农故里厉山，典籍中写成烈山、列山、连山、赖乡等多种语音相近、写法各异的名

---

① 檀作文译注：《颜氏家训》，中华书局 2011 年版，第 288 页。

称。但是，厉山人自有文字以来，一直写"厉"而不写其他称呼。这是为什么呢？难道真如《史记·五帝本纪》中记载的"炎帝欲侵陵诸侯"而显示出的那种武力之厉害吗？断然不是！厉山人嫌其他写法不切近本元，只有"厉"，才富有真谛意义：一是厉为磨砺，《说文》"厉，旱石也"，即磨刀石。《诗·大雅·公刘》："笃公刘，于豳斯馆。涉渭为乱，取厉取锻。"磨砺强调的是一种意志！神农"制耒耜，植五谷；尝百草，疗民疾"，都是他长期磨砺自己意志的结果。二是厉为和合，《广雅·释诂二》："厉，合也。"王念孙疏证："厉者，《方言》：'厉，合也。'厉与连声相近，故得训为合。"这里强调的是一种和合理念，团结精神，作为军事联盟酋长的神农，必须团结各方诸侯，共同维护本联盟的安全。三是成熟，扬雄《方言》："厉，熟也。"①表现的是庄稼成熟的一派景象，这是农耕文明所带来的丰收成果，也只有神农氏，才能在他的家园里创造出如此辉煌的业绩。更重要的是，"厉"，还有领域、藩界之义。《周礼·地官·山虞》："山虞掌山林之政令，物为之厉，而为之守禁。"郑玄注："'物为之厉'，每物有蕃（藩）界也。""树藩为界"就是框定疆界、领地。设厉（藩界）是为了严格固守本部落疆界，保护本部落利益，因而"厉"又有勇猛、刚强之义。再从语音学角度考察，"厉"还有一个缓言双音词——南帝。南帝即神农。神农通常称炎帝，那是取自"五帝配五行"，金木水火土，神农有火德；神农也称赤帝，赤帝是取自"五帝配五色"，青赤黄白黑，神农配赤色；神农也称南帝，那是取自"五帝配五方"，东西南北中，神农处南方。南帝，快读即为厉。厉的缓言即南帝。"厉"既具有疆界、刚强、成熟、磨砺诸语义，又有南帝之称谓，神农以"厉"为名就名正言顺了。

随，金文写作 ，也有疆域、守土之义（后面将论述）；从字形上分析，随又是一个合文、连体字。我们将"随"拆分，便得"阜遄"二字，阜遄、伏羲音义一致，同音互通。从语音上分析，"随"缓言为伏羲。"随"之缓言岂止一个伏羲，还有宓羲、庖羲、包牺、包戏、炮牺、雹虡……虽然文字书写各异，但语音一致，在交通不便的古代，通假是常见现象。

正如颜之推所言，古语语音"轻重清浊，犹未可晓"。丁山在《古代神话与民族》一书中认为："共工、帝鸿、帝江、浑敦、骧兜，皆为鲧之缓言。"甚至穷奇、梼杌等都被认为是鲧。② 这些推测都是有可能的。

从华夏语音进化角度看，单音字缓言为双音词、叠韵词，那是语言由粗俗向文雅、口语向书面语发展的必然结果，它使得语言的单音单义变成了多音多义，情感色彩由

---

① 华学诚：《扬雄方言校释汇证》，中华书局 2006 年版，第 820 页。
② 丁山：《古代神话与民族》，商务印书馆 2005 年版，第 219 页。

直白显露跨进了抒情内敛的境界，文明于是得以提档升级。

至此，我们可以说，"随"的渊源已经探明。然而"随即伏羲"还能不能找到实证？

五、阜遄(伏羲)八卦太极图实证

《易经·系辞传》曰："古者包牺氏(阜遄氏)之王天下也，仰则观象于天，俯则观法于地，观鸟兽之文，与地之宜，近取诸身，远取诸物，于是始作八卦，以通神明之德，以类万物之情……包牺氏没，神农氏作……神农氏没，黄帝、尧、舜氏作"，最后发展完善成《周易》。伏羲(阜遄)在文化上的最高建树，就是"始作八卦"。然而我们只见"随(阜遄)作筮，随(阜遄)作竽"，却不见随(阜遄)作八卦，这又是怎么一回事？

我们细读《世本》，发现《作篇》中主要讲"作器"，首句便是"燧人造火。伏羲造琴瑟"，也没谈伏羲作八卦。八卦是一种抽象的文化符号，不是实物，它的功用存在于人们的思想观念中。这种符号也不是一般人都能画，都能解的，只有那些部落领袖，同时也是大巫觋的人才有资格、有能力在大的祭祀活动中运用自如。在文化传承上是靠上一辈人的口传密授，也有一些民间小巫觋略通一二，可以操持一些小的祭祀活动以及民间驱邪治病等事情，那也是靠师傅口传密授的。

令人十分振奋的是，随州的考古工作者竟然在随州新石器遗址里发现了这些符号。

1983年10月武汉大学历史系考古教研室的教授们带着1980级考古班的学生到随州西花园遗址进行实习和发掘。发现遗址最上部的堆积是东周文化层，其次是湖北龙山文化层，再次是屈家岭文化晚期层。在屈家岭文化晚期层的纺轮上，发现了彩色太极图案，这是中国迄今为止最早见到的八卦太极图。

阜遄(伏羲)画八卦，"仰则观象于天，俯则观法于地"，随州竟有酷似太极图的地形。尚市镇王家河村，是一个肥沃的小盆地，四面为丘陵环绕，溠水呈S形沿丘陵脚下流过，鱼阳庙建于东边山顶，鱼阴池成于西边洼地，无须从空中鸟瞰，只要站在高过鱼阳庙的山峰远眺，就清清楚楚地望见一幅逼真的太极图。隋朝当年新设顺义县时，就把县城建在太极图的腋窝里。据当地民间传说，舜当年出生于此，尽管受到后母、弟象的迫害，仍深明大义，行孝悌，所以县名取"顺(舜)义"。典籍上称，舜在随地待过，清同治版《随州志》亦有记载。令人惊奇的是，这里离神农故里20里，离"舜耕历山"仅2里。我们知道，八卦非一人完成，阜遄始作八卦，神农氏继之。东汉的大儒郑玄说，由八卦重复编排演变成六十四卦的是神农氏。而六十四卦中便有随卦。舜亦继之作八卦。

更让人惊讶的是，在淮河镇龙泉村的山谷中，发现了4300多年前的岩画，其中有一幅"圣人观天象"图，简直就是对"仰则观象于天"的真实摹写。

上述阜道、神农的八卦传承、顺义的地貌物象特征，以及新石器考古文物的发现，这种三者高度的一致性，是任何一个地方都无法达到的。①

六、一个与"随"毫无关系的"隓"

有一个我们不可忽视的、从故纸堆里刨出来的"隓"，很多人把它解读为随国的"随"，这是一个错误，而且是一个不能容忍的错误，甚至带有一种侮辱性的意味儿。所以我们必须搞清楚，否则，就如同"隋文帝改'随'为'隋'"一样，谣传几千年而不得澄清。

《说文解字》讲得很清楚："败城阜曰隓。"指的是倒塌了的城墙。其读音为"奎"，可《说文解字》中缺"奎"字，读音根本搞不清楚。然而随后又注明"𡐦"是隓的篆文。这就把问题搞得很复杂了。依篆文𡐦，则可以隶变为墮，亦可写成堕，古时隋可假借为堕，这样一假借，就把堕落、毁坏之义嫁接到隋身上了。段玉裁已察觉出这个问题，他在注解中说："许书无奎字，盖或古有此文，或彖左为声，皆未可知。𡐦为篆文，则隓为古籀可知也。山部隓曰隓声，肉部隋曰隓省声，皆用此为声也。小篆隓作堕，隶变作堕，俗作隳。用堕为崩落之义，用隳为倾坏之义，习非成是，积习难返也。"②大文字学家也拿这种随意假借没办法，只能发出叹息说："习非成是，积习难返也。"但我们却不能习焉不察，更不能语焉不详。依我看，《说文解字》作为中国的第一部字典（此前的《尔雅》，从严格意义上讲，不能称字典，而且《尔雅》里也无"隓"字），难免不会出错。此书收录的"隓"，至少有三个问题没有搞清：一是"隓"出现于哪部典籍，现无考。没有出处，语境就不清，语音、语义就逮不准。二是音符"奎"，许书无载，说明许也拿不准；如果以段玉裁"或彖左为声"，那么一左再左的"奎"，就应该读岞（zuō），有坍塌的意思，例如随州农民说的"土坎子岞了"，属方言，不过这也只是猜测。三是甲骨文、金文的书写工具为刀，刻写中省笔、掉笔、误笔是常事，导致收录者识别出错也在所难免。所以具有权威性的《汉语大字典》就明确指出：隓的第一读音为huī，义同"隳"。《汉语大字典》在注"隓"的第二读音duò时，只讲"同陊"，而避开引起误解的"堕""堕"。③

那些以"隓"释"随"者，也不想想，在一个处处事事都讲吉祥的汉民族，怎么会把

---

① 有人认为舜渔雷泽在山东雷泽县。南宋史学家罗泌在《路史》中特撰《历山考》，云："雷泽不闻有二，耕渔必不相远，即此为是。"指出舜耕历山，渔雷泽，都在同一区域，但他不知道随州有个历山。

② 段玉裁：《说文解字注》，中州古籍出版社 2006 年版，第 733 页。

③ 徐中舒：《汉语大字典》，四川辞书出版社、湖北辞书出版社 1986 年版，第 4150 页。

一个寓意为"垮掉城墙"的概念，拿来作为自己家乡的名称，而且几千年还不易其名？"随：元，亨，利，贞，无咎"，是大吉大利啊！"随"几千年不变之理全在于此！

2012年6月，随州文峰塔曾国墓地M21号墓出土了一件"随大司马嘉有之行戈"，为我们揭开了个中之谜。此戈上，随写为🔲，左边是🔲，中间为"🔲"，右边是🔲，是一个典型"左中右"结构的字，与"树""街""辙"结构相同。🔲的中间"🔲"为"阜"，左右两边为何字，还有待文字学家作最后敲定。但就现有字形看，至少有三种解释：

第一种解释是，🔲的右边是🔲，其手下是"土"，否定了"🔲"的手下是"工"的判断；左边🔲也近似于"土"，甲骨文"土"写作"🔲""🔲"；"阜"原本指土山。这样看来，金文🔲强调的是土，万物皆出于土，这正符合《易·随》卦辞"元"之义。很有说服力的是《郭店楚简·老子》中有一句话："先后之相随"，随写作🔲，在"阜"之右边，是"土""田"组合，有人识为"宙"，也与"土"有关；最下面也是一个"土"，强调的仍是"土"的意义。

第二种解释是，🔲，按照古人"天圆地方"的理念，中间的那个圆是天，其下的那个丨是顶天柱，天上还有一个圆，那是太阳；🔲，其手形特别突出且巨大，而土很小，这应视为神手，如此才能与左🔲相配；而"阜"明显低于🔲、🔲，意思是指"随"是一块神造的土地。

第三种解释是，我们从金文🔲得到启示，🔲是彳，恰巧《汉语大字典》中有䲰字，《集韵·支韵》说："随，古作䲰。""彳"，《说文》解为："小步也。"由此衍生出一个词"彳亍"，意思是慢步走。商承祚先生不同意许慎的解释，他在《殷墟文字类编》中讲："古从行之字，或省其右作彳，或省其左作🔲，许君误认为二字者，盖由字形传写失其初状使然矣。"罗振玉先生在《殷虚书契考释》中对"行"的解释更接近原义："🔲（行）如四达之衢，人之所行也。"䲰，就是一座"四通八达，人来人往的城"。容庚先生将🔲释为邑，① 这更证明了🔲有"四达之衢"之义。

这三种解释都有一定的道理，我更倾向于第三种解释。还有一个很特别的现象是，"随大司马嘉有之行戈"中的🔲，其手形特别突出和巨大，几乎盖住了中间的土地（阜、

① 参见容庚：《金文编》，原文为：徐，国名，嬴姓子爵，春秋昭公三十年灭于吴，经传通作徐，铜器铭文从邑从郐，沇儿钟，郐字重见。

土），这象征着什么？除了"圣手造地"这一意象外，也表现出一个武官要"保护这方热土"的意志和决心！这正是军人的职责之所在。

十分幸运的是，2011 年"随仲嬭加鼎"现身。当年《江汉考古》第 4 期上刊登了曹锦炎先生的《"曾"、"随"二国的证据——论新发现的随仲嬭加鼎》，文中所载嬭加鼎铭文上出现了一个 𢓊 字，被释为随，𢓊 的中间也是两个土。有意思的是，𢓊 之下有个 𠂤，𢓊 与 𢓊 就是一个字，只是 𠂤 摆放的位置不同而已。因当年不知此鼎出于何处，故未引起随州文物部门及专家学者的特别重视。2018—2019 年，在随州东郊枣树林发现了嬭加墓，从出土的嬭加编钟铭文上断定，嬭加为曾侯宝夫人。这既为"曾随合一"的观点加固了证据，也为"随"的金文书写模式提供了新的范本。

上述例子证明："陮"与"随"没有关系！它们之间最本质的区别在于"随"以"土"结体，"陮"以"工"结体。"土，地之吐生物者也。""工，巧饰也。象人有规矩也。"① 两者之义，八竿子都够不着一点关系。至于别人出现各种误写和误解，那都是各种客观原因造成的，但随人自己不能人云亦云。作为后代传承人，我们更应相信随人先祖的自我书写和阐释，那是不容篡改的铁证。

若上述各例仍显证据不足，我们还可举"遂公盨铭文"为证。

2002 年春，北京保利艺术博物馆在香港古董市场购得的一件西周中期青铜遂公盨（又称豳公盨、燹公盨），其内底有 10 行 98 字铭文。第一句就是："天令禹敷 𡈼（土），𢓊（随）山濬川。"这个 𢓊，中间也是两个"土"，学界一致将 𢓊 这个字识为"随"，并将此句与《尚书·禹贡》中的第一句"禹敷土，随山刊木"对照，认为两处文字表述的是同一件事。但对"天令禹敷土，随山濬川"的整句翻译，学者间却存在较大分歧。我比较赞成"随着山势，疏浚河川"的解释。有人将此字识为"掘"，也有人将 𢓊 识为"陮（堕）"的，这些都有待进一步商榷。② 但无论怎么识读，𢓊 字中间是两个土，因为在它前面紧挨着的 𡈼（土），已作了最有力的证明，断不可识为"工"。南梁时期的肖绮在录王嘉《拾遗记》时有一段话应引起我们重视："字体与俗讹移，其音旨随方互改。"这种讹、改使得典籍出现诸多疑谬，后人识读时必须细心审读才能逮住真义。《吕氏春秋·察传》曾举出一例，有一个史官读别人记下来的史料："晋师三豕涉河。"子夏更

---

① 段玉裁：《说文解字注》，中州古籍出版社 2006 年版，第 201 页。

② 参见裘锡圭：《燹公盨铭文考释》，《中国历史文物》2002 年第 6 期；张中一：《重读豳公盨铭文》，《中国文物报》2012 年 6 月 22 日；刘涛：《遂公盨铭文中的"德"新释》，《烟台大学学报（哲学社会科学版）》2018 年第 9 期等。

正说："不是'三豕'，是'己亥'，'己'与'三'笔画相近，'豕'与'亥'形体相似。"①那个读"三豕"的史官也不想想，晋军"三头猪"过河，那不是骂人吗？所以子夏到晋国后，有人问到这件事，子夏回答说："晋师己亥涉河。"晋人听了心里一定很舒服。

"遂公盨"的发现，给我们留下了一个令人十分遗憾的问题，即出土地点不明。可恨的盗墓贼没留下一丁点儿信息，因而导致铭文中的"遂公"二字解说不一。冥冥中我们似乎感觉到与"随"有着某种联系，说不定"遂国"即随国呢！

七、遂国，抑或随国乎？

"遂公盨"的出现，使我们知道了历史上曾有一个方国"遂"。"遂"在哪里？因对燹公的释读不同而出现地理位置不同。"迄今有四种意见：遂公（李学勤、王大友、周凤五、江林昌），高华平释为燹公；豳公（裘锡圭、饶宗颐、张永山、李凯）；祭公（郑刚）、阙如（朱凤瀚、李零、艾兰）。"②各家所述区域，大多为陕西、山东一带。没有人提到过湖北随州，我也不打算在这里力争，只是觉得"遂"与"随"关系密切，在此提出一种思路供大家辨别。

我们先睹一张表，看看随、隧具有多么明显的一致性。

字根	脅	豕
甲骨文	𦥯	𢑓
+辶	道	遂
+火	熷	燧（燧）
+阝	隋	隊（队）
+阝土	堕	墜（坠）
+阝辶	随（随）	隧

可能还有一些偏旁相同、音义也相同的字没能列出来，但这些已经足够说明问题

---

① 陆玖译注：《吕氏春秋》，中华书局 2011 年版，第 849 页。原文为："子夏之晋，过卫，有读史记者曰：'晋师三豕涉河。'子夏曰：'非也，是己亥涉河。夫"己"与"三"相近，"豕"与"亥"相似。'至于晋而问之，则曰：'晋师己亥涉河也。'"

② 陈英杰：《燹公盨铭文再考》，《语言科学》2008 年第 1 期。

了。前文已述，"随"是阜遀的连体字。以此看"隧"，"隧"也是阜遂的连体字。从这个角度出发，我们来详细分析一下以肯、豕为字根的几对偏旁相同字词的意义。

甲骨文的 ，是兕（sì），兕与随（suí）音近。随，实质上就是似牛的兕，也许肯的甲骨文就是 ，只是目前还没找到例证。甲骨文 ，是长有角的豕（灭绝于中新世，当时欧亚大陆生长有一种长角的库斑猪）。 、 都与最早驯化的家畜（牛、猪）有关，可见随的时代已经有了家庭禽畜养殖业。庖牺氏之牺，就是以牛为牺牲。阜遀是以更神异的兕（似青牛）为牺牲。阜遂则是以豕（猪）为牺牲。补充一句，兕的另一种写法是 ，其形又与长角的猪相似。由此我们发现：庖牺、阜遀、阜遂之名（音）和担当的社会责任（义）惊人的一致。

再看看遀、遂。遀即随，"随作笙，随作竽"，随就是尽"生育"之责的创世之父。很有意思的是，遂也有生育之义。《国语·齐语》："无夺民时，则百姓富；牺牲不略，则牛羊遂。"韦昭注："遂，长也。"①全句的意思是：不在农忙时役使百姓，就可保证百姓富裕；祭祀时不掠夺家畜，就能使牛羊繁育生长。《汉书·礼乐志》："青阳开动，根荄以遂。"颜师古注："遂者，言皆生出也。"遂也有育之义，《广雅·释言》："遂，育也。"《国语·齐语》："遂滋民……而敬百姓，则国安矣。"韦昭注："遂，育矣。"这些都证明，遀、遂的音义也一致。

第四组的隋与队（队）与第五组的堕、墜有点复杂，需要认真剖析一下。我在网上看到一个"罗老师教研工作室"，上面载有"【读儿歌学写字】统编教材二年级语文上册——'队、园'字书写指导（2020秋季第8期）"，文中对"队"的解释很精彩："'队'是'坠'的本字。队，甲骨文 （阜，石阶，代山崖）（古头朝下的"子"），表示小孩从山崖坠落；或 （头朝下的"人"）（阜，石阶，代山崖），表示大人从山崖坠落。造字本义：远古山民的天葬仪式，即抛葬：将夭折的婴孩和死去的成人从山崖抛入深谷。"这里把 （坠）理解为远古山民的"天葬仪式"，是否有点绝对，也太过晦气了？一位神人从天上降落到阜上，不也可作 的会意吗？将 会意为"一个婴儿呱呱坠地"也说得通啊！

---

① 徐中舒：《汉语大字典》，四川辞书出版社、湖北辞书出版社1986年版，第3862页。

甲骨文皆以"象"形来定字，如 ，"象两耳腹足之形器"，所以释为"鼎"。① 抓住"象"就抓住了甲骨文的识别码。

我们还是听甲骨文大家徐中舒先生是怎么解释的。徐先生在《甲骨文字典》中用了较长的篇幅，细致地解释了隋、隊(队)之间的关系。他认为，甲骨文"队"、"队"，从 自从 。为倒人，像人从阜上陨坠之形，郭沫若释堕。徐中舒先生认为，隊、隕、堕等字义相近。《说文》："隊，从高隊(坠)也"；"隕，从高下也"；"陸，败城阜曰陸"。② 所以他把"队"归于了"陸"，这大概是受了《说文解字》的影响，与我们的认识相左，理应摒弃。但他认为队(坠)、隕、隋(堕)都有"落"之义，而且还认为"从阜从倒子形作 者"，亦与队同，这一点是准确的。这里队是个象形字。我们试作一个变动，将人倒立，此甲骨文更像队(坠)，如今队简化为队，依据也无非于此。请注意，队原本是坠，当其被假借为队伍的队并占据其位而不再回归时，文人们便不得不再造一个坠。③ 隋也一样，但比队复杂，当隋被假借为堕、椭、惰后，隋已被用乱、用混，只得再造一个新随来顶替它，可堕、椭、惰也先后被造出来，隋便成了无固定岗位的游魂，游走在它所假借的和新顶替的各字之间，搅乱了它自身所造的语义场。但隋必定有自己的原始音义，若回归原位既无须理由，也无须顾忌，于是隋、随在书写中互通互用便成了一种常态，所以我们在识读时要格外用心思考，避免徐锴那种乱扣隋文帝"改随为隋"的莫须有帽子。

最后我们谈谈第三组的 燩、燨，这两字均在现今的普通字典里消失了，但对于本文来说，它们显得异常重要，所以不得不特别提出并重点加以解说。在《汉语大字典》里，燩注音为 duò，释为"火"，但无例句可参照，其读音的准确性便值得怀疑，按上表育、豕为字根的几组字的通例看，燩燨应同音同义。燨，《龙龛手鉴·火部》说得很清楚：燨是"燧"的俗字。这让我们想起了"燧人氏"，那正是伏羲、阜遒、阜遂的时代，"燧人氏"是"有巢氏"的后继者。"遂公盨"之遂国，高华平先生便释为燧国("遂"通"燧")。学界一致认为遂国是西周中期的封国，与《左传》出现的随国大概早200年左

① 徐中舒：《甲骨文字典》，四川辞书出版社2006年版，第771页。
② 徐中舒：《甲骨文字典》，四川辞书出版社2006年版，第1511页。
③ 段玉裁：《说文解字注》，中州古籍出版社2006年版，第732页。原文为："隊，坠，正俗字。古书多作隊。今则坠行而隊废矣。"

右。如此看来，遂国有可能是随国的前身，因为它们的图腾、惊人地相似。

张光直先生说："祖先诞生的传说通常是整个氏族的族名和族徽(抑或"图腾")的来源。"①由族名、族徽(图腾)进而演绎为同名的国便是顺理成章之事。"女娲作簧，随(隋)作笙，随(隋)作竽。"这是华夏民族的创世之说，"随(隋)"由人名进而成为随(隋)氏族的族名，再进而成为"随(隋)国"的国名，这是再正常不过了。让人联想更深的是，遂公盨铭文中首句还记载了"天令禹敷土，随山濬川"，这是至今发现的最早记载大禹治水故事的文字资料。② 很有意思的是，出土的随(曾)侯夫人嬭加编钟铭文中也提到了这件事，首句便是："伯适受命，率禹之堵，有此南洍。"曾侯乙墓出土的五弦琴上又绘有"夏后启得乐图"，这一切不仅有助于证明遂国即随国，还加持了禹出生于随这一推断的可靠性。我们还发现，遂、随在治国理念上也惊人一致。遂公盨载："其美唯德，民好明德，任在天下。"③季梁劝随侯修政时说："夫民，神之主也，是以圣王先成民而后致力于神。"④嬭加编钟铭文在述说自己的功绩时也说："余典册厥德，繄民之氏巨，悠悠洋洋。"⑤他们都以保障人民利益为己任，这种政治传统的一脉相承，亦可证实遂、随原为一国的可能性。

其实，遂国是否为随国，这并不特别重要，它只是给了我们一个很重要的启示，隋、隧是同源字，由此孳乳出其他几组偏旁相同的字，两两亦为同源字。我们再读古文经典时，若遇到它们，就得多留点心，先辨明其语境，再参透其真义，非如此则不能达诂！

---

① 张光直：《艺术、神话与祭祀》，北京出版集团公司2017年版，第1~2页。
② 《尚书》里虽有相同记载，但它成书时间晚，《汉书·艺文志》讲："《书》之所起远矣，至孔子纂焉。"
③ 裘锡圭：《公盨铭文考释》，《中国历史文物》2002年第6期。
④ 李维琦、陈建初等注：《左传》，岳麓书社2001年版，第46页。
⑤ 吴毅强：《嬭加编钟铭文新释及相关问题考辨》，《北方论丛》2021年第4期。